U0472222

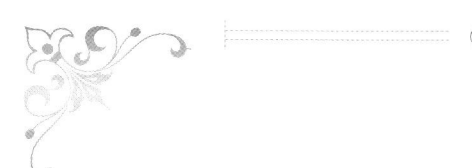

上财文库
刘元春　主编

刑事诉讼比例构造论

On the Proportional Construction of Criminal Proceedings

秦策　著

上海财经大学出版社
上海学术·经济学出版中心

图书在版编目(CIP)数据

刑事诉讼比例构造论 / 秦策著. -- 上海：上海财经大学出版社, 2025.1. -- (上财文库). -- ISBN 978-7-5642-4557-3

Ⅰ. D915.304

中国国家版本馆 CIP 数据核字第 20246QB782 号

上海财经大学中央高校双一流引导专项资金、中央高校基本科研业务费资助

□ 责任编辑　李嘉毅
□ 封面设计　贺加贝

刑事诉讼比例构造论

秦　策　著

上海财经大学出版社出版发行
(上海市中山北一路369号　邮编200083)
网　　址：http://www.sufep.com
电子邮箱：webmaster@sufep.com
全国新华书店经销
上海华业装潢印刷厂有限公司印刷装订
2025年1月第1版　2025年1月第1次印刷

787mm×1092mm　1/16　20.25 印张(插页:2)　373 千字
定价：98.00 元

总　序

更加自觉推进原创性自主知识体系的建构

中国共产党二十届三中全会是新时代新征程上又一次具有划时代意义的大会。随着三中全会的大幕拉开，中国再次站在了新一轮改革与发展的起点上。大会强调要创新马克思主义理论研究和建设工程，实施哲学社会科学创新工程，构建中国哲学社会科学自主知识体系。深入学习贯彻二十届三中全会精神，就要以更加坚定的信念和更加担当的姿态，锐意进取、勇于创新，不断增强原创性哲学社会科学体系构建服务于中国式现代化建设宏伟目标的自觉性和主动性。

把握中国原创性自主知识体系的建构来源，应该努力处理好四个关系。习近平总书记指出："加快构建中国特色哲学社会科学，归根结底是建构中国自主的知识体系。要以中国为观照、以时代为观照，立足中国实际，解决中国问题，不断推动中华优秀传统文化创造性转化、创新性发展，不断推进知识创新、理论创新、方法创新，使中国特色哲学社会科学真正屹立于世界学术之林。"习近平总书记的重要论述，为建构中国自主知识体系指明了方向。当前，应当厘清四个关系：(1)世界哲学社会科学与中国原创性自主知识体系的关系。我们现有的学科体系就是借鉴西方文明成果而生成的。虽然成功借鉴他者经验也是形成中国特色的源泉，但更应该在主创意识和质疑精神的基础上产生原创性智慧，而质疑的对象就包括借鉴"他者"而形成的思维定式。只有打破定式，才能实现原创。(2)中国式现代化建设过程中遇到的问题与原创性自主知识体系的关系。建构中国原创性自主知识体系，其根本价值在于观察时代、解读时代、引领时代，在研究真正的时代问题中回答"时代之问",这也是推动建构自主知识体系最为重要的动因。只有准确把握中国特色社会主义的历史新方位、时代新变化、实践新要求,才能确保以中国之理指引中国之路、回答人民之问。(3)党的创新理论与自主知识体系的关系。马克思主义是建构中国自主知识体系的"魂脉",坚持以马克思主义为指导,是当代中国哲学社会科学区别于其他哲学社会科学的根本标志,必须旗帜鲜明加以坚持。党的创新理论是中国特色哲学社会科学的主体内容,也是中国特色哲学社会科学发展的最大增量。(4)中华传统文化与原创性自主知识体系的关系。中华优秀传统文化是原创性自主知识体系的"根脉",要加强对优秀传统文化的挖掘和阐发,更有效地推动优秀传统文化创造性转化、创新性发展,创造具有鲜明"自主性"的新的知识生命体。

探索中国原创性自主知识体系的建构路径,应该自觉遵循学术体系的一般发展规律。建构中国原创性自主知识体系,要将实践总结和应对式的策论上升到理论、理论上升到新的学术范式、新的学术范式上升到新的学科体系,必须遵循学术体系的一般发展规律,在新事实、新现象、新规律之中提炼出新概念、新理论和新范式,从而防止哲学社会科学在知识化创新中陷入分解谬误和碎片化困境。当前应当做好以下工作:(1)掌握本原。系统深入研究实践中的典型事实,真正掌握清楚中国模式、中国道路、中国制度和中国文化在实践中的本原。(2)总结规律。在典型事实的提炼基础上,进行特征事实、典型规律和超常规规律的总结。(3)凝练问题。将典型事实、典型规律、新规律与传统理论和传统模式进行对比,提出传统理论和思想难以解释的新现象、新规律,并凝练出新的理论问题。(4)合理解释。以问题为导向,进行相关问题和猜想的解答,从而从逻辑和学理角度对新问题、新现象和新规律给出合理性解释。(5)提炼范畴。在各种合理性解释中寻找到创新思想和创新理论,提炼出新的理论元素、理论概念和理论范畴。(6)形成范式。体系化和学理化各种理论概念、范畴和基本元素,以形成理论体系和新的范式。(7)创建体系。利用新的范式和理论体系在实践中进行检验,在解决新问题中进行丰富,最后形成有既定运用场景、既定分析框架、基本理论内核等要件的学科体系。

推进中国原创性自主知识体系的建构实践,应该务实抓好三个方面。首先,做好总体规划。自主知识体系的学理化和体系化建构是个系统工程,必须下定决心攻坚克难,在各个学科知识图谱编制指南中,推进框定自主知识体系的明确要求。

各类国家级教材建设和评定中，要有自主知识体系相应内容审核；推进设立中国式现代化发展实践典型案例库，作为建构自主知识体系的重要源泉。其次，推动评价引领。科学的评价是促进原创性自主知识体系走深走实的关键。学术评价应该更加强调学术研究的中国问题意识、原创价值贡献、多元成果并重，有力促进哲学社会科学学者用中国理论和学术做大学问、做真学问。高校应该坚决贯彻"破五唯"要求，以学术成果的原创影响力和贡献度作为认定依据，引导教师产出高水平学术成果。要构建分类评价标准，最大限度激发教师创新潜能和创新活力，鼓励教师在不同领域做出特色、追求卓越，推动哲学社会科学界真正产生出一批引领时代发展的社科大家。最后，抓好教研转化。自主知识体系应该转化为有效的教研体系，才能发挥好自主知识体系的育人功能，整体提升学校立德树人的能力和水平。

上海财经大学积极依托学校各类学科优势，以上财文库建设为抓手，以整体学术评价改革为动力，初步探索了一条富有经管学科特色的中国特色哲学社会科学建构道路。学校科研处联合校内有关部门，组织发起上财文库专项工程，该工程旨在遵循学术发展一般规律，更加自觉建构中国原创性自主知识体系，推动产生一批有品牌影响力的学术著作，服务中国式现代化宏伟实践。我相信自主知识体系"上财学派"未来可期。

上海财经大学 校长

2024 年 12 月

序

比例原则是现代公法一项非常重要的原则,被誉为公法的"帝王条款"。比例原则要求国家机关实施任何行为都应当选择对公民权利损害最小的手段,并且对公民权利造成的损害不得大于该手段可能保护的社会公益。比例原则可以追溯到1215年英国《大宪章》(Magna Carta)规定的"人民不得因轻罪而受到重罚"的思想,其基本内涵是国家在保护公民个人权利与保护国家和社会公共利益之间应保持一种合理的比例和平衡关系。比例原则成为一项正式的法律原则始于德国行政法,具体包含适合性原则、必要性原则和相称性原则这三个子原则。比例原则在刑法领域表现为罪刑相适应原则,在行政处罚法领域则表现为违法行为与处罚相适应原则。在刑事诉讼中,国家权力与公民个人权利面临着尖锐的冲突,比例原则的确立对防范国家权力滥用,保护公民个人权利具有非常重要的意义。

将比例原则引入刑事诉讼法具有重要的意义,主要体现在以下三个方面:第一,平衡惩罚犯罪与保障人权两大刑事诉讼目的。比例原则要求在可能对犯罪嫌疑人、被告人的合理权利产生侵害的各种场合,都应当在打击犯罪与保障人权之间达到最为理性化的平衡。这一原则有助于防止国家权力的滥用,确保公安机关、人民检察院、人民法院(以下简称"公检法")在实施刑事诉讼行为时既能有效打击犯罪,又不会过度侵犯公民的基本权利。第二,指导刑事程序设置,确保刑事诉讼立法的正当合理性。比例原则为考虑刑事诉讼中国家权力与公民权利之间的关系提供了指导性准则,它要求在制定刑事诉讼法时,必须考虑公检法机关实施刑事诉讼行为的适合性、必要性和相称性。例如,在决定是否采取强制措施以及采取何种强制措施时,应使其与犯罪行为的轻重程度和犯罪嫌疑人的危险性相适应。这样可以使刑事诉讼程序变得更加具有正当性。第三,提升刑事司法活动的有效性和合理性。比例原则具有和谐、必要、适当、平衡、相称等诸多含义，为公权力行使是否正当确立了对照标准。它能够引导公检法机关在行使职权过程中理性地实施各种刑事诉讼行为，确保刑事诉讼活动在法定程序和正当程序的轨道上运行，以维护社会秩序和公共利益。

秦策教授所著《刑事诉讼比例构造论》从构造学的角度研究了比例原则在刑事诉讼立法中的应用，全书具有以下特色：第一，论证的系统性和全面性。总论论述了刑事诉讼比例构造的五大理论基础，即规范论基础、正义论基础、权利论基础、政策论基础和方法论基础。分论部分则运用比例构造原理对强制措施、侦查程序、起诉程序、审判程序的构建和完善进行具体的阐释。第二，观点的创新性。从本原上看，比例原则是一个针对职权行为的司法审查原则，书中提出了"刑事诉讼比例构造"这个理论范畴，并将立法上的刑事诉讼措施与司法上的刑事诉讼行为区分开来，使论证更加集中于刑事诉讼立法的合理化完善，这样的考虑有助于对比例原则的功能做更为深入的探讨。第三，方法设计上的可操作性。书中比较详细地演示了刑事诉讼比例构造的各种方法，除了比例原则三个子原则的基本方法外，还提出了"三层次结构模型"方法和"场景风险控制"方法，通过静态诊断与动态调节相结合建构了一套具有立体感的方法论体系。

基础理论研究的水平直接关系到理论体系的成熟与完善。本书以比例原则为基础对刑事诉讼制度和程序进行了理想化的构造，拓展了程序正义的疆域，从一个独特的视角丰富了刑事诉讼法学的基础理论体系。关于刑事诉讼构造，我国多数学者是从职权主义和对抗主义的角度来加以研究的，本书提出"刑事诉讼比例构造"的范畴，颇有新意，但仍然需要学术界进一步加以检验和论证。同时，作为强调应用性的部门法学，刑事诉讼法学还要坚持理论研究为实践服务，为不断推动立法、司法发展服务。在这方面，本书能够把基础理论运用到刑事诉讼的立法实践中，为刑事诉讼法的完善提出了有价值的建议。

本书作者秦策是我指导的2005级博士研究生。入校之前，他就已经有了赴美访学的经历，并在权威期刊发表了多篇学术论文。入校后，他参加了我主持的多项重点课题的研究工作，科研能力得到进一步提升。2006年，我主持拟制了"《中华人民共和国刑事诉讼法》再修改专家建议稿"，他参与了部分条文的英译工作，展现了比较好的英文翻译能力和比较法研究功底。毕业后，他继续在高校从事刑事诉讼法学的教学和研究工作,通过长期的积淀,对刑事诉讼法学理论与实践的理解和感悟更加深入,并在此基础上形成了这部专著。秦策为人踏实认真,具有开阔的学术视野和强盛的创新意识。我希望他继续努力,以求真务实的态度探索刑事诉讼法学的新特色,为建立中国刑事诉讼法学的自主知识体系贡献自己的力量。

陈光中[1]

2024 年 9 月 28 日

---

[1] 我国著名法学家,中国刑事诉讼法学研究会名誉会长,中国政法大学终身教授,博士生导师。

目 录

导论　构造刑事程序的新视域　／ 001

第一章　刑事诉讼比例构造的规范论基础　／ 015
　第一节　比例原则的形成　／ 015
　第二节　比例原则向刑事诉讼领域的扩展　／ 028
　第三节　刑事诉讼比例原则的规范功能　／ 039

第二章　刑事诉讼比例构造的理论内涵　／ 059
　第一节　正义论基础：相称性程序正义观　／ 059
　第二节　权利论基础：动态平衡的人权保障观　／ 073
　第三节　政策论基础：宽严分层的犯罪应对观　／ 084

第三章　刑事诉讼比例构造的方法论　／ 093
　第一节　比例构造方法论的分析原点与主线　／ 093
　第二节　基本方法论的展开　／ 097
　第三节　刑事诉讼比例构造的三层次结构模型　／ 110

第四章　刑事强制措施的比例设置　／ 130
　第一节　刑事强制措施体系的改良　／ 130

第二节　羁押性措施的比例设置　/ 149
第三节　非羁押措施的比例设置　/ 160

第五章　刑事侦查程序的比例设置　/ 178
第一节　刑事侦查措施的体系性完善　/ 178
第二节　刑事搜查的比例性控制　/ 191
第三节　人身检查的比例性控制　/ 205

第六章　刑事起诉程序的比例设置　/ 214
第一节　比例构造与刑事诉权的分配　/ 214
第二节　公诉处分机制的比例设置　/ 228
第三节　公诉权滥用的合比例防控　/ 240

第七章　刑事审判程序的比例设置　/ 251
第一节　比例构造与刑事审判权配置　/ 251
第二节　宽和型审判程序的多元设置　/ 264
第三节　"回流型"程序机制的比例性控制　/ 277

结语：为程序正义探寻"比例尺"　/ 295

参考文献　/ 300

导 论

构造刑事程序的新视域

一、刑事程序的"建筑学隐喻"

刑事诉讼是国家专门机关在当事人及其他诉讼参与人的参加下,依照法定的程序,追诉犯罪,解决被追诉人刑事责任的活动。这一过程可划分出各自独立的阶段,如立案、侦查、起诉、审判和执行,各阶段有特定的直接任务与形式,它们之间先后衔接,依次推进,一些基本的价值理念及其关系贯穿始终,表现出很强的整体性和结构性特征。[①] 这种整体结构颇类似于一座宏伟而精致的"大厦"。学界历来有关于刑事程序的诉讼构造理论,实为这一"建筑学隐喻"的最好注脚。它表明,刑事程序要成为一座宏伟而精致的大厦,就必定有一个合理的构造或结构。

西方法学理论一般从当事人主义和职权主义的角度来研究刑事诉讼的构造或结构;除此之外,还有争斗模式与家庭模式、家庭模式与同位模式等。[②] 我国学者对刑事诉讼构造的研究也产生了斐然的成果,其着眼点主要是围绕控诉、辩护和审判(以下简称"控辩审")三方在刑事诉讼中的地位及相互间的法律关系来讨论刑事程序的设置。以控辩审三方关系为逻辑起点,有学者划分出刑事诉讼的"三角结构"和"线形结构",前者是指控辩双方之间形成诉讼对抗,法官是居于其间及其上的仲

---

① 陈光中,周国均.中国刑事诉讼程序的阶段划分和特点[M]//陈光中.陈光中法学文选:第2卷.北京:中国政法大学出版社,2010:785.

② 李心鉴.刑事诉讼构造论[M].北京:中国政法大学出版社,1997:21.

裁者,其中蕴含了诉审分离、诉辩对抗、司法至上与审判中心等基本原则;后者是指伴随刑事案件按特定程序由侦查、起诉到审判的传递,三方之间存在的一种"工序关系"。① 又有学者将刑事诉讼构造划分为"横向构造"和"纵向构造",前者表示控辩审三方在各主要诉讼阶段的法律关系的格局,后者表示控辩审三方在刑事诉讼程序中顺序关系上相互关联的特点。② 这些理论极大地增进了我们对于刑事程序基本结构的理解,也成为刑事诉讼构造理论的主流学说,以至于学者将控辩审三方的法律地位和相互关系当成刑事诉讼运作的"中轴",并将其与刑事诉讼构造理论的研究对象等同起来。③

的确,控辩审三方关系是构建刑事程序的重要基础,但如果将刑事诉讼构造理论限定于此则不免偏狭,也会抑制从不同角度探索刑事程序合理设置的可能性。事实上,刑事程序的构造还可以从其他的思路来展开,以体现特定的功能要求。例如,张建伟教授曾将刑事程序的构造划分为"权力行使型"和"权力抑制型",前者从维护秩序的基本功能方面着眼,确保国家专门机关充分行使国家权力;后者从保障个人的自由权利方面着眼,注重限制国家专门机关的权力,监督这些机关承担起保障或者不妨害个人自由权利的责任。④ 这是试图以"权利-权利关系""权力-权力关系"为主线来讨论刑事诉讼构造的合理设定,代表了刑事诉讼构造理论偏离控辩审关系定式的一种尝试。

本书主张从广义的角度来理解刑事诉讼构造理论。从"建筑学隐喻"出发,刑事诉讼构造理论就是研究刑事程序的基本组成以及各组成部分的组合原理和构造方法的理论,它通过探讨合理的构造方案,为刑事程序的立法设计提供理论依据。鉴于刑事诉讼是一种复杂、多面的活动,单一化的刑事诉讼构造理论显然不能体现刑事诉讼活动的丰富性和刑事程序的多层次性。控辩审关系固然是构筑刑事程序最重要的一种关系,但它不应成为剖析刑事程序的唯一视角,也不能阻碍我们循其他的思路来探索新的刑事诉讼构造理论,深化我们对于刑事程序的认识。正是立足于这种广义的刑事诉讼构造理论,本书的主旨才有可能获得充分展示的空间。

---

① 龙宗智.刑事诉讼的两重结构辨析[J].现代法学,1991(3):14.
② 宋英辉.建构我国刑事诉讼合理构造的理念与原则[J].政法论坛,2004(3):19.
③ 李心鉴.刑事诉讼构造论[M].北京:中国政法大学出版社,1997:1.
④ 张建伟.从权力行使型到权力抑制型——刑事程序构造的重新设定[J].政法论坛,2004(3):37.

二、比例化发展：刑事程序的演进轨迹

刑事诉讼制度的演进反映了人类社会的发展和对正义、人权保障的不断追求，它不仅遵循了历史发展的规律，而且体现了刑事司法活动的内在逻辑。我们可以观察到：在历史的进程中，刑事程序呈现由单一到多样、由简单到复杂、由粗疏到精细、由一般或典型到兼顾各种特殊情形的发展趋势。随着时间的推移，刑事诉讼法一步一步走向科学化、文明化，刑事程序的表现形态也愈加多样化、层次化和梯度化，以满足国家刑罚权不同的运行需求，最大限度地实现刑事诉讼的目的。

刑事诉讼程序发展的源头可能已经无法追寻，我们不妨以历史上秦汉之交刘邦的"约法三章"作为一个假定的起点。刘邦率军进入咸阳后，为了稳定民心和巩固政权，与百姓约法三章：杀人者死，伤人及盗抵罪，余悉除去秦法。[①] 这三条法律固然十分简单，但不得不说是在战争的混乱之中重建新秩序最迫切需要的。从字面看，"约法三章"只是对罪与刑的规定，但其背后必然隐藏着一套程序机制。要定罪和处刑，就必然先有取证以查明事实，这涉及侦查程序；而后对犯罪嫌疑人提起诉讼，这涉及起诉程序；最后必然有司法官来审核各种证据并听取被告人的辩解，这涉及审判程序。程序是确保实体结果正确性的重要机制。所以，"约法三章"看起来只是刑法规定，其后必然隐含着相应的程序机制。围绕着罪的确定和刑的落实，刑事诉讼程序以某种方式开始了其发展历程。

受社会制度、历史背景和文化传统的影响，不同国家和地区刑事诉讼程序的发展遵循不同的路径，但也会呈现某些共同的逻辑脉络。其中之一就是程序的设置会不断地随实践的需求而适应并完善，其形态则呈现由简单到复杂、由单一到多样的趋势。

以起诉方式为例。早期的弹劾式诉讼遵循"没有告诉人就没有法官"的不告不理原则，控告全然由私人提起，程序的运行（如举证、传唤证人到庭等）也有赖于私人的推进。这种起诉方式虽然实现了控辩之间的原始平等，但受制于被害人的取证能力等客观因素，其实并不利于对犯罪的追诉。为了加强对犯罪的打击，由法官主动依职权来追究犯罪的纠问式诉讼登上历史舞台。纠问式诉讼的特点是控诉职能与审判职能不分，集于法官一身，刑事诉讼的开始和运行，不取决于被害人的告

---

① 司马迁.史记[M].北京：中国三峡出版社，2006：287.

诉,而取决于法官的强力推进,对犯罪的追诉遂得到加强。但与此同时,被追诉人的各项诉讼权利也遭到全面压制,过于强大的审判权因缺乏制衡而经常被滥用,从而造成各种冤假错案。于是,历史再次进行适应性调整。至公元 12 世纪,法国出现了"国王代理人"来行使起诉刑事案件的职权,逐步形成了现代检察公诉制度。检察公诉一方面避免了法官过度集权之弊,降低了法官专断的可能性,另一方面则以国家力量的介入加强了弹劾式诉讼中对被害人保护和犯罪追诉的不足,并逐步在与其他刑事起诉方式的竞争中胜出,成为现代刑事追诉的主要方式。纠问式起诉被彻底淘汰,弹劾式起诉则由于存在一定的合理性而发展成为现代的自诉。可见,在历史的长河中,刑事诉讼程序的发展呈现优胜劣汰的特点,其结果是使刑事诉讼措施更加多元和丰富。公诉和自诉在现代刑事诉讼制度中并存,体现了起诉方式的多样化发展。

再以审判程序为例。历史上的刑事审判程序经历了漫长而曲折的发展历程,其间贯穿的一个基本逻辑是"由一般到特殊"的迭代发展。最初,所有案件都适用同一种审判程序,大致归类为现行法中的第一审普通程序。其后考虑到死刑案件人命关天,需要进行更为严格的审查,于是建立了死刑复核的特别程序。后来又发现司法实践中有很多案件事实清楚、证据充分、控辩双方争议不大,于是又渐次出现了简易程序和更为简单快捷的速裁程序等。在纠错和救济方面,人们发现纠正尚未发生法律效力的裁判与纠正已经发生法律效力的裁判存在不同的特点,于是分化出了上诉审程序和再审程序。根据主体的不同,人们又发现成年人与未成年人在刑事司法方面需要给予不同的对待,未成年人刑事诉讼特别程序便应运而生。同时,对造成严重社会危害的精神病人也需要采取不同于正常人的程序处置,遂发展出了依法需要承担刑事责任的精神病人的处置程序和依法不负刑事责任的精神病人的强制医疗程序。在审理方式上,刑事诉讼以对席审判为一般模式。但由于司法实践中出现了被告人逃匿等难以到庭而又需要作出裁判的情况,因此发展出了缺席审判的刑事特别程序。这是一种走向精细化的程序分化路径,包含"由一般到特殊"的思维方式。随着时代的发展,人们还会找到型构特殊程序的不同视角。例如,当下刑事诉讼程序基本上是以自然人为出发点,对单位刑事诉讼的特殊问题没有给予特别关注,因此可以预期,随着社会经济生活中各种单位组织体的蓬勃发展,基于司法实践中追诉单位犯罪的需要,单位刑事诉讼程序的分化可能成为刑事程序发展的新方向之一。

在技术上,这种"由一般到特殊"的发展往往表现为刑事诉讼措施的不断分化并形成一定的梯度序列,比例性特色不断增强。因此,刑事诉讼程序的精细化发展最终会表现为一种比例化发展。为了便于集中观察,笔者结合新中国成立后我国刑事诉讼法的历次修改来分析这种比例性特色背后的技术特征。

其一,基于多样化的考虑,对刑事案件的类型进行更加细致的划分。

司法经验的不断积累有助于人们提炼出观察刑事案件的多元化视角,对刑事案件进行分类的基准因素越来越丰富,以此为基础来设置的刑事程序会呈现多样细分的特点。与1996年《刑事诉讼法》比较,2012年《刑事诉讼法》对刑事案件进行了更加细致的类型划分,分化出未成年人刑事案件、当事人和解的公诉案件、特别没收案件和强制医疗案件,并设置了相对应的特别程序。2018年《刑事诉讼法》增设了刑事缺席审判程序,以专门处置被追诉人因在境外而拒绝到庭的贪污贿赂犯罪案件或者其他需要及时进行审判的特定类型案件;还增设了认罪认罚从宽程序,其背后的案件类型划分基础是认罪认罚案件与不认罪认罚案件,前者适用协商式程序,后者适用传统的对抗式程序。[①] 除此之外,基于重罪与轻罪的划分来设置程序的思路愈加清晰。刑事诉讼法将重大案件(如危害国家安全案件、恐怖犯罪案件、贪污贿赂犯罪案件等)与一般刑事案件进行类型上的区分,并授权适用强度较大的刑事诉讼措施,如指定居所监视居住、技术侦查措施、特别没收程序等。而随着轻罪时代的到来,根据轻罪的特点和政策需求来设置轻罪刑事诉讼程序,正在成为立法和司法改革的新方向。

其二,对各种刑事诉讼措施进行梯度化设置,使刑事程序的体系更加完善。

刑事诉讼措施是刑事程序体系的基础元素。伴随着刑事诉讼法的历次修改,侦查、起诉和审判中各类刑事诉讼措施的梯度化设置越来越明显。在强制措施方面,我国刑事诉讼法规定了拘传、取保候审、监视居住、拘留和逮捕这五种强制措施。针对实践中逮捕适用率过高的情况,2012年《刑事诉讼法》修改加强了监视居住与取保候审的区分,将监视居住又分为住处监视居住和指定居所监视居住,层次序列性更加明晰。在侦查措施方面,于常规手段之外,发展出了针对特定犯罪的特别侦查措施,授权对危害国家安全犯罪、恐怖活动犯罪等严重危害社会的犯罪案件采取技术侦查措施;对一些隐蔽性较强的犯罪授权采取隐匿身份侦查;对涉及给付毒品等违禁品或者财物的犯罪,则授权根据侦查犯罪的需要实施控制下交付;等等。在公诉处分措施方面,在法定起诉与法定不起诉之间,各种不起诉形式更加多

[①] 本书中所涉《中华人民共和国刑事诉讼法》均用简称《刑事诉讼法》表示。

样和丰富。在审判环节,于普通程序之外逐步引入各种简式诉讼措施,形成简易程序和速裁程序,以对事实清楚、争议较小或情节轻微的案件进行快速处理。在不同的诉讼环节,对刑事诉讼措施进行梯度化设置的理论依据有所不同,但梯度化设置本身体现了刑事程序的科学化与合理化演进,蕴含着深刻的刑事司法规律。

其三,基于不同的刑事诉讼措施,采取具有层次性的过程控制方式,使程序的设置更有针对性和实效性。

梯度化设置的刑事诉讼措施是为了针对不同的刑事案件或者不同的被追诉人,但其实梯度化设置的刑事诉讼措施本身在过程控制方面也存在着不同,一种明显的表现是,刑事诉讼措施的强度越大,对被追诉人权益的限制越大,它往往也会被要求适用更严格的条件和审查机制。相比之下,对于强度较弱的刑事强制措施,所采用的过程控制的力度也就相对较弱,条件也更为宽松。例如,刑事诉讼法对羁押性措施采取了更加严格的条件与过程控制,尤其是规定了羁押必要性审查制度,防止羁押性措施的过度适用。1996年《刑事诉讼法》对监视居住规定了与取保候审相同的适用条件,2012年《刑事诉讼法》则通过提升监视居住的适用条件将监视居住转变为一种羁押替代性措施,从而强化了对这种特定强制措施的过程控制。

综合上述,刑事诉讼法的发展既呈现量变的特征,即各种刑事诉讼措施越来越丰富和多样,整体的刑事程序体系随之变得越来越精细和完善;又呈现质变的特征,即伴随着刑事诉讼措施越来越丰富和多样,它们之间关系的结构化特征越来越明显——各种刑事诉讼措施之间按照一定的层次和梯度形成序列,提升了对不同类型案件和不同类型被追诉人的针对性,展示出比例化的鲜明特色。刑事诉讼程序比例化发展的价值在于,通过对刑事诉讼措施的层级序列安排来有针对性地满足不同主体的需要,最大限度地实现各种社会利益之间的平衡。

然而,上述观察——无论是量变层面上的多样化发展,还是质变层面上的结构化、比例化发展——所展现的都只是刑事诉讼法演进历程中的一种自发现象,由于缺乏理论自觉,其背后的基础原理未能得到系统的揭示和深入的阐释,各种刑事诉讼措施之间、刑事诉讼措施与案件类型之间、刑事诉讼措施与程序控制方式之间的关系并没有被根本性厘清。例如,在强制措施方面,2012年《刑事诉讼法》规定了指定居所监视居住作为羁押替代性措施,但对具体地点、监控方式并没有明确规定,导致强制措施之间的比例关系并未得到充分展示,而实务中极有可能产生密度过强的监控,以至于本为羁押替代措施的指定居所监视居住在强度上超过羁押性措施,这是对比例原则的实质性违反。又如,在公诉处分方面,《刑事诉讼法》将附条件不起诉仅适用于未成年人这一特殊主体,回避了对不起诉制度的整体性改良;而在条件设置上,附条件不起诉与裁量不起诉之间缺乏合理的衔接。实务中可能出现这样的案件情形:成年人适用无须附加条件的裁量不起诉,未成年人却只能适用附条件不起诉,而附条件不起诉在强度上是大于不附条件的裁量不起诉的,这显然有违对未成年人从宽处置的立法精神,也是难说"合乎比例"的。

上述问题存在的原因在于,我们对于刑事诉讼程序的比例化发展在理论上或立法导向上缺乏一个整体性的分析框架,各种具体刑事诉讼措施在设置方面各行其是,抓不住要点,不仅措施之间的界限模糊不清,而且其轻重层次划分失据。笔者认为,既然刑事诉讼程序的多样化发展已是一种必然的趋势,那我们就有必要将其背后隐含的结构化特征清晰地揭示出来。在此,有必要在比例原则的指导下为刑事诉讼措施的多元化发展确立基本的分析框架,从构造学的角度来厘清刑事诉讼措施梯度化、结构化的比例关系,将刑事程序的比例构造提升为一种立法上的自觉,从而推动刑事诉讼法的完善与进步。

三、本书主旨

(一)突破传统刑事诉讼构造理论的限度,探索刑事诉讼构造的新视域:比例构造模式

本书着力于从比例原则的视角来提炼一种关于刑事程序的构造理论。在广泛意义上,刑事诉讼比例构造理论根植于自然界、人类社会普遍存在的比例哲学,但其最直接的出发点是兴起于德国18世纪公法领域的比例原则。虽然在英美法系中也存在与比例原则隐约相通的法律原则,如合理性原则等,但只有在德国法中以及明确采纳此原则的大陆法系中,比例原则的理念与方法论才得到系统周详的阐释。在价值层面上,比例原则以限制国家权力、保障公民权利为主旨,强调国家权力对个人权益的干预应当适度和节制,并贯穿于行政法和刑事诉讼法。

以此价值取向为出发点,刑事诉讼比例构造理论的目标是在各种刑事诉讼措施所负载的国家权力与其所针对的公民权利之间形成必要的"比例"关系,使权力的行使恰到好处,权利的受损恰如其分,程序的设置恰当均衡。在此目标下,刑事程序应当以下述三种关系作为构造的主线:(1)手段与目的之间的关系,即各种刑事诉讼措施与刑事诉讼目的之间的关系。由于刑事诉讼具有惩罚犯罪与保障人权双重目的,因此,这一关系的构建分成两种视角:一是刑事诉讼措施与惩罚犯罪的

目的应当具有适合关系,刑事诉讼措施的设立初衷往往以实现国家专门机关的特定追诉或裁判目的为主旨,无法达成这一目的的刑事诉讼措施是不适合的;二是刑事诉讼措施应当兼顾保障人权目的,从本性上看,各种刑事诉讼措施的设立多是着眼于国家追诉权或审判权的顺利运作,但应当防控对公民权利的过度损害,即通过强调刑事诉讼措施干预或侵入公民权利的必要性,将权利受损控制到最小限度,以体现国家权力行使的克制性。(2)手段与手段之间的关系,即在实现同一诉讼目的的刑事诉讼措施之间的关系上,要求形成合理的梯度或层次关系。这种梯度或层次关系意味着在法律许可的范围内,对特定案件或被追诉人的处置存在多种可供选择的方法。国家专门机关有权独立选择或者在当事人的参与下选择其中最为合适的刑事诉讼措施。(3)目的与目的之间的关系。惩罚犯罪与保障人权是刑事诉讼的两大目的,这两大目的固然存在着一致与协同关系,但它们之间也存在着显明甚至激烈的冲突与矛盾关系,要恰当地调整这种冲突与矛盾关系,就需要在刑事诉讼措施所涉及的公共利益与个人利益之间确立一种均衡而相称的保护关系。

在方法论上,刑事诉讼比例构造理论试图将比例原则与程序法定原则融合贯通起来,以期构建一种足以表征合理比例关系的法定程序,将比例原则的精神体现或渗透于刑事诉讼制度与程序的制定中,从而对国家专门机关所行使的各种强制性、干预性的程序性权力进行合乎比例的体系化控制。以前述构造主线为基础,本书所倡导的刑事诉讼比例构造理论将从以下方面展开:其一,在刑事案件情形、刑事诉讼措施与刑事过程控制之间建立三层次比例结构模型。其二,基于比例原则的分析思路,对刑事程序进行多元化、梯度化设置,为刑事诉讼措施的合比例适用提供制度资源。其三,借助比例原则的分析方法,探讨具体刑事诉讼制度的合理设置。设计思路是对不同的案件情形、刑事诉讼措施区别对待,如对强度较大的诉讼措施,在立法上配置更加严格的启动条件;在司法中严格把好决定关;对因不得不使用强度较大的诉讼措施而受到额外损害的被告人权益采取一定的补救或补偿措施,此所谓"法益损害的补救原则";对容易在实践中产生目的异化的诉讼措施,分析目的异化的根源,及时填补法律漏洞,建立配套措施。

(二)依托公法比例原则分析的基本原理,结合刑事诉讼立法与司法活动中的特点,提炼或构建一套行之有效的比例分析方法

比例原则之所以能够成为刑事诉讼构造理论的逻辑原点,是因为它不仅代表一种价值,而且提供一套特殊的思维方式和概念工具。比例原则的三个子原则——适合性原则、必要性原则和相称性原则——都不只是某种价值宣示,而且各

自包含着特定的分析方法,由此也产生了比例原则的三种基本分析方法:适合性分析、必要性分析和相称性分析。需要指出的是,这些分析方法虽然具有公法比例原则的渊源,但即便在公法上,一些行之有效的概念工具也尚未得到充分的提炼与总结,笔者将对此进行拓展。当然,基于本书的主旨,所有分析都将立足于刑事诉讼活动的语境和特点展开。

适合性原则要求国家专门机关所采取的刑事诉讼措施必须能够实现其预期的正当目的与功能,或者至少有助于这一实现过程。适合性分析包含两个维度:目的妥当性和手段合目的性。目的妥当性要求刑事诉讼措施所追求的目的不得违反法治的基本原则,并通过公益性标准、非惩罚性标准和符合刑事诉讼措施的特定性标准的检验。不恰当的目的往往导致刑事诉讼措施的过度使用,造成对被追诉人的过度侵害。手段合目的性则需要对刑事诉讼措施是否有助于促进预期目标或结果的实现进行判断。"不合乎目的"有两种表现:一是达不到目的,二是目的偏离或目的异化。对于"合乎目的"的刑事诉讼措施仍然需要进行合目的度的判断。

必要性原则要求国家专门机关在能够实现诉讼目的的、具有同等有效性的刑事诉讼措施之间,选择对公民权利和合理利益侵害最小的那一个,在此,存在三种概念工具:侵害性、最小侵害性和同等有效性。侵害性分析需要明示被追诉人因刑事诉讼措施的施加而受到损害的权益,这种侵害即便在专门机关依法正常行使职权时也是存在的。侵害性分析试图揭示刑事诉讼措施的"天生恶性"。最小侵害性分析是指通过分析各种刑事诉讼措施对被追诉人和其他公民可能造成的损害,比较何种措施对公民权利或利益的损害最小。同等有效性分析是指需要衡量和取舍的刑事诉讼措施能够同等程度地实现法律目的。如果只求最小侵害,不求同等有效,就会使刑事诉讼活动沦为"温柔侦查""温柔起诉"或"温柔审判",其结果必然使刑事诉讼目的难以达成,甚至使刑事诉讼的各项机制陷于瘫痪。

相称性原则要求刑事诉讼措施所欲保护的社会利益与其对公民权利或合理利益所造成的损害相称,或者说形成恰当的比例关系,为此,需要在两者之间进行比较,这就是相称性分析。相称性分析的目的是避免刑事诉讼措施的实施给被追诉人或者其他公民造成"过度负担",于更深层次则是要避免因不当权衡或取舍不当而导致法益上的不相称。为了使相称性分析更贴近刑事诉讼活动和制度改良的要求,笔者将相称性分析划分为静态相称性分析与动态相称性分析。一般的相称性分析主要是评价,因而是静态的、描述性的。在制度改良过程中,还可能采取动态的、调节性的相称性分析,即通过程序设置的改良来对"过度负担"的效应进行纠偏,或者对被追诉人的权益以其他方式进行实体性补救或程序性补救,以求得最终结果的平衡与合理。这正是刑事诉讼结构完善化的过程。

值得指出的是,本原意义上的比例原则调整的是行政机关的执法行为,后来扩展至法官的司法行为,要旨在于约束执法或司法活动中自由裁量权的行使。在域外法上它往往只是作为违宪审查标准才对立法产生一定的影响,但能否成为一项直接的立法指导原则却并不十分明确。本书的主旨在于从比例原则的视角探讨刑事程序的构造理论,因而有必要将比例原则明确上升为一种立法指导原则,其立法指导功能主要有二:一是评价,即在立法意旨与立法效果方面对某项刑事诉讼制度及其程序是否造成对公民权利的过度侵害进行评估;二是构造,即借助一定的概念工具、立法技术对刑事诉讼制度及其程序进行合乎比例原则的构建。这两种功能使比例原则对立法活动产生实质性的影响。作为一种立法指导原则,比例原则着眼于刑事诉讼程序的合理构建,为其司法运用创设了前提条件。

(三)在比例构造与比例分析的框架下,探析刑事诉讼制度及其程序的完善路径

比例构造具有理想类型的特点。理想类型本是德国社会学家马克斯·韦伯(Max Weber)所倡导的一种方法论,它是通过"一般化的抽象和根据有规律的联系分析经验的方式,以一种具有形而上学有效性和数学模式的概念体系的形态达到一种纯粹'客观的'认识"[①]。借助理想类型可以对现实情况或行动作出比较和观察,通过对经验性资料的归纳和抽象,从中抽取本质性联系,获得规律性理解,对一些有意义的因素进行系统阐述和整合,以形成一个统一的分析结构。

理想类型具有超越现实世界的特点,"它是一个思想的图像,它不是历史实在或根本不是'本来'的实在,它也几乎不是作为实在应该当作样本而被分门别类地归在其中的图式"[②]。它力图揭示事物在理性状态下的典型特点,而不是现实的简单摹写,其中包含诸多在理论上被设想出来的"主观意义"。因此,它必然出现与某种社会现实不相符合的情况,也有可能被批评为脱离实际。很多研究者据此认为,理想类型与现实制度、情况的完善是没有关联性的。但是,这种观点忽略了理想类型方法论的能动性质,这是对理想类型理论的一种误读。事实上,提出理想类型的目的不在于提出一个可检验的正确理论,而在于找到一个"方便"的概念工具,用以

[①] 马克斯·韦伯.社会科学方法论[M].韩水法,莫茜,译.北京:中央编译出版社,1998:35.
[②] 马克斯·韦伯.社会科学方法论[M].韩水法,莫茜,译.北京:中央编译出版社,1998:43.

衡量"社会实在",并与可检验的正确理论作比较。①

循此思路,本书所说的刑事诉讼比例构造虽然是以理想类型方法论为基础的,但并不是构建"真空"状态中的"纯粹类型",而是始终将其与刑事诉讼制度及其实践结合在一起的。

首先,刑事诉讼比例构造的逻辑起点在于刑事诉讼权的基本属性。刑事诉讼是国家专门机关依据刑法行使国家刑罚权的活动。相比于其他诉讼,刑事诉讼中国家权力的运用具有主动性、普遍性和深刻性,可能对被追诉人权益作出虽为必要但强度更大、后果更严重的限制乃至剥夺,这就需要用比例原则来加以合理的制约,这是刑事诉讼比例构造得以形成的基础动因。

其次,刑事诉讼比例构造是贯穿于各主要刑事诉讼制度及其程序的基本模型,无论是强制措施和侦查行为的设置,还是刑事起诉程序、刑事审判程序的完善,都可以将其作为指导性的模式。易言之,其指导性功能可以扩展至刑事诉讼活动中需要强制行使国家公权力(侦查权、检察权、审判权),并有可能对被追诉人的基本权利、诉讼权利或者其他合理利益产生侵害的各种场合。这种功能发挥的方式包括评价和改良,既可以帮助确立整体的框架,也可以为具体制度和程序的设置提供思路。

最后,对刑事诉讼比例构造功能的考察需放置于刑事诉讼实践的现实语境中。应该说,比例分析方法涉及目的妥当性、手段合目的性、最小侵害性、同等有效性、过度负担、法益相称性等诸多范畴,具有一定的弹性和不确定性,如果缺乏对刑事诉讼实践现实语境的考虑,就难以契合特定时期、特定区域的刑事诉讼实践要求,尤其是动态相称性分析方法,只有在司法现实的基础上才能产生具有可行性的结论。对于"比例结构模型"所包含的三个层次——案件情况的轻微与严重、诉讼措施的轻缓与严厉以及过程控制的宽松与严格,本书采取了结合诉讼情境和生活事实的类型化分析方法,从而使评估和判断过程与事物特征和经验事实紧密结合。

总之,理想类型的构建是研究的手段而不是目的,其主旨在于对现实制度及其实践的改良与合理化。比例构造具有理想类型的特点,但它仍然可以某种方式与刑事诉讼的现实相结合。现实制度及其实践与理想类型或有偏离,但未必是对理想类型本身价值的否定,这往往是理想类型评价功能的表现,在此基础上,我们可以探析刑事诉讼制度及其程序的完善路径。

---

① 王静.马克斯·韦伯的"理想类型"历史学实践[J].前沿,2013(9):186.

四、本书结构

全书分为 7 章,其中第一、二、三章为总论部分,第四、五、六、七章为分论部分。

第一章"刑事诉讼比例构造的规范论基础"旨在将公法比例原则以基本原则的定位引入刑事诉讼法,从而确立比例构造的规范论基础。本章首先介绍公法比例原则的基本含义,它包括适合性原则、必要性原则、相称性原则三个子原则;然后回顾了该原则得以形成的观念渊源和制度开端。它形成于 18 世纪晚期德国的警察法领域,其后逐渐扩展至一般行政法领域和宪法领域,并且在产生之初就与刑事诉讼法结下了不解之缘。尽管对于将比例原则引入刑事诉讼法领域存在不同观点,但是本书主张,将比例原则定位为刑事诉讼的基本原则不仅是可行的,而且是必要的。其规范对象应当定位于由国家专门机关实施的、对被追诉人权益产生干预性或侵害性影响的各种刑事诉讼措施;其保护客体是被追诉人的基本权利和合理利益;其约束范围包括立法行为、司法行为和执法行为。

第二章"刑事诉讼比例构造的理论内涵"旨在进一步论证比例构造背后的理论内涵及其与刑事诉讼法理论深层次的契合性,包括正义论、权利论和政策论三大理论基础。从正义论来看,程序正义本身包含"合乎比例"的要求,以"合乎比例"为基础的程序正义又构成了程序正义的一种特殊类型,即相称性程序正义。后者构成刑事诉讼比例构造的直接理论基础。从权利论来看,比例构造旨在调和人权保障与惩罚犯罪两大刑事诉讼目的,其权利论基础是与惩罚犯罪目的形成动态平衡的人权保障观。从政策论来看,比例构造与宽严分层的复合式刑事政策存在内在的一致性,而且它为刑事政策向刑事程序法的传导提供了一种稳定的机制,避免了刑事诉讼法与刑事诉讼活动的泛政策化。

第三章"刑事诉讼比例构造的方法论"明确了比例构造的分析原点在于国家权力与公民权利之间的关系,分析主线表现为手段与目的之间、手段与手段之间、目的与目的之间的三重关系,具体阐述了适合性分析、必要性分析和相称性分析这三种基本分析方法,以及相关的概念工具(包括目的妥当性、手段合目的性、侵害性、最小侵害性、同等有效性、过度负担、法益相称性、静态相称性、动态相称性等)。这些范畴为我们思考和设置刑事诉讼程序提供了分析工具和判断标准。在此基础上,笔者提出了在刑事案件情形、刑事诉讼措施与刑事程序控制之间建立"三层次比例结构模型"的构想。

第四章"刑事强制措施的比例设置"结合我国刑事强制措施适用的失衡现状探讨了比例构造在刑事强制措施制度中的实现。以比例原则来约束刑事强制措施虽由来已久,但如果只有对实施过程的原则性指导,没有立法上的基础构造,比例原则的功能就难以真正发挥。第一节对我国刑事强制措施体系进行比例性诊断,并提出纠偏路径,进而提出刑事强制措施双序列比例结构的构建方案。第二、三节具体探讨了羁押性强制措施和非羁押性措施的设置,笔者认为只有对羁押性强制措施实施严格的限制,并使非羁押性措施更具有可操作性,才能控制羁押性强制措施的过度使用,提高非羁押性措施的适用率,体现比例构造所要求的控制最小侵害和适度行使公权力的精神。

第五章"刑事侦查程序的比例设置"阐述了比例构造对设置和完善我国刑事侦查程序的具体指导意义。第一节对刑事侦查措施体系进行了比例性分析,指出我国刑事侦查措施体系的比例性存在不足,并在体系完善方面提出了建议:对传统的侦查措施,应当进一步明确其实施的条件和程序,以进行更为缜密的规范;对成熟的新侦查手段,则应及时将其纳入侦查行为体系,以作出必要的规制,防止侦查权力的过度使用。其核心就是要根据侦查行为的类型和强度作出一定的层级划分,在立法规范上作出区别对待,用其所利,避其所害。基于这一思路,第二、三节着重探讨了两种具体的侦查措施——搜查和人身检查的构造方式,从比例性控制的角度提供了相应的立法建议。

第六章"刑事起诉程序的比例设置"对比例构造原理在刑事起诉程序中的运用进行了分析。首先,比例构造原理能够指导我们合理地分配刑事诉权,对选择起诉方式具有指导意义,这是第一节的主要内容。其次,公诉处分机制需要作比例性设置,即基于公诉处分机制在结构上的多样化、层次化、场景化,针对不同的刑事案件和犯罪嫌疑人作出相应的处置,从而控制公诉权行使可能带来的侵害性,达到最大限度保障人权的目标,这是第二节的主要内容。在公诉权的运行过程中也存在诸多滥用行为,其原因在于立法上的各种公诉处分措施处于"比例失调"的状态。公诉权滥用的制约不仅涉及诉讼理念的倡导与宣示,更在于具体制约机制的合理设置与完善,比例构造原理为弥补公诉权制约不足、避免公诉权过度行使提供了一个极佳的视角。

第七章"刑事审判程序的比例设置"着重探讨了比例构造原理对设置刑事审判程序的指导意义。第一节首先通过概念辨析明确将比例构造理论运用于刑事审判程序设置的逻辑前提,即其规范对象并非笼统的审判权,而是由审判机关实施的、对被告人权益产生干预性或侵害性影响的各种刑事诉讼措施及其背后的程序性审判权；然后从"刑事审判权的张弛之度"和"刑事审判程序的宽严分层"分析展示比例构造原理的功能。第二节着重讨论如何在常规的、正式的刑事审判程序之外，设置多元化的"轻缓型"审判程序，以形成审判程序体系的比例性结构。第三节主张对庭审补充侦查、发回重审和撤回起诉等"回流型"程序机制进行比例性控制，以防止被告人的基本权利和合理利益蒙受过度侵害。

"结语"部分对全书要点进行总结，并对比例构造原理应用于刑事诉讼立法的各个环节进行展望。

第一章

刑事诉讼比例构造的规范论基础

刑事诉讼比例构造的规范论基础是公法比例原则。建立这一规范论基础的关键在于在刑事诉讼法中引入这一原则,并将其确立为一项基本原则,从而将其构造功能贯穿于刑事诉讼过程的各个阶段。为构建这一逻辑起点,本章将探讨比例原则的形成、比例原则向刑事诉讼领域的扩展以及刑事诉讼比例原则的内涵与功能。

第一节 比例原则的形成

一、比例原则的基本含义

在西方公法学上,比例原则是一项非常重要的原则,在德国行政法上,它有"皇冠原则"或"第一原则"之誉。我国台湾地区学者陈新民教授将其与民法中的诚实信用原则相提并论,推崇其为公法中的"帝王条款",认为"最足以保障人民权利之制度,莫如比例原则"。[1] 内地也有学者称"比例原则"是公法领域对剥夺公民自由加以规制的"黄金条款"的法律原则之一。[2]

公法比例原则的含义以行政法上关于比例原则的界定为蓝本,可作广义和狭义两种理解。广义比例原则被细分为三个子原则——适合性原则、必要性原则和

---

[1] 陈新民.德国公法学基础理论:下[M].济南:山东人民出版社,2001:389.
[2] 张绍彦.第一次全国劳动教养立法理论研讨会综述[J].现代法学,2001,23(3):156.

相称性原则,此即所谓的三阶理论[1];狭义比例原则仅指其中的相称性原则。

(一)适合性原则

适合性原则又称妥当性原则、适当性原则、目的性原则,是指国家机关所采取的公权力措施必须能够实现其预期的正当目的与功能,或者至少有助于这一实现过程。如果以问题来表述,适合性原则所提出的问题就是:特定手段是否有助于预期目的的实现?这个原则表述的是手段的"目的导向"关系,即手段必须符合目的,以目的作为筛选和选定手段的标准,旨在形成目的与公权力措施之间的"合比例"关系。是否合乎比例,要视手段与目的之间的符合与促进关系而定。具体而言,特定的国家机关虽然有权行使公权力,但必须在法定目的的规范和指导下;同时,虽然国家机关在一定程度上拥有自行选定手段的自由空间,但是所选定者应当能够有效指向其所要达到的法定目的,唯此,才能说是符合了适合性要求。反过来讲,如果国家机关所采取的手段不能达成其目的,就可能因为手段的不适当而违反适合性原则。在此,法定目的为公权力的行使设定了界限,此为适合性原则的要义。[2]

适合性原则虽是从目的基准来判断手段的适合性,但目的本身也需满足一定的要求:第一,目的应当具有合法性与正当性,应仅限于法律已预设的目的,且以一定的公共利益为基础。如果目的不当,则即便手段能够完全达成目的,也不能认为是符合适合性原则,因为追求不适当的目的,手段越"正确"、越"有效",所产生的违法后果、对公民权利的侵犯就越严重。德国纳粹统治时期的行政执法是一个典型的例子。目的的不正当也可以成为违反比例原则的一种形式。需要指出的是,目的适合与目的正当具有不同的意蕴,目的适合强调手段与目的的关系,而不仅仅是目的是否正当。这也正是笔者将该子原则称为"适合性原则"而非"适当性原则"的原因所在。第二,目的应有一定的确定性,即目的必须尽可能清晰,指向明确,能够为国家机关行使权力提供客观的、具有可操作性的指引。如果目的在法律中以明示的方式表述,对它的确定就相对容易;但即便没有明确表述,也未必不可确定。通说以为,可以结合相关的法律以及法律的精神,考察国家机关行使权力时的种种客观情况,采用正常人理性判断的标准来确定该行为所要达到的目的。

手段必须能够有助于达到预定目的,这是适合性原则的核心内容。在一定意

---

[1] 德国学说中另有"二阶理论",认为比例原则只有必要性和相称性两个子原则。"三阶理论"经由1958年德国联邦宪法法院"药房案"的确认,成为法院适用比例原则的基准,也为学界通说所支持。

[2] 例如,行政机关查处超载的客车,如果执法人员只是对客运公司驾驶员处以罚款,却不对乘客作分流处置,就显然不能达到保护乘客安全的目的,此时,行政机关即违反了适合性原则。

义上,适合性也就是手段的有效性。但问题是:手段相对于目的而言应达到多大程度上的帮助,才能称之为适合?德国联邦宪法法院采取了一个最低标准:只要手段不是全然不适合即不违反适合性原则,换言之,只要能够具有部分实现手段的功用,就合乎适合性原则。不仅如此,这个标准不以客观结果为依据,而以措施实施时有权机关是否考虑到相关目的为准。① 这一标准受到了各方面的批评。因为在行政法实践中,任何一项措施都或多或少地有助于达成目的,所以这一标准不免失之过宽。笔者认为,从发挥目的指导作用的角度看,手段达到目的的有效性程度还是应当考虑的,换言之,国家机关所选择的手段应能切实地达成立法者的预期目的。当然,具体判断要复杂一些。一般认为,适合与否必须结合特定的案件语境,运用经验、常识或者其他领域的知识来判断,判断的内容既包括手段运用可能产生的效果,也包括手段运用是否与相关法律目的相冲突等。总体上,适合性原则考虑的是手段与目的之间的"合比例"关系。

(二)必要性原则

必要性原则又称最小侵害原则、最温和方式原则,是指在能够相同有效达成法定目的的手段中,国家机关应当选择对公民权利或利益限制和干预最小的方式。必要性原则所提出的问题是:在众多可以达到目的的方式中,此是否为对公民权益造成损害最小的方式?② 必要性原则是比例原则的核心内容,也是三个子原则中最先形成的一个。1931年《普鲁士警察行政法》第41条第2项规定:"若有多种方法足以维护公共安全或秩序,或有效地防御对公共安全或秩序有危害之危险,则警察机关得选择其中一种。惟警察机关应尽可能选择对关系人与一般大众造成损害最小之方法为之。"③此即最早的必要性原则,后被广泛仿效。

必要性原则适用的前提是存在多个能够实现法律目的的行为方式或手段,如果只有唯一的手段可达成目的,必要性原则就没有适用的余地。该原则的核心内容是对不同的手段进行比较,以作出取舍,取舍的标准与"必要"二字有关。所谓"必要",应有两个含义:一是"不可避免",即国家机关为了行使公权力以达成正当的预期目的,对公民权利造成的侵害难以避免;二是"最小侵害",即国家机关在能达成法律目的的各种方式中,应选择对公民权利侵害最小、最温和的方式。换言

---

① 谢世宪.论公法上之比例原则[M]//城仲模.行政法之一般法律原则(一).台北:三民书局,1994:123.
② 吴信华.法治国家原则(三)——比例原则[J].月旦法学杂志,1999(52):1.
③ 张国勋.必要性原则之研究[M]//城仲模.行政法之一般法律原则(一).台北:三民书局,1994:149.

之,"已经没有任何其他能给人民造成更小侵害而又能达成目的的措施来取代该项措施了"[①]。可见,该原则要求国家机关在考虑限制性手段与预期目的相符合的关系(此为适合性判断)的基础上,重点在不同的限制性手段之间进行衡量和比较,以选择一种既为实现公共利益所需,又对个人利益限制或损害最小的手段。

必要性的实质体现于两个概念:"相同有效"和"最小侵害"。"相同有效"是指国家机关准备采取的手段与符合适合性的其他手段在达成目的上有同等的适合性程度。如果其他手段在达成目的的效果上与欲采取的手段相比较逊色,则即使它们能大幅度降低侵害的程度,也不能证明国家机关所欲采取的手段不符合必要性原则的要求。这需要考察达成目的的效果,欲采取的手段不能比其他备选手段逊色,即便不能更优,也至少应当是等效的。在有效性程度的判断方面,必要性分析与适合性分析取得了一个联结点。"最小侵害"是指在干预公民权利时,必须选择造成损害程度最低的那个手段。例如,房屋年久失修,虽有倒塌危险,但如果存在修缮可能,且房屋所有人也准备修缮时,国家机关就不必坚持采取拆除的方式来处理。"最小侵害"是必要性原则的核心内容,彰显了比例原则保障人权的基本旨意。它表明,公权力行为在追求公共利益时对公民权利可能产生一定的副作用,但这种副作用是追求公共利益的应有代价,问题的关键不在于是否有副作用,而在于如何将副作用控制在最低限度,以使公民能够忍受。总体上,必要性原则考虑的是手段与后果之间、手段与手段之间的"合比例"关系。

(三)相称性原则

相称性原则又称狭义比例原则、均衡原则,是指国家机关对相对人利益的干预或损害不得超过法律目的所追求的公共利益,两者之间必须合比例或者相称。相称性原则所提出的问题是:公权力措施所欲达到的公益相较于所侵害的私益,孰轻孰重?如果推行之,在法益上是否显失均衡?特定的公权力措施或许已然满足了适合性原则和必要性原则的要求,即手段既是适合的,也是必要的,但是,如果该手段所侵害的公民私人利益与其目标所追求的公共利益相比,前者明显超过后者,两者处于不相当的状态,那么,国家机关采取该项措施就违反了相称性原则,其原因在于使公民权利和利益所受的损失超过了公权力措施所追求的公共利益。相称性原则所考察的是公民权利与公共利益之间的"合比例"关系。它要求国家机关在授予或行使公权力时,应当将该公权力可能对公民造成的损害与达成法定目的可能

[①] 胡建淼.论公法原则[M].杭州:浙江大学出版社,2005:538.

获得的利益进行权衡,只有在后者大于前者时才能授予或行使该公权力;反之,则不能。

行政法学者曾用比喻来说明相称性原则:一是"以炮击雀"。德国学者麦耶尔·柯普(Myaer Kpop)指出,警察欲驱逐樱桃树上的小鸟,即使无鸟枪,也不可用大炮打小鸟。另一位德国学者洛塔尔·希尔施贝格(Lothar Hirschberg)赞同这一观点,他进一步借此比喻说明了必要性原则与法益相称性原则之间的差异:用大炮击麻雀,既违反必要性原则,也违反相称性原则,但两者的要点并不一样。之所以违反必要性原则,是因为只需使用鸟枪即可完成任务;之所以违反相称性原则,是因为用大炮击麻雀,不论击中与否,炮声都会惊吓邻居或者造成其他不堪设想的后果。二是"杀鸡取卵"。陈新民教授说,相称性原则是指一个行为(杀鸡,剥夺鸡的生命)与其所追求的代价(一个鸡卵)之间不成比例、失去均衡。[①]

可见,相称性原则已经超出了纯粹的手段与目的之间的关系问题,转化为公民私人利益与公共利益之间的衡量问题。如果说"法定目的"涉及的是公共利益,那么,行使公权力手段对公民权利所造成的损害涉及的就是私人利益。"目的"与"损害"是否成比例,也就是公共利益与私人利益是否成比例。由此,相称性原则使比例原则上升为一个价值性的原则,它着重从"价值取向"上来规范国家公权力措施的设置与行使。其暗含的价值预设是,私人利益与公共利益可以放在同一个天平上加以衡量,公共利益并非当然首要,其在某些情况下应当让位于私人利益,私人利益也并非可以随时随地付出的代价,对它的限制应当是谨慎的和有条件的。如果将公民个人合法利益作为一种法律目的,那么,相称性原则考虑的是目的与目的之间或法益与法益之间的"合比例"关系。

(四)三个子原则之间的关系

在比例原则的三阶理论中,适合性、必要性和相称性这三个子原则各自具有独立的内涵和不同的侧重点,又相互联系,形成一种递进关系。就不同的侧重点而言,适合性原则所强调的是手段与目的之间的联结关系,关注的是特定手段的合目的性问题;必要性原则强调的是手段与手段的比较与选择关系,关注的是手段成本最小化、结果最优化问题;相称性原则强调的是成本与收益、一种利益与另一种利益之间的权衡与比较关系,关注的是代价与收益是否相称,目的与目的之间、价值与价值之间的均衡问题。对于比例原则的基本含义而言,三个子原则缺一不可,只

[①] 陈新民.德国公法学基础理论:下[M].济南:山东人民出版社,2001:370.

有把三个子原则结合起来考察,才能最终确定国家机关的特定职权行为是否符合比例原则。

关于比例原则在立法上的规定,我国台湾地区《行政程序法》第 7 条提供了一个范本,其规定:"行政行为,应依下列原则为之:一、采取之方法应有助于目的之达成。二、有多种同样能达成目的之方法时,应选择对人民权益损害最少者。三、采取之方法所造成之损害不得与欲达成目的之利益显失均衡。"这可以视为对公法比例原则简洁且完整的表述。

二、比例原则的观念渊源

(一)古希腊时期"中庸"与"适度"的政治哲学

人们很早就开始将"比例"哲学应用于政治和法律领域,古希腊雅典时期的政治家梭伦(Solon)将其表述为适度思想,其要点可用一个短句来表达,即"别太过分了",也即只有将限度作为社会秩序的界线,才能实现社会正义的目的。[1] 梭伦能够成为后世立法者的楷模,与他强调适度思想的立法实践有很大关系。

古希腊哲学家亚里士多德(Aristotle)对中庸与适度的思想十分推崇,并作了较为系统的理论阐述。他在探讨"什么是美德"时指出:行为"存在着过度、不及和中间。……德性就是中道,是对中间的命中";同时,"事物有过度、不及和中间。……德性就是中道,是最高的善和极端的正确"[2]。适度在此上升为一种美德,既可以用来描述事物的属性,也可以用来界定行为的标准。无论是世间万物,还是人的行为,只有做到中道或适度,才能说达到了德性或美德的要求和标准。他指出:"德性是一种凭选择所得的习性。它的特点在于适度,或遵循适合各人的适度。"[3]正义是政治与法律领域里的善德,而适度是德性的一种内在属性,因此正义是符合中道与适度的。他说:"公正处于做不公正的事情和受不公正的待遇之间。一方面是所有的过多,另一方面是所有的过少,公正则是一种中道,而不公正则是两个极端。"[4]在国家的政治生活和法律实践中,"毋过毋不及"是政治正义的基本属性,公平其实

---

[1] 范剑虹. 欧盟与德国的比例原则——内涵、渊源、适用与在中国的借鉴[J]. 浙江大学学报(人文社会科学版),2000(5):95—100.

[2] 亚里士多德. 尼各马科伦理学[M]. 苗力田,译. 北京:中国社会科学出版社,1990:32—33.

[3] 亚里士多德. 尼各马科伦理学[M]. 苗力田,译. 北京:中国社会科学出版社,1990:35.

[4] 亚里士多德. 尼各马科伦理学[M]. 苗力田,译. 北京:中国社会科学出版社,1990:100.

就是比例相称。亚里士多德将正义分为普遍正义和特殊正义,后者又分为分配正义和矫正正义。分配正义是指社会共同体成员间分配名誉、金钱或其他财产时的正义;矫正正义表现为收益与损失之间的平均值,意味着要尽量使在不平等状态中实施非正义方的收益减少、遭受非正义方的损失减少。他之所以偏好共和制而非民主制,就是因为共和制具有"中庸"的性质,即掌握城邦统治权的多数人不要牺牲其他少数人的利益。① 虽说亚里士多德的中庸与适度的政治哲学思想包容甚广,未必直接决定着比例原则的产生,但两者之间的历史传承脉络却是隐约可见的。

(二) 自然法思想

1895年,德国行政法大师奥托·迈耶(Otto Mayer)在其《德国行政法》中指出:"以自然法上的基础要求警察作符合比例的防御并界定警力发展的范围。警察机关不得在法律一般授权下,超过此自然法的范围,作出逾越授权的防御。"② 于此,他将比例原则(当时仅指必要性原则)与自然法学说联系起来。自然法学是西方法学史上最为悠久的一种法律思想。不同历史时期的自然法学在理论内涵上并非完全一致,但在某些基本方面仍然可以概括出共同特征:其一,自然法与实证法相对,它不是由人类所直接创设的;其二,自然法可以超越时空和文化差异,适用于所有的人和事;其三,自然法建立在客观实在的本体结构的基础上,它是被发现的,而不是被创设的;其四,自然法是凭自然理性来把握的道德规范;其五,自然法是人类追求善良美德的理性途径。③

自然法学说与比例原则的联系表现在:其一,依自然法学说,法的本质是客观规律的体现,如孟德斯鸠(Montesquieu)所说,"法是由事物的性质产生出来的必然关系"④。因此,立法者所制定的法律必须以客观规律为基础,对人们行为的调整不能背离客观规律。事物之间的比例关系是客观存在的普遍现象,这正是自然规律的一种形式,也就成为自然法的一部分。其二,自然法学说主张,国家制定法应建立在理性意志的基础上,而不应是个人意志、任性、欲望和成见的产物,理性是衡量实在法好坏的一个标尺。这一点与比例原则也是相通的,比例所表述的是事物之间的理性关系,比例原则所表述的则是国家权力与公民权利之间的理性关系,两者之间存在一致性。其三,自然法学说认为,法的功能和目的在于实现正义,而正义

---

① 张乃根. 西方法哲学史纲[M]. 北京:中国政法大学出版社,1993:39.
② 陈新民. 宪法基本权利之基本理论:上[M]. 5版. 台北:元照出版有限公司,1999:258.
③ 秦策,张镭. 司法方法与法学流派[M]. 北京:人民出版社,2011:121.
④ 孟德斯鸠. 论法的精神:上[M]. 张雁深,译. 北京:商务印书馆,1961:1.

是关于公共幸福的合理安排,在这种合理安排中,每个人都能得其所应得,享受他应得的权利和承担他应担的义务,权利与义务之间形成一种适度的关系,超越这种关系就可能侵犯他人的正当权利,产生不正义的行为。比例原则将关注点放在国家权力与公民权利的关系上,要求即便是国家权力,也不得以过度的方式限制公民权利。在这一点上,它与自然法学说是一致的。可见,合比例的思想包含于自然法的本意中,比例原则可以在自然法学说中找到其观念渊源。

(三)近代法治与限权思想

在前现代的专制国家中,君主集立法、司法与行政等国家权力于一身,为确保国家利益与统治权力的贯彻,往往对人民的权利过多干预,甚至无所不用其极。当时并无权力分立和法治思想,对君主及其统治机构的滥权往往难以制约。近代资产阶级革命后,法治理念成为一种制度实践。正如英国学者弗里德利希·奥古斯特·冯·哈耶克(Friedrich August von Hayek)指出的:"撇开所有的技术细节,法治的意思就是指政府在一切行动中都受到事前规定并宣布的规则的约束——这种规则使得一个人有可能十分肯定地预见到当局在某一情况下会怎样使用它的强制权力和根据对此的了解计划它自己的个人事务。"[1]其核心价值在于限制国家机关的权力,保障国民的自由。与此同时,分权与限权作为宪政原则得以确立。权力的分立有助于防止政府专制,确保公民自由权利的行使,这已成为各国普遍的实践。法国1789年《人权与公民权宣言》规定:"人的出生及生存,有自由及平等之权利。社会之差别,除为公共利益所必要者外,不得任许之。"只有出于公共利益的必要性,才可对人权进行限制,换言之,对人权的干预应遵循一定的尺度,不可毫无节制。

比例原则所规范的正是国家权力与公民权利的关系,它要求国家权力有节制地行使,以最大限度地实现个人的自由权利。由此不难理解,比例原则的思想之所以首先在警察法中萌生和展开,正是因为警察行为是国家权力对人民基本权利威胁最大的领域。法治理念的核心是以法律来规范国家权力的行使,但对国家权力的规范并不完全抑制或取消国家权力,国家权力的无限扩张和绝对限制都不是法治的本义,重要的是在国家权力与其所针对的公民权利之间形成必要的"比例"关系,权力的行使恰到好处,权利的受损也恰如其分。于此可能确证近代法治与限权思想、比例原则之间的观念渊源关系。

---

[1] 哈耶克.通往奴役之路[M].北京:中国社会科学出版社,1997:73.

(四)罪刑相适应的刑罚思想

罪刑相适应原则的核心是刑罚的适度问题。1215年英国《大宪章》规定:"犯小罪的自由人不受罚,除非合于罪之程度;若犯了大罪则应按照罪之严重性受罚,不过不应夺取他基本生存所需要的。"意思是自由人犯罪时虽然要遭受刑罚,但需符合一定尺度,其程度应当依其所犯的罪的轻重而定,轻罪轻罚,重罪重罚,这是一种以对等正义为思想基础的"罪刑均衡"理念,可以视为"比例"理念在刑法领域的具体显现。它被柯克大法官(Sir Edward Coke)视为"古代普通法的复兴和宣言"。[1]

在18世纪的欧洲大陆,"刑罚适度"与"罪刑相适应"观念经资产阶级启蒙思想家的传播而逐渐深入人心。1721年,孟德斯鸠在《波斯人信札》中指出:"无论政府温和或酷虐,惩罚总应当有程度之分,按罪行大小,定惩罚轻重。"[2]在《论法的精神》中,他进一步指出,"刑罚的轻重要有协调,这是很重要的,因为我们防止大罪应该多于防止小罪,防止破坏社会的犯罪应该多于防止对社会危害较小的犯罪""在我们国家里,如果对一个在大道上行劫的人和一个行劫又杀人的人,判处同样刑罚的话,那便是很大的错误"。[3] 切萨雷·贝卡利亚(Marchese di Beccaria)是这一思想的追随者,1764年,他在《论犯罪与刑罚》中总结出一条普遍公理:"为了不使刑罚成为某人或某些人对其他公民施加的暴行,从本质上讲,刑罚应该是公开的、及时的、必需的,在既定条件下尽量轻微的、同犯罪相对称的并由法律规定的。"[4]在切萨雷·贝卡利亚看来,犯罪的力量越强,制止犯罪的手段就应当越有力,刑罚与犯罪应当相应相称。决定具体刑罚量的分配需要一定的"犯罪标尺"。这一标尺不是犯罪意图或道德罪孽的大小,而是犯罪对社会的危害程度。[5] 犯罪标尺的存在,使得"人们就能找到一个由一系列越轨行为构成的阶梯,它的最高一级就是那些直接毁灭社会的行为,最低一级就是对于作为社会成员的个人所可能犯下的最轻微的非正义行为。在这两极之间,包含了所有侵害公共利益的,我们称之为犯罪的行为,这些行为都沿着这无形的阶梯,从高到低顺序排列"。"从高到低顺序排列"的犯罪行为的阶梯固然是一个假定,但如果成立,"那么也很需要有一个相应的、由最强到最弱的刑罚阶梯。有了这种精确的、普遍的犯罪与刑罚的阶梯,我们就有了一把衡

---

[1] 爱德华·S.考文.美国宪法的"高级法"背景[M].强世功,译.北京:生活·读书·新知三联书店,1996:25.
[2] 孟德斯鸠.波斯人信札[M].罗大纲,译.北京:人民文学出版社,1958:141.
[3] 孟德斯鸠.论法的精神:上[M].张雁深,译.北京:商务印书馆,1961:91—92.
[4] 贝卡利亚.论犯罪与刑罚[M].黄风,译.北京:中国大百科全书出版社,1993:109.
[5] 贝卡利亚.论犯罪与刑罚[M].黄风,译.北京:中国大百科全书出版社,1993:42.

量自由和暴政程度的潜在的共同标尺,它显示着各个国家的人道程度和败坏程度。然而,对于明智的立法者来说,只要标出这一尺度的基本点,不打乱其次序,不使最高一级的犯罪受到最低一级的刑罚,就足够了"。① 刑罚制度能够公正,罪与罚的相称是至关重要的。

1784年,法国高等法院总检察官拉克雷泰尔(Lacretelle)也提出了类似的主张:"应该用一张表格列出在各个国家中所能看到的所有犯罪种类,在我看来,这种分类的最佳原则是根据犯罪对象区分罪行,分类时应使各类之间界限分明,按照各种罪行的相互关系,将每一种罪行置于极其严格的等级中。最后,这张表应该与另一张刑罚分类表严格地对应。"②"从高到低顺序排列的犯罪阶梯"与"从最强到最弱的刑罚阶梯"建立的关系,其实就是一种比例关系。这种"罪"与"刑"的比例关系体现启蒙时代的法律工作者所寻求的一种理想刑罚制度,他们试图将每一种罪行和每一个应受惩罚的人都纳入通用法典的条款中,以避免擅权和酷刑,实现罪与刑的相适应。

当"比例"理念进入刑法领域,便产生了"罪刑相当"的原则,虽然这只是涉及犯罪与刑罚问题,但其中蕴含着普遍的意义。由于这样的规定"明确表述了国家行为须依所犯之范围受到了比例原则的拘束"③,因此它对于其他法律领域国家权力的规范行使可以起到直接的示范作用。既然刑罚与犯罪之间理应形成一种"比例"关系,那么,行政权力甚至其他公权力的行使自然也应当与其所针对的违法行为形成"比例"关系。在这个意义上,罪刑相适应思想构成了比例原则的观念基础。

三、比例原则的制度滥觞

德国是比例原则的正式诞生地。

比例原则形成于18世纪晚期德国的警察法领域,这与当时德国的特殊历史背景有关。其时,英国和法国等国已迈入自由法治时代,而政治上尚未统一的日耳曼各邦虽已受到法国大革命的影响,但仍未脱离警察国家的色彩。18世纪前,德国的警察事务甚为广泛,涵盖外交、国防、财政、司法以外的所有国家行政范围,以至于

---

① 贝卡利亚. 论犯罪与刑罚[M]. 黄风,译. 北京:中国大百科全书出版社,1993:66.
② 米歇尔·福柯. 规训与惩罚:监狱的诞生[M]. 刘北成,杨远婴,译. 北京:生活·读书·新知三联书店,1999:101.
③ 蔡震荣. 行政法理论与基本人权之保障[M]. 2版. 台北:五南图书出版公司,1999:106.

产生"警察国家"的称谓。自 18 世纪初期,警察权逐渐收缩,仅限于管理国家的内部行政事务,然其所涵盖的领域依旧十分广泛,且警察法重在赋权,限权明显不足,因而产生规范的急迫需要。① 所以,《普鲁士一般邦法》的创始者卡尔·戈特利布·萨瓦莱兹(Karl Gottlieb Savarez)在 1791 年的一次演讲中宣称:"公共的国家法之第一基本原则是,国家仅得在'必要'情形下有权来限制个人的自由,以担保所有人自由之存在,这也是警察法的第一个基本原则。"② 在此明确提出了应以必要性作为警察权力行使的前提条件。1794 年《普鲁士一般邦法》第 10 章第 17 条规定:"警察任务限于危害防御,所谓福利促进不属于警察任务范围。警察机关为了维护公共安宁、安全与秩序,必须为必要之处置。"③ 据此,警察的任务被限定为采取"必要"的措施来维持公共安宁、安全和秩序以及排除对国家或个别成员现存的危害,其必然的推论是,对警察权管辖行使的范围应当加以界定,使之不超出必要的限度,以致无端干预人民的权利。④

《普鲁士一般邦法》的规定使警察法中的比例原则初具雏形,但在执法实践中并未产生实效,以至于在立法上产生了反复。1850 年《普鲁士警察行政法》规定,警察权管理的对象是"所有必须被警察规范的范围",于是,警察权的行使再度扩张,必要性的意旨荡然无存。⑤ 立法上的这一倒退在 1882 年普鲁士高等行政法院的"十字架山"(Kreuzberg)案判决中得到了纠正。柏林市郊有一座"十字架山",山上建有胜利纪念碑,为使市民仰首即可看见此令人鼓舞的景观,柏林警方颁布了法令规定,山区附近居民建筑房屋的高度应不能挡住柏林市民在远处眺望纪念碑。原告所建房屋恰好对市民眺望纪念碑有所妨碍,于是警察对其实施处罚。原告不服,诉讼就此展开。原告主张警方的处罚超出了其职责范围,而警方则强调其有"促进社会福祉"的职权。在判决中,普鲁士高等行政法院并未适用《普鲁士警察行政法》,而是援引《普鲁士一般邦法》第 10 章第 17 条的规定,认为警察机关纯粹以美学观点来执行限建禁令,虽属"福祉促进"措施,但不属于法定的警察任务。无法律上进一步的明确授权,警方的措施不能被视为必要,最后判决原告胜诉。高等行政法院的推理是,《普鲁士一般邦法》规定"采取为维护公共秩序所必要的措施"是"警察

---

① 李震山.西德警察法之比例原则与裁量原则[J].警政学报,1986(9):1—9.
② 蔡震荣.行政法理论与基本人权之保障[M].2 版.台北:五南图书出版公司,1999:15—16.
③ 朱武献.言论自由之宪法保障[C]//中美言论自由法制之比较研讨会专刊.台北:中国比较法学会,1986:29.
④ 陈新民.德国公法学基础理论:下[M].济南:山东人民出版社,2001:376.
⑤ 蔡震荣.行政法理论与基本人权之保障[M].2 版.台北:五南图书出版公司,1999:15—16.

的职责",不必要的措施则不属于"警察的职责",由此将警察采取的措施是否超过为实现目的所需要的限度作为审查的内容之一,这正是必要性原则的意蕴。

"十字架山"案判决落实了比例原则的法律效力,对比例原则的明确化厥功至伟。当然,它在学理上的影响同样深远。陈新民教授总结了该案为公法学所带来的启示:(1)本案确定了自由主义的民主法治国家的理念,将警察的权力由扩张性质的"促进福祉观念"限缩到法定的"防御危害"的位置;(2)本案宣示了,未得法律"明白"授权,不可以侵犯人民权利,"法律保留"原则因此树立;(3)警察以"美学眼光"所颁布的禁令,非其法定权力所必要,"必要性"原则因此获得运用;(4)更重要的是,本案说明了一项公权力的措施(此处是警察命令),一旦涉及侵犯人权,就可以由一个独立的行政法院予以审查甚至否认其合法性;(5)附带引起的回响鼓舞了行政法学对行政权力的"拘束"的研究。"自此,德国行政法学界对'比例原则'(必要性原则)的研究,正式步入开拓期。"①

至此,《普鲁士一般邦法》中确立的必要性原则,经高等行政法院判决的正式承认,获得了实际的法律效力,其他德国各邦及联邦法院也都相继认同并接受普鲁士高等行政法院的见解,必要性原则的地位遂得以奠定。只是此时的"比例原则"实际上仅限于"必要性原则"的范围。

受此推动,关于比例原则的理论研究走向深入。1895 年,奥托·迈耶在其《德国行政法》一书中指出:"以自然法上的基础要求警察作符合比例的防御并界定警力发展的范围。警察机关不得在法律一般授权下,超过此自然法的范围,作出逾越授权的防御。"②这里直接使用了"比例原则"的措辞。在 1923 年该书的第三版中,奥托·迈耶进一步将比例与自然法联系起来,主张比例原则的考虑源自自然法的要求,自然法提供了警察恰当行使其职权的"黄金比例"。于是,比例原则的意蕴超出了必要性的范畴。奥托·迈耶推动了关于比例原则的理论研究,只是未能对比例原则的内涵作出较为明确的界定。

1911 年,弗里茨·弗莱纳(Fritz Fleiner)在《德国行政法体系》一书中提出了脍炙人口、流传至今的名言"警察不可用大炮击麻雀",还提出了"较温和手段""最后手段"等概念,使必要性原则的内涵更加具体化。他举例说,处罚违反商业法令的商店,如果警察完全可以用执行罚等"较温和手段"来处置的话,就不得使用"吊销

---

① 陈新民.宪法基本权利之基本理论:上[M].5 版.台北:元照出版有限公司,1999:257.
② 陈新民.宪法基本权利之基本理论:上[M].5 版.台北:元照出版有限公司,1999:258.

执照"的方式,后者使商店的经营资格归于消灭,过于严厉,只能作为不得已时使用的"最后手段"。总之,警察对于人民权利的限制,不能无所不用其极,必须"合乎适当的比例"①。

不过,弗里茨·弗莱纳对于比例原则内涵的论述仍然囿于"必要性原则",尚未涉及适合性原则和相称性原则。行政法学者沃尔特·耶利内克(Walter Jellinek)对此有重要突破,1913年他出版了《法律、法律适用及目的性衡量》一书,在探讨警察权力行使界限时,提出"侵害性""不足性""过度性"和违反"适合性"(目的性)四个概念来描述"不合比例"的警察行为。其中,"侵害性"是指警察权力侵入人民并不存在义务的领域;"适合性"是指行政权力不应偏离其所追求的目的(如"公益");"不足性"是指警察使用的措施虽然具有方向适合性,但在操作上不足以达到警察措施所追求的目的;"过度性"与"不足性"相反,是指警察使用的措施超出了警察措施所追求的目的。在此,沃尔特·耶利内克提出了"适合性"理论,首次对"适合性"和"必要性"两个子原则分别加以论述。至此,关于比例原则的三个子原则已形成了比例原则中三分之二的内容。

1949年,德国基本法公布。次年,黑森邦(Hessen)颁行《直接强制使用法》,其第4条规定:"在使用直接强制时得就其方式及程度选择对于当事人及公众损害最小的手段,且不得与所达成之结果'明显地不成比例'。"这一条款中除了必要性原则的内容外,又增加了相称性即"狭义比例原则"的思想。比例原则于是获得了全面的内涵。至1976年,《联邦与各邦统一警察法》明确将完整的比例原则纳入其中,其主要内容如下:在实现目的有多个可操作的手段时,警察应在多个可行手段中选择对个人或公众伤害最小者为之;要达到的目的与采取的手段应成一定比例;目的达成后,或发觉目的无法达成时,处分应即停止。至此,比例原则的三个子原则在立法上得到了广泛的认可。

综上所述,比例原则的含义起源于必要性原则,其后逐渐扩展至涵盖适合性原则和狭义比例原则三个方面的内容,其间经历了立法、司法和理论领域的反复调适,历经一百多年的演变,方才获得稳定而全面的内涵,并被广泛应用于德国的行政法领域。基于该原则在限制行政权力与保障人权方面的重要作用,其作为行政法的重要原则很快被一些大陆法系国家如法国、西班牙、意大利等所采纳,其后又影响其他许多国家和地区如日本、我国台湾地区等。

---

① 陈新民.宪法基本权利之基本理论:上[M].5版.台北:元照出版有限公司,1999:258-259.

在英美法系,虽然传统上存在与比例原则法理相通的"合理性原则",但是也在逐渐接受比例原则。例如在英国,对是否接受比例原则存在理论上的激烈争论,但在司法实践中,比例原则的适用是"暗渡陈仓"的。目前,在英国,比例原则的适用大体上有四种路径:一是涉及欧盟法的比例原则适用;二是不具备欧盟法的要素,被作为独立的国内原则而适用;三是在司法上虽然不是明确地适用比例原则,但适用了比例原则的某些要素,或是适用某些原则时体现了比例原则的要素;四是与1998年人权法案相关的比例原则适用,此种情形主要集中在公民权利受限领域,如在紧急状态下,出于对公民权利的保障,需遵循比例原则,对公民权利予以最小的侵犯或限制。通过这四种路径,比例原则实际上已经在英国的很多司法审查案例中得到援引。[①] 因此,如果我们说比例原则所包含的精神与价值在西方主要国家的法律制度或司法实践中得到了广泛的体现或认同,这是不过分的。

第二节　比例原则向刑事诉讼领域的扩展

一、比例原则的宪法化

20世纪50年代以后,德国开始较大规模地将比例原则融入成文法的框架,联邦宪法法院也开始大量援用比例原则进行违宪审查,由此开启了比例原则宪法化的时代。这一过程以德国联邦宪法法院的"药房案"判决为标志。

"药房案"的诉讼请求人是一名药剂师,他早在1940年即被核准开业,第二次世界大战后成为东德一家药房的管理人,后移民西德,1956年7月向巴伐利亚州政府申请在当地开设药房。当时,巴伐利亚州为保障有序的药物供给,调控药物的过度生产,制定了一项药剂师法,规定新设药房必须符合较为严格的条件,以此来控制药剂师执照的数量。州政府根据州法规定拒绝批准这位东德新移民开业,他于是提出宪政申诉,宣称州政府决定及有关州法条款侵犯了其职业自由。联邦宪法法院支持了他的诉讼请求,其判决的基本理由是:规定开始某项职业活动必须满足特定要件往往会影响职业选择的自由,须有"非常重大的团体利益"作为其正当性基础。该案所涉及的国民健康无疑是一种重大的团体利益,为保护这一利益,可使

---

① 胡建淼.论公法原则[M].杭州:浙江大学出版社,2005:550.

对个人自由的限制正当化。关键的问题是,假如药剂师法中的开业限制取消,那么,对有序的药物供给可能造成的干扰程度是否一定会危害国民健康。对此问题,联邦宪法法院给出了否定的答复。①

在该案中,法院是依照比例原则的三个子原则并结合案情对相关立法进行审查的。法院认为:"基本人权应保护个人自由,对公共利益之保护在充分的法律保留下加以保障。为使上述两种要求达到平衡之必要性,对立法者侵犯依下列基本原理有不同的要求。(1)只要经过合理的公共利益考虑,认为合乎目的,即可以限制营业从事自由。(2)只有在为了保护特别重要的共同利益而必须对择业的自由进行限制的情况下,才允许通过主观许可调整。(3)职业与选择自由只有当极重要的共同利益的保护能够证明对择业自由的限制有助于防止极可能出现的危险时,才允许通过客观许可调整,即对权利予以限制。假如此类侵害无法避免,则立法者应选择对于基本人权限制最少的侵害形式。"②这一段叙述以完整的形态表述了比例原则的"三阶理论",恰好成为比例原则宪法化的标志。德国基本法中其实没有对比例原则的明文规定。但是,联邦宪法法院认为,可以直接由德国基本法的条文引导出对比例原则的适用,这些条款包括第1条第1项关于人类尊严的规定、第1条第3项关于基本权的本质要求、第3条第1项的平等原则、第19条第2项的基本权核心保障原则,以及第20条的法治国家原则等规定。德国联邦宪法法院在1965年12月15日的裁决中指出:"比例原则是宪法国家即法治原则的结果,只有在保护公共利益的情况下,才能够有关于限制基本权利的明确规定,基本权利是个人要求相对于国家权力的自由的一种表达方式。"因此,从终极意义的角度来看,"比例原则渊源于法治国家理念及基本人权的本质的最基本法律原则"③,并且成为维护基本权的重要工具,应当具有宪法的位阶。

比例原则宪法化的直接后果是其规范领域的扩张与延伸,这种扩张与延伸具体表现在以下三个方面:

扩展之一:由行政法领域扩展至一般公法领域。

自"药房案"后,比例原则被广泛应用于各个部门法领域,不再局限于警察法和

---

① 卡尔·拉伦茨.法学方法论[M].陈爱娥,译.北京:商务印书馆,2003:280.
② 罗尔夫·斯特博.德国经济行政法[M].苏颖霞,陈少康,译.北京:中国政法大学出版社,1999:173—174.
③ 陈新民.德国公法学基础理论:下[M].济南:山东人民出版社,2001:375.

行政法。① 比例原则也被用来解释各个法律领域内的不同问题,甚至用来解释民法上对善良风俗的违反问题:假如对方不利因素的增长与所追求的利益根本不成比例,那么所使用的手段就是违反善良风俗的。② 笔者并不赞同这种过度泛化的做法,因为它可能将比例原则等同于一般的"合比例"思想,致使比例原则丧失其独特的功能和作用。

但是,基于"公法家族"的共通法理,将比例原则扩展至公法领域应该是可行的。在宪法化后,比例原则被划分为行政法意义的比例原则和宪法意义的比例原则。前者所关注的是行政性公权力与行政目的之间的比例关系,后者所讨论的是涉及人权的公权力行为(如立法、司法和行政行为)与其目的之间的比例问题。这一关注点符合公法的基本性质。按照公法学的一般理论,代表公共利益的国家公权力往往处于主动和强势地位,公民个人的各种权利则处于被动和弱势地位。比例原则以平衡两者关系为己任,通过强调对公民权益的保障来抵消公民不利地位的影响,这一平衡的重要功能在于对公权力的行使加以限制,从而实现对个人权利的保障。

扩展之二:由执法行为扩展至立法行为。

行政法意义的比例原则所针对的是行政机关(尤其是警察)的具体行政行为,其审查依据是立法者已经于法律中具体化了的立法目的,由法院来审查警察等行政权的行使者是否选择了符合适合性、必要性、相称性要求的手段,以此来制约行政机关的自由裁量行为。将比例原则扩展至宪法领域后,受到此规范审查的对象延展至立法者的立法行为。立法行为与行政行为的共同点是,它们都是国家机关实施的,导致对公民基本权利产生干预的实际效果。既然比例原则的规范性在于它可以成为防范国家不适当侵害人民权利的调节性工具,那么,立法行为也应当在其调整范围内。宪法意义的比例原则已表明了这样的意旨,即只有在公共利益所必要的范围内,立法者才能够限制公民的基本权利。通过比例原则的宪法化,德国联邦宪法法院可以根据比例原则的理论与方法对涉及对公民基本权干预的立法进行违宪审查。

将比例原则的规范领域由执法行为扩展至立法行为,在德国宪法学界得到了

---

① 胡建淼. 论公法原则[M]. 杭州:浙江大学出版社,2005:536.
② 范剑虹. 欧盟与德国的比例原则——内涵、渊源、适用与在中国的借鉴[J]. 浙江大学学报(人文社会科学版),2000(5):95—100.

相当一部分学者的支持。如学者赖纳·瓦尔(Rainer Wahl)认为将比例原则应用于宪法实践是 1945 年以来公法领域中极为突出的贡献。但也不乏反对者。恩斯特·福斯特霍夫(Ernst Forsthoff)便认为将比例原则的适用由行政法位阶提升至宪法位阶,将导致此原则的质变。他指出:将比例原则运用于立法行为的目的与手段之间的审查时,何种法律目的属于合宪,可能是众说纷纭的,致使审查结果的可预见性大幅降低,进而动摇法律关系的安定性。[①] 同时,比例原则的内涵较为具体明确,三个子原则也都具有较强的针对性和可操作性,但其他的宪法原则,如人性尊严、法治国家、人民主权等都具有抽象性、全局性和根本性的特点,两者在属性上并不相同,若让比例原则承载太多宪法价值,其将"渐失其锋芒,蜕变为一种近乎中性的限制权力的'说法'而已"[②]。

此外,要对立法进行比例性审查,立法权与司法权的合理分工也会成为问题。立法学上一般认为,立法机关拥有立法的形成自由权。宪法并未就所有的基本权作出详尽的规范,也未完整规定各项基本权之间的冲突如何解决。凡宪法中没有作出规定的,均应归属于立法者的权限。这种立法者权限属于形成自由权,其作用如同行政及司法裁量,通常只要不违背授权的目的和宪法的精神,就不受宪法法院的审核。[③] 因此,从尊重上述权力分立原则和立法的形成自由权的角度看,对立法开展比例性审查应持慎重态度。

笔者认为,比例原则的规范领域应扩展至立法机关的立法行为。前述对于这一扩展的反对意见都是围绕违宪审查这一特殊问题展开的,涉及立法权与司法权的分工与制衡问题。但是,不能因为在违宪审查过程中出现了一些难点就否认比例原则对于立法行为的规范作用,何况,比例原则对于立法的规范性也并非只能通过司法审查才能发挥作用,有许多法律原则未必能作为违宪审查的依据,但同样可以对立法的设计和论证发挥规范作用。基于本书的主旨,笔者无意具体讨论比例原则能否成为违宪审查标准的问题,而是从一般意义上主张比例原则对立法行为具有规范和指导作用。因为,只有明确了比例原则对立法行为的规范作用,才能使其成为一个立法原则,也才能有助于将其贯彻于公法的制度与规定中。

扩展之三:由限权扩展到分权。

从发生学的角度,比例原则最初的着眼点是公民基本权利的保障问题,也即防

[①] 蔡宗珍. 公法上之比例原则初论——以德国法的发展为中心[J]. 政大法学评论,1999(62):87.
[②] 许玉镇. 试论比例原则在我国法律体系中的定位[J]. 法制与社会发展,2003(1):129.
[③] 蔡震荣. 论比例原则与基本人权之保障[M]. 台北:五南图书出版公司,1999:139.

止国家权力的行使对人民权益产生不合理、不适当的侵害和限制,这是比例原则的主要功能。其调整对象限于国家机关对公民基本权利的干预行为,因而主要体现的是"限权"的思想。但也有学者提出比例原则可用于国家权力的划分。这种观点主张:"如果把国家权力看作一个'整体',作为'整体'的国家权力也面临着如何行使的问题,即如何对权力整体进行分配,各权力机关之间拥有权力应享有多少比重,应授予何种机关何种权力,授予几个机关,几个机关之间的关系如何等都会直接影响到国家整体权力的运行效果,国家整体权力的分配和国家整体权力的运行效果就好像比例原则的手段与目的的关系一样,所采手段如何会直接影响到目的是否能够顺利达到。……法治国家权力的分配也应贯彻比例原则。"[1]于是,比例原则被适用于国家权力的划分。

事实上,早年德国也有学者主张将比例原则适用于联邦与邦之间的权限争议、财政宪法的事项及制度性保障领域等,但是德国联邦宪法法院曾明白地否认比例原则对这些问题的可适用性。笔者认为,这种否认是有道理的。这是因为:首先,分权与限权在性质上是存在区别的。限权考虑的是国家权力与公民权利之间的关系,分权则着眼于国家权力的合理配置。这两者之间固然也可以找到或远或近的联系,但并不具有直接类似的性质。其次,比例原则不同于一般性的"合比例"思想。前文已述,比例原则虽然与比例哲学思想存在着广义上的联系,但比例原则在法律领域历经一百多年的发展与积淀,已形成特定的内涵和方法,不能将两者简单等同起来。国家权力的分配固然应当符合某种"比例",但这应被看作比例原则的应用。从方法论的角度来看,比例原则中存在一个不可或缺的联结点,即公民的基本权利及相关的合理利益。如果仅仅讨论国家权力的分配与配置,而与公民基本权利无涉,比例原则就失去了逻辑基础。如果缺乏得以具体进行评比的受侵害的个人法益,就必将缺乏可以客观化的标准,比例原则只能沦为一种"适当与否"的抽象判断。

可见,比例原则自产生之初,其适用范围和规范领域就在扩张和延伸——由警察法扩展至一般行政法,其规范对象再由行政行为扩展至司法行为和立法行为。如果要将比例原则界定为一种宪法原则,适当的涵盖力就是必需的。毕竟,比例原则的适用本身也有一个比例适用即适度问题,一方面,应将其独特的解释力充分发挥出来,另一方面存在着界限。以前述分析为基础,笔者主张,比例原则不仅是一

---

[1] 席作立.比例原则的起源、含义及其发展[J].黑龙江省政法管理干部学院学报,2002(4):12.

个行政法原则,而且可以成为指导各个公法门类的基本原则;不仅可以规范法律的实施行为,而且可以规范立法行为。但是,从本原含义出发,比例原则只能运用于以限制国家权力、保障公民权利为主旨的法律领域,而不能适用于旨在划分国家权力的法律机制。

二、比例原则在刑事诉讼法领域的运用

尽管比例原则的宪法化为其扩展至刑事诉讼领域提供了依据,但事实上,它与刑事诉讼法的结盟很早就已经开始了。在德国威玛共和时代,学者弗朗泽恩(W. Franzen)与拉弗莱特(Laforet)就已开始讨论比例原则对于警察逮捕行动中使用警械的行为的规范作用,他们认为,对于诸如在公园里践踏草坪、夜间骑自行车、车速快且未亮灯或大学生将商店橱窗广告牌私自卸下等轻微罪责案件,即使无法达到逮捕的目的,警察也不得使用"警械",因为警械的使用可能侵害嫌疑人的身体及生命等法益,而刑罚所追诉的仅是轻微违警罪,两者相较之下不具有相当性,因此宁可放弃刑罚追诉的可能。1925 年,德国发生了引发广泛关注的哈弗乐(Höfle)博士案。哈弗乐博士被依法羁押,却死在了拘留所,由此引发了学界对羁押制度的检讨,比例原则对于刑事诉讼活动的规范意义逐渐彰显。柯劳希(Ed. Kohlrausch)主张:当羁押危及犯罪嫌疑人的生命时,该羁押应当是不被许可的。[1] 通过在犯罪嫌疑人的生命权与羁押的法益的权衡,强化了人们关于可将比例原则扩展至刑事强制措施的认识,即在行政法内适用的比例原则同样能适用于刑事诉讼法领域。

伴随着比例原则的宪法化,德国联邦宪法法院开始运用比例原则来判断刑事侦查行为的合宪性。在 1963 年的"抽取脊髓案"判决中,宪法法院认定,对于轻微的财产犯罪,只能考虑使用轻微的强制处分,该案抽取脊髓的行为对被告人的身体实施了重大的侵犯,给行为人带来了过分的负担,超越了法律目的所允许的限度。基于此,宪法法院判决抽取脊髓的强制处分行为违反了狭义的比例原则而构成违宪。[2] 显然,比例原则的宪法化推动了刑事诉讼法接纳比例原则的进程。宪法与刑事诉讼法之间本属紧密的"源"与"流"的关系,且都以保障公民权利和约束国家权力的行使为目的,刑事诉讼法往往被视为"基本法的测震器"。[3] 相应地,法律原则

---

[1] 陈新民. 德国公法学基础理论:下[M]. 济南:山东人民出版社,2001:379—380.
[2] 林钰雄. 从基本权体系论身体检查处分[J]. 台湾大学法学论丛,2004,33(3):150.
[3] 克劳思·罗科信. 刑事诉讼法[M]. 24 版. 吴丽琪,译. 北京:法律出版社,2003:12.

在两者之间的转换也更为容易。

通过宪法传导以及行政法的同源转换,比例原则逐渐成为德国刑事诉讼法的一个基本原则。根据德国学者约阿希姆·赫尔曼(Joachim Herrmann)的表述,比例原则是指"刑事追究措施,特别是侵犯基本权利的措施在其种类、轻重上,必须与所追究的行为大小相适应"[①]。德国刑事诉讼法典中虽然没有将这一原则明确表述出来,但许多制度的设置渗透了比例原则的精神。例如,其第112条规定:"如果构成逮捕理由,对具有重大行为嫌疑的被指控人允许命令待审羁押。若与案件的重大程度和可能的刑罚、矫正及保安处分不相称的,则不允许命令待审羁押。"其第113条第1款规定:"对只判处六个月以下剥夺自由或者一百八十个日额罚金以下的行为,不允许根据调查真相困难之虞命令待审羁押。"这里要求羁押的适用必须以嫌疑人存在"重大嫌疑"为前提,并且与案件的重大程度和可能判处的刑罚、矫正及保安处分相称。

与此同时,德国法院通过证据禁止来强化比例原则的规范功能,即如果采取较轻的追诉手段就足够,则不允许采取较重的手段,警方以违反这一原则的手段获取的证据,在审判程序中将会被依法予以排除。德国联邦宪法法院在1973年的"私人谈话录音案"判决中系统阐述了以比例原则为基础排除非法证据的"三步分析法":第一步,判断证据的使用是否会侵害宪法所确立的个人核心权利,这是个人的最私密空间,超越所有政府权力。无论指控有多严重,侵犯这些权利的证据都必须被排除。第二步,判断证据的使用是否会侵入个人核心权利之外的隐私领域。侵犯公民这一领域权益的证据可以在法庭上使用,前提条件是它所代表的公共利益能够超越私人利益。第三步是分析案件证据是否属于不会泄露公民隐私信息的证据,比如商业会议的录音等。由于采纳此类证据不会侵犯被告人的隐私权,因此此类证据通常不会被排除。[②] 这种"三步分析法"注重的是对侦查取证行为所侵害的公民权益与相对立的公共利益之间的相称性评估,这正是对比例原则分析方法的展示。

受德国法的影响,大陆法系的一些国家在接受了比例原则后,逐渐将其贯彻到刑事诉讼法中。如法国在2000年6月15日第2000-516号法律中明确将必要性原

---

① 约阿希姆·赫尔曼.德国刑事诉讼法典[M].李昌珂,译.北京:中国政法大学出版社,1995:引言13.
② Cho Kuk. "Procedural weakness" of German criminal justice and its unique exclusionary rules based on the right of personality[J]. Temple International and Comparative Law Journal,2001,15(1):30.

则作为刑事诉讼的基本原则加以规定①，其具体的刑事诉讼制度的构建也严格贯彻比例原则的精神。意大利也是如此，意大利刑事诉讼法典第 273 条规定了人身防范措施适用的一般条件，只有当存在重大的犯罪嫌疑时，才能对犯罪嫌疑人适用防范措施。如果查明有关行为是基于正当原因而实施的或具有不可处罚性，或者存在使犯罪或可能的刑罚消灭的原因，就不得适用任何防范措施。②

在日本法上，比例原则主要运用于警察法领域。日本警察（官）职务执行法第 1 条规定："本法规定手段之行使，以执行前项目之必要最小限度为限，不得滥用。"其第 7 条规定："警察为逮捕人犯，防止逃逸，保护自己或他人，或压制妨害公务之抵抗，有相当理由，可认为必要时，得经合理判断，于必要限度内，应因情况使用武器。"日本刑事诉讼法虽没有明确规定此原则，但在司法实践中已确立了这一原则："必须考虑到有无扣押……参照犯罪的形态和轻重、对象物的重要程度、被扣押和被搜查对象的利益受损程度等各因素，明确认定不具有扣押、搜查必要的时候，不容许进行扣押和搜查。"③

我国台湾地区受德国法律影响较多，不仅在宪法、行政法领域接纳了比例原则，而且在刑事诉讼法中有诸多体现。如其刑事诉讼法第 90 条（强制拘捕）规定："被告抗拒拘提、逮捕或脱逃者，得用强制力拘提或逮捕之。但不得逾必要之程度。"其第 132 条（强制搜索）规定："抗拒搜索者，得用强制力搜索之。但不得逾必要之程度。"这是要求办案机关在犯罪嫌疑人抗拒拘提、逮捕或脱逃，抗拒搜索时，所采取的强制力不得超过"必要的程度"。其第 122 条规定："对于被告或犯罪嫌疑人之身体、对象、电磁记录及住宅或其他处所，必要时得搜索之。"这强调了搜索必要性的规范作用。

在一些涉及刑事诉讼活动的国际性文献中，也有关于比例原则的表述。世界刑法学协会第十五届代表大会《关于刑事诉讼法中的人权问题的决议》第 3 条宣称："在预审阶段，无罪推定要求与一切强制措施有关的活动中适用比例性原则。根据这一原则，必须使政府干预刑事被告基本权利的严重程度与限制的代替性措施的目的存在合理的关系。这一点应推动立法者把规定审前羁押的代替性措施置于首位，审前羁押在任何情况下都应视为例外情况。"联合国于 1990 年 9 月 7 日通

---

① 赵海峰.法国刑事诉讼法典的重大改革评介：上[M]//赵海峰.欧洲法通讯：第 1 辑.北京：法律出版社，2001：160.
② 意大利刑事诉讼法典[M].黄风，译.北京：中国政法大学出版社，1994：93.
③ 松尾浩也.日本刑事诉讼法[M].丁相顺，译.北京：中国人民大学出版社，2005：75.

过的《非拘禁措施最低限度标准规则》第 6.1 条规定:"审前拘留应作为刑事诉讼程序的最后手段加以使用,并适当考虑对被指控犯法行为的调查和对社会及受害者的保护。"联合国于 1985 年 11 月 29 日批准的少年司法最低限度标准规则将比例或相称原则作为少年司法的一个基本原则加以规定,该规则第 5.1 条明确规定:"少年司法制度应强调少年的幸福,并应确保对少年犯作出的任何反应均与犯罪和违法情况相称。"并在"说明"中将"相称原则"确认为该项规则的重要目的之一。同法第 13.1 条规定:"审前拘留应仅作为万不得已的手段使用,而且时间应尽可能短。"其第 13.2 条规定:"如有可能,应采取其他替代方法,如密切监视、加强看管或安置在一个家庭或一个教育机关或环境内。"联合国于 1989 年 11 月 20 日通过的《儿童权利公约》第 37 条(b)项也规定:"不得非法或任意剥夺任何儿童自由。对儿童逮捕、拘留或监禁应符合法律规定并仅应作为最后手段,期限应为最短的适当时间。"这表明,将比例原则引入刑事诉讼法领域,使之成为刑事诉讼活动的规范性原则,已经成为国际性的共识,比例原则也就成为刑事诉讼的国际准则之一。

三、比例原则进入刑事诉讼领域的原因分析

如前所述,比例原则自诞生伊始就被用于刑事诉讼领域,只是早期仅限于对刑事强制处分(主要包括强制措施、强制性侦查行为)的规制。应该说,这样的联结并非偶然,它表明,比例原则不仅适用于行政法领域,而且具有适用于刑事诉讼活动尤其是刑事侦查活动的特性。

(一)刑事侦查法与警察法在规范对象上的同质性

从起源上看,比例原则是在警察法中率先产生和发展的,它进入刑事诉讼领域初期主要涉及刑事侦查活动。警察法以行政警察的行政行为为规范对象,刑事侦查法则以司法警察的侦查行为为规范对象,两者具有较高的同质性。

在类型学上,世界各国一般将警察分为行政警察与刑事警察,两者的活动具有性质上的差别,不仅职责不同,而且行使权力的法律根据也有所不同。行政警察是为行政目的而执行职务,其依据的是行政法规。刑事警察是指进行犯罪搜查、嫌疑人逮捕等的警务人员,行使刑事司法权,适用刑事诉讼法。[1] 行政警察主要的职责

---

[1] 卡斯东·斯特法尼,乔治·勒瓦索,贝尔纳·布洛克.法国刑事诉讼精义[M].罗结珍,译.北京:中国政法大学出版社,1999:306—388.

在于维护治安；刑事警察主要的职责在于侦破犯罪，抓获犯罪嫌疑人。治安与犯罪之间既有关联又有区别，惩治犯罪有助于维护治安。但治安又有其自身的特点，它还取决于一般的社会秩序。行政警察与刑事警察的职能既相互区别，又相互联结。因为两者存在区别，所以应当分立；又因为两者相互关联，所以执法行为更易受到共同法律原则的规制。适用于行政领域的比例原则自然适用于刑事诉讼领域。例如，在日本法上，警察法规定的警察权必须遵守的三个原则，即公共原则、责任原则、比例原则既适用于普通警察活动，也适用于与犯罪有关的刑事警察活动。[①]

比例原则形成于警察权力领域，其最初的含义也是规范警察权力的行使。因此，将比例原则应用于刑事侦查活动十分合理，也具有必要性。这并不仅仅因为侦查主体往往系警察机关，侦查权力的性质与行政权力的性质相似，而且在于侦查权力在实现其追诉犯罪目的的过程中与行政权力的行使一样存在手段（措施）的合理性问题，由此带来了相同的规制需要，即如何调整和确立因侦查措施的采取而引发的公民权利与国家、社会利益的关系，以及如何设置相应的规则。[②]

需要指出的是，虽然从发生学的角度，比例原则进入刑事诉讼领域是通过警察行政行为与侦查行为的同质性实现的，但是，这并不意味着比例原则在刑事诉讼领域的作用范围仅限于刑事侦查活动。正如比例原则逐渐延伸为一种宪法性的公法原则一样，它在刑事诉讼领域则扩展适用于刑事起诉活动和刑事审判活动，成为贯穿刑事诉讼的基本原则。

（二）刑事诉讼法与行政法的"家族相似性"

在法律分类上，刑事诉讼法与行政法都属于公法。公法是由确定国家机关的组织和职能，调整国家机关与公民、法人或其他组织之间管理与被管理关系的法律原则和法律规范构成的法律体系中的一个法律部类。它一般包括宪法、行政法、刑法和诉讼法等几个法律部门。[③] 行政法与刑事诉讼法都是其中重要的成员。之所以将它们归于同一公法类别，是因为它们所调整的对象、所面对的矛盾、所追求的目标有相当多的共同和类似之处。它们所规范的都是公共权力主体与公民、法人之间的关系，法律关系双方主体地位不对等，权力与权利的配置常常难以均衡，公共权力也容易被滥用，并严重威胁或侵犯公民、法人的权利。[④] 在公法体系中，公共

[①] 田口守一.刑事诉讼法[M].刘迪，张凌，穆津，译.北京：法律出版社，2000：37.
[②] 韩德明.侦查比例原则论[J].山东警察学院学报，2007（2）：90.
[③] 黎国智.法学通论[M].北京：法律出版社，1998：291.
[④] 袁曙宏，等.公法学的分散与统一[M].北京：北京大学出版社，2007：18.

权力的行使与制约问题居于中心地位,公共权力之间以及公共权力与公民权利的关系,是公法部门最核心的法律关系。这对于行政法和刑事诉讼法而言是属于法理共通的部分。无论不同的公法模式之间存在多大的差异,都会以下列两类关系作为调整与规范的对象:一是公共权力之间的关系,二是公共权力与公民权利的关系。不过,这两种关系在公法中的意义未必相提并论,相对而言,后一种更为根本。之所以如此,是因为公共权力之间的矛盾关系只不过是公共权力与公民权利的矛盾关系的一种表现形式、转化形式和实现形式。因此,公共权力与公民权利这对范畴的矛盾运动,就自然成了贯穿公法制度变迁的基本主线和推动公法制度发展的根本动力。① 如此,基于共通法理的比例原则能够很快地进入刑事诉讼的领地就不奇怪了。

(三)刑事诉讼措施的干预性或侵害性

刑事诉讼是国家专门机关依据刑法,行使国家刑罚权的活动。犯罪行为发生后,国家职权机关即采取行动,使用一定的侦查手段来收集证据,对犯罪嫌疑人采取强制措施,并向法院提起公诉,经由审判程序来解决被告人的刑事责任问题。在此过程中,涉及一系列刑事诉讼措施的使用。相比其他诉讼,刑事诉讼中追诉权力的运用具有主动性、普遍性和深刻性,这一点以刑事侦查权最为典型。在侦查活动中,为了及时获取犯罪证据和查获犯罪嫌疑人,侦查机关往往主动干预社会生活,单方面限制个人基本权益和自由。法律也因此赋予了侦查机关灵活多样的调查手段和强制权力。侦查机关既可以采取公开侦查,也可以采取秘密侦查;既可以采取任意侦查,也可采取强制侦查。而对于一些调查手段和强制性措施,如果普通公民没有合理的防御手段,侦查活动就极易对公民的人身权利、财产权利造成侵犯。可见,在刑事诉讼中,经常会发生国家公权力与个人私权的强烈碰撞,也极易造成对人权的伤害。诚如克劳思·罗科信(Claus Roxin)所说:"演变自私仇法制的现代刑法与刑事诉讼法,对个人自由与安全有极大之影响。从另一方面而言,不容忽视的是,国家因此拥有愈来愈强大的刑罚,此对可能无罪的涉嫌人以及不受欢迎的人却可能形成极大的危险。因此在赋予国家侦查权的同时,也需要制定(规则)用来抗衡国家侦查权被滥用时的必要性及范围。"② 如何在实现惩罚犯罪这一公共利益目标的同时,避免对公民基本权利的不恰当干预和伤害?引进比例原则来对刑事诉

---

① 袁曙宏,等.公法学的分散与统一[M].北京:北京大学出版社,2007:27.
② 克劳思·罗科信.刑事诉讼法[M].24版.吴丽琪,译.北京:法律出版社,2003:4.

讼措施尤其是强制处分行为进行一定的约束和衡量是必要的。

比例原则系属宪法位阶的法律原则,其同时约束行政、立法、司法机关,除了侦查机关在进行侦查取证、采取强制措施时应遵守比例原则外,起诉机关的起诉行为、审判机关行使审判权的行为也应当遵守比例原则的规定;立法机关在制定相关法律时,也须注意比例原则的运用。实际上,犯罪嫌疑人或被告的人权应保障至何种程度,与发现真实的目的之间应于何处取得平衡,正是刑事诉讼法学不断探索的重要课题。

第三节 刑事诉讼比例原则的规范功能

近年来,比例原则在我国学界备受重视,其作为一个行政法原则已无歧义,其适用领域的扩展引发了更多关注。有学者提出,基于公法运行方式与内在精神的相通性,应当将比例原则作为一个公法原则。[1] 这意味着,比例原则可以以基本原则的地位适用于公法诸领域,刑事诉讼法也在其列。但是,对比例原则能否扩展至刑事诉讼法领域以及相关理论定位问题,仍然存在诸多分歧。

一、刑事诉讼比例原则的规制领域

刑事诉讼比例构造理论的目标是在刑事诉讼措施所负载的国家权力与其所针对的公民权利之间形成必要的"比例"关系,使权力的行使恰到好处、权利的受损恰如其分、程序的规制恰当均衡。这具有立法导向性。如果要将比例原则作为刑事诉讼比例构造的规范论基础,那么,首先要回答的问题是:比例原则的规制领域被限定为法律实施(执法或司法)活动,能否延伸到立法领域?

作为一种公法原则,比例原则的规范功能在于为公权力的行使提供一种评价标准。规制领域的不同带来评价视角上的差异:施法视角重在从执法或司法的角度对具体执法行为的合比例性进行评价,立法视角着力从立法结构的角度对授权具体执法行为的法律规定或制度的合比例性进行评价。比例原则的司法视角与立法视角当然法理相通,但在方法论上各自有不同的侧重点。

---

[1] 胡建淼.论公法原则[M].杭州:浙江大学出版社,2005:533.

比例原则最初形成于18世纪晚期德国的警察法领域,因此,从发生学的角度,具体执法行为是比例原则规范的主要对象。其后虽经历由警察法至一般行政法的发展,但基本要旨在于约束执法活动中的自由裁量权行使。20世纪50年代后,德国联邦宪法法院通过大量援用比例原则进行违宪审查,开启了比例原则宪法化的时代,比例原则成为宪法位阶的法律原则,在功能上可以同时约束行政、立法、司法机关,其规范领域遂由执法行为扩展至立法行为。[①]

在比例原则宪法化之时,宪法的规范作用也有所加强。宪法在原来单纯的建议性、指导性功能的基础上,赋予法律规范强制性拘束力。这就需要有中立的宪法捍卫者来对立法进行审查,避免立法者的裁量偏离宪法精神的轨道。违宪审查应运而生。在对立法进行审查的过程中,问题之一就是:宪法权利条款的抽象性与宽泛性,如何与具体的立法相联结?宪法法院需要寻找具有可操作性的违宪审查标准以便实现这种联结。于是,比例原则被引入宪法,成为违宪审查标准,也就是相当自然的发展。因此,在一定意义上,比例原则上升到宪法位阶的原则,是宪法由"指导性宪法"发展为"规范性宪法"的一个必然结果。宪法法院在审查公民基本权利是否受到国家公权力过度侵害时,必须通过某些标准来审查合宪性。由此产生了要求立法本身也符合比例原则的要求。至此,比例原则的功能已至少具备宪法委托、解释标准和司法审查标准三个层面[②],不仅要求立法者在制定法律时,在涉及基本权利时有所注意、有所节制,而且要求司法机关在阐释法律时制止国家权力对人权的可能侵犯,并通过违宪审查制度对立法本身是否合乎比例进行判断。比例原则成为违宪审查标准,自然也就成为一种立法原则。

比例原则是作为违宪审查标准而逐渐成为立法原则的,这并不意味着只有在违宪审查的宪法体制下它才能成为一种立法原则。即使没有违宪审查制度,立法者在制定包括刑事诉讼法在内的具体公法时,也应当以宪法为根据,受到宪法中基本权利条款的约束。无论对公权力作何种配置和授予,也无论其可能设置何种制度、措施与程序,都应当在立法时的手段选择与公民基本权利的保障之间进行权衡。在此,比例原则可以发挥作用。此外,作为一种司法原则或执法原则,如果在立法中不作体现,就既不合法理,也有违法制统一的精神。只有当比例原则成为立法者的指导思想时,它才有可能对司法行为和执法行为发挥制约作用。总之,比例

---

① 陈新民. 德国公法学基础理论:下[M]. 济南:山东人民出版社,2001:376.
② 陈新民. 德国公法学基础理论:下[M]. 济南:山东人民出版社,2001:380.

原则对立法活动的规范功能并不一定要通过违宪审查机制才能发挥出来，易言之，我国目前虽然尚无违宪审查机制，但比例原则仍然可以成为立法上的指导原则甚至规范原则。

在讨论比例原则对刑事诉讼活动的规范意义时，学者多数秉持的是司法视角的贯彻，即通过引入司法审查机制，由司法机关综合案件情形对侦查行为或强制措施进行比例性审查，立法上只需对司法审查权与程序性制裁作出规定即可，具体的审查过程由司法人员裁量决定，与立法无涉。一些学者甚至认为，正是立法的局限性构成了比例原则的功能依据。立法者不可能通过法律事无巨细地控制每一项侦查行为，侦查人员的自由裁量权客观上必然存在。这时，司法机关需要一个相应的审查标准来监督侦查机关是否实质性地遵守法律所容忍的对公民自由限制的范围。于是，比例原则成为司法审查的标准，这是权力分立体制下理所当然的结果。[1]这样，比例原则就被看作一种纯粹的司法原则，从而遮蔽了比例原则在立法上应有的功能。

应该说，比例原则的司法视角是相当有价值的。刑事强制处分（强制措施、侦查行为等）与行政行为具有高度的同质性，且所侵犯的法益实质更为重大，也理当获得类似的司法审查及相应制裁。只是在笔者看来，如果仅仅讨论比例原则对于刑事诉讼法实施的规范作用，未免大大压缩了其应有功能的范围。因此，我们应当将其规范领域扩展至立法领域，使得合乎比例的判断不仅是实施法律行为的标准，而且可以成为评价刑事诉讼制度与程序的标准。在德国，比例原则是通过成为违宪审查标准而自然跃升为立法原则的。通过违宪审查制度，司法机关对立法是否合乎比例进行判断，以制止所有立法对公民权利的过度侵犯。但从方法论的角度看，比例原则对立法活动的规范功能并不一定要通过违宪审查机制才能发挥，无论有没有违宪审查机制，立法者在制定法律时都应考虑对公权力作何种配置和授予，并与公民基本权利的保障进行权衡。在此，比例原则显然是可以发挥其独特作用的。

那么，在刑事诉讼领域，比例原则的功能具体是如何辐射至法律实施和法律制定两个层次的呢？以强制搜查为例略作说明。现代法治国家对强制搜查往往要求以"必要者为限"，因而司法机关在决定和审查特定强制搜查行为时适用比例原则，意味着这是一个司法原则；执法人员在执行强制搜查时遵循比例原则的要求，则表

---

[1] 姚莉，陈虎.论侦查监督中的合比例性审查[J].人民检察，2006(21):13—14.

明这是一个执法原则。这是法律实施的层次。立法者在制定法律的过程中也会以特定的方式来适用比例原则,如考虑搜查措施的设置是否有助于侦查目的的实现(适合性分析),是否设置了对公民权益损害最小的搜查方式(必要性分析),以及搜查措施对公民权益的损害是否超过了侦查目的所追求的公共利益(相称性分析)等。在赋予办案机关强制搜查的权限,以及设定实体上的搜查事由时,往往要经过对比例原则的考虑以获得妥当的结论。尽管关于比例原则如何立法化的问题,立法者享有一定程度的判断余地,但这种规范作用是始终存在的,方法论意义也是大有裨益的,即"从立法者制定法律授权基础的立法层次开始,就应该遵守比例原则的诫命,禁止手段与目的不相当的过度侵害"[1]。由此确定了比例原则作为一种立法原则的地位。

作为一种立法原则,比例原则着眼于刑事诉讼程序的合理构建,为其司法运用创设了前提条件。比例原则的立法视角包含两方面的功能:

其一,评估和诊断功能,即运用比例原则的分析方法,对现行的刑事诉讼法制度和程序进行检视,发现不合乎比例原则内涵的问题。评估与诊断的目的是发现问题,并为寻找新的改良路径打下基础。我国刑事诉讼法并未将比例原则确立为一种基本原则,在立法上也没有自觉地将比例原则作为立法的指导思想,因此从比例原则的角度来看,现行刑事诉讼法中存在诸多不符合比例原则的问题。例如,从适合性的角度来看,我国刑事诉讼法对许多新技术取证措施并没有给予正式的确认,面对快速发展的侦查实践要求,在手段上失之偏狭,无法适应侦查犯罪的需要。又如,从必要性的角度来看,我国刑事强制措施制度没有确定羁押例外原则,在实践中拘留和逮捕这两种羁押措施的适用率高于取保候审的适用率,这显然没有选择对被追诉人损害最小的自由处分方式。再如,从相称性的角度来看,我国刑事诉讼法虽然要求侦查人员实施诱惑侦查"不得诱使他人犯罪",但立法对何谓"诱使他人犯罪"并无清晰界定,加上缺乏实质性的程序性制裁约束,侦查机关的诱惑行为超过必要的限度也往往被视为合法,这就给犯罪嫌疑人造成了过度负担。[2] 可见,结合立法意旨与立法效果对某项刑事诉讼措施是否导致对公民权利的过度侵害进行评估和诊断,正是比例原则及其三个子原则的重要功能之一。

其二,构造功能,即自觉地运用比例原则所蕴含的概念工具和分析技术对特定

---

[1] 林钰雄. 从基本权体系论身体检查处分[J]. 台湾大学法学论丛,2004,33(3):149—200.
[2] 秦策,郝文洁. 道德张力下诱惑侦查的法律正当性标准[J]. 福建江夏学院学报,2015(2):55.

的制度进行构建,它是对评估和诊断功能的进一步提升。特别是当我们需要将宪法的意旨忠实地向部门法传递时,比例原则的构造功能将得到充分展现。笔者曾经在倡导以宪法权利指导刑事非法排除规则的设置时指出:"置身刑事诉讼的语境,如果将公民宪法权利比作绝顶险峰之上的'胜境',将排除非法证据的实践比作借以脚踏实地、拾级而上的'石栈',则我们尚需架设勾连两者的'天梯'。毕竟,厘清条文、概念上的对应关系是容易的,而我们需要的却是付诸实施的一种机制。"[1]比例原则正是这样一种联结机制。当然,要针对刑事程序进行比例构造,在方法论上存在着前提条件,即案件情形的轻重、诉讼措施的强弱、过程控制的宽严能够在立法上得到相对明确的表达,从而使"合乎比例"得到相对确定的衡量。比例原则中尽管已内在地蕴含一种较为严谨的方法论规程,但如何对合乎比例进行客观度量仍然存在问题。当然,这个方法论瓶颈是可以借助结合诉讼情境和生活事实的类型化分析技术得到解决的。在笔者设计的思路中,案件情形基于所涉罪行类型、被追诉人类型和诉讼情势类型进行轻重区分;诉讼措施依托于时间、空间、实施方式、被追诉人权益、公共利益和关联对象等因素进行强弱分析;过程控制则立足于审批主体、授权令状、适用条件、裁决程序、过程控制、救济方式和制裁方式等类型化基准进行宽严设置。依此理论模型不仅可以对现有制度展开静态的比例性诊断与评价,而且可以通过动态的比例性调节,使该理论模型成为制度改良过程中弥补比例性缺失的有效工具。[2]

可见,如果要立足于比例原则对立法进行教义分析,评价和构造就是两种必不可少且存在递进关系的功能。这两种功能使比例原则对立法活动产生实质性的影响。事实上,由于现代刑事诉讼受程序法定原则的制约,因此执法与司法的合乎比例判断是以立法的比例性为前提的。例如,如果刑事诉讼立法没有规定多元化、层次性的诉讼措施,执法机关或司法机关如何去选择对公民权利侵害最小的那项措施? 由此可见比例原则对立法构造的意义。

总之,作为一种基本原则,比例原则的约束范围既包括侦查机关、检察机关、审判机关的法律实施行为,也包括立法机关的法律制定行为;作为一种立法原则,比例原则中蕴藏着宝贵的价值与技术资源,需要我们挖掘出来,使之对刑事诉讼程序的合理构建有所帮助。问题是:比例原则为刑事诉讼立法提供了一个怎样的视角?

---

[1] 秦策.刑事非法证据排除的宪政之维——以中国宪法文本为基点的思考[J].法学,2007(8):69.
[2] 秦策.刑事程序比例构造方法论探析[J].法学研究,2016,38(5):153.

如何以比例原则的精神和方法论来构建甚至构造具体的刑事诉讼制度与程序？符合比例原则要求的刑事诉讼制度与程序有何表现？要解决这些问题，我们还需要对比例原则的规范对象和保护客体等进行更加全面和深入的认识。

二、刑事诉讼比例原则的规范对象

要使比例原则成为构造刑事程序的规范基础，我们还需要解决的一个先决性理论问题是：它能不能贯穿刑事诉讼活动的全过程，抑或它只是对刑事诉讼的部分阶段产生规范效力？如果是前者，它就能成为刑事诉讼构造的规范基础，但如果是后者，它就只能成为构造刑事诉讼阶段性程序的规范基础。

在将比例原则引入刑事诉讼时，一度产生了"特殊原则说"和"基本原则说"的对垒。

"特殊原则说"主张比例原则只能成为刑事诉讼的特殊原则或阶段性原则，其主要规范的对象有两种：一是强制措施制度及其适用[1]，二是侦查行为及其实施[2]。就强制措施而言，比例原则的适用是对公民人身自由权的限制或剥夺，比例原则的引入有利于立法者在制定刑事强制措施法时贯彻其基本意旨，督促公安司法机关在运用强制措施时尽可能选择对公民权利限制最小的手段，对司法实践中一些可能导致滥用的自由裁量行为进行约束。[3] 侦查也是国家赋予专门机关的一种强制权，它的启动和运行势必侵害公民的个人权利。确立侦查比例原则，可将侦查权对

---

[1] 这方面的文献包括：
肖建波. 我国侦查羁押制度与比例原则的差距之实证考察[J]. 河南警察学院学报，2012，21(1)：100－103.
樊奕君. 比例原则视角下刑事强制措施价值平衡研究[J]. 中国刑事法杂志，2011(12)：103－107.
梁静. 宽严相济的刑事政策与强制措施的比例原则[J]. 河南社会科学，2008(3)：67－69.
金石. 刑事诉讼强制措施的适用应遵守比例原则——兼论相关检察监督[J]. 西南政法大学学报，2006(4)：96－100.

[2] 这方面的文献包括：
樊传明，郑飞. 论比例原则在警察侦查取证程序中的适用[J]. 西部法学评论，2013(1)：105－112.
江智明. 比例原则视野下的侦查程序分析[J]. 贵州警官职业学院学报，2009，21(5)：11－14.
姚莉，陈虎. 论侦查监督中的合比例性审查[J]. 人民检察，2006(21)：13－14.
韩德明. 侦查比例原则论[J]. 山东警察学院学报，2007(2)：90－95.
管志清，陈琦. 比例原则及其在刑事强制措施中的适用[J]. 铁道警官高等专科学校学报，2005(2)：55－58.
赵杨. 论侦查比例原则的构建[J]. 福建公安高等专科学校学报，2004(3)：20－24.

[3] 金石. 刑事诉讼强制措施的适用应遵守比例原则——兼论相关检察监督[J]. 西南政法大学学报，2006(4)：96－100.

公民权利的侵害控制在必要的最低限度内,从而体现程序的公正性。① 在此基础上,有学者进一步认为,应将"合比例"规定为侦查监督的标准。② 持"特殊原则说"的学者不在少数,使之几成通说。

"基本原则说"主张将比例原则提升为刑事诉讼的基本原则或全局性原则。这一观点本不占主流地位,但随着一些著名学者的倡导,其逐渐成为优势观点。在学者编纂的刑事诉讼法典中,比例原则被明定为一个基本原则。陈光中先生主编的《〈中华人民共和国刑事诉讼法〉再修改专家建议稿与论证》③、陈卫东教授主编的《模范刑事诉讼法典》④均把比例原则放在总则中加以规定。王敏远教授则将比例原则作为基本原则写入其刑事诉讼法的教科书⑤。更多学者撰写论文对比例原则作为刑事诉讼基本原则的必要性和可能性进行论证。⑥ 只是在一些著述中,比例原则混同于"相应性原则"⑦、"平衡原则"⑧等。这些学者认为,在刑事诉讼中,国家权力与公民个人权利面临着尖锐的冲突,比例原则的确立对于合理划分国家权力与公民个人权利的界限,防范国家权力滥用,保护公民个人权利具有非常重要的意义。

笔者秉持"基本原则说"的立场,主张比例原则所规范的对象不应局限于强制措施和侦查行为,而应扩展至刑事诉讼活动中需要强制行使国家公权力(侦查权、检察权、审判权),并有可能对被追诉人的基本权利、诉讼权利或者其他合理利益产生侵害的各种场合。易言之,只要存在需要国家公权力发挥作用的领域,只要有可能对被追诉者权益作出必要的程序上的限制甚至剥夺,就需要用比例原则来加以

---

① 赵杨.论侦查比例原则的构建[J].福建公安高等专科学校学报,2004(3):20—24.
② 姚莉,陈虎.论侦查监督中的合比例性审查[J].人民检察,2006(21):13—14.
③ 其第 11 条规定,人民法院、人民检察院和公安机关实施强制性诉讼行为,应当严格限制在必要的范围内,并与所追究罪行的严重性、犯罪嫌疑人和被告人的社会危险性相适应。陈光中.《中华人民共和国刑事诉讼法》再修改专家建议稿与论证[M].北京:中国法制出版社,2006:258.
④ 其第 3 条规定,对犯罪的追诉和惩罚,必须与罪行的严重程度、被追诉者的人身危险性成比例,并应尽力选择侵犯诉讼权利程度较轻的追诉手段来实现相应的诉讼目的。陈卫东.模范刑事诉讼法典[M].北京:中国人民大学出版社,2005:133.
⑤ 所谓"比例原则",是指"在刑事诉讼中采取诉讼手段,特别是限制或剥夺公民基本权利的强制性措施,在种类、力度上,必须与所追究的行为相适应,不能过度,即对于轻微犯罪,不能适用严厉的追究措施,而对于社会危害性严重的犯罪也不能适用较轻的追究措施"。王敏远.刑事诉讼法[M].北京:社会科学文献出版社,2005:64.
⑥ 左卫民,王戬.论宪法基本权利与刑事诉讼[J].铁道警官高等专科学校学报,2003(3):5—10. 郝银钟,席作立.宪政视角下的比例原则[J].法商研究,2004(6):69—73.
⑦ 谢佑平,万毅.刑事诉讼相应性原则的法理探析[J].政治与法律,2001(5):25—27.
⑧ 樊崇义."平衡原则"遐想[M]//樊崇义.诉讼法学研究:第 2 卷.北京:中国检察出版社,2002:2.

合理的制约。固然,强制措施、侦查行为与行政行为具有很强的同质性,比例原则的平移适用顺理成章,但这并不意味着它对起诉权和审判权的行使不可发挥规范和指导作用,所需要的是我们将这一规范和指导作用揭示出来。

但是,不能否认,现行的"基本原则说"在理论上显得十分薄弱,未能对比例原则对刑事诉讼规范意义的全程性提供足够的理论支撑,论证多数属于抽象法理或宏大叙事式的,所提供的例证基本没有超出"特殊原则说"的藩篱,有关比例原则适用于起诉程序和审判程序的探析很少,未能将比例原则作为一种基本原则或方法论来看待,如此不仅不能有效回应"特殊原则说"的可能质疑,而且遮蔽了比例原则对整体刑事诉讼活动的规范和指导功能。因此,确立比例原则在刑事诉讼领域的基本原则定位也是本书的主旨之一。

要将比例原则确立为刑事诉讼法的基本原则,首先要证立它的全程性。能否成为全程性原则,首先要判断它的规范对象有哪些。如果认为它的规范对象仅及于与具体行政行为有较多共性的强制措施和侦查行为,不能适用于刑事诉讼的其他阶段或者制度,那么它的地位就只能是一种阶段性原则或局部性原则,而不是一种基本原则。

比例原则应规范什么,这是"基本原则说"所面临的理论挑战。持此论的学者有不同的表述,诸如对犯罪的追诉与惩罚[1]、追诉手段或追究措施[2]、强制性诉讼行为[3]等。其中,"对犯罪的追诉与惩罚"涵盖了程序法与实体法的内容,刑事诉讼法原则应以定位于程序性的内容为妥,因此这样的表述显得过于宽泛。"追诉手段"和"追究措施"虽然表达了职权性,且方向性明确,但难以涵盖那些"追诉性"或"追究性"不那么明显的诉讼措施,因此过于狭窄。"诉讼行为"本是大陆法系诉讼法学的一个专门概念,具有相对明确的内涵,但是,如果直接将其确立为比例原则的规范对象,则显得宽泛,因为其中涵盖了非职权性的、当事人的诉讼行为,这一般不作为比例原则的规范对象。而且,"行为"一词往往使人联想到法律实施,从而忽略立法规定,也容易偏离比例原则作为立法原则的意旨。因此,以上表述都不尽完善。

要证立比例原则的基本原则地位,不仅需要明确足以贯穿刑事诉讼各个阶段的规范对象,而且要以恰当的概念加以表述。笔者认为,作为基本原则的比例原则

---

[1] 陈卫东.模范刑事诉讼法典[M].北京:中国人民大学出版社,2005:133.
[2] 王敏远.刑事诉讼法[M].北京:社会科学文献出版社,2005:64.
[3] 陈光中.《中华人民共和国刑事诉讼法》再修改专家建议稿与论证[M].北京:中国法制出版社,2006:258.

在刑事诉讼中的规范对象是由国家专门机关实施的、对被追诉人权益产生干预性或侵害性影响的各种刑事诉讼措施。具体而言，它有以下基本特征：

第一，它是"刑事诉讼措施"，即规定于刑事诉讼法中，在刑事诉讼进程中实施，追求具体的诉讼目标并将产生特定诉讼效果的行为方式。刑事诉讼措施是构成刑事诉讼制度和程序的基本"细胞"。要理解这一概念，需要注意以下两个方面：

一方面，它通过实施可以转化为一定的诉讼行为，但不是诉讼行为本身，而是立法中的基础元素。例如，刑事诉讼法授权侦查人员对犯罪嫌疑人以及可能隐藏罪犯或者犯罪证据的人的身体、物品、住处和其他有关的地方进行搜查，这里的"搜查"是立法规定的诉讼措施，侦查人员实际的搜查活动将这种诉讼措施转化为一种搜查行为。两个概念的区分旨在明晰立法与施法的分野。这也表明，比例原则可以在立法和施法两个层面分别发挥作用：在立法层面，比例原则可以指导各种刑事诉讼措施的设置，形成刑事诉讼的比例构造；在施法层面，比例原则仍然可以对各种具体的刑事诉讼行为产生约束。

另一方面，它具有目标上的具体性与效果上的特定性，这使它与宏观意义上的诉讼制度区分开来。例如，在我国的刑事诉讼法中，逮捕就是使被追诉人强制到案并加以羁押的行为方式，其目的在于保障刑事诉讼的顺利进行，被追诉人的人身自由被剥夺则是其实际效果。这里所指的是作为一项诉讼措施的逮捕。逮捕也可以被表述为一种制度，即逮捕制度。逮捕制度具有更广泛的内容，它除了授权专门机关依照法定的条件和程序实施逮捕外，还包含对被追诉人权利的保障问题，是具有不同性质的刑事诉讼措施的集合。将刑事诉讼措施与刑事诉讼制度在概念上予以明确化，有利于避免对同一个概念作泛化理解从而导致分析上的游移不定。

第二，它具有职权性，即它是由国家专门机关实施的。立法中的刑事诉讼措施本来既可以由专门机关来实施，也可以由诉讼参与人来实施，但是能够作为比例原则规范对象的只能是专门机关基于职权实施的刑事诉讼措施，这是由比例原则本身的特性所决定的。在刑事诉讼中，比例原则所规范的是专门机关行使国家公权力的行为，涵盖侦查权、公诉权、审判权的行使，当事人、辩护人、诉讼代理人以及其他诉讼参与人的行为不在其列。

基于刑事诉讼职权的基本分工，专门机关实施的刑事诉讼措施可以分为侦查机关职权范围内的刑事诉讼措施、公诉机关职权范围内的刑事诉讼措施和审判机关职权范围内的刑事诉讼措施。在侦查过程中，侦查机关为保全证据或查获犯罪嫌疑人而实施的刑事诉讼措施往往与强制处分的概念相联系。"强制处分即包含为发现或保全刑事证据所使用之强制手段及对于犯罪嫌疑人、被告或其他诉讼关系人所为之强制措施。"[1]所以,此类刑事诉讼措施成为比例原则的规范对象不难理解。公诉权在本质上是一种国家追诉权,在程序意义上是一种司法请求权,是实现国家刑罚权的前提。[2] 其表现形式可分为审查起诉权、提起公诉权、不起诉权、抗诉权等,其中,提起公诉权又包括起诉权、出庭支持公诉权、变更起诉权。这些权力的行使以落实刑罚权为目标,推动着刑事诉讼程序向前发展,与被追诉人存在着直接的利害关系,因而也可以成为比例原则的规范对象。审判权就是指法院适用刑事法律、处理刑事案件的专属权力。审判权的行使可以导致刑事程序的启动、推进、中止、终结,也可以授予、认可、限制、剥夺当事人和其他诉讼参与人的某项诉讼权利,同样能成为比例原则的规范对象。

第三,它对被追诉人的诉讼权利和合法权益产生干预性或侵害性影响。这种干预或侵害往往以有形或无形的强制力作为支撑,不以被追诉人的意志为转移。比例原则所规范的刑事诉讼措施必须与被追诉人的权益相关联,这是比例原则的本质所决定的。公法比例原则的本质在于调整权力与权利、权利与权利的关系,其功能在于合理确定国家权力与公民权利的界限。[3] 基于刑事诉讼的特殊语境,比例原则在基本权利之外,还需要为被追诉人的诉讼权利和其他合理权益提供保障。因此,要成为比例原则的规范对象,前提是要对被追诉人的权益产生实质性影响。

刑事诉讼法授权专门机关实施的刑事诉讼措施十分多样,根据其与被追诉人权益之间的关系,大致可以分为干预性、保护性和中性三类。干预性的刑事诉讼措施会损害被追诉人权益,如逮捕会损害被追诉人的自由权、技术侦查会损害被追诉人的隐私权,这些是比例原则的规范对象。保护性的刑事诉讼措施重在为被追诉人的权益提供保障,例如,侦查讯问中的同步录音录像措施有助于防范侦查人员对犯罪嫌疑人进行人身侵害,能够保护犯罪嫌疑人的合法权益,故而是保护性的,因此,它不必成为比例原则的规范对象,相反,它可以被纳入过程控制机制,对干预性刑事诉讼措施进行约束。中性的刑事诉讼措施与被追诉人权益没有关联,或者关联的方向性不明。例如,为了查明案情,需要解决案件中某些专门性问题,专门机关应当指派、聘请有专门知识的人进行鉴定。鉴定虽然是保障查明案件真相的一种手段,但是它相对于被追诉人权益来说,并不具有明显的干预性或保护性。对于

---

[1] 林山田.刑事程序法[M].4版.台北:五南图书出版公司,1990:168.
[2] 姜伟,钱舫,徐鹤喃.公诉制度教程[M].北京:法律出版社,2002:21.
[3] 刘权.比例原则的中国宪法依据新释[J].政治与法律,2021(4):68-78.

中性的刑事诉讼措施,比例原则的规范作用并没有太大的意义,因此其不被纳入比例原则的保护对象。当然,如果办案人员拒绝被追诉人重新鉴定的申请,则有可能侵犯其公正审判权,这就另当别论了。

总之,从限制国家权力的基本取向来看,比例原则的规范对象应当定位于侦查机关、公诉机关和审判机关实施的,对被追诉人权益产生干预性或侵害性影响的各种刑事诉讼措施。

三、刑事诉讼比例原则的保护客体

刑事诉讼比例原则的保护客体是指它所保护的利益或社会关系,具体而言,就是公权力行使所可能限制或者侵犯的公民个人权益。比例原则虽以维护刑事诉讼平衡与和谐进行为己任,但仍然存在着优先的目标法益。依其基本性质,其终极保护客体是公民的个人权益。尽管比例原则(尤其是作为子原则之一的适合性原则)也关注国家职权行为能否得到有效的实施,但往往只是作为评价该职权行为是否适度与节制的参照而存在。在刑事诉讼中,比例原则最为关切的是作为追诉权力的对立面——被追诉人的个人权益保障问题,它要求办案机关在行使其法定职能的过程中,当发生追诉利益与被追诉人权益对撞,需要限制与剥夺其个人权益时,应当尽可能选择损害最小的手段,并且要求所保护的追诉利益不得小于其所侵害的个人权益。

为使比例原则有的放矢并落到实处,有必要对作为所保护客体的被追诉人的权益进行具体分析。

(一)被追诉人的基本权利

所谓"基本权利",是指"人们生存和发展的必要的、起码的、最低的权利,是满足人们政治、经济、思想等方面的基本的、起码的、最低的需要的权利"[1]。易言之,基本权利是一个社会中的成员所必须拥有的,它事关社会公正的底线要求。在刑事诉讼领域,基本权利往往用基本人权加以表述,这主要是因为刑事诉讼中所涉及的公民权利如生命权、自由权、人格尊严权、自卫权等往往是人的固有权利,严格来说,这些权利并非来自社会或国家的授予,相反,国家对此有保护的义务。鉴于这些基本权利的固有性和重要性,国家在进行限制时有义务将损害控制在最小限度。

---

[1] 王海明.新伦理学[M].北京:商务印书馆,2001:321.

在现代国家,公民基本权利多以宪法性文件加以规定,并在国际社会形成共识,以联合国人权公约的形式体现出来。例如,《世界人权宣言》就规定了现代人所应享有公民权利和政治权利的基本内容,其中生命、自由和人身安全权(第3条)被看作宣言的第一块基石,居于各项权利之首,它是享受其他所有权利之本。由该权利派生出了其他公民权利和政治权利,包括:免为奴隶或免受奴役(第4条),免受酷刑或其他残忍、不人道或有辱人格的待遇或处罚(第5条),法律上的人格保护(第6条),法律的平等保护(第7条),在基本权利遭受侵害时获得有效救济(第8条),免受任意逮捕、拘禁或放逐(第9条),公正审判(第10条),无罪推定(第11条),私生活、家庭、住宅和通信不受干涉,荣誉和名誉不受攻击(第12条),迁徙自由(第13条),寻求和享受庇护(第14条),婚嫁自由和建立家庭(第16条),财产(第17条),思想、良心和宗教自由(第18条)等。之后,联合国的重要人权公约如《公民权利和政治权利国际公约》和《经济、社会及文化权利国际公约》等又对这些基本权利进行了确认和细化。

宪法是公民享有各种基本权利的主要依据。基本权利为普通公民所享有,自然不能将被追诉人排除在外。根据我国《宪法》,公民基本权利的范围十分广泛,具体包括:(1)平等权;(2)政治权利和自由;(3)宗教信仰自由;(4)人身与人格权,包括生命权、健康权①,人身自由,人格尊严,住宅不受侵犯,通信自由和通信秘密;(5)监督权,包括对国家机关及其工作人员有批评、建议、申诉、控告、检举并依法取得赔偿的权利;(6)社会经济权利,包括劳动权利,劳动者休息权利,退休人员生活保障权利,因年老、疾病、残疾或丧失劳动能力而从国家和社会获得社会保障与物质帮助的权利;(7)社会文化权利和自由,包括受教育权利,进行科研、文艺创作和其他文化活动的自由;(8)妇女保护权;(9)婚姻、家庭、母亲和儿童受国家保护;等等。

2005年,第十届全国人民代表大会第二次会议修正《宪法》,增加了一项重要条款:"国家尊重和保障人权。"(第33条第3款)这一宣示性的宪法人权条款,显然为刑事诉讼中公民权利尤其是被追诉人权利的保障提供了新的法律基础。然而,"人权"毕竟是一个概念十分宽泛和模糊的术语。宪法的人权条款是否涵盖了刑事诉

---

① 在我国《宪法》中,生命权和健康权属于隐含权利,即没有明文规定,但从其他条文中可以推导得出的权利。例如,第36条关于人身自由的保护、第38条关于人格尊严的保护、第43条关于休息的权利、第45条关于弱者的特殊保护等条文,都是以生命权、健康权为前提的,是生命权、健康权的延伸。谢鹏程.公民的基本权利[M].北京:中国社会科学出版社,1999:74.

讼国际人权标准的所有内容仍然存在疑义。目前学界的基本观点是,人权条款可以被解释为基本权利保障的概括性条款,为基本权利的实现提供更直接而广泛的价值基础。在出现了宪法和法律没有规定的新的权利要求时,可以依据人权条款作出判断。而人权条款本身不能成为发现和提炼新权利的依据,它提供的是一种解释原则。[①] 笔者认为,尽管人权条款并不等于具体的权利,但无疑已经开启了吸收国际人权标准的宪法之门。

基本权利往往是公民的固有权利,不容随意侵犯。但是,在刑事诉讼活动中,出于追诉犯罪、惩罚犯罪的需要,国家职权机关可能对被追诉人的基本权利进行某种程度的限制、侵犯甚至剥夺。例如,拘留、逮捕是对公民人身自由权的剥夺,搜查、查封可能侵入公民的住宅,扣押、冻结则会限制公民的财产权。国家职权行为虽有其合法性,但不因此而无所节制,在对立法益的冲突下,比例原则的调整殊为必要。

(二)被追诉人的诉讼权利

被追诉人的诉讼权利是指其在刑事诉讼过程中所拥有、旨在维护自身诉讼利益的法定权利。诉讼权利与基本权利虽然概念不同,但两者其实关联甚多,甚至存在重叠之处。某些诉讼权利由于其在现代社会中的独特重要性,因此直接被提升为基本权利,如《世界人权宣言》所载免受任意逮捕的权利、公正审判权和被无罪推定的权利等。从本质上看,诉讼权利的产生往往是顺应保障基本权利之所需。从理论上看,被追诉人与普通人一样都拥有各种基本权利,但在刑事诉讼过程中,他们因涉嫌犯罪而成为国家追诉的对象,因此某些基本权利可能受到一定的限制甚至被剥夺,为了防止办案机关滥用权力,对被追诉人的基本权利进行无端、非法的侵害,刑事诉讼法赋予被追诉人诉讼权利来进行防御和对抗,通过权利制约权力的方式来防止刑事诉讼权的滥用。这就是被追诉人诉讼权利的产生机理。

在现代法治国家,被追诉人的诉讼权利被看作正当程序的基本内容,除了部分规定在宪法性文件中外,多数由刑事诉讼法来确立。被追诉人享有诉讼权利的种类和范围在不同国家和地区有所不同,但在联合国层次上在总结诉讼规律和各国刑事司法经验的基础上形成了关于被追诉人诉讼权利最低限度的标准,典型地体现于《公民权利和政治权利国际公约》的相关规定中。例如,其第9条是在人身自由和安全的保障性规定下,赋予被追诉人不受任意逮捕和拘禁的权利、即时获知逮

---

① 韩大元.宪法文本中"人权条款"的规范分析[J].法学家,2004(4):13.

捕理由和指控罪名的权利、在合理时间内受审讯或被释放的权利、接受司法审查的权利、因非法逮捕而得到赔偿的权利。其第14条则具体规定被追诉人的公正审判权。公正审判权并非单一的权利,而是一组权利的集合,具体包括以下权利:接受公正独立审判的权利、被无罪推定的权利、及时获知指控性质和原因的权利、及时准备和获得律师辩护的权利、及时接受审判的权利、出席受审和获得辩护或法律援助的权利、询问证人的权利、获得免费翻译的权利、不受强迫自证其罪的权利、复审的权利、获得错案赔偿的权利、不受重复追究的权利等。

被追诉人诉讼权利的体系是开放的,在历史的进程中呈现日益丰富和完善的趋势。可以说,刑事诉讼法的发展史就是被追诉人诉讼权利不断扩张的历史。自新中国成立以来我国刑事诉讼法的几次修改可以提供一个鲜活的例证。如前所述,诉讼权利虽与基本权利存在密切的渊源联系,但是,其一旦产生,便具有相当的独立性,其本身既可成为国家机关限制与剥夺的对象,也需要在国家追诉利益之间进行权衡,因此就成为刑事诉讼比例原则的又一保护客体。

(三)被追诉人的合理利益

被追诉人的合理利益是指没有在宪法或法律中明确规定,但是对被追诉人而言,作为一名正常的社会人在日常社会生活中正常生活所必需的基本利益。这些合理利益虽然没有直接上升为法定权利,但是,由于其重要性,因此其往往在刑事司法实践中得到承认,并且成为立法者在设置相关制度和程序时的考虑因素。

1. 安宁生活的利益

在社会生活中,每个公民都享有安宁生活不受国家机关和他人无端干扰的权利,这是就一般情况而言的。在刑事诉讼的语境下,情形稍许复杂一些。被追诉人因为涉嫌犯罪而被国家专门机关侦查、起诉或者审判,在国家机关依法定程序办事的情况下,被追诉人须承担一定的忍受义务,放弃部分安宁生活的利益。然而,被追诉人并不因为需要接受国家专门机关的侦查、起诉或审判就完全丧失这一重要利益。因此,应当认识到,在刑事诉讼过程中,尽管尚未要求被追诉人承担刑事责任和接受刑罚制裁,尽管存在无罪推定,但这一过程对被追诉人的影响是重大的、实质的。因为处在被追诉状态中,公民难以安排好自己的生活,不得不放弃其他一些对他来讲十分重要的利益。1957年,美国联邦最高法院法官布莱克(Justice Black)在判决格林诉美国案时指出:"法律原则体系中深深根植的理念是,拥有各种资源和权力的国家不应当被允许因为一个公民一项被指控的犯罪,而反复作出试图使他得到定罪的努力,以致把他置于尴尬、消耗和使其意志遭受痛苦的状态之中,迫使他生活在一种持续的焦灼和不安全状态之中,同时增加即便他无罪,也会被判定有罪的可能性。"[①]1999 年,英国法律委员会也在一份关于禁止双重危险的文件中指出,"毋庸置疑,面对审判——至少对一严重的犯罪案件而言,一定是极其痛苦的",因而应当将"审判过程的痛苦和给人精神上的创伤"作为一个"有分量的考虑"。[②] 尽管这里所论证的是禁止双重危险原则,但他们所考虑的刑事审判程序对被追诉人的安宁生活利益的侵扰在其他阶段也是适用的。

2. 恢复性或复归社会的利益

犯罪是一种严重的社会冲突,它的发生往往有着具体而复杂的背景。有时犯罪不完全是犯罪人的个人原因,社会也有责任。而且,并不是每一个犯罪人都是不可救药、十恶不赦的。在某些案件中,犯罪人会因自己的过错而感到懊悔,希望能够弥补罪过,恢复与被害人之间已破裂的关系,重新融入正常的社会生活。因此,"恢复"对于被追诉人而言也是一个重要的问题。这种恢复的需要可能因不同的犯罪性质和不同的犯罪人而有所不同,但它是客观存在的。这一点已经得到很多人的认同。自 1955 年于日内瓦召开联合国第一届"关于防止犯罪及犯罪者处遇的国际联合会议"以后,越来越多的人开始关注犯罪人的司法性处遇——从犯罪的立案开始到刑罚的执行或改造保护终了为止的刑事司法过程中,从对特定罪犯的搜查到决定处遇的刑事审判为止的阶段的犯罪人的处遇[③];同时承认,犯罪人有复归社会的权利,国家和社会有义务使犯罪人复归社会,即便是刑事诉讼活动的进行也应当考虑犯罪人的这项合理利益。

在刑事诉讼活动中,出于追诉犯罪、惩罚犯罪的需要,国家职权机关可能对被追诉人的基本权利和合理利益进行某种程度的限制、侵犯乃至剥夺,比例原则虽然承认国家职权行为的必要性,但是要求其作出最大限度的克制,以最小侵害和利益均衡的方式来行使职权,从而达到保障被追诉人基本权利和合理利益的目的。

四、刑事诉讼比例原则的意义与局限

在此对前面的论述作一下简要的小结:在刑事诉讼活动中,比例原则可以在立法和施法两个层面分别发挥作用。在立法层面,比例原则可以指导各种刑事诉讼

---

① Green v. United States,355 US 184,(1957).
② Law Commission Consultation Paper No 156,Double Jeopardy. TSO,1999:31.
③ 大谷实.刑事政策学[M]. 黎宏,译. 北京:法律出版社,2000:163.

措施的设置。在施法层面,比例原则可以对专门机关的各种具体刑事诉讼行为产生约束。它虽然主张职权性诉讼行为能够实现其所要保护的国家利益和公共利益,但是其第一位的保护客体是被追诉人的基本权利、诉讼权利和合理利益,防止侦查机关、公诉机关、审判机关的职权性诉讼行为对其产生不当侵害。在适用领域方面,比例原则能够同时约束立法机关的立法行为和执法层次的法律实施行为,换言之,比例原则既可以约束侦查机关、公诉机关、审判机关对职权性诉讼行为的具体实施,也可以约束立法机关规范这些职权性诉讼行为的制度和程序设置,后者正是形成刑事诉讼比例构造的基础,也是本书论述的重点。

在此基础上,笔者结合比例原则的基本含义,对刑事诉讼比例原则的内涵作初步的揭示。简言之,刑事诉讼比例原则要求在刑事诉讼活动中,侦查权、公诉权和审判权的行使、配置及相关的诉讼措施设置有助于实现它所追求的诉讼目的(适合性原则)。如果相关的职权性诉讼措施对被追诉人的正当权益进行了干预、处分,那么,立法机关、司法机关和执法机关在实现其诉讼目的时应当尽可能选择对公民权益侵害最小的措施(必要性原则)。无论是具体的职权性诉讼措施、相关的程序设置还是职权性诉讼行为的启动和推进,对被追诉人基本权利和合理利益的侵害都不得超过它所追求的公共利益(相称性原则)。

比例原则主张国家利益与公共利益的有效实现,同时以人权保障为最高价值取向。将比例原则作为刑事诉讼基本原则具有以下重要的意义:

第一,比例原则有助于刑事诉讼中权力与权利之间关系的合理配置。刑事诉讼是一种涉及多元利益的公权力活动。罗斯科·庞德(Roscoe Pound)将法律上保护的利益分为个人利益、公共利益和社会利益。[①] 刑事诉讼中同样存在这三类利益:个人利益,是指被追诉人、被害人等当事人基于自身生活需求而产生的利益;公共利益,是指国家机关查明事实真相、追究犯罪人刑事责任,从而维护公共秩序的利益;社会利益,是指公众希望通过正当、公开的诉讼程序,对犯罪人正确定罪量刑,预防和震慑犯罪行为,维护文明社会底线要求的利益。其中,个人的基本利益上升为法律就转化为公民的基本权利,其程序上的利益上升为法律则转化为诉讼权利,而公共利益和社会利益上升为法律则往往转化为国家专门机关的权力。前述三种利益之间往往存在冲突和张力,这正是刑事诉讼活动具有对抗性的内在机

---

① E. 博登海默. 法理学:法律哲学与法律方法[M]. 邓正来,译. 北京:中国政法大学出版社,1999:155—156.

理。比例原则的根本内涵是要求国家在保护公民个人权利与保护公共利益和社会利益之间寻求并保持合理的比例和均衡关系,要求国家公权力机关在履行法定职能的过程中,如果不得不限制或剥夺公民个人权利,那么,这种限制或剥夺不得超过所追求的目的,所选择的手段应当损害最小,所保护的公共利益或社会利益不得小于其所侵害的公民权利。

第二,比例原则能够为现代社会理性解决犯罪问题提供一种思路。刑罚权产生于抑制犯罪行为以维护正常统治秩序的国家基本职能,刑罚本身也是对犯罪这种反社会行为的一种反应,但这种反应应当是理性的。如黑格尔(Hegel)所说:"犯罪具有在质和量上的一定范围,从而犯罪的否定,作为定在,也是同样具有在质和量上的一定范围。"[①]比例原则正是这种"质""量"范围的一种表现。实体层面的罪刑相适应固然体现了比例原则的要求;在程序层面,刑事追究措施也应当与犯罪行为相适应,这正是理性应对犯罪行为的要求,也是比例原则的应有之义。它要求刑事追究措施,特别是限制、剥夺被追诉人基本权利的措施在其种类、轻重上,应当与所追究的犯罪行为的社会危害性相适应,对轻微的犯罪,不容许适用严厉的追究措施。这使得对犯罪行为的追究和处罚具有理性色彩。在此,合乎比例就是合乎理性的同义语。

第三,在施法层面,比例原则能够对司法实践中刑事诉讼权的不当行使进行有效约束,阻却刑事追究活动中的权力滥用。作为一种国家强制性活动,刑事诉讼程序的启动与运行势必在一定程度上侵害公民的个人权利,比例原则要求将刑事诉讼权对公民权利的侵害控制在必要限度之内,不使其过度侵害公民权利。侦查机关、公诉机关和审判机关应当正确理解和深入领会比例原则的精神,可以通过利益衡量,排除公共利益永远至上的思维惯性,而将私人利益放在同一个利益天平上考虑,自觉地克制权力的过度行使,防止刑事诉讼权的滥用,以一种合乎比例的、均衡的方式来兼顾惩罚犯罪、保障人权这两大目标。

第四,在立法层面,比例原则可以促进我国刑事诉讼立法的科学化与合理化。比例原则是现代法治国家在公法领域内确立的基本原则,是国家机关在司法实践中兼顾维护国家利益与人权保障的经验总结,反映了立法、司法与执法运行的客观规律。立法机关在比例原则的指导下,优化刑事诉讼的各项制度和程序,从而建立科学的刑事诉讼法体系。为了防止公检法机关滥用刑事司法权给公民权利造成不

[①] 黑格尔.法哲学原理[M].范扬,张企泰,译.北京:商务印书馆,1996:104.

必要的损害，立法者在设计刑事程序时应当注意刑事诉讼措施的节制性，使它们在种类和轻重上与所追究的犯罪行为保持基本的适应性，防止国家权力过度扩张。正因为如此，比例原则可谓公法领域的"软化剂"，其主要作用是限制公权力的滥用，保护公民的基本权利，并确保国家权力与私人权利的平衡。其核心在于通过衡量手段与目的之间的关系，确保采取的措施既能实现特定的公共利益目标，又对个人权利的侵害程度最小化。

第五，在现实性方面，比例原则的确立有助于从根本上解决我国刑事诉讼实践中存在的问题。当前中国刑事诉讼中出现的一些问题如羁押率过高、超期羁押、不起诉率过低、再审程序随意启动其实都与比例精神的缺失有着很大的关系，比例原则的引入恰恰可以矫正现实刑事司法实践中的这些不正常现象。正如陈卫东教授所指出的："超期羁押现象中执法人员一种典型的心态就是对有罪的人多羁押一些时间也无关大碍，超期羁押之所以违法实际上最为根本的原因之一就是对比例原则的违背。"[1]比例原则的引入可以矫正刑事司法实践中的超期羁押问题。比例原则要求对犯罪嫌疑人或被告人采取的强制措施与其犯罪的严重程度相适应，从而避免不必要的长时间羁押。这实际上对刑事诉讼中的执法、司法行为提出了更高的要求——不仅要合法，而且要合乎目的、合乎比例。

将比例原则引入刑事诉讼固然具有重要的理论价值和实践意义，但我们也有必要对比例原则本身进行全面的省思。在讨论将比例原则引入刑事诉讼领域时，有学者提出比例原则的固有缺陷，即其内含的标准具有模糊性和主观性，与刑事法所要求的明确性不相匹配。如德国学者施密特（Schmidt）认为，比例原则缺乏稳定的标准，有可能流向"主观的""反理智的"（情感主义的）后果，进而破坏平等权、法律安定性等重要的宪法理念，法官也极易滥用这种原则，甚至形成"比例原则的暴力统治"。基于这一考虑，比例原则可适度地在行政法和法官法中存在，但不可扩充到宪法，尤不可进入刑事法领域。[2]

对因何比例原则会产生模糊性和主观性，洛塔尔·希尔施贝格做了更细致的分析。他认为，广义比例原则是建立在对目的和手段关系的审查上的，这个目的-手段的关系模式可以分成经验的和价值的两个要素。适合性原则和必要性原则的应用包含了较多经验要素，往往是通过遵循基于经验的因果律来判断所面对的社

---

[1] 陈卫东.模范刑事诉讼法典[M].北京：中国人民大学出版社，2005：134.
[2] 陈新民.德国公法学基础理论：下[M].济南：山东人民出版社，2001：387.

会和自然情形会发生何种预期结果,并寻找可达成目的并尽可能少侵犯人权的手段。相称性原则的均衡则超出了实在因果律的范畴,提升到价值判断的层次,根据宪法对人权的关涉分量来决定一项措施的合法与否,由此给比例原则带来了更多价值色彩,不可避免地具有了较多的主观性和抽象性。①

根据洛塔尔·希尔施贝格的论述,相称性分析本质上是一种价值判断的方法,主观性和不确定性较强,而适合性分析、必要性分析在方法论上偏重于经验性的、相对客观的因素。在笔者看来,他似乎忽略了一个问题,即经验性分析是需要特定的描述工具作为基础的,描述工具的精度决定了这两种分析方法的确定程度,而现行的描述工具仍然属于概念的分析,以直觉、思辨的方式作出判断,一些核心概念如合乎目的、最小侵害、同等有效、过度负担等存在诸多不确定的方面。这样看来,无论是相称性分析还是适合性分析和必要性分析,都存在很大的不确定性,换言之,合乎比例的度量在精度方面还有很大的提升空间。

但笔者认为,比例原则的所谓模糊性与主观性并不能成为它进入刑事诉讼领域的障碍。与法律规则相比,法律原则与社会道德意识之间存在更为密切的渊源联系,因此在形态上呈现模糊的特性,但这正是法律原则特殊功能的基点。② 这可以从立法和司法两个层面来加以考察:法律原则的立法功能是指原则作为指导思想和一般性准则对整个规则体系的抽象统摄作用;法律原则的司法功能是指它在规则出现疏漏时直接作为裁判依据并指引法官行使自由裁量权方面的作用。如果法律原则完全像规则一样明确,它就失去存在的价值了。法律原则的这个特性自然适用于比例原则,其中的确包含了对立法精神的主观判断,也难以提供一个详尽而客观的标准。但正是这一特点,使它能够在立法过程中帮助立法者对现行法律进行补正、修改,在司法活动中引导司法人员结合案件情况对职权性诉讼行为的妥当性作出具体判断。至于司法人员误用或者滥用原则模糊性的可能则可以通过其他途径来加以规制。如果因为法官在审查过程中可能使用弹性标准而完全否认司法审查机制的作用,就不免因噎废食了。

笔者还认为,要求对合乎比例进行绝对确定性的度量多少有些求全责备,这几乎是要求法学的分析如同经济学甚至数学一样精确,这不仅是不可能实现的,而且是不必要的。在法学理论上,对法律概念和法律分析方法的不确定性问题已有很

---

① 陈新民.德国公法学基础理论:下[M].济南:山东人民出版社,2001:371.
② 秦策.法律原则裁判功能之限定[J].江海学刊,2011(6):152-158.

多讨论。首先,法律领域毕竟有其自身的特点,绝对的确定性难以实现。例如,法律现实主义认为,对事实情境的准确描述不是非此即彼的范畴,而是一种连续体,特定的事实状况只是处在连续体两极之间的某一点而已。[1] 但是,法律概念难以在这个连续体上进行量变式的描述,在这个意义上,具有绝对精确度的度量基本是不可能的。其次,法律判断的某种不确定性具有积极意义。正如美国法学家杰罗姆·弗兰克(Jerome Frank)指出的:"法律的许多不确定性并不是一个不幸的偶然事件。它具有巨大的社会价值。"[2]这种社会价值表现在:只有流动的、弹性的,或有限程度确定性的法律制度,才能应对伴随人类社会持续发展而出现的新情况、新问题,也才能充分发挥法律在推动社会进步方面的能动作用。其实,由于比例原则中蕴含着一种独特的方法论,相较起来,它比其他的一些法律原则(如诚实信用原则等)在客观性与明确性上似乎更强一些,因此,以所谓模糊性与主观性来反对在刑事诉讼领域引入比例原则是不足为据的。

  理论总是在争鸣中向前发展,对反对者的意见也应当认真对待。比例原则如何在刑事诉讼中体现其独特性,抑或这种独特性是否可能偏离其原初的意旨?如何使比例原则的规范意义在可能的范围内变得更加明确和客观,以充分发挥其在限制国家权力不当行使和保障公民权利方面的重要价值?为此,有必要更加深入地揭示比例原则指导刑事诉讼措施设置所体现的价值内涵,以夯实刑事诉讼比例构造在正义论、权利论和政策论方面的理论基础。这成为本书第二章的主体内容。同时,我们也有必要研究关于何为"合乎比例"的度量,通过提升度量精度来消除比例原则基本分析方法中的不确定因素,以此夯实刑事诉讼比例构造的方法论基础。这是本书第三章的重点内容。

---

[1] Kenneth J Vandevelde. Thinking Like a Lawyer: An Introduction to Legal Reasoning[M]. Boulder: Westview Press,1996:123.

[2] Jerome Frank. Law and the Modern Mind[M]. London: Stevens & Sons Limited,1949:7.

第二章

刑事诉讼比例构造的理论内涵

基于公法的家族相似性,比例原则可以被引入刑事诉讼法从而成为一个基本原则。但是如果要揭示这个原则对刑事诉讼法的构造性,我们就需进一步论证其背后的理论内涵,揭示其与刑事诉讼法理论深层次的契合性。因此,本章将在理论上探析刑事诉讼比例构造的正义论基础、权利论基础和政策论基础。

第一节 正义论基础:相称性程序正义观

一、刑事正义中的合比例思想

(一)正义即"合乎比例"

人类的知识体系虽然包含许多的学科分类,但有一些基本思想是一以贯之的,对"合乎比例"的追求就是其中之一。比例本是一个描述客观事物之间适当性、和谐性关系的范畴,代表了特定结构的基本性质。事物元素之间的恰当比例会形成合理的结构,产生正面的功能;比例失衡则会导致不合理的结构,产生负面的功能。观念形态上的比例性由自然哲学到法治理念的发展经历了一个过程。

数学是体现比例关系的典型学科。一个四边形,如果长宽之比为1∶1,则其在结构上就是正方形,反之则不是。对圆形而言,周长和直径的比例必须等于圆周率,凡不符合这个比例的,都不可能构成圆形。比例可以产生美感,如果事物之间的比例符合了黄金分割率,就会产生和谐的美感。正因为如此,黄金分割率被广泛地应用于雕塑、建筑、绘画等领域。

自然世界的比例关系是和谐自然秩序的基础,在自然界的生态系统内,如果肉食动物和草食动物的数量存在恰当的比例关系,各自的种群就都会得到良好的发展,生态就会平衡;如果比例不当,生态平衡就被打破,物种就会面临劫难,甚至有可能灭绝。

在人类社会,比例关系同样重要。例如人口构成,男人数量和女人数量的恰当比例是100∶105,即100个男性须有105个女性与之对应,男女性别比例严重失衡会产生社会问题。同样,老年人和未成年人在人口中所占的比例也要适当,如果不适当,就会产生社会问题。经济学中的基尼系数是一个比例关系,基尼系数过小,表明社会收入过于平均,对经济的发展未必有利;而基尼系数过大,表明社会贫富两极分化严重,利益分配的格局偏颇,会引发社会不安定。在企业管理过程中,比例关系也很重要,管理人员和生产人员之间、成本与利润之间、管理性成本与工资性成本之间都要有合理的比例关系,而比例的失衡会带来企业运行上的问题。

在文明社会早期,人们就将正义与"合乎比例"联系在一起,即在正义中包含着"给每个人其所应得"的意蕴。查士丁尼(Justinian)在其编纂的《民法大全》中指出:"正义是使每一个人获得其应得的东西的永恒不变的意志。"古罗马的西塞罗(Cicero)也认为正义是"使每个人获得其应得东西的人类精神取向"。托马斯·阿奎那(Thomas Aquinas)则把正义描述为"以一种永恒不变的意志使每个人获得其应得的东西"的习惯。[①] 得其所应得,就是"相称""适度"的意思。有古希腊先哲直接用"合乎比例"来定义公正:公正,就是合比例;不公正,就是破坏比例。[②]

在古希腊哲学家亚里士多德的正义观中,"合乎比例"是一个重要的因素,他说:"公正处于做不公正的事情和受不公正的待遇之间。一方面是所有的过多,另一方面是所有的过少,公正则是一种中庸,而不公正则是两个极端。"[③] "毋过毋不及"的适度思想正是正义理念的内在属性。他进而将公正分为分配公正与矫正公正,这两种公正都与比例相关。分配公正是"按照所说的比例关系对公物的分配,

---

[①] E.博登海默.法理学:法律哲学与法律方法[M].邓正来,译.北京:中国政法大学出版社,1999:264-265.

[②] 莫蒂默·艾德勒,查尔斯·范多伦.西方思想宝库[M].《西方思想宝库》编委会,译.长春:吉林人民出版社,1988:943.

[③] 亚里士多德.尼各马科伦理学[M].苗力田,译.北京:中国社会科学出版社,1990:100.

不公正则是这种公正的对立物,是对比例的违背"。矫正公正是指"所得和损失的中间"①。在亚里士多德的正义理念中,比例、相称占据了核心地位。

在人类思想史上,正义的概念随着时代的发展具有越来越丰富的内涵,但是,合乎比例仍然是其中最核心的内容,它犹如一条永恒的脉络,延续至今。19世纪英国哲学家约翰·斯图尔特·穆勒(John Stuart Mill)表述了同样的思想:"每个人都应当得到他所应当获得的东西(而不论是善果还是恶果),被人们普遍认为是正义的;然而,每个人应当得到他所不应当得到的善果,或者被迫接受他所不应当遭蒙的恶果,则被人们普遍认为是不正义的。"②约翰·斯图尔特·穆勒所说的相称,既是正义的内涵,也是比例原则的要求。这种思想不是他的独特学说,而是人类社会普遍认同的公理或自然法则,它也昭示着比例原则与正义理念之间本质的内在关联。

刑事法律所追求的正义即刑事正义,它可分为实体正义和程序正义。所谓"实体正义",是指司法活动的结果要符合公正的标准,也就是要求司法者在司法活动中能够准确认定案件事实,作出客观公正的裁判。所谓"程序正义",是指司法活动的过程应该是公正和平等的。程序公正是否实现需要通过一定的标准加以衡量。法律的程序或者法律的实施过程是否具有正当性,不能只看是否有助于产生正确的结果,还要看它能否体现一些独立的内在价值。无论是实体正义还是程序正义,都与比例理念有着密切的关系,因而也与比例原则有着共同的渊源。

(二)罪刑相称:刑事正义的比例性分析

罪刑相称本是刑法的一个原则。孟德斯鸠指出:"惩罚总应有程度之分,按罪行大小,定惩罚轻重。"③他还明确提出刑罚轻重要与犯罪相适应:"刑罚的轻重要有协调,这是很重要的,因为我们防止大罪应该多于防止小罪,防止破坏社会的犯罪应该多于防止对社会危害较小的犯罪。"④刑罚的轻重须以犯罪的性质来决定。"依犯罪的性质量刑有利于自由,如果刑法的每一种刑罚都是依据犯罪的特殊性质去规定的话,便是自由的胜利。"⑤约翰·洛克(John Locke)指出:"处罚每一犯罪的程度和轻重,以是否足以使罪犯觉得不值得犯罪,使他知道悔悟,并且儆戒别人不犯

---

① 亚里士多德.尼各马科伦理学[M].苗力田,译.北京:中国社会科学出版社,1990:96—99.
② 弗里德利希·冯·哈耶克.法律、立法与自由:第1卷[M].邓正来,张守东,李静冰,译.北京:中国大百科全书出版社,2000:118.
③ 孟德斯鸠.波斯人信札[M].罗大纲,译.北京:人民文学出版社,1958:141.
④ 孟德斯鸠.论法的精神:上[M].张雁深,译.北京:商务印书馆,1961:91.
⑤ 孟德斯鸠.论法的精神:上[M].张雁深,译.北京:商务印书馆,1961:189.

同样的罪行而定。"①启蒙思想家针对中世纪重刑与刑罚的残酷性,主张在罪与刑之间建立适当的比例,对不同的犯罪应区别对待,反对肉刑、拷问和株连,这在刑罚史上是具有革命性意义的。

这种罪刑相称思想在许多国家被上升为刑事立法。例如,1789年法国《人权宣言》第 8 条指出:"法律只应当制定严格的、明显的、必需的刑罚。"1793 年法国宪法所附的"人权宣言"第 15 条规定:"刑罚应与犯法行为相适应,并应有益于社会。"1791 年和 1810 年法国刑法典将犯罪区分为重罪、轻罪和违警罪,并且在刑法分则条文中体现了各种犯罪的罪刑关系,体现了罪刑相称原则的具体化。可以说,在 18 世纪末到 19 世纪初,欧洲各国的新刑法典几乎将相称或均衡作为确立罪刑关系的重要准则。

杰里米·边沁(Jeremy Bentham)、伊曼努尔·康德(Immanuel Kant)等人进一步论证了罪刑均衡原则。尽管他们立论的出发点不同、论述的具体内容不一致,但基本上认同罪刑均衡原则包括以下含义:(1)罪刑均衡是指刑罚的性质和强度要与犯罪的性质和严重程度相称,不允许轻罪者被判重刑或者重罪者被判轻刑。(2)罪刑均衡需要确立衡量罪与刑的尺度。衡量犯罪轻重的尺度是对社会的危害,对社会的危害越大,所犯之罪越重。衡量刑罚轻重的尺度是它对犯人造成的痛苦或侵害。痛苦程度或侵害强度越大,刑罚就越严重。(3)刑罚在实施方式上应与犯罪相适应,这也是罪刑均衡原则的应有之义。为了使人们清楚地认识到刑罚是犯罪的必然结果,就必须及时地追诉犯罪人,并执行刑罚。概括起来,罪刑均衡原则的意义是在罪与刑之间确立一种对等、均衡关系,其基本含义可以简洁表述为:无罪不罚,有罪当罚;重罪重罚,轻罪轻罚;一罪一罚,数罪数罚;罪当其罚,罚当其罪。应该说,罪刑均衡正是"比例"理念在刑罚适用领域的体现,它所表达的是罪与刑之间的比例相称关系。

本质上,罪刑相称是刑事实体正义比例性的典型体现。刑事实体正义的理想状态是有罪的人都会受到应有的惩罚,无罪的人不受无谓的追究,这体现为认定犯罪行为以及犯罪情节的准确性。同时,司法机关对犯罪人裁量、决定刑罚时要做到相应相称、轻重适度,不可对犯罪人施加超出刑罚目的的侵害,否则就不合比例。比例性其实也是刑事实体正义的固有内涵。

就刑事正义而言,仅有实体正义是不够的。日本学者西原春夫称,"所谓刑法,

---

① 洛克.政府论(下篇)[M].叶启芳,瞿菊农,译.北京:商务印书馆,1964:9—10.

如文字所示,是规定'刑罚'的法律"和"处罚人的法律"。① 然而,刑罚的实施光有刑法是不够的,尚需刑事诉讼法的保障。台湾学者林钰雄将刑事诉讼法定义为:"确定并实现国家于具体刑事个案中对被告刑罚权的程序规范。"②刑法与刑事诉讼法之间这种相互依存的关系正是围绕着刑罚权展开的。所以,"就国家刑罚权之行使而论,刑法与刑事诉讼法应该是一体的"③。由于刑法与刑事诉讼法的这种一体性,因此,"刑法在刑事司法中之基本原则,刑事程序法亦必须遵守。……刑法程序法与刑事实体法务必具有相同之基本立场"④。如果从广义来理解,将"刑"理解为应对犯罪的程序性处置,那么,罪刑相称同样成立。可见,无论是刑事实体正义还是刑事程序正义,都蕴含着比例性的要素。其共同的核心内涵在于,一项公权力的行使要在目的与手段之间进行权衡,其采取的手段要有助于目的的达成,且对人民的损害是适度的和尽可能小的,目的和手段之间要合比例。这种比例性代表了刑罚权行使的合理性和正当性,缺失了比例性,刑罚权的行使就很难说是实现了实体正义或者程序正义。但是,长期以来,学术界对程序正义的比例性问题缺乏关注,对此,笔者将在以下章节进行专项研究。

二、相称性程序正义与刑事诉讼比例构造的契合

如前所述,无论是刑事实体正义还是刑事程序正义,其中都蕴含着比例性的要素。一方面,程序正义本身包含着"合乎比例"的要求;另一方面,以"合乎比例"为基础的程序正义构成了程序正义的一种特殊类型。前者可称为程序正义的相称性,后者则称为相称性程序正义。两者之间既存在密切的联系,又有细微的差别。

(一)程序正义的相称性

什么是程序正义?对此问题,学者们有不同角度的理解。有学者从自然正义原则出发来解析程序正义[5],也有学者将联合国《公民权利与政治权利国际公约》或者《权利法案》中规定的刑事被告人所享有的最低限度保障直接视为正当程序的标准[6],还有学者从程序内在价值的角度来确立程序正义的基本标准,如程序的参与

---

① 西原春夫.刑法的根基与哲学[M].顾肖荣,陆一心,谈春兰,译.上海:上海三联书店,1991:1.
② 林钰雄.刑事诉讼法(上册 总论编)[M].北京:中国人民大学出版社,2005:4.
③ 林山田.刑事程序法[M].4版.台北:五南图书出版公司,1990:13.
④ 林山田.刑事程序法[M].4版.台北:五南图书出版公司,1990:15.
⑤ 马丁·P.戈尔丁.法律哲学[M].齐海滨,译.北京:生活·读书·新知三联书店,1987:240—241.
⑥ 陈光中,丹尼尔·普瑞方廷.联合国刑事司法准则与中国刑事法制[M].北京:法律出版社,1998:81.

性、中立性、对等性、合理性、自治性、及时终结性、人道性,分析程序正义观念的基本要求或者要素。① 不同的内涵界定给程序正义的理解带来不确定性,但是,程序正义相对于实体正义的独立价值得到了越来越广泛的认可。例如,美国学者马丁·P.戈尔丁(Martin P. Golding)认为,程序正义的实现能够促进争端的真正解决,而不是简单地了结案件,同时,它确保诉讼各方对整个司法制度产生信任感,没有这种信任感,司法制度将失去存在的基础。美国学者汤姆·泰勒(Tom R. Tyler)在探讨人们遵守法律的原因时发现,如果被追诉人经历了他们认为公正透明的司法程序,那么,他们将来更有可能遵守法律,无论他们是否获得有利的案件结果,情况都是如此。② 美国社会学家大卫·柯克(David S. Kirk)和安德鲁·帕帕克里斯托斯(Ardrew V. Papachristos)认为,程序正义的缺失会导致对法律的玩世不恭态度(legal cynicism),即完全以宿命论的态度来看待司法公正。他们发现,这种态度与芝加哥特定社区的暴力犯罪存在相关性,由于社区居民对警察有偏见,对警察打击犯罪的行为漠不关心,因此,这些社区的犯罪率通常比较高,进而形成了恶性循环。③

尽管程序正义在理论上具有独特的内涵和独特的价值,但程序正义的实现并不是一个孤立自足的过程,人们对司法结果的评判也不将程序正义的属性作为唯一凭据。因此,人们对程序正义的主观认知,不是就程序论程序的,还需要结合实体正义、司法效率等诸多因素来展开。而程序正义的相称性恰恰体现在其与实体正义、司法效率等其他价值目标之间的兼顾、互动关系中。

1. 从与实体正义的关系来看程序正义的相称性

程序正义关注的是实现某个结果所采用的程序是否公平,实体正义关注的则是结果本身是否公平(奖励、惩罚或某种资源的实际分配)。司法心理学的研究表明,对程序正义的看法与分配正义呈现截然不同的心理结构。④ 这一结论支持两种正义形式的分离式考察。但在具体的司法过程中,两者之间又是相互作用的——程序正义的实现不能脱离对实体正义的考虑。

司法心理学曾运用调查和实验的方法,对被观察者和实验参与者的主观感受

---

① 陈瑞华.刑事审判原理论[M].北京:北京大学出版社,1997:61.
② Tom R Tyler. Why People Obey the Law[M]. New Haven: Yale University Press,1990:143.
③ David S Kirk,Andrew V Papachristos. Cultural mechanisms and the persistence of neighborhood violence[J]. American Journal of Sociology,2011,116(4): 1190—1233.
④ Tom R Tyler. Psychological models of the justice motive: antecedents of distributive and procedural justice[J]. Journal of Personality and Social Psychology,1994,67(5): 850.

进行研究,试图发现公众对程序正义的心理感知特点和规律。[1] 研究者发现,当程序正义水平高时,个体更容易接受不利的结果;相反,当程序正义水平低时,即便是有利的结果,他们也可能不满意。由此得出的结论是,如果执法者尊重当事人的程序权利,则会提升当事人对不利判决的认可度,从而增进司法的公信力。但是,这样的结论不宜推向极端。当事人打官司不是为走程序来感受程序中的公平对待,他们最终想要的是结果的正义。

美国学者布里安·博恩斯坦(Brian H. Bornstein)和汉纳·迪特里希(Hannah Dietrich)用一个思想实验来说明这个问题。假设被告 A 和被告 B 都被指控犯有一级谋杀罪,而他们其实都是无辜的。在对被告 A 的审判中,他不被允许作证,法官明显偏袒检察官,法院工作人员对被告 A 的态度粗鲁而傲慢。尽管如此,陪审团还是宣判其无罪。在对被告 A 的审判中,他被允许向法庭陈述,法官一丝不苟地公正对待他,法院工作人员极其关心和尊重他。尽管如此,陪审团还是判其有罪。如果在两者之间进行选择,相信更多的人会选择成为被告 A,而不是被告 B。在对被告 A 的审判中,法院虽然程序不够完善,但它得出了正确的结果。现在假设其他条件都一样,只是被告 A 和被告 B 确实犯了罪。相信绝大多数人会选择成为被告 A,因为最终他会被认定无罪。对被告 B 的审判方式或许会给他带来某种安慰和尊重,但仅此而已。[2]

可见,虽说一个公平的过程可以在很大程度上缓和严酷的结果,而不公平的程序会使积极的结果不那么令人满意,但如果一定要在实体正义和程序正义之间进行非此即彼的痛苦抉择,实体上的正确性就是更重要的。这个思想实验不至于让我们得出实体正义一定高于程序正义的结论,但它至少说明了一个道理,程序正义的实现不是排他的、孤立的,而是要兼顾实体结果正义的。如果对程序正义的强调影响了实体正义的实现,那就很难说整体的司法是正义的。而在兼顾实体正义时,程序正义必然展现其相称性的特质。

2. 从与司法效率的关系来看程序正义的相称性

司法效率要求对司法资源进行合理配置,通过衡量刑事诉讼中的成本耗费与程序目标完成效果之间的比例来选择侦查、起诉和审判方式,以达到效益的最大

---

[1] Rebecca Hollander-blumoff. The psychology of procedural justice in the federal courts[J]. Hastings Law Journal,2012,63(1):129.

[2] Brian H Bornstein,Hannah Dietrich. Fair procedures,yes. But we dare not lose sight of fair outcomes [J]. Court Review,2007,44(1/2):72.

化。这种经济性的衡量可以从不同层次上展开，既可以着眼于刑事诉讼的整体结构，也可以关注特定程序或制度的运作状况。具体可以从以下几个方面入手：(1)在不同的主体之间分配司法的成本耗费，将有限的资源用在最需要的地方，收到"钱花在刀刃上"的效果，比如适当扩大自诉案件的适用范围，可以将司法资源投入较为复杂的公诉案件，有权提起自诉的人可以通过成本与收益的比较来决定是否实际地启动自诉程序。(2)程序性手段与特定程序的目的相适应，小事花小钱，大事花大钱，不能出现"高射炮打蚊子"的情况。比如强制措施的采用应当与犯罪的性质、犯罪嫌疑人的社会危险程度等相适应，对犯罪嫌疑人没有必要逮捕的就不实施逮捕，这一方面符合"羁押是例外"的人权原则，另一方面节约了司法资源。(3)根据案件的性质和复杂程度，对程序进行繁简分流。如果案件所涉罪行严重，社会影响大，审判结果对公民的财产、自由甚至生命有重大影响，就应该设立对抗性强、严格复杂、成本耗费较高的程序来处置；如果案件涉罪较轻、事实清楚、证据充分，审判的结果对被告人的权利影响相对较小，就应当设立简易程序来处理。前者以正当程序、人权保障为重心，后者则兼顾了诉讼的经济性。(4)在不影响办案质量的情况下，缩短诉讼的周期。诉讼周期，是指诉讼程序从发生到终结的时间延续过程。① 法定的诉讼周期越短，诉讼成本越低，诉讼效率相应地就越高；反之亦然。因此，在不影响办案质量的情况下，诉讼周期的缩短能够使诉讼符合经济性的要求。

当然，司法效率本身并不是刑事诉讼活动的最高目标，对诉讼经济性的追求不能以牺牲诉讼参与人应当享有的正当程序权利为代价，以程序正义的缺失换取的程序高效推进不仅不能达到实体真实的目标，而且其对公民基本权利的漠视将为法治社会所不容。因此，无论是刑事诉讼制度的设置还是刑事诉讼的运行，程序正义和司法效率都是需要兼顾的价值，这种兼顾必然导致程序正义显示相称性的特征。

3. 从与诉讼及时性的关系来看程序正义的相称性

程序正义往往追求刑事程序的充分展开，这与诉讼的及时性要求之间存在着一定的张力。诉讼及时性要求诉讼程序尽快推进，及时终结。其基本价值表现在：(1)有利于查明案件的事实真相，可以充分利用证人清晰的记忆，并保全各种实物证据，以查清案情并作公正处理。(2)有利于体现刑事司法的社会效果，产生更大

---

① 陈光中，汪海燕. 刑事诉讼中的效率价值[M]//中国政法大学诉讼法学研究中心. 诉讼法学研究：第1卷. 北京：中国检察出版社，2002：6.

的震慑和教育效果。切萨雷·贝卡利亚说:"犯罪与刑罚之间隔得越短,在人们心目中,犯罪与刑罚这两个概念的联系就越突出、越持续,因而,人们就很自然地把犯罪看作起因,把刑罚看作不可缺少的必然结果。"[①](3)有利于保证诉讼的经济性。诉讼的拖延显然不适当地延长了诉讼的周期,造成了司法资源的浪费,进而对社会公共福利造成了损害。(4)有利于保障被追诉人及被害人的权利,尤其是避免了由于程序的延宕而造成的"第二次损害"。迟延的诉讼会使被追诉人及被害人的权利长期处于未确定的状态,对其身心、生活、工作造成一系列不良影响。故法谚云:"迟来的正义是不正义。"但也应该注意到,诉讼及时性的深层含义是要求在"合理时间"内推进程序和形成判决结果,过于急速和过于缓慢都不属于"合理时间"。虽然诉讼及时性强调诉讼程序尽快推进、及时终结,但过于急促的推进有可能导致办案人员审查证据上的草率以及对被追诉人程序权利的忽略。在此,诉讼及时性中"合理时间"的确定显然要与各种实体和程序问题进行综合衡量。程序正义于此也会显示相称性的特征。

总之,要把握程序正义的相称性,就必须避免对程序正义及程序的独立价值做孤立或抽象的理解,要将其置于与实体正义、司法效率等价值目标的动态关系格局中综合权衡。相称性往往体现于程序正义具体实现的过程中。

(二)相称性程序正义与绝对性程序正义

程序正义的相称性与相称性的程序正义之间虽然有着密切的联系,但其实是两个不同的概念。前者是指程序正义中蕴含着相称性的内涵和追求,后者则特指以相称性为内涵和要旨的程序正义类型。

从类型学来看,相称性程序正义之所以与绝对性程序正义对称,是因为这种对称体现了对程序正义的不同追求。绝对性程序正义主张法定或者正当程序的每一个细节都能得到不折不扣的落实。例如,凡基于程序违法所取得的证据都应排除,凡基于程序违法的审判所作出的裁判都必须撤销原判、发回重审。相称性程序正义则主张,程序正义虽然具有独立价值,但其适用不是孤立的。换言之,正当程序规则的适用需要考虑与其他刑事诉讼目的的关系以及案件的具体情况来加以判断,对程序性问题的处置应当具有合乎比例的妥当性。

绝对性程序正义主张程序正义的独立价值,程序正义的价值绝对优先于实体正义的价值;主张立法应当不断地扩展当事人,尤其是被追诉人的程序权利,并在

---

① 贝卡利亚.论犯罪与刑罚[M].黄风,译.北京:中国大百科全书出版社,1993:56.

执法和司法过程中对这些程序权利给予严格且周全的保护,只要执法者未能严格遵守程序规定即构成程序违法,一旦构成程序违法,就必须接受程序性的制裁,而程序性制裁也是越严越好,即便因为排除证据或适用其他程序性制裁而导致案件中的实体正义得不到实现,也在所不惜。这一立场试图对刑事诉讼权加以最强的约束,以最大限度地保障被追诉人的各种权利。

相称性程序正义同样主张程序正义具有独立价值,但是并不主张程序正义的价值相对于实体正义一定处于绝对的优先位置,也不主张实体正义的价值必然优于程序正义的价值,而是主张程序正义的实现应当立足于诸价值目标之间的权衡判断,为了兼顾实体正义、司法效率等价值目标,程序正义可以作出适度的妥协,只要总体的立法或司法效果获得了最大限度的实现。在立法上,应根据现实需求、政策要求和价值权衡来合理设定刑事诉讼制度的边界;在司法上,则兼顾不同价值目标之间的权衡和司法效果的最大化实现来选择适当的刑事诉讼措施或程序制裁方式。

这两种类型的程序正义实际上代表了关于程序正义的两种立场。两相比较,绝对性程序正义似乎能够对程序权利给予更为严格和周全的保护,而相称性程序正义是一种次一等的程序正义,但实际上从司法实践来看并不尽然。诚然,相称性程序正义可能在程序法的严格执行方面作出某种妥协和让步,但由于相称性程序正义重在把握程序正义的实质性,因此在一些情况下,它有可能超越法定程序而获得更高层次的程序正当性。以下举实例分别述之。

1. 相称性程序正义在程序权利保障方面的适度妥协

我国长期以来存在"重实体、轻程序"的传统观念,但近年来法学界逐渐认识到程序正义的重要性,并通过提升程序正义的价值来试图矫正这一传统。"实体正义与程序正义并重论"于是成为一种主流的观点,并成为我国司法机关在处理实体与程序关系问题方面的基本立场。[①] 在程序正义与实体正义取得一致的基础上找到结合点并不难,难的是在两者存在紧张或发生冲突时的抉择。这种抉择不是非此即彼的取舍,而是因地制宜的权衡。这需要从两者的辩证关系入手,找到最佳的平衡点。在此情形下,实体正义与程序正义都有可能作出适度妥协。保障被告人程序权利往往会降低打击犯罪的效率,反之,加强打击犯罪的各种措施的威力则可能克减被告人的程序权利。程序正义与实体正义的并重不可能是两种正义形式的平

---

① 陈学权.论刑事诉讼中实体公正与程序公正的并重[J].法学评论,2013,31(4):105—114.

行实现，而是要形成恰如其分的配合关系。在一种语境中，实体正义须向程序正义妥协，而在另一种语境中，程序正义须向实体正义妥协。前者的典型例子如因刑讯逼供的存在而排除可能为真实的非法证据，宁纵勿枉；后者则可用"无害错误"规则来加以说明。以下略作展开。

现代刑事诉讼程序庞大而复杂，除了最简单的刑事审判外，几乎不可避免地会出现某种程度的程序错误。加利福尼亚州首席大法官罗杰·特雷诺（Roger J. Traynor）宣称："错误是法律世界中的昆虫，成群结队地穿梭其中。"[1] 有学者对美国第二巡回法院的127项刑事裁判进行抽样调查，发现12%的初审裁判存在错误，其中60%以上的错误属于无害错误。[2] 无害错误规则源自英国普通法。最初的"国库规则"（Exchequer Rule）规定，对任何与证据采纳或排除有关的错误都将导致自动撤销的结果。其理据是，错误地采纳或排除证据会导致偏见，因此需要重新审查。[3] 这对于程序错误采取了"零容忍"的态度，给予被告人程序权利最为严格的保护。英国议会于1873年通过了《司法法案》，该法案规定，在民事案件中"不得以错误指示或不当采纳或拒绝证据为由准予重新审判，除非受理申请的法院认为审判中存在重大错误或误判"。1903年，《刑事上诉法》颁行，前述规则扩展到刑事案件，规定："尽管法院认为上诉中提出的问题可能对上诉人有利，但如果法院认为实际上没有发生实质性的误判，则可以驳回上诉。"刑事诉讼中的"无害错误"规则得以确立。

早期美国法院采纳了英国普通法上的"国库规则"，认定审判的所有程序错误都是有害的，案件因而都需要重新审判。1897年，美国最高法院在布拉姆诉美国案中裁定，只要在刑事审判中发现宪法错误，任何定罪就都必须自动推翻。[4] 为了回应公众对大量撤销裁决的强烈抗议，国会于1919年修订了《司法法案》，其第269条允许上诉法院忽略"技术错误或缺陷"来裁决案件，只要这些错误或缺陷不致对"当事人的实质性权利"产生影响。1946年，这一规则又被纳入《联邦刑事诉讼规则》第

---

[1] Roger J Traynor. The Riddle of Harmless Error[M]. Columbus, Ohio: Ohio State University Press, 1970: ix.

[2] Kate Stith. The risk of legal error in criminal cases: some consequences of the asymmetry in the right to appeal[J]. University of Chicago Law Review, 1990, 57(1): 44.

[3] Goff IV, Addison K. Mixed signals: a look at Louisiana's experience with harmless error in criminal cases[J]. Louisiana Law Review, 1999, 59(4): 1169-1189.

[4] Bram v. United States, 168 U. S. 541, (1897).

52(a)条,规定"任何不影响实质性权利的错误、缺陷、违规或不一致都应当被忽略"[1]。无害错误规则于是成为美国刑事诉讼中的一项通行规则。

无害错误规则主张在程序行为的正确性与实体正义、司法效率之间作出相称性考量。如果二审法院在审查上诉请求时,只要发现一审法院存在错误,无论错误的大小,都一律将案件发回重审,那么,初审法院的工作量就会大大增加;如果二审法院自行审理案件,也会增加自身负担。"无害错误"规则允许上诉法院在某些情况下不对一审程序中的轻微或形式上的错误进行纠正,从而避免不必要的重审和司法资源的浪费。它对专门机关的程序性行为进行了适度的容错处理,不追求程序正义的完美实现,看起来有些退而求其次,但是并没有降低整体性的司法正义水平,因而是相称的。

2. 相称性程序正义对程序权利的更强保障

绝对性程序正义要求对被追诉人的各种程序权利给予严格的保护,只要执法者未能严格遵守程序规定即构成程序违法,这会使程序正义的界限刚性有余而弹性不足。这种保护看起来周全,却可能过于拘泥于对现行程序法的规定。由于反对对程序正义进行权衡,因此在缺失明确程序法规定时,对被追诉人程序权利的保护反而出现漏洞。相反,相称性程序正义主张对程序正义与其他价值目标进行综合权衡,在把握实质内涵的基础上赋予程序正义一定的弹性空间。这种弹性固然可能导致在某些情形下就程序权利保障作适度妥协,但在必要时也可能突破现行的法律规定以实现更高的程序正义。试以两例来加以说明。

(1)联邦德国1964年2月21日的日记案[2]

这是一起伪证案。被告曾被传唤到其前任情人的审判中作证,她否认与自己有牵连。但是她有一本日记藏匿于另一名情夫家中,这本日记后来被其情夫的妻子提供给警方。日记记载了被告与那位前任情人之间的性关系。初审法院采纳了这本日记,并据此判决被告犯有伪证罪。联邦最高法院推翻了初审法院的判决。法庭依据相称性原则进行了权衡,认为如果将该日记采纳为指控被告人的证据,就会违反宪法第1条和第2条中所规定的个人隐私权。法庭指出:虽然解决和惩罚犯罪的目的极为重要,但应当认识到,这个目的不是也不能成为一个国家的至高利

---

[1] Amanda M Chaves. The doctrine of harmless error in criminal cases in Massachusetts[J]. Suffolk Journal of Trial & Appellate Advocacy,2013,18(2):282—286.

[2] Judgement of Fed. 21,1964,19BGHSt325 (1964).

益。相反,这样的公共利益应当成为被考虑的诸多利益中的一项。日记是一种与其作者人格隐私高度结合的载体,"如果在刑事诉讼中违反作者的意思被当作证据方法使用,就会违反人性尊严和人格自由发展的基本权"[1]。

严格来说,本案中警方的取证并不违法,也没有明确的规则来禁止将日记采纳为证据,德国联邦最高法院之所以排除了这本日记,完全是基于国家控诉犯罪的利益与公民宪法上的隐私权之间的相称性权衡判断。法庭强调指出,这里的判断不是非此即彼的,不是说只要被告人隐私权受到侵害就必然导致证据的排除,关键是对公民隐私权侵害的严重程度超过了刑事指控的轻微性质,因此排除该日记是恰当的。但是,如果日记内容涉及重罪或者间谍罪,则该日记就不应被排除,因为指控犯罪的国家利益超过了被告人的隐私权。同样,一份没有包含被告人隐私情况的商业文件由于未涉及隐私权,则不应当被排除。[2] 本案中德国联邦最高法院的论证充分体现了相称性程序正义理念,对警方取证行为所涉及的公民基本权利给予了更强的保护。

(2)1952年美国的罗钦诉加利福尼亚州案[3]

两名加利福尼亚州警察未持搜查证进入被告家中,并闯入被告卧室,被告见状立即将两个药丸吞入腹中。警察认为被告所吞食的是毒品,就迅速扑上卡住被告脖颈以阻止药丸进入腹中,但未能成功。警察于是强制被告到医院,不顾被告反对,要医生以胃管迫使被告将胃中药丸吐出,后确定该药丸果然为毒品。美国联邦最高法院认为,警察的取证行为不仅侵犯了被告的隐私权,而且其手段"震撼了良心",因此排除了所取得的证据。值得注意的是,此案判决的年份是1952年,根据当时美国的判例,证据排除规则尚不能适用于各州。而且,这种缺失并非存在法律上的漏洞,用卡尔·拉伦茨(Karl Larenz)的话说,应该属于法律制定者根据当时的历史条件所表达的"有意义的沉默"[4],换言之,这一判决是法官听从"良心"的召唤突破现有法律而作出的。在该案中,警察取得的证据是真实的,美国联邦最高法院排除这一证据完全是因为警察取证行为对被告人的健康权、隐私权和人格尊严造成了过度侵害。这一判决正是对相称性程序正义的充分体现。

(三)刑事诉讼比例构造是相称性程序正义的落实机制

作为一种诉讼理念,相称性程序正义需要一定的机制将其贯彻到立法或司法

---

[1] 克劳思·罗科信.刑事诉讼法[M].24版.吴丽琪,译.北京:法律出版社,2003:217.
[2] 秦策,顾君.德国刑事诉讼中的证据禁止:理论、规则与司法技术[J].法制现代化研究,2004(9):396.
[3] Rochin v California,342 US 165,(1952).
[4] 卡尔·拉伦茨.法学方法论[M].陈爱娥,译.北京:商务印书馆,2003:249.

中。前述两例发生于司法的语境中,所使用的相称性分析实质上是一种法益权衡方法。而在立法上,基于刑事诉讼比例构造来设置刑事诉讼措施无疑是落实相称性程序正义的最佳机制。在技术上,刑事诉讼比例构造可以有两条路径来体现相称性程序正义:一是对针对同一诉讼目的的刑事诉讼措施分化出由弱到强的梯度序列,以便执法者根据案件的具体情况选用;二是在一般性规则的基础上分化出能够具有特殊场景特殊针对性的例外规则,从而提升刑事诉讼措施与诉讼目的的相称性。对此,笔者以美国非法证据排除规则的发展轨迹来加以说明。[①]

非法证据排除规则是刑事诉讼中确保程序正义的重要机制,其核心在于防止用非法手段获取的证据影响案件的公正审理。通过排除非法取得的证据,可以避免刑讯逼供、威胁、引诱等非法手段对被告人的不当侵犯。它体现了程序审查优先原则,法庭必须优先处理被告方提出的程序性争议。其适用不仅有助于维护被告人的合法权益,而且能提升司法公信力和社会信任度。但是,非法证据排除规则会对案件事实的认定产生负面影响。刑事案件的公正裁判须以案件事实的认定为基础,证据裁判主义要求作为裁判基础的案件事实是证据所能证明的事实。鉴于证据对查明事实真相的重要意义,人们对于相关证据的排除常常持谨慎甚至反对的态度。如杰里米·边沁就认为:"证据是正义的基础,排除了证据,就排除了正义。"在他所谓的"自然程序体系"中,不应当排除任何证据,除非采纳这项证据纯属多余或者会导致困扰、支出或者拖延。[②]

在此,程序正义与案件真实发现之间存在着激烈的冲突。即便是在非法证据排除规则发源地的美国,法官也对适用这一规则提出了质疑:由于排除规则几乎总是要求法院忽略与有罪或无罪有关的可靠、可信的证据,因此,"在许多情况下,其最终结果是压制真相,让罪犯不受惩罚地在社区中逍遥法外"[③]。本杰明·卡多佐(Benjamin Cardozo)法官也发出了著名的"灵魂之问":"罪犯该不该因为警察犯错而逍遥法外?"[④]正是在这种价值激烈冲突的情境中,相称性程序正义获得了用武之地。美国联邦和各州法院的主流观点都主张,排除规则仅在抑制收益大于代价的

---

① 此处的非法证据排除规则是广义上的,既包括基于美国宪法第 4 条修正案而设立的非法实物性证据排除规则,也包括基于其宪法第 5 条修正案设立的非法言辞类排除规则。
② Twining William. Theories of Evidence: Bentham and Wigmore[M]. Stanford, Calif.: Stanford University Press, 1985: 28.
③ Davis v. United States, 564 U. S. 229, 237 (2011).
④ People v. Defore, 242 N. Y. 13, 21 (1926).

情况下才可适用。①

在相称性程序正义理念的指导下,美国非法证据排除规则体系的发展呈现比例构造的鲜明特色。其典型表现是在排除非法证据的一般规则基础上逐渐形成一系列场景类型化的例外规则,在这些例外规则设定的场景中,排除规则可以不必使用,避免了对程序正义的过度追求影响案件真实的发现。1984年美国诉里昂案确立了"善意的例外"(good faith exception),规定只要警察进行搜查时是以"客观合理的、可信的"搜查证为依据,其行为出于善意,尽管最终发现搜查不合法但证据仍可采用。② 同年的纽约州诉夸尔利斯案则确立了公共安全的例外(public safety exception),提出"在公共安全受到威胁的情况下,要求嫌疑人回答问题的需要显然超过了遵循米兰达规则的需要"③。其后的证据排除例外规则还包括必然发现的例外(inevitable discovery exception)、独立来源的例外(independence source exception)、微弱联系的例外(attenuation exception)和附带使用的例外(collateral use exception)等,与此同时,既有的例外规则因为追诉犯罪的新需求而不断地被扩大解释。例如,有学者认为,网络恐怖主义代表了恐怖行为实施手段的演变,导致恐怖行为从即将发生到完成之间的时间间隔大大缩短。为了有效应对这一新情况,法律应当扩展公共安全例外的适用范围,以防止恐怖危险的发生,保护公共安全。④

如果说非法证据排除规则体现了程序正义优先于实体正义的基本立场,那么,各种例外规则的出现就体现了程序正义对实体正义的适度妥协。这种"一般+例外"规则体系的形成有助于排除非法证据的实践,与案件的具体情况相称相应,取得最佳的司法效果,而规则体系本身也展现出比例构造的特色。

第二节 权利论基础:动态平衡的人权保障观

如果说公法比例原则是刑事诉讼比例构造的规范论基础,那么人权保障就自然成为刑事诉讼比例构造的权利论基础。人权保障与惩罚犯罪是刑事诉讼的两大

---

① Herring v. United States,555 US 135,140—141(2009).
② U. S. v. Leon,468 US 897(1984).
③ New York v. Quarles,467 U. S. 649,651—52(1984).
④ Snyder Mitch. Cyberterrorism and the public safety exception to Miranda[J]. Dickinson Law Review,2021,126(1):339—358.

目的,两者之间形成了对立统一的互动关系,因此,作为刑事诉讼比例构造权利论基础的实质上是与惩罚犯罪目的形成动态平衡的人权保障观。

一、人权保障:刑事诉讼比例构造的原点

(一)比例原则起源的内在机理

在法哲学上,权力与权利的关系是一个永恒的话题,在不同的时代、国家和地区,人们对这个问题给予了不同的回答。在文明社会早期,人们相信,正义来源于天庭,权力则出自神意的授予;国王或者君主也喜欢将自己打扮成神的宠儿,蒙神恩赐而获得权力。既然权力的享有和运行是秉承了神的意志,那么,权力便自然具有至上的地位,神圣不可侵犯,这就是所谓的权力神授论。在权力的俯视下,民众只能承受义务,即使有权利,也是来自权力由上而下的授予,或者说是由权力派生出来的,权力既然可以授予权利,自然也就可以任意收回、处分、限制、剥夺权利,权力是第一位的,而权利是第二位的。在权力本位论上,古代统治者建立起专制政体。依此而行的刑事诉讼活动,权力的行使可以无限扩张。虽然古代有一些贤明的君主和官吏认识到了刑罚权应当适度行使,主张"兹式有慎,以列用中罚"[①],即刑罚适中,刑当其罪,但是,他们不可能对权力与权利之间的比例关系进行深入的认识和认同。在具体的刑事司法实践中,君王、官府可以根据需要随时限制或剥夺社会成员的人身自由甚至生命,随意行使国家权力、任意践踏个人权利的现象比比皆是。这显然难以为以保障权利为依归的比例原则提供形成的土壤与氛围。

近代以来,西方国家受到"天赋人权"思想的强力影响,这种思想主张"人生而平等",国家的权力源自个人的权利。传统的"权力本位观"逐渐转向"权利本位观"。社会契约成为对抗君权天授的强大武器。社会契约论先驱胡果·格劳秀斯(Hugo Grotius)明确提出:"人们因为经验的教训,觉得孤立的家庭不足以抵抗暴君的侵逼,于是由他们自己的同意组成政治社会。"[②]社会成员为了更好地保护自己的权利和安全,自愿订立契约,让渡一部分权利,集合成为国家的权力,于是才有了国家。通过以"契约"为基础的法律机制,公民的各项权利受到国家的保护,而国家权力也应当以保护公民权利为主旨。所以,"社会秩序是为其他一切权利提供了基础

---

① 尚书[M].周秉钧,注译.长沙:岳麓书社,2001:208.
② 蔡拓.契约论研究[M].天津:南开大学出版社,1986:10.

的一项神圣权利"①。被马克思称为"世界上第一个人权宣言"的1776年美国《独立宣言》庄严宣告:"我们认为这些真理是不言而喻的:人人生而平等,他们都从他们的造物主那里被赋予某些不可转让的权利,其中包括生命权、自由权和追求幸福的权利;为了保障这些权利,所以才在人们中间成立政府,而政府的正当权力,则系得自被统治者的同意。"这正是社会契约论观点的法律化,其明确指出建立政府的目的是保障人权。可见,社会契约论从根本上改变了传统关于权力与权利关系的观点,也正是在这个基础上,人们才有可能进一步思考国家权力干预公民个人权利的限度问题。

根据社会契约论,每一个社会成员都被视为认同一个前提,即为了使自己的安全、利益受到国家的保护,必须授权国家在必要时处分自己的权力和利益。在现实的法律实践中,国家为了达成一定的目的,其权力的行使不可避免地会侵害公民权利,而且,如果任由个人利益无限膨胀,也会造成社会秩序的混乱。因此,在现代法治国家,公民基本权利虽然重要,但是国家权力在基于公益考虑的必要情形下是可以对其进行干预和处分的。于是,如何确定权力行使的限度和标准,就成为公法领域的重要课题。"权利本位论"理念的制约使得国家权力对公民基本权利的干预和处分不可任意和随便,而应有节制。易言之,应当将国家权力对公民权利的限制与剥夺约束于最低的限度内。这正是比例原则的基本意旨。可见,人权保障是比例原则得以产生的逻辑起点,而比例原则恰是以保障人权为依归的。

比例原则是权力与权利关系的调节器,但是其调节方式——比例式调节则与自然法理论有着密切的关系。西方的自然法思想源远流长,其中包含着一种比例性限权的观念。1895年,德国学者奥托·迈耶指出:"以自然法上的基础要求警察作符合比例的防御并界定警力发展的范围。警察机关不得在法律一般授权下,超过此自然法的范围,作出逾越授权的防御。"②具体而言,比例原则与自然法学说的关联可以得到多重揭示:第一,依自然法的学说,法的本质是客观规律的体现,如孟德斯鸠所说:"法是由事物的性质产生出来的必然关系。"③因此,立法者所制定的法律必须以客观规律为基础,对人们行为的调整不能背离客观规律。而事物之间的比例关系是客观存在的普遍现象,是自然规律的一种形式,也就成为自然法的一部

---

① 卢梭.社会契约论[M].何兆武,译.北京:商务印书馆,2002:8.
② 陈新民.宪法基本权利之基本理论:上[M].5版.台北:元照出版有限公司,1999:258.
③ 孟德斯鸠.论法的精神:上[M].张雁深,译.北京:商务印书馆,1961:1.

分。第二,自然法学说主张,法律应依理性而制定,不可沦为个人意志、任性、欲望和成见的产物,理性是衡量实在法好坏的一个标尺。这一点与比例哲学是相通的,比例所表述的是事物之间的理性关系,而比例原则所表述的是国家权力与公民权利之间的理性关系,两者之间存在一致性。第三,自然法学说认为,法的功能和目的在于实现正义,而正义是关于公共幸福的合理安排,在这种合理安排中,每个人都能得其所应得,享受到他应得的权利和承担他应担的义务,权利和义务之间形成一种适度关系,超越这种适度关系则可能侵犯他人的正当权利,产生不正义的行为。可见,合比例的思想包含于自然法的本意中,比例原则可以在自然法学说中找到其观念渊源。

在近代以限制专制权力为主旨的法治实践中,这种强调适度与节制的比例性理念进一步深入人心,如何限制政府强制权力成为核心问题。我们不难理解为何比例原则会率先在警察法领域萌生,因为警察法正是国家权力与公民权利张力最大的领域。法治理念的核心是以法律来规范国家权力的行使,但对权力的规范并不完全抑制或取消国家权力,国家权力的无限扩张和绝对限制都不是法治的本义,重要的是在国家权力与其所针对的公民权利之间形成必要的"比例"关系,使权力的行使恰到好处,使权利的受损恰如其分。正是在这个意义上,"依法治国下的比例原则是为了保护人民而加诸国家之上的分寸要求"[1]。国家权力对人权的干预应遵循一定的尺度,不可毫无节制。国家权力有节制地行使,可以最大限度地实现个人的自由权利。

(二)刑事诉讼中人权保障的特殊需求

刑事诉讼中的人权保障既要遵循"公法家族"的共通法理,又要体现刑事诉讼活动的特殊需求。在刑事诉讼中,保障人权的重心在于防止执掌侦查、公诉和审判权力的国家机关在追究被追诉人刑事责任的过程中,滥用权力,导致对公民权利的侵犯。刑事诉讼是国家刑罚权由抽象规定到具体实现的过程。在此过程中,国家专门机关发挥着主导性的作用。刑事权力具有两面性:一方面,它是维护社会秩序的必要手段。为了惩罚犯罪,保护社会秩序和公民权利不受犯罪分子的侵害,专门机关必须有权对被追诉人采取必要的刑事诉讼措施,以保障刑事诉讼的顺利进行。另一方面,刑事诉讼权与其他公共权一样,具有扩张性和容易被滥用的天然属性。而且,相比其他诉讼权利,刑事诉讼权的运用更具有普遍性和深刻性。所谓"普遍

---

[1] 蔡宗珍.公法上之比例原则初论——以德国法的发展为中心[J].政大法学评论,1999(62):83.

性",是指从刑事诉讼程序的启动,到侦查的展开,再到诉讼的提起乃至审判,均有专门机关主导和推进。所谓"深刻性",是指刑事诉讼往往涉及公民的宪法性权利如生命、人身自由、人格尊严、隐私等。逮捕及羁押作为最严厉的强制性措施,直接关系到公民的人身自由,而人身自由在权利体系中具有基础性的地位,是行使其他自由和权利的必要前提。

因此,刑事诉讼法中的人权保障,关键在于保障被追诉人的诉讼权利不受公安司法机关及司法人员的侵犯。这是因为:第一,落实无罪推定的要求。被追诉人在被法院定罪前,应被推定为无罪,即使后来被证实实行了犯罪,其在诉讼中仍然应当享有符合诉讼程序的各项权利,不容非法剥夺,这是现代司法文明、民主的基本要求。第二,对弱势诉讼主体的衡平式保护。在刑事诉讼中,被追诉人处于被追诉的地位,受到国家专门机关的强大压力,处于弱势地位,如果对他们的诉讼人权不加强保障,其合法权益就容易受到侵犯。第三,理性解决犯罪这种严重的社会纠纷。如果说刑法是"必要的恶",那么,刑事诉讼活动一定意义上就是一个"以恶制恶"的过程。在一个文明的、民主的社会,这个过程应当是文明的、和平的,建立在公平对待和理性沟通基础上的;否则,"以恶制恶"的刑事诉讼难免复归"以暴制暴"的原始法则。

正是基于人权保障对刑事诉讼的重要意义,近代各法治国家都在宪法性法律文件中规定了保障人权的条款。例如,英国《大宪章》第 39 条规定,任何自由人,如未经其同级贵族依法裁判或国法判决,皆不得被逮捕、监禁、没收财产、剥夺法律保护权、流放或施加任何其他损害。美国宪法修正案中的"权利法案"集中规定了公民的基本权利,其中第 4、5、6、8、14 条直接与刑事诉讼活动相关。第二次世界大战以后,国际社会认识到,刑事诉讼中的人权保障问题不只是一个国内法的问题,它应当通过人类的共同理性和核心价值来加以规范,以国际社会的协同行动来加以引导。在 1945 年成立联合国时,"保护人权和基本自由"成为《联合国宪章》的主旨。其后,国际社会签订了一系列国际公约或规范性文件,如《世界人权宣言》《公民权利和政治权利国际公约》《禁止酷刑和其他残忍、不人道或有辱人格的待遇或处罚公约》等,大多与刑事诉讼密切相关。我国《宪法》第 33 条第 3 款"国家尊重和保障人权"为刑事诉讼中的人权保障提供了宪法层面的依据和指导。这意味着在刑事诉讼过程中,所有相关法律、制度和实践都必须遵循这一原则,确保被追诉人、被害人及其他诉讼参与人的基本权利得到充分尊重和保护。《刑事诉讼法》经过不断修改,在制度建设方面取得了显著进展,使得"国家尊重和保障人权"的宪法原则得到了较为充分的体现。

二、动态平衡的人权保障观与刑事诉讼比例构造的契合

作为刑事诉讼的目的之一,人权保障并不是孤立实现的过程,它往往要与刑事诉讼的另一个目的——惩罚犯罪构筑起对立统一的完整体系来共同推动刑事诉讼的展开。诚然,两个目的之间在很多场合可以协调一致,但不可否认,它们之间存在冲突。为了协调两者之间的矛盾,我国刑事诉讼法学上形成了动态平衡的人权保障观的理论立场。这种理论立场与刑事诉讼比例构造多有契合之处。

(一)动态平衡的人权保障观

动态平衡的人权保障观是以多元诉讼价值观为基础的,不可能出现在单一诉讼价值观的格局中。传统刑事诉讼法往往以惩罚犯罪为唯一目的,不讲人权保障。一切为了查明犯罪、惩罚犯罪,为了实现这一目标而整合一切资源,不惜一切代价,甚至不择手段,最终导致对人权的保障不足,甚至人权被侵犯。没有多元价值观,就没有平衡的需要。[1] 因此,刑事诉讼在惩罚犯罪与人权保障之间寻求平衡,本身就代表了刑事诉讼价值理念上的进步。在现代社会,在有效地惩罚犯罪的同时,最大限度地保障人权,可以说是各国刑事诉讼共同追求的目标。问题是,这两种刑事诉讼目标之间总是存在相互抵触和相互冲突的复杂关系。这种复杂关系绝不是一种理论的抽象,它终将体现于刑事诉讼法所设定的"权力-权利"关系中,进而对刑事诉讼法的实效发生作用。

然而,在法律领域,对多元价值目标的权衡从来不是一劳永逸的。正如笔者曾经论述的:"各种社会力量生生灭灭,各种价值体系进行着重新的分化和组合,进而对法律制度提出了新的价值要求,于是不得不对法律价值目标进行重新选择和确定。在社会秩序乃至法律秩序中,法律价值体系的调整与均衡在不断地反复着,旧的被破坏,新的被确定,达成新的均衡,这一变化过程永无休止。"[2]这是从历史发展的宏观视角来说的。刑事诉讼的时空运行面临类似的情况,在不同的诉讼阶段或环节可能面对不同的问题,当一种刑事诉讼目的所包含的正当性或合理性被不适当地强调或发挥,以至于侵害了其他目的所包含的正当性和合理性时,就可能产生

---

[1] 卞建林.秉持动态平衡诉讼观 推动刑事理论与实践的繁荣发展[J].中国检察官,2018(13):26—27.
[2] 秦策.法律价值目标的冲突与选择[J].法律科学(西北政法学院学报),1998(3):46.

某种"反噬效应"——由正当变成不正当,由合理变成不合理。可见,刑事诉讼目的的赋权和选择也需要根据不同问题的需求不断地作出调整,形成新的均衡。

那么,该如何实现惩罚犯罪与人权保障的动态平衡?动态平衡诉讼观的倡导者陈光中先生对此有深入的阐释,他认为:"两者应当并重,不能片面注重一面,忽视另一面。如果只注重追究犯罪,忽视人权保障,势必导致蔑视法制、行政专横、滥捕滥判,这是一个民主、法治国家所不能容许的。而且,这样做不可能达到国家长治久安的目的,将会损害国家和人民的根本利益。"另一方面,"如果只讲人权保障,不讲打击犯罪,特别是对严重的犯罪、有组织的犯罪,如果不进行有力追究和严厉打击,势必导致犯罪猖獗,人民无法安居,社会不得安宁,国家建设、经济发展随之化为泡影,这显然违背了刑事诉讼法的根本宗旨"。因此,"打击与保护作为一对矛盾的两个侧面,在一定时期一定问题上可以有所侧重。"[①]"两者必须妥善地加以协调,相互平衡地结合在一起。"[②]

如何做到"一定时期一定问题上有所侧重"以及"妥善协调,相互平衡"?这尚需融入一定的技术思维来加以具体化。笔者认为,惩罚犯罪与保障人权两大目的之间存在属性上的差异,我们不如将两者的关系转化为"赋权(力)-限权(力)"的结构性思考。为了实现查明、追诉、裁判犯罪的诉讼目的,刑事程序的设置需要授予侦查机关、公诉机关和审判机关各种各样的程序性权力,以有利于推动刑事诉讼的进程,实现国家的刑罚权。这些程序性权力虽然没有最终定罪或量刑的效力,但已经对作为国家公民的被追诉人的基本权利和合理利益进行了干预、处分、侵害。而且,在刑事诉讼活动中,执掌国家公权力的专门机关处于优势和主动地位,而私人利益的拥有者处于弱势和被动地位。为了控制来自公民个体的犯罪行为,维护社会秩序,国家必须有权展开对事实的调查并对最终的犯罪人进行惩罚;相应地,国家在必要时应有权对公民个人的权利进行限制或剥夺,这是合乎逻辑的。"人身自由必定与社会安全是相辅相成的。……倘若一个正直的人可以受到杀人犯或盗贼的侵害,那么,他的人身自由就分文不值了。每一个社会均有保护自身不受犯罪分子危害的手段。社会必须有权逮捕、搜查、监禁那些不法分子。只要这些权利运用适当,这些手段就是自由的保卫者。但是这种权力也可能被滥用。而假如它被人滥用,那么,任何暴政都要甘拜下风。"[③]而"一切有权力的人都容易滥用权力,这是

---

① 陈光中.论刑事诉讼法修改的指导思想[J].法制与社会发展,1995(4):43.
② 陈光中.动态平衡诉讼观之我见[J].中国检察官,2018(13):4—5.
③ 丹宁.法律的正当程序[M].李克强,杨百揆,刘庸安,译.北京:法律出版社,1999:109.

万古不变的一条经验。有权力的人使用权力一直到遇有界限的地方才休止"①。如果说"赋权（力）"旨在强化惩罚犯罪的诉讼目的，而"限权（力）"旨在强化保障人权的诉讼目的，那么，立法者可以因时、因地制宜，调控赋予权力的方向和限制权力的力度，在对公民权利进行干预的必要性与国家权力行使的克制性之间形成合理的比例均衡关系。

(二)刑事诉讼比例构造对动态平衡的人权保障观的落实

笔者曾经对妥善处理法律价值目标之间的冲突提出过一些原则性建议，包括："(1)结构性原则。这要求用联系的眼光看待法律价值目标，即把特定的价值目标放在与其他价值目标的关系中，放在整个价值目标体系中来分析和研究，避免对单个价值目标的过分强调而不及其余。(2)最佳适度原则。这要求从均衡的角度来看待法律价值目标选择，即把这一选择过程看作在两个对立面之间的连续体上进行的微调，根据客观条件的要求确定不同价值目标之间的比例结构，使各个价值目标在法律体系中相互配合，各得其所，避免在价值目标之间作非此即彼的'钟摆式'选择。(3)合理代价原则。这要求以务实的作风进行法律价值目标的选择，即承认在特定的时空条件下代价是不可避免的，在两个价值目标不可能同时实现的时候，根据客观条件的要求对某些价值目标作有限度的牺牲。合理代价的实现在于：①代价的付出应根据客观条件的要求而非人为的失误或个人的任性；②代价的付出只能是适度的，不能超出一定的限度。同时还应避免各打五十大板式的'折中式'选择。(4)动态性原则。这要求用运动的观点来看待法律价值目标的选择，即应把价值目标选择建立在社会需要不断变化的基础上，是一种因时因势进行的动态均衡过程。当旧的价值目标比例结构已不适应新的社会要求，开始出现负效应时，应适时予以调整，避免'一劳永逸式'的选择方式。"②

这对于实现刑事诉讼两大目的的动态平衡来说是同样适用的。刑事诉讼的本质在于"解决在追诉犯罪过程中国家权力与公民个人权利之间的冲突和平衡问题"③。协调两大目标之间的冲突往往是刑事诉讼法完善的要点所在，在此关键点上，刑事诉讼比例构造无疑提供了一个重要的方法论机制。这种比例构造所追求的正是在个人基本权利与社会整体利益之间取一个最佳的平衡点，使两者处于"适

---

① 孟德斯鸠.论法的精神：上[M].张雁深，译.北京：商务印书馆，1961：154.
② 秦策.法律价值目标的冲突与选择[J].法律科学（西北政法学院学报），1998(3)：40.
③ 陈永生.诉讼平衡论[M]//樊崇义.诉讼法学研究：第4卷.北京：中国检察出版社，2003：17—18.

当的位置"。有学者曾言:"当公益的追求与个人基本权的保护呈现对立的情况时,为了公益的追求,于事理上承认人民的自由权利应受限制;然而,另一方面,执着于此种自由权利之侵害或限制不可漫无边际,应以该被认可的公益的达成所'必要者'为限。"①比例构造要求,刑事程序在设计和运作上必须注意刑事司法手段的节制性,使各种刑事追究措施在种类和轻重上与所追究的犯罪行为保持基本的适应性,防止国家权力过度扩张,从而防止刑事诉讼权的不当行使,并将对公民权利的合法损害控制在必要限度内。

刑事诉讼比例构造之所以能够将动态平衡的人权保障观落实于刑事诉讼法,是因为其具有独特的程序功能。这种功能不是其他的刑事诉讼原则所能取代的,相反,它对这些原则会起到重要的补充作用。下面以无罪推定原则为例来加以分析。

无罪推定是现代刑事诉讼的标志性原则,与罪刑法定原则一起构成了现代刑事诉讼法的重要基石。意大利著名刑法学家切萨雷·贝卡利亚在《论犯罪与刑罚》中指出:"在法官判决之前,一个人是不能被称为罪犯的。只要还不能断定他已经侵犯了给予他公共保护的契约,社会就不能取消对他的公共保护。"②这是无罪推定原则在理论上的经典表述。1789 年法国《人权宣言》首次将无罪推定原则写入成文法,其后,世界各国纷纷将其作为一项宪法原则规定下来。经《世界人权宣言》《公民权利和政治权利国际公约》等重要国际法律文件先后确认,无罪推定原则已成为一条世界各国普遍适用的联合国刑事司法准则。

在本原性质上,无罪推定是一种事实认定规则,在刑事诉讼中发挥重要的证明性功能。早期一些学者倾向于从证明意义上来理解无罪推定原则,如美国著名证据学家詹姆斯·塞耶(James B. Thayer)认为,无罪推定除了将证明责任分配给控方外,并无其他意义。③ 随着刑事诉讼人权保障意识的提升,无罪推定原则逐步跨出了认识论的狭窄论域,获得了更多事关在刑事诉讼过程中如何对待被追诉人的程序性功能。美国学者里纳特·基泰(Rirat Kitai)就说:"无罪推定并非建立在事实基础上的假定,而是建立在与政治道德和人类尊严相关的公共政策基础上。无

---

① 陈恩仪. 论行政法之公益原则[M]//城仲模. 行政法之一般法律原则(二). 台北:三民书局,1999:176.
② 贝卡利亚. 论犯罪与刑罚[M]. 黄风,译. 北京:中国大百科全书出版社,1993:40.
③ James B. Thayer. The presumption of innocence in criminal cases[J]. Yale Law Journal,1897,6(4):185—212.

罪推定是一个规范原则,它指导政府的权力机构应当以适当的方式来对待未被定罪的人。"[1]自然,完全否认无罪推定原则的事实认定功能不符合司法实际,但是,如果对无罪推定原则的价值内涵和程序性功能视而不见,就会大大缩减这一基石性原则的作用空间及其对刑事诉讼制度的支撑力度,进而导致刑事诉讼结构的偏颇与倾斜。

无罪推定是刑事诉讼法的基本原则,这一原则的重要性无论如何强调都不为过,尤其是其程序性功能在加强被追诉人人权保障,维护控辩平等诉讼地位方面具有无可取代的作用。我们也可以要求将这一原则贯穿于刑事诉讼始终,作为对犯罪嫌疑人和被告人的程序保障而适用于审判前程序的整个阶段。但是,如果将无罪推定原则置于整个刑事诉讼过程中,我们就会发现它对刑事程序的设置难有足够的辐射力和解释力,存在诸多难以自圆其说之处。

首先,无罪推定原则难以解释在判决生效前被追诉人的身份定位及相应处遇问题。如果以无罪推定为原则,那么,法律判决生效前,被追诉人就被假定为无罪,就应当以无罪之身而享有与其他公民同等的各项权利。[2] 换用切萨雷·贝卡利亚的话来说,"只要还不能断定他已经侵犯了给予他公共保护的契约,社会就不能取消对他的公共保护"[3]。那么,这如何能够解释国家专门机关施加在被追诉人身上的各种强制措施或者侦查手段?如何能够解释法律要求他承担各种诉讼上的配合义务,如随传随到、不逃避侦讯和审判等?这些强制措施或者侦查手段是不能适用于未涉嫌犯罪的普通公民的,同时,办案机关也不能要求这些公民承受诉讼上的配合义务。被追诉人与普通公民的区别在于他们涉嫌犯罪并可能被追究刑事责任,在刑事诉讼中可能被限制或剥夺权利,获得一种准罪犯式的处遇。如此看来,无罪推定原则终究是一种法律上的拟制,难以客观而精细地解释刑事诉讼活动的实际情况。

其次,无罪推定原则不能解释被追诉人在刑事诉讼活动中所应承担的忍受义务,尤其是不能对这一忍受义务的程度进行指引。被追诉人的忍受义务是指刑事被追诉人在追诉主体对其进行合法的强制处分或实施其他与证据相关的处分行为

---

[1] Rinat Kitai. Presuming innocence[J]. Oklahoma Law Review,2002,55(2):257.
[2] 田文昌.冤假错案背后的刑诉理念冲突[EB/OL].(2015—02—12)[2024—08—10]. https://opinion.caixin.com/2015—02—12/100783477.html.
[3] 贝卡利亚.论犯罪与刑罚[M].黄风,译.北京:中国大百科全书出版社,1993:40.

时，必须容忍接受，不得抗拒。[①] 这种忍受义务不仅包括对强制措施、侦查行为的承受义务，而且包括对起诉和审判的配合义务。在被追诉人忍受义务的范围内，专门机关的诉讼行为不仅合法，而且合理。从一定意义上说，被追诉人的忍受义务是刑事诉讼活动得以顺利进行的法理性前提。法律往往还会规定，对被追诉人违反忍受义务的行为必须给予制裁，如强制其履行或者承担其他责任等。无罪推定原则固然强调了被追诉人在法院作出生效判决前，有权被视作无罪，但不能说明他们何以需要承受一定的忍受义务，以及承受多大的忍受义务方为适宜。

最后，无罪推定原则无法充分说明和指引刑事诉讼权的谦抑性行使。刑罚权是一种极为严厉的国家权力，应当作为最后手段来使用。除了刑法应当体现谦抑精神外，刑事诉讼活动也应当具有谦抑性。刑事诉讼谦抑性是指刑事诉讼在纠纷解决时间上的最后性、纠纷解决开始时的克制性、纠纷解决过程中的妥协性和纠纷解决结果上的宽容性。[②] 例如，对被追诉人优先采取非羁押性的强制措施，正是刑事诉讼谦抑性的一种体现。在某些人看来，可以用无罪推定来对此作出解释和说明。美国联邦最高法院在一个判例中指出："除非被告人享有获得保释的权利，否则，人类经过数个世纪才最终确立的无罪推定原则将形同虚设。"[③]这是将被追诉人的保释权看作无罪推定的逻辑结果。固然两者之间存在着一定的联系，但这种说明或推演是不充分的，因为，即便是保释，仍然是对被追诉人的权利进行了一定的限制，这与未涉犯罪的普通公民的无罪状态是有区别的。可见，无罪推定原则可以成为刑事诉讼谦抑性的法理基础，却无法充分说明这种谦抑性的具体内容，以及刑事诉讼权谦抑性行使的方式。

无罪推定是现代刑事诉讼的基石性原则，但它不是万能的，需要其他刑事诉讼原则的补充与辅助。比例原则在符合自身特点的功能范围内可以发挥这一补充与辅助作用。

首先，比例原则能够较好地解释在判决生效前被追诉人的身份定位及相应处遇问题。刑事立案是普通公民与犯罪嫌疑人之间的界限，在检察机关提起公诉后，犯罪嫌疑人又转化为被告人。虽然被追诉人有权被视为无罪，但毕竟是推定的无罪，而非事实的无犯罪嫌疑。由于犯罪嫌疑的存在，因此国家专门机关有权根据具体情况对

---

① 李忠民. 论刑事被诉人的诉讼义务[J]. 理论探索, 2006(3): 147.
② 郭云忠. 刑事诉讼谦抑论[J]. 当代法学, 2007(1): 24.
③ Stank Boyle, 342 U. S. 1, 4 (1951).

被追诉人采取特定的诉讼行为。尽管这种诉讼行为或处置不应具有惩罚性,但有些措施其实与刑罚制裁已相差无几。完全将被追诉人视同无罪,不采取任何刑事诉讼措施会放纵犯罪;而完全将被追诉人视同有罪,交由办案机关恣意地采取惩罚性措施难免有侵犯人权之弊。正确的做法应当是对被追诉人根据一定的条件进行比例性对待,这正是比例原则发挥其应有功能之处,同时符合实事求是方针的要求。

其次,比例原则有助于我们切实地关注被追诉人在刑事诉讼活动中所应承担的忍受义务,并根据案件情况考虑这一忍受义务的合理范围和程度。在刑事诉讼中,忍受义务是被追诉人的最基本义务,没有被诉人的忍受,刑事诉讼活动根本无法进行。刑事被追诉人的忍受义务是发现案件客观真实、实现司法公正的需要,也是对国家向每个公民提供安全保护的一种对等补偿。但是,这并不意味着刑事被诉人的忍受义务可以漫无边际,其合理范围与程度应当在刑事诉讼规则中具体明确。刑事被追诉人所承受的忍受义务应当是适度的,它要求立法机关为追求一定诉讼目的所设置的刑事诉讼措施不能造成"过度负担"或者"过度侵害",如果这种"过度负担"或者"过度侵害"在价值上超过国家权力行使所追求的目的,就应当在该程序适用范围内放弃对该目的的追求。

最后,比例原则能够为刑事诉讼的谦抑性画影图形提供具体的指引。比例原则中所蕴含的分析方法能够使刑事诉讼的谦抑性原则变得具体而实在。它要求刑事诉讼制度和程序根据不同的案件性质、适用对象、时空情境,以及所干预或侵害的权利属性、所保护的公共利益的重要或者迫切程度进行设置。刑事诉讼制度、程序和措施的设置应当具有层次性,即在能够实现法律目的的前提下,不同强度的刑事诉讼制度、程序和措施应当形成一个由轻到重、层次分明的体系,作为适用时的选择,从而使刑事司法实践有可能选择对公民权利自由侵害最轻的手段。强度小的刑事诉讼措施优先适用,强度大的刑事诉讼措施最后适用,并加以程序上的严格控制。刑事诉讼措施的强度越大,越应明确适用范围和适用条件,采用越严格的审查机制,并赋予相对人更多对抗性权利,以达成损害的最小,防止过度负担。这些具体的方法论对我们明晰刑事诉讼的谦抑性是大有裨益的。

第三节 政策论基础:宽严分层的犯罪应对观

刑事政策是在抗制犯罪过程中出现的。德国法学家弗兰茨·冯·李斯特

(Franz von Liszt)认为,刑事政策是国家和社会据以与犯罪作斗争的原则的总和。[①] 打击犯罪的任务单凭刑事实体法难以完成,刑事政策对于同样以应对犯罪问题为己任的刑事程序法也具有指导意义。之所以要探析刑事诉讼比例构造的政策论基础,不仅因为它与宽严分层的复合式刑事政策存在内在的一致性,而且因为它为刑事政策向刑事程序法的传导提供了一种稳定的机制,以避免刑事诉讼法的泛政策化。

一、宽严分层的复合式刑事政策

自进入文明社会以来,统治者一直重视刑罚在调整社会关系和维护统治秩序方面的重要作用。"禁奸止过,莫若重刑"。重刑主义成为一种主导的刑事政策,严酷刑罚被当成警戒民众、遏制犯罪的不二法宝。很快,一些思想先哲认识到,单纯强调重刑主义会导致刑罚与犯罪行为之间的比例关系失调,不利于罪犯的改造和人心归顺。为了"合理地组织对犯罪的反应",他们在片面的轻刑主义和重刑主义之间寻找一条中间路径,倡导区别对待的复合式刑事政策。

(一)复合式刑事政策的不同类型

复合式刑事政策是一种综合性的刑事政策,它根据犯罪的具体情况和行为人的不同特点,通过多种刑罚手段的结合来更有效地处置犯罪问题,既有力打击和震慑犯罪,又尽可能地减少社会对抗,实现法律效果和社会效果的统一,以及司法上的公平和正义。"复合式"体现为对犯罪具体情况和行为人特点的区别对待以及各种刑罚与刑事诉讼措施的宽严分层。

1. 古代中国的宽猛相济刑事政策

"宽猛相济"语出孔子对子产执政思想的评价。子产是春秋时郑国正卿,为郑执政,颇有政绩。据《左传·昭公二十年》记载,他在临终前告诫子太叔说:"惟有德者能以宽服民,其次莫如猛。夫火烈,民望而畏之,故鲜死焉。水懦弱,民狎而玩之,则多死焉。故宽难。"孔子对子产的这一思想推崇备至,《左传》附载他的评价:"善哉!政宽则民慢,慢则纠之以猛;猛则民残,残则施之以宽。宽以济猛,猛以济宽,政是以和。"这是直接将这一原则与社会理想联系起来。他认为,只有实行宽猛相济才能达到"政和""人和"的理想境界。

[①] 杨春洗.刑事政策论[M].北京:北京大学出版社,1994:4.

原初意义上的宽猛相济并不是一个单纯意义上的刑事政策,而是一种治国方略,或者说是实现儒家理想和谐社会的政治措施。这里的"宽"与"猛"实际上是"德"和"刑"的同义语,宽猛关系实际上就是礼法关系,社会治理要达到"和"的境界,既要强调道德教化,又要适时地实施刑罚,有时以"宽",有时以"猛",德与刑、宽与猛的互济互补、相辅相成,可以实现社会的平衡与和谐。具体而言,"宽"是指统治者在治理国家时应宽和、怀柔和施以恩惠,实行仁政,注重以德化民、养民生息、维护社会稳定,使百姓生活富裕、国力增强。"猛"是指统治者严格法制,对违法犯罪者施以处罚,实行严格的管理,使百姓感受到法律的威严,自觉地遵纪守法。统治者应当认识到"宽"和"猛"是两种性质迥异、各具所长的方法,两者是可以互相配合运用的。如果说子产只注意到"宽""猛"的兼用,孔子则进一步看到了这两种手段之间有机结合、取长补短的关系,强调一个"济"字,即"宽以济猛,猛以济宽",使宽猛相济原则的内涵更加完备,延续至今,成为宽严相济刑事政策的思想渊源。

2. 现代西方的轻轻重重刑事政策

西方国家在 20 世纪后半期,随着社会转型和经济发展的加速,犯罪率显著上升,尤其是严重犯罪如恐怖犯罪、毒品犯罪和经济犯罪等对社会稳定构成了严重威胁。各国民众的安全感普遍下降,倾向于支持偏向惩罚目的的刑事政策。于是,西方国家普遍开始对原有偏于轻缓的刑事政策作出调整。日本学者森下忠指出:"第二次世界大战后,世界各国的刑事政策朝着所谓'宽松的刑事政策'和'严厉的刑事政策'两个不同的方向发展,这种现象被称为刑事政策的两极化。"[①]所谓"两极化",就是"轻其轻者""重其重者",轻轻重重刑事政策遂应运而生。

20 世纪 70 年代,美国面临严重的犯罪率上升问题,这进一步加强了刑事政策上的两极化趋势,使轻者更轻,重者更重。例如,加利福尼亚州出台了"三振出局法"(Three-Strikes Law),对那些反复实施严重或暴力重罪者施以更重的刑罚,以防止他们再次犯罪。具体来说,如果一个人在两次被判定为严重犯罪后,第三次再犯同样类型的严重罪行,就会受到长期监禁甚至终身监禁的严厉刑事处罚。这种法律制度强调的是犯罪行为的次数和严重性,旨在通过加重处罚来达到威慑效果,并将再犯者与社会隔离,从而保护公众安全。尽管如此,这一制度也引发了诸多争议,比如是否过度惩罚了轻罪犯人、是否符合宪法中的"一事不再理"原则等。

这种政策的理论基础可以追溯到目的刑理论,该理论强调通过不同的刑罚手

---

① 森下忠. 犯罪者处遇[M]. 白禄铉,吴平,车红花,译. 北京:中国纺织出版社,1994:4.

段来实现预防犯罪和教育犯罪人的双重目标。"轻轻"就是对轻微犯罪,包括偶犯、初犯、过失犯等主观恶性不大的犯罪,采取宽松的处罚方式,如缓刑、非拘禁的处分方式等,以增强犯罪者重新融入社会的能力并减轻执法机关的负担。"重重"就是对严重的犯罪,如恐怖主义犯罪、暴力犯罪、有组织犯罪、累犯等,处罚较以往更重,基本策略是刑事立法上的"入罪化"、刑事司法上的"从重量刑、特别程序和证据规则"和刑事执行上的"隔离和长期监禁"。①

总之,"轻轻重重"刑事政策的产生是多种因素综合作用的结果,包括社会治安需求、犯罪态势的变化、目的刑理论的指导以及历史和社会文化的背景。这一政策在不同国家和地区有不同的表现形式和实施方式,但其核心思想是一致的:通过对轻微犯罪采取宽容态度和对严重犯罪采取严厉态度,以达到更有效的社会治理和犯罪预防效果。

3. 当下中国的宽严相济刑事政策

宽严相济刑事政策是一项在我国刑事司法体系中具有重要地位的基本刑事政策,其核心在于根据犯罪的具体情况实行区别对待,做到该宽则宽,当严则严,以实现对犯罪的有效打击和预防,并保障人权。这一刑事政策成为我国一项基本的刑事政策有较长的形成过程,总结了我国维护社会治安的长期实践经验,是党和国家在同敌对势力和罪犯的长期斗争中形成并逐步发展完善的。在不同的历史时期,其表述和内涵也有所不同。

新中国成立初期,为了应对国内反革命势力、维护新生政权的稳定,中央政府提出了"镇压与宽大相结合"的对敌斗争政治策略。随着社会秩序的逐步稳定,这一表述的政治色彩有所减弱,逐步改为"惩办与宽大相结合"。在惩办政策方面,强调对所有犯罪分子按刑事法律分别予以惩处,该判的判,该重判的重判,该杀的杀;在宽大政策方面,强调对悔过立功的犯罪分子给予宽大处置。1979年我国《刑法》第1条明确规定了这一政策作为制定刑法的依据。

"宽严相济"一般被认为是"惩办与宽大相结合"的新提法。2002年,最高人民检察院针对职务犯罪确定的八项刑事政策中,包括了"区别对待、宽严相济"的政策。2010年2月8日,最高人民法院下发了《关于贯彻宽严相济刑事政策的若干意见》,对宽严相济刑事政策中的从"严"和从"宽"作出了界定:所谓从"严",主要是指对罪行十分严重、社会危害性极大,依法应当判处重刑或死刑的,要坚决地判处重

---

① 孙力,刘中发."轻轻重重"刑事政策与我国刑事检察工作[J].中国司法,2004(4):75.

刑或死刑；对社会危害大或者具有法定、酌定从重处罚情节，以及主观恶性深、人身危险性大的被告人，要依法从严惩处。在审判活动中通过体现依法从"严"的政策要求，有效震慑犯罪分子和社会不稳定分子，达到有效遏制犯罪、预防犯罪的目的。所谓从"宽"，主要是指对情节较轻、社会危害性较小的犯罪，或者罪行虽然严重，但具有法定、酌定从宽处罚情节，以及主观恶性相对较小、人身危险性不大的被告人，可以依法从轻、减轻或者免除处罚；对具有一定社会危害性，但情节显著轻微，危害不大的行为，不作为犯罪处理；对依法可不监禁的，尽量适用缓刑或者管制、单处罚金等非监禁刑。

宽严相济刑事政策是对惩办与宽大相结合的刑事政策的继承和发展。相对于传统的重刑主义，它强调在打击犯罪的同时注重教育、感化和挽救犯罪分子，最大限度地预防和减少犯罪，化解社会矛盾，维护社会和谐稳定。这一政策不仅适用于刑事立法和司法实践，而且贯穿于刑罚执行的全过程。

（二）复合式刑事政策与犯罪应对方式的结构化

前述三个复合式刑事政策虽然表述有异，但颇有异曲同工之妙。宽严相济政策本是宽猛相济刑事政策的传承和创造性发展。[①] 轻轻重重和宽严相济体现了我国和西方国家在刑事政策发展上殊途同归的趋势。我国素有重刑主义的法制传统，重视打击犯罪，忽视人权保障，"严打"的刑事政策就是这一传统的体现。随着人权保障观念的深入人心，人们开始关注犯罪人的处遇，提倡人道主义思想，主张刑罚的轻缓化，这大致是一条"由重而轻"的调整路线。在西方国家，刑事政策在朝轻缓方向发展后，在面对犯罪新形势后重新开始加大对犯罪的打击力度，这大致是一条"由轻而重"的调整路线。可见，只强调"从重打击"，会导致刑罚权的过度扩张；而只注重"轻刑化"，则会造成刑罚功能的削减和丧失，理想的状态是在两者之间形成恰当的结构关系。对此，笔者将以宽严相济刑事政策为例来加以分析。

宽严相济包含"宽""严"和"济"三个要素。"宽"，应当理解为刑罚的轻缓与处理上的宽大，分"该轻而轻"和"该重而轻"两种情况。"该轻而轻"指的是罪轻刑也轻，即根据罪、责、刑相一致原则，对犯较轻之罪的行为人，使其担负较小的刑事责任和承受较轻的刑罚。"该重而轻"指的是罪重但刑轻，即根据刑罚个别化原则，犯较重之罪的行为人，本应担负较大的刑事责任和承受较重的刑罚，但因其具有认罪认罚、自首、立功等法定或酌定从宽处理情节而使其担负较小的刑事责任和承受较

[①] 秦策. 司法创新的文化之源[M]. 上海：上海人民出版社，2023：87.

轻的刑罚。

"严"的含义较为丰富：一是有严密法网之义，即该作为犯罪处理的一定要作为犯罪处理，该受到刑罚处罚的一定要受到刑罚处罚。二是与"宽"相对的严厉之义，其又包括两种情况：一种是罪重刑也重，即根据罪、责、刑相一致原则，对犯较重之罪的行为人，使其担负较大的刑事责任和承受较重的刑罚；另一种是罪轻但刑重，即根据刑罚个别化原则，犯较轻之罪的行为人，本应担负较小的刑事责任和承受较轻的刑罚，但因其具有教唆不满18周岁的人犯罪、累犯等法定或酌定从严处理情节而使其担负较大的刑事责任和承受较重的刑罚。三是对宽大措施的从严把握，即对缓刑、假释、减刑等宽大措施从严审查和适用。

宽严相济，最为重要的是"济"。"宽""严"分层，体现了区别对待或者差别待遇，但更重要的是将两者有机结合起来。这里的"济"，是指救济、协调与结合。易言之，对于犯罪不仅是有宽有严，而且要在宽与严之间形成一定的平衡，互相衔接，良性互动，既不能宽大无边或严厉过苛，也不能时宽时严、宽严失当，以至于宽严皆误。只有正确地把握宽和严的度并使宽严形成互补，才能发挥刑罚预防犯罪的作用。[1] 其结果必然呈现犯罪应对方式的结构化取向。

二、复合式刑事政策与刑事诉讼比例构造的契合

刑事政策会对刑事诉讼程序的设置产生重要影响。刑事政策基于对犯罪发展规律的科学认识，根据社会发展和犯罪变化的实际情况对刑事诉讼法进行及时修正，有助于提高刑事诉讼措施在应对犯罪方面的实效性。在理论上，这一过程被称作刑事诉讼的刑事政策化。简言之，刑事诉讼的刑事政策化是指在刑事诉讼过程中，将国家的刑事政策作为指导原则和逻辑框架，以确保法律制定、法律适用与社会目标的一致。在立法上，刑事诉讼的刑事政策化是指通过立法活动将刑事政策的内容贯彻到刑事诉讼法条文中，使刑事诉讼法成为刑事政策的具体化、条文化。近年来发生的刑事诉讼程序的多元化发展实质上是一种刑事政策化趋势。认罪认罚从宽制度体现了宽严相济刑事政策中"宽"的一面，缺席审判特别程序则体现了其"严"的一面。

刑事诉讼的刑事政策化的积极意义在于，经由系统反映社会需求的刑事政策，

---

[1] 陈兴良.宽严相济刑事政策研究[J].法学杂志,2006(2):24.

反馈于刑事诉讼规范体系本身,引导法律体系的构建与适用,在社会需求的变动性与法律体系的稳定性之间实现平衡。① 不能否认的是,刑事诉讼的刑事政策化也存在着潜在风险。刑事政策受政治因素影响较大,往往具有强烈的功利性、权宜性、灵活性,有可能对法律程序的自治性和稳定性产生冲击,大量的法外因素由此可能堂而皇之地渗入刑事诉讼,导致刑事司法活动中法律与政策不分、以政策为法律的现象——办案人员用刑事政策取代法律层面的规范性判断,违反刑事诉讼法所设定的应当边界。

从这个意义上说,刑事政策与程序法定原则之间存在着一定的张力,甚至存在着一条巨大的"鸿沟"。② 程序法定原则要求所有涉及对公民人身权、财产权加以限制或剥夺的刑事诉讼行为都应当有法律明确的规定,没有法律规定,司法机关不能作为;司法机关开展任何刑事诉讼活动都必须严格依照刑事诉讼法规定的程序进行,违反程序的行为无效。这一原则旨在防止国家专门机关滥用职权,从而维护程序的稳定性,保证刑事诉讼的公开性和民主性。但是,这一原则在主旨上偏重于形式上的合法性,在灵活应对犯罪形势发展与适应社会目标方面有所不足,从维护刑事诉讼活动正当性和体现刑事政策合理需求的角度,程序法定原则存在未尽言之处。

首先,程序法定原则无法解决程序本身的正当性和适当性问题。程序法定原则强调刑事诉讼法应由立法机关经过法定程序来加以制定,办案机关则应严格依法律规定开展刑事诉讼活动,但对于刑事程序本身的正当性和适当性问题未有关照。由于程序内涵的不确定性,因此仅以程序法定为路径,我们很难得出程序正当的结论。程序法定原则强调程序的法定性,正当程序强调程序的正当性。在法治国家,尽管非法定的程序是不正当的,但这并不意味着法定的程序必然是正当的;否则,刑事程序便没有了改良和完善的空间,也不会出现所谓的"正当程序革命"。

其次,程序法定原则难以体现刑事政策的合理需求。程序法定原则对程序的法定性有严格要求,但对程序本身的品格和样式语焉不详。单一的、缺乏层次的刑事诉讼程序只要是由立法机关依法制定,办案机关严格执行的,就不会违反程序法定原则。但是,观察纷繁复杂的刑事司法实践,办案机关所面对的刑事案件难以用

---

① 王迎龙.论刑事诉讼规范的刑事政策化[J].法学家,2021(6):92.
② 克劳思·罗科信.刑事政策与刑法体系[M].北京:中国人民大学出版社,2011:7.根据弗兰茨·冯·李斯特"刑法是刑事政策不可逾越的屏障"的命题,克劳思·罗科信归纳了著名的"李斯特鸿沟",以此描述刑事政策与刑法之间的张力。在笔者看来,刑事政策与程序法定原则之间的张力大致类似。

一个僵硬的模式来涵盖。罪有轻重,人有差别,事有难易,势有缓急,这就需要立法机关根据具体情况设计和制定不同层次、不同性质的刑事程序,以求对不同的刑事案件给予恰如其分的应对。但是,程序法定原则中并不涵盖这一内容,因而难以体现复合式刑事政策区别对待犯罪不同情形的合理需求。

这样看来,在法定程序与复合式形势政策之间需要一个稳定的转换机制。在笔者看来,比例构造恰好可以成为由复合性刑事政策转化为法定程序的桥梁,促成两者的"贯通"。① 与程序法定原则的形式性相比,比例原则具有强烈的实质性特征。它要求刑事追究措施,特别是限制、剥夺被追诉人基本权利的措施在其种类、轻重上,应当与所追究的犯罪行为的社会危害性相适应,对于轻微的犯罪,不容许适用严厉的追究措施。而且,比例构造内含一套稳定的方法论机制,能够有效地防止刑事政策直接立法化的弊端,通过传达刑事政策中所蕴含的目的性和适当性思想来补足程序法定原则的未尽之处。

第一,比例构造旨在解决法定程序的适当性问题。比例构造要求国家在保护公民个人权利与保护公共利益和社会利益之间寻求并保持合理的比例和均衡关系,要求国家公权力机关在履行法定职能的过程中,如果不得不限制或剥夺公民个人权利,这种限制或剥夺就不得超过所追求的目的,所选择的手段应当损害最小,所保护的公共利益或社会利益不得小于其所侵害的公民权利。这一适当性要求可以指导立法机关优化刑事诉讼的各项制度和程序,从而建立科学的刑事诉讼法体系。在这个体系中,刑事追究措施,特别是限制、剥夺被追诉人基本权利的措施在其种类、轻重上,应当与所追究的犯罪行为的社会危害性相适应,对轻微的犯罪,不容许适用严厉的追究措施。这使得对犯罪行为的追究和处罚具有了理性的色彩。

第二,比例原则有助于体现刑事诉讼程序的多样性和丰富性。按照刑事诉讼比例构造的原理,就同一刑事诉讼目的而言,应当尽可能创设多个能够实现它的手段,这是保障必要性原则得以实施的一项派生性原则。这要求针对同一刑事诉讼目的或预期功能,应当尽可能设置多个刑事诉讼制度、程序和措施作为实现它的手段,即刑事诉讼制度、程序和措施应当多样化,以产生不同的效果。程序设置的多样化能够根据具体情况有针对性地满足不同主体的需要,最大限度地实现各种社会利益之间的平衡。社会关系的复杂性、价值观念的差异性以及主体利益的多元

---

① 德国学者克劳思·罗科信为了解决刑法体系与刑事政策互为对立的理论难题("李斯特鸿沟"),提出了目的理性的犯罪论体系。后被德国学者许乃曼(Schünemann)教授归纳为"罗科信贯通"。在笔者看来,在刑事政策与法定刑事诉讼程序的要求之间也需要寻求一种贯通式的构想。

性,决定了在社会中需要同时存在不同类型的纠纷解决机制。即使是在刑事诉讼活动中,也应当存在多样性的程序机制,以合乎比例地应对不同性质的案件和不同的主体需求。在实现同一诉讼目的的刑事诉讼措施之间的关系上,要求形成合理的梯度或层次关系、可选择关系。

值得指出的是,程序法定原则与比例构造之间也会产生相辅相成的促进关系,即通过明确的法律规定将程序的比例设置以及比例分析的具体标准固定下来,使之不致流于无定形的主观判断。如前所述,比例原则具有强烈的实质性特征,因而其所内含的标准具有一定的模糊性和主观性,与刑事法所要求的明确性不相匹配。而程序法定正是比例原则明确化的一条基本路径。

第三章

刑事诉讼比例构造的方法论

基于前述对规范论、正义论、权利论、政策论的分析,我们了解到,刑事诉讼比例构造的精妙之处在于把握保障公民权利和限制专门机关权力之间的分寸尺度。这种分寸尺度的拿捏难以从主观的价值宣示中得到落实,它需要一套可操作的方法论作为支撑。本章在分析比例构造方法论的分析原点和主线后,重点探讨比例原则内含的适合性、必要性和狭义相称性分析方法,进而结合刑事诉讼活动的特点,提出刑事诉讼比例构造的三层次结构模型。

第一节 比例构造方法论的分析原点与主线

一、分析原点

刑事诉讼比例构造方法论的分析原点在于其规范论目标,即调整刑事诉讼中国家权力与公民权利之间的关系,使国家权力得以有节制地行使,权力的行使恰到好处,权利的受损也恰如其分,在国家权力与公民权利之间形成恰如其分的"比例"关系,在承认现实约束的基础上最大限度地实现公民的各项合法权益。这样看来,刑事诉讼比例构造在方法论上的展开始终围绕着"权力-权利"关系。尽管其他问题(如国家权力的分配、诉讼成本与收益的关系等)也会出现是否"合乎比例"的问题,但或可归属于广义比例哲学的范畴,而不在刑事诉讼比例构造的考虑之列。比例构造以国家权力与公民权利的关系为分析原点,偏离了这个分析原点,就不能称之为比例构造的分析,而只能用一般的比例哲学方法来解释。这一限定既适应了作为比例构造规范论基础的比例原则的固有特性,也使得比例构造的分析更加集中和有针对性,避免了因分析原点上的跳跃和多元带来的分析方法上的宽泛不清。

这一分析原点的确定使得比例构造对于探讨刑事程序的构建和运作具有特别的契合性,因为,调节国家权力与公民权利之间的矛盾关系正是刑事程序构建的关键。为了实现查明、追诉、裁判犯罪的诉讼目的,刑事程序的设置需要授予侦查机关、公诉机关和审判机关各种各样的程序性权力,以有利于推动刑事诉讼的进程,实现国家的刑罚权。事实是,这些程序性权力虽然没有最终定罪或量刑的效力,但它们其实已经对作为国家公民的被追诉人的基本权利和合理利益进行了干预、处分,甚至造成实际的损害。由此,在刑事诉讼活动中,国家权力与公民权利之间的矛盾属性显然易见。但现代社会对于文明、理性刑事诉讼的追求要求我们在两个目标之间不作非此即彼的选择,当然也不能无原则、无意义地模糊界限,调和折中。于是,在冲突着的价值目标之间谨慎谋划刑事诉讼制度和程序的设置,是立法者常常要面对的"纠结"局面。我们经常说,惩罚犯罪与保障人权这两大宗旨如"车之两轮",不可偏废。但"车之两轮"的说法易于产生平均用力的误解,于是又用"鸟之双翼"来作喻,原因在于"鸟之双翼"可以随着环境的变化进行高低上下的调适,换言之,惩罚犯罪与保障人权这两大宗旨的实现,以及对国家权力的行使和对公民权利的保障的兼顾需要根据案件事实、诉讼性质、程序转换等因素进行调整,在不同的情境中寻求它们之间合理的比例关系。

正是在这一分析原点的基础上,比例构造得以凭借独特的概念工具和分析方法来追求其保障公民权利的价值取向。基于国家权力的扩张性和公民权利的相对弱势地位,两者之间总体上的合比例关系必然强调国家权力行使的克制性和对公民权利干预的必要性,防止国家机关滥用刑事司法权,将追究犯罪演化成为无原则的残酷打击。

二、分析主线

由于比例构造以比例原则为规范论基础,因此,比例原则的三个子原则所内含的适合性、必要性和相称性分析方法分别代表了三条分析脉络,构成了比例构造方法论的基础框架。

(一)手段与目的(刑事诉讼措施与诉讼目的)的适合关系

适合性原则要求国家机关的职权行为符合法律所规定的目的,在面对多种选择时,应选择能够达到目的的方法。[①] 其重点在于确立手段与目的之间的均衡比例关系。

在实践哲学领域,目的与手段是两个重要范畴。目的是一种以观念的形态存在的人们活动或行为的预想结果,手段则是实现目的的方式、方法的总和。刑事诉讼因应犯罪活动而产生,体现了国家刑罚权的需要。为了落实刑罚权,刑事诉讼法赋予国家专门机关一定的侦查权、起诉权和审判权,通过这些权力来保障诉讼的推进,对犯罪行为进行查明、追诉和裁判。在这里,权力的赋予和行使是手段,查明、追诉、裁判犯罪则是目的;上升到刑事诉讼立法层面,立法机关在刑事诉讼制度、程序中所设置的、包含着公权力行使的各种措施是手段,这种措施所要达到的预期目标或结果则是诉讼目的。

从法律实效性的角度,刑事诉讼措施的设置应当有助于达到查明、追诉、裁判犯罪的预期目标,否则国家就无法完成惩罚犯罪、履行公共管理职能、保护公共利益的任务,此一设置也便毫无意义。根据程序法定原则,除了法定的职权机关外,任何组织和个人都无权行使刑事诉讼中的权力,刑事诉讼是现代社会追究和惩罚犯罪的唯一途径,因此,如果法律中所设置的各种刑事诉讼措施不能实现查明、追诉、裁判犯罪的诉讼目的,不能有效地完成刑事诉讼的基本任务,这样的刑事诉讼措施就难以体现手段对目的所应有的适合关系,它就面临被修订甚至被废弃的命运。

总之,手段与目的的适合关系是比例构造方法论的第一条分析主线,它着眼于特定的刑事诉讼措施能否有助于实现设置这一刑事诉讼措施所欲达成的诉讼目的,从而判断其实际的有效性,以及进一步加强、改良甚至重新设置的可行性。

(二)手段与手段(不同的刑事诉讼措施)在强度上的比较和选择关系

目的确定后,还需要选择实现目的的适当手段。比例构造要求目的具有正当性,但同时认为不应因为目的的正当性而在实现手段上不做任何节制。在刑事诉讼中,各种诉讼措施的实施往往伴随着国家权力的强力推进,导致公民的基本权利被限制或被剥夺,以及其他生活利益的丧失。因此,比例构造的基本立场是,在实现同一目标的刑事诉讼措施中,职权机关应当选择确有必要的那一项。所谓"必要",是指损害的不可避免性,造成不可避免损害的往往也是损害最小、最为温和的

---

① 城仲模.行政法之基础理论[M].台北:三民书局,1980:40.

手段。必要性原则要求,在能够相同有效达成法定目的的手段中,国家机关应当选择对公民权利或利益限制、损害最小的那一个。经由前述适合性原则的过滤,必要性原则在此所考虑的范围大为缩小,仅限于那些能够达成诉讼目的的刑事诉讼措施,所关注的重点是这种措施的行使方式及其可能造成的损害。它们对于公民权利的限制或不良作用各不相同,存在着程度上的差异,必要性原则的目标就是在这些措施之间进行比较与取舍,保留对公民权利限制或侵害最小的那一项。

为了实现这一意旨,比例构造需要提供一定的方法论,以分析刑事诉讼措施本身的侵害性,比较不同刑事诉讼措施的强度大小。首先,就同一刑事诉讼目的或预期功能而言,应当尽可能设置多项刑事诉讼措施作为实现它的手段,因为如果有针对性的刑事诉讼措施是唯一的,必要性原则就无法适用,所以只有在多样化的刑事诉讼措施中才有可能进行最小侵害性的评估和选择。其次,不同的刑事诉讼措施应当在强度上有差异,并形成合理的梯度或层次关系,使得公检法机关有可能根据具体情况有针对性地应对不同性质的案件和不同的主体需求。最后,通过设定一定的条件在强度不同的刑事诉讼措施之间排列适用的先后次序,较轻者优先适用,较重者延后考虑,最严厉者(如审前羁押、特殊侦查措施等)则作为最后手段来适用。[①]

可见,手段与手段之间在强度上的比较和选择关系是比例原则方法论的第二条分析主线,它通过对刑事诉讼措施本身侵害性和强度大小的估量,构建具有合理梯度或层次的诉讼措施体系,使得"最温和手段"成为司法实践中的可能选项。

(三)目的(诉讼目的)所包含的公共利益与手段(刑事诉讼措施)所侵害的个人利益之间的均衡保护关系

相称性原则要求国家机关实施职权行为对公民权利或个人利益所造成的损害不得超过这一职权行为所追求的社会利益,两者之间应当形成恰当的比例关系,也就是我们常说的"相称"或者"适度"。在刑事诉讼中,国家专门机关所强力推进的诉讼措施往往会给被追诉人或其他普通公民带来纷扰甚至实质的损害,由于实施特定刑事诉讼措施所追求的诉讼目的的正当性,因此法律往往要求被追诉人承担一定的容忍义务,其他公民承担一定的配合义务。但这种容忍义务和配合义务不是无节制的,而是有限度的。相称性原则在此应当提供一种方法论来衡量和判断刑事诉讼措施所追求的社会利益与受损害的个人利益之间的合理适度关系。

---

① 例如,联合国大会1990年12月14日批准的《非拘禁措施最低限度标准规则》第6.1条规定:"审前羁押应当作为刑事程序中的最后手段加以使用。"

由于相称性原则已经超出了单纯的手段与目的之间的关系问题,上升为手段与目的背后社会公共利益和公民私人利益的衡量问题,因此,这一原则也被称为法益相称性原则。私人利益与公共利益在此被放在同一个天平上权衡轻重,公共利益并非绝对优先,私人利益也并非始终任人摆布。虽然在此也强调公共利益与个人利益的均衡保护,但要点是保障国家权力行使的谦抑,防止其被无原则、无节制地滥用。于此,比例原则与法治的诸多价值取得了贯通和一致。

在技术层面,相称性原则与必要性原则有重叠之处。对于同一诉讼目的存在轻重不同的刑事诉讼措施,如果选择较严厉的措施,就显然违背了必要性原则关于"最小侵害"的要求,同时,这一做法由于给公民个人利益造成了过度负担,因此也违背了相称性原则。相称性原则内置的法益衡量方法使基于相称性的思考更加深入,以至于可以成为必要性的法理论证依据。某项刑事诉讼措施之所以在适用上是不必要的,往往就是因为它的适用是不相称的。

但是,相称性原则还有更为宽阔的适用空间。有时,某项刑事诉讼措施既符合适合性原则即为达成法定目的所必需,也符合必要性原则即在所有可选择的措施范围内对公民权利的侵害程度最低,但是,在具体实施中,这项刑事诉讼措施对公民权益的损害仍然可能超过它所保护或追求的社会利益,出现了法益保护上的失当,那么,该措施的实施仍然是不相称的,是对比例原则的违反。这对刑事诉讼构造的影响在于,应当在制度的层面上发掘和设置对公民权利损害程度更小的刑事诉讼措施,以弥补立法中的缺漏,便于专门机关的选择与采用。

总之,目的所包含的公共利益与手段所侵害的个人利益之间的均衡保护关系构成了比例原则方法论的第三条分析主线,它通过刑事诉讼措施及其诉讼目的背后的法益权衡,以及对收益、代价和是否存在过度负担等因素的判断来寻求实现公共利益与保护个人利益之间的均衡适度,并落实于合理的刑事程序或制度中。

第二节 基本方法论的展开

基于国家权力与公民权利相互关系的分析原点,依托适合性原则、必要性原则和相称性原则这三个子原则所形成的分析主线,比例构造确立了基础的方法论框架。但是,要使这一方法论框架具体化,并在刑事诉讼程序的设置中发挥实际效用,尚需要对其中所蕴含的基本方法论作进一步的阐释。应该说,这些基本概念工具和分析方法独特而又自成体系,置于刑事诉讼的语境也不失其强大的解释和分析功能。

一、适合性分析

适合性分析主要考察国家专门机关所采取的刑事诉讼措施能否实现其预期的正当目的和功能,或者至少有助于这一实现过程。其包含两个维度:目的的妥当性和手段的合目的性。

(一)目的妥当性分析

传统行政法在考虑适合性原则时,通常对国家职权行为所追求的目的并不加以审查即视为当然前提。这种观点存在局限:如果公权力行使者所追求的目的本身就已违反法治的基本原则,那么,即使适用了比例原则,所取得的结果也难免南辕北辙。[1] 因此,在将比例原则引入刑事诉讼领域时,应将对目的的分析和审查作为其题中之义,这样,一来可以克服传统行政法观点的局限,二来可以充分体现刑事诉讼法的特点。

1."目的"的基本限定

这里的"目的"是指由刑事诉讼法加以规定,对公民权利或者个人利益具有侵犯性的刑事诉讼措施所要达到的预期目标或预期结果。为了使分析方法更加明晰,有必要限定"目的"的性质和范围。首先要强调它的直接性。近年来,刑事诉讼法学中有关于刑事诉讼目的理论的研究,但这些理论多数是从宏观而抽象的高度来分析刑事诉讼法的价值目标,这属于宽泛的广义目的,与适合性分析所说的目的虽有联系,但存在着层次上的差距。适合性原则所关注的目的直接而具体,代表了设定特定刑事诉讼措施的原初意图。例如,逮捕的直接目的是强制被追诉人到案并进行羁押,以保证刑事诉讼活动顺利进行,当然这也是惩罚犯罪之所需,但后者属于广义的刑事诉讼目的,前者才是逮捕这种刑事诉讼措施的目的。除此之外,这一"目的"还具有以下特征:一是职权性,即它涉及公权力的行使,不包括当事人及其他诉讼参与人实施诉讼行为所要达成的目的;二是内在的强制性,即国家专门机关决定实施公权力行为,无须相对方的同意和配合即推行;三是干预性或侵害性,这一措施的实施会使公民权利或多或少地受到损害。"目的"的基本限定旨在使目

---

[1] 蔡茂寅.比例原则的界限与问题性[M]//月旦法学教室(3).台北:元照出版有限公司,2002:116.

的分析变得更加清晰,而非流于宽泛。

2. 目的妥当性分析的基准

目的妥当性分析解决的问题是:要设置一项刑事诉讼措施,其目的应具有何种属性方为正当?笔者认为,基于刑事诉讼活动的特性,刑事诉讼措施的恰当"目的"应当接受以下属性的检验:

(1)公益性

这是指刑事诉讼措施所追求的目的应当具有公共利益的性质,易言之,以刑事诉讼权追求公共利益之外的部门利益、集团利益、个人利益不具有目的妥当性。正所谓"公器不可私用",如果没有公共利益的导向性,各种刑事诉讼措施就势必根据掌权者的需要而灵活调整,随意行使,刑事诉讼权的滥用几无悬念。如果特定的刑事诉讼措施所追求的是"非公益性"目的,就自然偏离比例构造,无须进行其他的分析。

(2)非惩罚性

这是由刑事程序的本性所决定的。刑事程序是"国家行使刑罚权之法定程序"。[①] 刑法规定了罪与罚的实体标准,而刑事诉讼法规定了罪与罚的程序标准,实体判定应当是程序运行的自然结果,在法院依法定罪前即行惩罚显然不符合无罪推定原则的要求。如果特定的刑事诉讼措施追求"惩罚性"的目的,则目的上显然具有恰当性,在这种目的指导下实施的诉讼措施,无论其适合程度如何,都必然给被追诉人带去过度的侵害,从而偏离比例构造。

(3)具体性

这是指适合性分析只能考虑特定刑事诉讼措施的具体目的,即依其本性所要达到的预期结果,而不能陷于宽泛的目的表述。在方法论上,如果不加限定,总是以"为惩罚犯罪之需要"这种"宏大叙事"的方式来表述刑事诉讼措施的目的,就势必眉毛胡子一把抓,难以求得较为精确的分析效果。不仅如此,宽泛的目的容易导致宽松的适用条件,即以"概括授权"的方式来设置刑事诉讼措施,进而导致适用中的异化,司法实务人员难以把握该刑事诉讼措施的适用范围和限度,其结果必然造成对被追诉人的过度侵害。

(二)手段合目的性分析

刑事诉讼措施服务于特定诉讼目的的实现,这是手段合目的性分析的基本出

---

① 林山田.刑事程序法[M].4版.台北:五南图书出版公司,1990:1.

发点。

1. "是否"合乎目的的判断

这需要将作为手段的刑事诉讼措施与它所意图实现的目的联系起来加以分析。如果某项刑事诉讼措施能够有助于促进预期目标或结果的实现,那么,该项措施就具有"合目的性",即手段"适合"目的[①];反之,如果该措施对实现预期目标或结果没有帮助,或者根本就是偏离了目标或结果的达成,它就不具有"合目的性"。"不合乎目的"往往有两种表现:

(1) 达不到目的

"达不到目的"是指刑事诉讼措施不能达成其预期目的的状态。之所以出现这种状况,往往是因为某种不合理的设置制约了特定刑事诉讼措施功能的发挥。例如,作为一种到案措施的刑事拘留,其目的之一是对现行犯或者重大嫌疑分子在其正在预备犯罪、实行犯罪或者在犯罪后即时被发觉的紧急情形下迅速出击,控制其人身自由,并展开后续调查。但是,《刑事诉讼法》第85条规定:"公安机关拘留人的时候,必须出示拘留证。"这一看来不留例外的严苛条款显然忽视了刑事拘留的紧急性特征,按部就班地申请批准拘留证势必导致侦查上的不合理延误。虽然公安部的规定对此有所弥补[②],但是,仅从《刑事诉讼法》条款来看,"拘留时必须出示拘留证"的规定很可能使拘留这种刑事诉讼措施达不到其应有目的,此可谓"手段不合乎目的"之一例。

"达不到目的"的另一原因是社会需求和客观情势的变化形成了新的目的,致使原有的刑事诉讼措施难以适应其需求。例如,2012年前的《刑事诉讼法》没有规定缺席审判制度,一旦出现被追诉人因脱逃、死亡、丧失行为能力等原因而无法出席庭审的,就不得不采取中止或终止案件审理的方式处置。这固然有助于保障被告人的程序参与权、辩护权,维护诉讼结构的稳定性,但是,贪污腐败现象的猖獗使人们意识到,刑事司法应提供有效机制来防止犯罪嫌疑人将贪腐所得转移至境外或通过其他方式隐瞒,及时挽回国家、集体或者被害人的经济损失,并通过切断犯罪嫌疑人的经济来源来加大刑事诉讼对此类犯罪的震慑力度。对于这一全新的目的,原有的缺席审判程序显然是无能为力的。有鉴于此,2012年我国修改了《刑事

[①] 有学者将适合性原则称为"适当性原则"。笔者认为,这一原则所表述的是手段对目的的促进关系,因此使用"适合"较为合理,而"适当"除了"适合"之外,还会衍生出"正当"之义,与其他原则相混淆。

[②] 公安部《公安机关办理刑事案件程序规定》第125条规定,紧急情况下,经出示人民警察证,可以将犯罪嫌疑人口头传唤至公安机关后立即审查,办理法律手续。

诉讼法》,确立了被追诉人逃匿、死亡案件违法所得的没收程序;2018年我国修改了《刑事诉讼法》,进一步确立了缺席审判程序,从而具体落实这一新的目的。

如果刑事诉讼措施"达不到目的",就需要根据具体情况进行改良,使其能够"达到目的"。如果是因为不合理的设置而制约了功能的发挥,就需要去除或者改变不合理的设置。如果因出现新目的而导致旧制度功能不足,就需要创设新的刑事诉讼措施来落实新目的。

(2)偏离目的

偏离目的也称"目的异化",即特定刑事诉讼措施的设置和适用偏离了原初意图或者依其本性所应当达到的预期效果。这种"目的异化"在司法中能得到直观的认知。例如,办案人员将审前羁押作为刑罚的预支来使用,对被追诉人采取"审前关多久,审后就判多久"的策略。这是将本应不具有惩罚性的诉讼措施用作惩罚性的目的。又如,为了获取他人的商业秘密谋利,借助技术侦查手段取得相关的信息资料,从而使技术侦查措施的运用偏离了其应有目的。这实际上已使刑事诉讼措施的适用偏离了预期目的。

"目的异化"现象在刑事诉讼措施设置中的表现较为隐蔽,但可以通过适用中存在的问题反向追溯。例如,在2012年《刑事诉讼法》修改前,司法实践中监视居住的适用十分混乱,办案单位对被监视居住人有时采取比取保候审约束力更弱的放任式管理,有时使用的强度又等同于甚至高于逮捕,沦为变相羁押。这显然偏离了监视居住制度设置的原初意图,即在取保候审与羁押之间建立一种过渡性的中间措施。之所以出现如此乱象,是因为立法的不足,反映了诉讼构造上的问题。前例中监视居住的适用之所以出现偏离目的,是因为:一方面,1996年《刑事诉讼法》对监视居住和取保候审规定了相同的适用范围和条件,但监视居住不需要像取保候审那样要求被追诉人提供保证人或保证金,其约束力要弱于取保候审;另一方面,法律对指定居所监视居住未提供足够的约束,实践中监视居住往往在办案机关指定的宾馆、招待所甚至办案地点等场所执行,在严密的看守下,被追诉人的人身自由实际上被完全剥夺,监视居住在强度上与羁押无异,出现所谓的变相羁押。由于失去了看守所的管理与监督,被监视居住人的合法权利比被拘留、逮捕的人更容易受到侵犯,于是监视居住在强度上甚至超过了羁押。[①] 刑事诉讼措施在强度上的减弱导致立法初衷难以达成,而在强度上的增强则意味着给相对方造成了过度负

[①] 陈光中.《中华人民共和国刑事诉讼法》修改条文释义与点评[M].北京:人民法院出版社,2012:113.

担。这是"目的异化"的直接效果。

2. 手段"合目的度"的分析

合乎目的并不等于有效达成目的,这就出现了"合目的度"的问题。在行政法上,为了防止狗咬人而规定外出的狗必须带警铃就是缺乏"合目的度"的措施,因为它不能保证狗肯定咬不到人。从避免狗咬人的目的来看,给狗戴上口罩的措施具有更强的"合目的度"。① 在刑事诉讼中,如果只是需要达到使被告到庭接受讯问的目的,适用拘传措施就已足够,就此目的而言,拘传手段既有"合目的性",也有"合目的度";而如果是为了防止犯罪嫌疑人毁灭、伪造证据或者串供,适用拘传这种到案措施就难以实现目的,因而欠缺必要的"合目的度",在这种情况下,只有使用拘留、逮捕等羁押手段才能达到目的,所以,羁押是符合适合性原则的。

但依传统公法理论,"合目的性"只要求手段符合目的取向,而对手段符合目的的程度不作要求。德国联邦宪法法院曾指出,即使只是"部分"地达成目的,只要其手段并非完全不适合,也算是符合适合性原则的要求。② 这种做法只考虑"合目的性",而不考虑符合目的的"度",即只检验公权力手段是否对目的的达成有帮助,而不检验公权力手段能否有效地达到其目的。对此,有人提出批评,认为这构成了适合性原则的缺陷。只是在违宪审查的语境中,这种做法是"情有可原"的,因为违宪审查的实践尚须考虑立法权与司法审查权之间的合理关系,如果过于强调手段符合目的的"度",就容易导致司法权对立法应有裁量行为的不恰当干预。

笔者以为,将比例原则作为刑事诉讼构造的分析基础,并不需要以违宪审查制度的确立为前提,从刑事制度的本性而言,一项刑事诉讼措施如果不能有效地达成目的,就不能说其完成了立法任务。因此,刑事诉讼措施应当有基本的"合目的度"作为基础,以体现刑事诉讼语境的特点,并发挥适合性原则的规范作用。刑事诉讼措施的"合目的性"分析要求该措施的设置类型和实施要求能够基本保证其诉讼目的的实现,如果达不到实现目的的最低要求,或者说只是部分或局部地实现目的,就不符合适合性的要求,从而存在改良的空间。例如,1996年《刑事诉讼法》规定了传唤、拘传持续的时间不得超过12个小时,但是,对于特别重大、复杂的案件,12个小时的传唤、拘传时间过于短暂,不能有效地完成传讯的任务,因此,2012年《刑事诉讼法》增加规定,案情特别重大、复杂,需要采取拘留、逮捕措施的,传唤、拘传持

---

① 林腾鹞. 行政法总论[M]. 台北:三民书局,1999:87—88.
② 谢世宪. 论公法上之比例原则[M]//城仲模. 行政法之一般法律原则(一). 台北:三民书局,1994:123.

续的时间不得超过 24 个小时,以满足侦查实践的需要,从而使传唤、拘传这两种传讯措施更具有适合性。

3. 对手段合目的性的评价标准

在德国的违宪审查理论中,就适合性的判断标准存在主观学说与客观学说之争。主观标准说认为,特定的制度设置是否具有适合性并不以法定目的能否经由该制度设置而得到实现为衡量标准,而是看制度设置时立法机关是否考虑到制度手段与其目的之间的适应关系。这一标准由于考虑的是制定法律时的情况,因此也被称为嗣前审查标准。[①] 客观标准说则主张,应由法院在进行司法审查时,以一切客观的证据及资料来评判其行为是否完全或部分达到预期目的。这一标准由于结合了法律制定后的发展情况,考虑了法律运行的客观结果,因此也被称为嗣后审查标准。[②]

应该指出,德国的违宪审查理论之所以在适合性判断标准上出现主观标准与客观标准之争,除了在对立法的评价问题上采取不同的角度外,更主要的是因为考虑到立法权与司法(违宪审查)权之间的合理配置关系,需要兼顾立法裁量权与司法能动性,一方面确认在权力分立的宪政原则下,立法者在一定程度上应拥有政策决定和预见的权力;另一方面要合理保障法院的违宪审查权。但是,本文所论述的刑事诉讼构造问题并不涉及违宪审查及其相关的权力配置,因而完全可以将主观标准与客观标准结合起来对适合性进行判断。一方面考虑立法者在设置某种刑事诉讼措施时的主观意图,另一方面评估立法的效果及其反馈,判断立法者是否对情势发展作出了错误的预测,从而对相关的立法进行全面而客观的评价,及时根据形势的发展来改良立法设置。

二、必要性分析

必要性原则要求国家专门机关在能够实现诉讼目的的、具有同等有效性的刑事诉讼措施之间,选择对公民权利和合理利益侵害最小的那一项。在此,存在着三种概念工具——侵害性、最小侵害性和同等有效性,相关的分析可依此展开。

(一)侵害性分析

刑事诉讼法显然是一种具有"侵害性"(我国台湾地区学者往往称之为"干预

[①] 德国联邦宪法法院指出:"一个法律对目的的适应性问题,不能按照后来的实际发展进行评价。评价的依据只能是立法者是否考虑了立法措施与立法所追求的目的之间的适应性,及其他在政治、经济概貌方面的预测是否符合实际和有代表性。"于安. 德国行政法[M]. 北京:清华大学出版社,1999:131.

[②] 陈新民. 德国公法学基础理论:下[M]. 济南:山东人民出版社,2001:381.

性")的公法门类。相比其他法律领域,刑事诉讼中国家权力的运用具有主动性、普遍性和深刻性。

这种"侵害性"以刑事侦查权最为典型。在侦查活动中,为了及时获取犯罪证据和查获犯罪嫌疑人,侦查机关往往主动干预社会生活,单方面限制个人基本权益和自由。法律也因此赋予了侦查机关灵活多样的调查手段和强制权力。侦查机关既可以采取公开侦查,也可以采取秘密侦查;既可以采取任意侦查,也可采取强制侦查。这些调查手段和强制性措施相应地要求普通公民负有一定的配合和忍受义务,会对其人身权利、财产权利等产生实质性影响。

检察机关提起公诉也具有"侵害性"。这表现在,刑事责任在各种法律责任中具有最严厉的惩罚性,刑事起诉的提起表明被告人正受到国家的追究,将面临法院的审判,并可能受到剥夺自由甚至剥夺生命的严厉制裁;不仅如此,被告还须投入大量的精力、时间、金钱来应诉。可见,起诉关系到公民的人身权利和其他合法权益。另外,从"犯罪标签理论"的角度来分析,一个公民一旦成为被告人,就需要接受正式的刑事审判,在平常的社会观念中往往会遭受负面的评价,从而对其正常的工作、生活、学习产生诸多不利影响。

刑事审判权的行使过程中也存在具有"侵害性"的情形。例如,刑事再审程序的轻易提起固然有利于实事求是地查明案件真实情况,但是,人们因为同一罪而受多次追诉显然是具有"侵害性"的。如果法律许可就同一罪反复重新审理,就意味着国家利用其所有的资源和权力对被告人的同一被指控的犯罪试图进行重复的追诉与定罪,从而使被告人陷于困窘、消耗、受折磨的状态,并被迫生活在一种持续的焦虑和不安全的境地。刑事裁判的终局性对于国家来说,有助于尊重裁判的既判力,体现判决的权威性,而在被判决人方面,能够使其身心安宁,不会永远地处于不确定状态。

专门机关滥用职权会给被追诉人造成更大的损害,但需要指出的是,前述"侵害性"在专门机关依法正常行使职权时也是存在的,换言之,刑事诉讼权在本性上就是"侵害性"的,即它具有"天生的恶性"。

(二) 最小侵害性分析

"最小侵害"的概念表明,尽管国家机关的职权行为以追求法律目的、实现公共利益为主旨,具有正当性基础,但是,它毕竟具有一定的副作用。这种副作用虽然属于追求公共利益所需要付出的必然代价,但是,国家机关仍然有义务将其控制在最小范围内。由此,问题的关键并不是副作用的有无,而是如何将副作用降到最低限度,对普通公民产生尽可能小的不利影响。对这种最小侵害的追求是必要性原则的核心内容,充分体现了比例原则保障人权的基本旨趣。

因此,最小侵害性分析是指通过分析各种不同刑事诉讼措施对被追诉人以及其他公民可能造成的损害来比较何种措施对公民权利或利益损害最小。换言之,不仅要分析某种刑事诉讼措施的副作用,而且要对不同刑事诉讼措施的副作用进行比较分析。确立"最小侵害"的判断标准于是成为这一分析方法的核心环节。但是,刑事诉讼活动涉及多样化的刑事诉讼措施,且就具体的刑事诉讼措施而言,也可能有不同的考虑因素,因而难以寻求统一标准。从精确度而言,损害范围与程度的判断以能定量者为最佳,但刑事诉讼措施所针对的问题十分复杂,定量分析方法其实也是心有余而力不足,况且许多事项具有不可定量的性质,只能采用定性分析的方法。定性分析方法往往主观性较强,所以对"最小侵害"的认识在立法与执法实践中未必能够达到完全一致。

但是,这并不是说最小侵害性分析就此难以达成。对什么是"最小侵害",虽无精确标准,但是,考虑刑事诉讼措施的基本性质以及所处的诉讼阶段特点,结合公认的价值观、社会生活常理和经验,仍然可以寻求相对客观的标准。

例如,可以从特定手段所侵害的权利的属性来确定:(1)特定手段所侵害的权利越接近法律保护的核心范围,侵害就越强。如果只是触及基本权利的外围,则侵害较弱。(2)如果在手段类型中同时存在限制人身权的措施和限制财产权的措施,一般而言,后者的侵害较前者轻。(3)如果在手段类型中同时存在限制精神权益的措施和限制物质权益的措施,一般而言,后者的侵害较前者轻。

又如,可以从特定手段本身的属性来确定:(1)如果在手段类型中同时存在限制型措施和剥夺型措施,则显然前者的侵害较轻。(2)如果在手段类型中同时存在强行性措施和负担性措施,则前者的侵害较轻。所谓"强行性措施",是指在刑事诉讼活动中,追诉机关不考虑被追诉人的意愿,不附任何条件地强行实施诉讼行为或推进诉讼程序。作为国家权力的体现,刑事诉讼法的大多数措施是强行性措施。所谓"负担性措施",是指要求相对人实施行为满足一定的条件,完成指定的负担内容就可以在一定范围内豁免其责任,或恢复其法律地位。

再如,从实施特定手段是否考虑被追诉人的意愿,是否交由被追诉人自主选择来确定:(1)如果在手段类型中存在合意性措施和对抗性措施,就以合意性措施为轻。(2)如果关于是否实施、以何种方式实施特定手段交由被追诉人先行作自主选择,或者赋予其相应的申请权,这样的措施在强度上就是最轻的。

其他还可以从手段的实施方式（如人身检查时是观察、抽血还是开刀）和手段实施的持续时间来确定。

（三）手段的同等有效性分析

手段的"有效性"，是指所采取的刑事诉讼措施能够实现法律目的，这正是适合性原则"合目的性"的体现。手段的"同等有效性"，是指需要衡量和取舍的刑事诉讼措施能够同等程度地实现法律目的。这也是必要性原则不可或缺的内涵。试想，如果排除同等有效的考虑，一味地要求在实现目标的多种手段中选择最小侵害者，就不免使必要性原则成为"温柔立法"或"温柔施法"的代名词。[①]

同理，在刑事诉讼领域，如果只求最小侵害，不求同等有效，也会使刑事诉讼活动沦为"温柔侦查""温柔起诉"或"温柔审判"，其结果必然使刑事诉讼目的难以达成，同时，严重挫伤办案人员行使强制性职权行为的积极性，甚至会使刑事诉讼的各项机制陷于瘫痪。所以，对最小侵害或最小干预的判断，仅限于"同等有效"手段之间的比较，单以此原则来看，立法者或执法者并无义务选择轻微侦查手段。[②] 例如，吐气测试和抽血检测同属于人身检查手段，都可以用于检验犯罪嫌疑人的血液酒精浓度。从对犯罪嫌疑人基本权利的干预程度来看，显然前者较为轻微；但是，如果从实现查明事实真相的目的出发，则吐气测试的准确度和可靠性与抽血检测不能相提并论，因此，选择抽血来替代吐气测试并不违反"最小干预原则"。

就此而言，必要性分析的结果是要在同等有效的刑事诉讼措施中寻找对被追诉人产生最小侵害的那一项。

（四）对最小侵害的控制

必要性原则要求在适用强制措施时，应当遵循"最小侵害"原则，以尽可能地减小强制措施带来的负面影响。我国刑事诉讼法中设置了五种由轻到重的强制措施，以便实务中作最小侵害的考虑，即如果办案机关为了实现保障诉讼顺利进行的目的，不得不采取强制措施，就可以尽可能选择程度较轻的一种，这正是"最小侵害"原则的初步体现，是值得肯定的。但是，从我国现行刑事强制措施的制度和实践来看，"最小侵害"原则并没有得到充分的肯定和清晰的展示。

比例构造原理认为，对"最小侵害"的控制应当考虑以下四点：（1）刑事强制措施的强度越大，应施加越明确的适用范围和越严格的适用条件。（2）刑事强制措施

[①] 郑春燕.必要性原则内涵之重构[J].政法论坛,2004(6):116.
[②] 林钰雄.从基本权体系论身体检查处分[J].台湾大学法学论丛,2004,33(3):149.

的强度越大,应施加越严格的审查机制。(3)如果不得不实施强度较大的刑事强制措施,那么,应当对该刑事强制措施可能造成的对公民权利上的伤害进行必要的弥补,以将这种伤害控制在最低限度内。(4)对强度越大的刑事强制措施,应当赋予相对人越多的对抗性权利,以达到平衡的效果。

三、相称性分析

相称性原则要求刑事诉讼措施所欲保护的社会利益与其对公民权利或合理利益所造成的损害相称,或者说形成恰当的比例关系,为此,需要在两者之间进行比较,这就是相称性分析。相称性分析的目的是避免刑事诉讼措施的实施给被追诉人或者其他公民带来"过度负担",于更深层次则是要避免因不当权衡或取舍不当而导致法益上的不相称。

(一)过度负担的概念

相称性分析方法的重要概念之一是"过度负担"。对过度负担的判断可以基于两种不同的角度。

一是立法上已存在两种强度不同但同等有效的刑事诉讼措施,然而在司法过程中,办案人员却选择了强度较大的措施,导致对公民权利和合理利益的过度损害。例如,对犯罪嫌疑人采取取保候审就可以防止社会危险的发生,办案人员却采用了逮捕的方式。再如,在立法上,由于适用条件上的不当设置,办案人员无法适用强度较小的措施,从而不得不适用强度较大的措施,因此带来"过度负担"。又如,由于起诉条件的设置不当,本可适用不起诉的情形,却只能一律起诉。这种情形下的相称性分析其实与必要性分析取得相同的效果,但必要性分析只涉及是否同等有效的判断或者侵害大小之间的比较,相称性分析则深入法益的更深层次,它实际上可以为必要性分析提供法理性的论证。

二是立法上所规定的刑事诉讼措施是达成目的所必需且不存在侵害更小的措施,或者本身已属于侵害最小的措施。这种情形虽已符合适合性原则和必要性原则,但是如果该措施对公民权益的损害实际上超过了它所欲保护或追求的社会利益,就仍然可能给公民带来"过度负担"。德国宪法法院于1964年2月21日判决的"日记案"可以作为一个例子。这是一起伪证案,争议的焦点是被告人的日记是否应当被采纳。被告曾在另外一起案件的审判中作证,并否认与自己有牵连。但是,她有一本藏于别处的日记记载了她事实上与前案有牵连,后被人提供给警方。初审法院采纳了这本日记,并据此判决被告犯有伪证罪。宪法法院认为,该案的取证手段并不具有强制性质,警方的取证行为也是合法的,但侵害了被告人的隐私权,所侵犯的法益十分重大,该案所涉及的罪行却极其轻微,因此应当排除作为证据的日记。① 从立法的角度,既然现行法中的最小侵害措施带来了"过度负担",就表明现有措施缺乏针对性,因而有必要创设更为相称的措施以应对类似的情境。

在方法论上,相称性原则与适合性原则、必要性原则存在重要区别。首先,适合性原则、必要性原则都是以达成措施目的为着眼点。所以,不会为手段的后果(不利于公民的基本权利)而牺牲其对目标的追求。但是,就相称性而言,只要被损害的公民权利在价值上超过国家权力行使所追求的目的,它就许可对此目的进行反思、修订直至根本放弃对该目的的追求。

因此,在本质上,对"过度负担"的分析是一种利益衡量方法。根据陈新民教授的解释,所谓"过度负担",是指"法律(或公权力措施)所追求的目的和所使用的方法,在造成人民权利损失方面,是不成比例的",所强调的"是一种利益衡量之方式,衡量目的与人民权利损失两者是否成比例(理智的比例,彼此相平衡也)"②。这要求国家机关实施职权行为时,必须在其所保护或追求的社会利益与对公民权利所造成的损害之间进行权衡,斟酌判断目的与手段、收益与成本之间的比例关系。

(二)法益相称性的衡量

法益相称性的衡量是以法益冲突理论为基础的。德国利益法学的代表人物菲利普·黑克(Philipp Heck)曾说:"立法中的斗争不是为了准确地定义概念或前后一致地运用已确定的定义,而是为了保护各种利益。"③然而,在现实世界中,难以存在足够的社会资源来满足所有利益欲求。"一种利益的实现总以其他的利益为代价"④,这就意味着法律制定者需要结合特定的社会条件对立法所涉及的各种利益进行权衡,并作出取舍。为了解决各种利益之间的冲突,重要的不是争论法律概念如何演绎,而是要切实关注法律权利背后的利益,并发展出一套行之有效的利益分析技术,通过对每一条法律规范背后的利益冲突进行深入分析来考虑法律的目的与取向。

但问题是,在不同的利益之间很难建立一个得到普遍认同的等级体系,事实

---

① Judgment of Feb. 21,1964,19 BGHSt 325(1964).
② 陈新民.德国公法学基础理论:下[M].济南:山东人民出版社,2001:370.
③ 菲利普·黑克.利益法学[J].傅广宇,译.比较法研究,2006(6):145.
④ 菲利普·黑克.利益法学[J].傅广宇,译.比较法研究,2006(6):158.

上,特定利益往往只有在一定条件下才具有优先性,绝对的优先性是不存在的。在很大程度上,法益衡量是通过法益相称性判断来实现的,它意味着,不能简单地以一种利益的牺牲来换取对另一种利益的保护,而是要对冲突之中的每一种利益都给予应有的关切,在可能的范围内最大限度地满足各种利益的要求,在确保优先利益得到保护的同时,将其他利益的损失控制在最小范围。

尽管很难对法益相称性分析找到绝对的标准,但是,确立一些指导性原则仍然是有益的,具体如下:

第一,整体利益最大化原则。理想状态是"双赢"或"多赢",即不同的利益都能得到充分的实现。但在现实语境下,理想状态通常很难实现。因此,整体利益最大化的一般表现为优先利益实现的最大化与后位利益损失的最小化,换言之,不能单纯考虑优先利益的实现,而要将优先利益的实现与后位利益的损失程度综合起来考虑,将个别利益的得失放在整体利益的框架下来加以衡量。这一原则符合经济学的原理。美国经济学家罗纳德·哈里·科斯(Ronald H. Coase)主张,在权利发生冲突时,法律应当按照一种能够避免较为严重的损害的方式来配置权利,或者这种权利配置能使产出最大化。[①]

第二,代价最小化原则。这一原则是前一原则的具体化,它包括两个方面的内容:一是代价的不可避免性,即为了保障优先利益,损害次要利益是不可避免的;二是代价造成的损害最小,即为了保障优先利益而不得不抑制或损害次要利益时,所采用的手段应是最温和的那一个。这表明,优先利益的实现带来了一定的副作用,但这种副作用是必然的代价,问题的关键不在于是否有副作用,而在于如何将其控制在最低限度。诚如菲利普·黑克所言:"制定法的目的展现的只是获胜的利益。但是,法律规范的具体内容和目的满足的程度,却取决于失败的利益的分量。"[②]

第三,弱者利益的适当衡平原则,这是指在进行利益衡量时,要向弱者利益适当倾斜。现代法律很少单纯根据主体能力的强弱来分配利益,但在现实生活中,弱者或弱势群体是一种客观存在。在刑事诉讼的情境下,相对于强大的国家专门机关,被追诉人显然处于弱势地位,如果没有法律上的衡平,他们在诉讼过程中的利益就很可能受到忽视甚至被肆意剥夺,并在诉讼的博弈中处于下风,这不利于刑事司法公正的实现。司法作为一种公平力量,对弱者利益给予适当的关注和倾斜有

---

① 苏力.法治及其本土资源[M].北京:中国政法大学出版社,2004:195.
② 菲利普·黑克.利益法学[J].傅广宇,译.比较法研究,2006(6):145.

利于社会的和谐,其中包含着公共利益的成分。[①]

相称性分析除了进行利益权衡与成本比较外,还可以引入对其他一些因素的考虑,如认识规律、制度实施的现实可能性及其效果。一般的相称性分析主要是评价,因而是静态的、描述性的,在制度改良过程中,还可能采取动态的、调节性的相称性分析,即通过程序设置的改良来对"过度负担"的效应进行纠偏,或者对被追诉人的权益以其他方式进行实体性补救或者程序性补救,以求得最终结果的平衡与合理。

第三节 刑事诉讼比例构造的三层次结构模型

一、三层次结构理论的基本内涵与方法论瓶颈

(一)三层次结构理论的基本内涵

刑事诉讼比例构造的要义是在刑事诉讼活动中对国家专门机关所行使的各种强制性、干预性的程序性权力进行合乎比例的体系化控制。一方面,要增强各项刑事诉讼措施的效能,使其能够圆满完成追诉犯罪的基本任务;另一方面,承认这些刑事诉讼措施对公民权利及其合理利益会产生损害或副作用,并力图将损害或副作用控制在最小范围内,以防止刑事诉讼权的滥用。具体而言,在刑事诉讼比例构造中包含两重基本的比例关系:

1. 刑事诉讼措施与其所应对的案件情形之间的比例关系

这一重比例关系符合学界通说对比例原则的基本认识,即"在刑事诉讼中采取诉讼手段,特别是限制或剥夺公民基本权利的强制性措施,在种类、轻重、力度上,必须与所追究的行为相适应,不能过度"[②]。这里包含两个层次的区别对待:一是对刑事案件,应根据具体情形区分轻微案件和严重案件;二是对刑事诉讼措施,应当在强度上进行区分,以明确何为严厉型诉讼措施,何为轻缓型诉讼措施,在此基础上,可以建立两者之间的比例或适度关系,以轻缓型诉讼措施来应对轻微的案件情况,以严厉型诉讼措施来处理严重的案件情况,既保证诉讼措施目的的有效达成,

---

[①] 秦策,张镭.司法方法与法学流派[M].北京:人民出版社,2011:313.
[②] 王敏远.刑事诉讼法[M].北京:社会科学文献出版社,2005:64.

又将损害控制在最小范围内。

2. 刑事程序针对不同强度的诉讼措施加以控制的比例关系

对具体行政行为的司法审查来讲,公权力措施与案件情形之间的比例关系即已足够,因为司法审查本身便是比例控制的方式,由法官置身具体的案件情境,结合社会常理和生活经验,运用比例原则的各种分析方法来作出恰如其分的判断,因此它是一种司法式的比例控制模式。但在刑事诉讼活动中,更强调程序法定原则的规范性作用。凡是涉及国家司法机关的职权配置和被追诉人重大权益保障的事项,都应当由立法机关通过法律的形式加以明确规定,办案机关进行刑事诉讼,应当严格遵守刑事诉讼法和其他法律所规定的程序。因此,在刑事诉讼活动中,尽管存在着司法式的比例控制方式,但立法式的比例控制方式占据着基础性地位。这就要求立法中将刑事程序针对不同强度的诉讼措施加以控制的比例关系明确地表达出来。

第二重比例关系发生在诉讼措施与过程控制之间,它要求对轻缓型诉讼措施采用较宽松的控制程序,以求适用此种诉讼措施的便利、及时和效率,对严厉型诉讼措施则采用较严格的控制程序,以避免此种诉讼措施的不当和过度使用,将损害制约在法定和合理的范围内。经验表明,侵害性较小的诉讼措施的实效性也偏弱,而实效性强的诉讼措施的侵害性也较大。有时,为了有效地实现诉讼目的,不得不选择侵害性更大的诉讼措施,但并不能因为目的的正当性而忽视过程控制的必要性,相反,由于它给公民权利和合理利益造成了较大损害,因此我们应当对其采取更为严格的过程控制。

基于这两重比例关系,刑事诉讼比例构造中实际包含三个层次:案件情况、诉讼措施和过程控制,它们会产生程度或强度上的差别——案件情况的轻微与严重、诉讼措施的轻缓与严厉以及过程控制的宽松与严格。按照比例原则的基本原则,在刑事诉讼的程序与制度中实现和建立这三个层次之间的内在关联:以轻缓型诉讼措施来应对轻微的案件情况,以严厉型诉讼措施来处理严重的案件情况;对轻缓型诉讼措施采用较宽松的控制程序,对严厉型诉讼措施采用较严格的控制程序。如此形成的比例关系类似于刑法中的罪刑相适应,形成了能够体现刑事程序特点的一种三层次结构。这就是刑事诉讼比例构造的基本分析模型。

(二)三层次结构理论的方法论瓶颈

建立前述两重比例关系,在方法论上存在着前提条件,即案件情况的轻重、诉讼措施的强弱、过程控制的宽严能够在立法上得到相对明确的表达,从而使"合乎比例"得到相对确定的衡量。比例原则中尽管已内在地蕴含一种较为严谨的方法论规程，但如何对合乎比例进行客观度量仍然存在问题。这就是三层次结构理论的方法论瓶颈。

从追求精确性的角度，我们似乎应当寻找一种定量描述的方法，但是，法学的分析不可能如经济学甚至数学般精确，法律事件与行为具有难以定量化的性质，法律概念也不适合量变式的描述，因此我们无法找到某种可以精确测度的数量关系，也不存在用以表征合乎比例的绝对标准或者类似于"黄金比例"的固定值。这样看来，合乎比例的衡量仍然只能是一种定性分析。但是，定性分析如果过于抽象，就会沦为一种空洞的思辨或者说教，难以负载比例构造作为一种具体性构建的目标。有鉴于此，现实而合理的方法论选择一方面兼顾法律分析的离散性（非连续性）特征，另一方面突破纯粹的抽象思辨，以有助于具体分析的展开，其分析结果还应当能够以一种非个别化的方式呈现，从而使比例控制的规范化成为可能。

笔者认为，为了突破前述方法论瓶颈，有必要引入结合诉讼情境和生活事实的类型化分析方法。类型化是一种依据事物特征构建类型的方法，它对具有大致相同的外部特征的经验事实进行提炼和分类，并在法律意义上加以细化与定型，直至形成内在要素强弱不同、深浅不一的类型体系。类型化能够弥补法律概念过于抽象的不足。卡尔·拉伦茨教授说，当抽象的一般概念及其逻辑体系不足以掌握某种生活现象或意义脉络的多样表现形态时，大家首先会想到的辅助思考形式就是"类型"。[①] 之所以如此，是因为类型化具有联结抽象与具体的功能，它使抽象的接近具体，具体的接近抽象，黄茂荣教授形象地喻之为从山之两腰向山中央挖山洞的工作。"一方面，当处理或思考的对象接近于价值，利用类型体认其具体内涵，使之接近于实际生活；另一方面，当处理或观察的对象接近于具体生活，利用归纳认识其共同特征并将之类型化，以进一步认识其间更根本的道理。"[②]

联结抽象与具体的功能使得类型化具有了比概念更大的包容性，规范因为吸纳了生活事实而变得丰富。类型要素的多少、强弱并不是固定的，可以根据具体情况调整，考察并赋予其合乎比例的法律效果。卡尔·拉伦茨颇为典型地描述了这种分层处理技术："扩充构造类型中已开始的体系形成工作，这是借构建'类型系列'来达成的。其植根于：因为要素的可变性，借着若干要素的全然消退、新的要素

[①] 卡尔·拉伦茨.法学方法论[M].陈爱娥,译.北京:商务印书馆,2003:337.
[②] 黄茂荣.法学方法与现代民法[M].北京:中国政法大学出版社,2000:575.

的加入或居于重要地位,一类型可以交错地过渡到另一类型,而类型间的过渡又是'流动的'。在类型系列中,几乎并连但仍应予以区分的类型,其顺序之安排应足以彰显其同、异及其过渡现象。"① 通过对类型某些要素的接纳或排斥,不同类型之间发生强弱对比的变化。尽管这种分层描述技术具有离散而非连续的特征,但是颇为适合法律科学的特殊性,足以为描述案件情况的轻重、诉讼措施的强弱、过程控制的宽严提供一种行之有效的方法论。

二、案件情形的类型化与轻重区分

正如自然世界中没有两片完全相同的树叶,司法的世界中也不存在完全相同的两个案件。比例原则要求对不同的案件情形采用不同的诉讼措施来应对,这首先要求对案件情形作出合理的区分。案件情形类型化的目的就在于为采取相应的诉讼措施提供实质性的依据。

(一)刑事案件的"情境类型"

在司法实践中,刑事案件复杂多样、千差万别,可以从不同的角度来划分类型。相比刑事实体法,刑事程序法上对案件类型的划分具有自身的特点。

显然,基于不同的目的,对刑事案件进行类型化的尺度和标准不尽相同。目的决定了需求。对刑法而言,不同案件类型的划分有助于罪刑相适应原则的适用以及刑罚个别化意旨的实现。对刑事诉讼法而言,不同案件类型的划分则旨在确定具体诉讼措施的适用。德国学者约阿希姆·赫尔曼指出:"刑事追究措施,特别是侵犯基本权利的措施在其种类、轻重上,必须与所追究的行为大小相适应。"② 其实质是要使具体的刑事诉讼措施与特定的案件类型相适应,从而使刑事程序成为合乎比例的设置。刑事程序是由具体的刑事诉讼措施组合而成,具体的刑事诉讼措施是对特定案件事实的反应。对不同的案件情形,我们可能采取不同的侦查措施、起诉措施或审判措施,以有利于对被追诉人进行更为恰当的程序处置。应该说,刑事案件类型划分对刑事诉讼法而言意义重大,这是因为,在立法上它有助于形成刑事程序的比例构造,在司法上则有助于宽严相济政策的具体落实。

无论是刑事程序法,还是刑事实体法,都需要对案件进行必要的类型划分,并且

---

① 卡尔·拉伦茨.法学方法论[M].陈爱娥,译.北京:商务印书馆,2003:345.
② 约阿希姆·赫尔曼.德国刑事诉讼法典[M].李昌珂,译.北京:中国政法大学出版社,1995:引言 13.

都会遵循一些共同的目的、方法论和思路。首先,类型化关注案件的事实情况,并对其典型特征进行揭示,用美国法学家卡尔·尼克尔森·卢埃林(Karl Nickerson Llewellyn)的话来说,就是要发现刑事案件的典型情境(type-situation)。这种典型情境虽然来自个别事实,但又高于个别事实,它是包含于原始事实材料中的某些"关键性"事实,是能够纳入法律事实范畴的、具有法律意义的事实。① 其次,同为刑事法,刑法与刑事诉讼法遵循同样的分类原则和标准,如需要在不同的犯罪性质与罪行之间进行划分,或者根据不同的被追诉对象进行划分,同样在类型划分的理论依据和政策基础上有相当大的共通之处,如都涉及宽严相济政策的适用等。最后,案件类型划分在于对不同的案件区别对待,采取合理的刑罚措施或者诉讼措施,对国家刑罚权的行使进行适度控制。

虽然存在以上共同点,但是,诉讼法意义上的案件类型划分需要符合程序上的特点和要求,因而两者在划分目的与着眼点上存在诸多区别。首先,刑事法上的案件类型划分着眼于固定时点上的静态判断,即法官在已获取全案定罪量刑的证据材料的基础上作出裁判。而诉讼法上的案件类型划分着眼于过程性控制,在流动和变化的语境中作出判断。其次,刑法上的类型划分往往以案件信息的全面性为基础,因此其案件类型的划分要求做到细致而精确。而在诉讼过程中,案件信息仍然处在不周全或者欠缺的状态,关于案件情形的判断往往掺杂很多预期的成分,其案件类型的划分达不到也不需要达到刑法上的细致和精确。再次,在刑事诉讼过程中,罪与刑存在不确定性,但是,被追诉人的状况是可以先行确定的,因此,刑事诉讼法上应当对被追诉人的情况进行较为细致的类型划分。最后,如果说刑法上的案件类型划分主要着眼于"罪"和"人"的基准,那么,刑事诉讼法上的案件类型划分除了这两者外,还需要结合刑事诉讼措施的运行延伸至其他的基准。例如,在侦查活动中,遭遇紧急或者非紧急状况往往会采用不同类型的诉讼措施。这里涉及的是诉讼措施所应对的事实状态。

可见,从刑事诉讼的角度,我们关注的是对刑事程序的启动、推进和终结产生重大影响的类型划分。笔者认为,基于刑事诉讼的特点,最主要的案件类型划分可以"罪""人""事"三个角度展开,即以涉嫌罪刑类型、被追诉人类型、诉讼情势类型来对案件情形进行类型化区分。具体案件所呈现的不同状态——罪有轻重、人有

---

① 卡尔·N.卢埃林.普通法传统[M].陈绪刚,史大晓,仝宗锦,译.北京:中国政法大学出版社,2002:148.

差别、事有缓急——为刑事诉讼措施的适用提供了基本场景。

(二)案件情形类型的区别基准

1. 罪有轻重:基于所涉罪刑的类型划分

轻罪与重罪依何标准来划分?刑法学界大致存在着三种学说:(1)实质标准说,主张根据犯罪性质、犯罪危害程度等犯罪内在的特质确定犯罪的轻重等级。(2)形式标准说,主张以刑罚的轻重为标准划定犯罪的轻重等级。(3)实质与形式标准综合说。依刑法学者的观点,实质标准说存在很多问题:犯罪性质往往通过罪名表现出来,但罪名之间孰轻孰重很难进行比较,犯罪性质的轻重因而也不具有可比性;社会危害性虽然是犯罪的本质,但难以为轻罪、重罪的划分提供一个清晰可行的标准。所以,实质标准说不具有合理性和可操作性,实质与形式标准综合说最终也归于形式标准说,唯有刑罚轻重的形式标准说具有较强的合理性和可操作性。[1]

这是基于刑法立场所得出的分析结论,但是在刑事诉讼法领域,情况却有不同。《刑事诉讼法》中存在大量以罪名为基础的案件类型划分。例如,危害国家安全犯罪、恐怖活动犯罪、贪污贿赂犯罪、黑社会性质的组织犯罪和毒品犯罪等往往被视为重罪,在程序上以干预性、限制性更强的诉讼措施来与之相匹配。[2] 刑罚轻重的形式标准也是刑事诉讼法中的区分依据。但在《刑事诉讼法》条文中,刑罚轻

---

[1] 郑丽萍.轻罪重罪之法定界分[J].中国法学,2013(2):128—138.
[2] 如《刑事诉讼法》第21条规定:中级人民法院管辖危害国家安全、恐怖活动案件。第39条规定:危害国家安全犯罪、恐怖活动犯罪案件,在侦查期间辩护律师会见在押的犯罪嫌疑人,应当经侦查机关许可。第64条规定:对于危害国家安全犯罪、恐怖活动犯罪、黑社会性质的组织犯罪、毒品犯罪等案件,证人、鉴定人、被害人因在诉讼中作证,本人或者其近亲属的人身安全面临危险的,人民法院、人民检察院和公安机关应当采取保护措施。第75条规定:对于涉嫌危害国家安全犯罪、恐怖活动犯罪,在住处执行可能有碍侦查的,经上一级公安机关批准,也可以在指定的居所执行。第85条规定,除无法通知或者涉嫌危害国家安全犯罪、恐怖活动犯罪,通知可能有碍侦查的情形以外,应当在拘留后二十四小时以内,通知被拘留人的家属。第150条规定:公安机关在立案后,对于危害国家安全犯罪、恐怖活动犯罪、黑社会性质的组织犯罪、重大毒品犯罪或者其他严重危害社会的犯罪案件,根据侦查犯罪的需要,经过严格的批准手续,可以采取技术侦查措施。第291条规定:对于贪污贿赂犯罪案件,以及需要及时进行审判,经最高人民检察院核准的严重危害国家安全犯罪、恐怖活动犯罪案件,犯罪嫌疑人、被告人在境外,监察机关、公安机关移送起诉,人民检察院认为犯罪事实已经查清,证据确实、充分,依法应当追究刑事责任的,可以向人民法院提起公诉。人民法院进行审查后,对于起诉书中有明确的指控犯罪事实,符合缺席审判程序适用条件的,应当决定开庭审判。第298条规定:对于贪污贿赂犯罪、恐怖活动犯罪等重大犯罪案件,犯罪嫌疑人、被告人逃匿,在通缉一年后不能到案,或者犯罪嫌疑人、被告人死亡,依照刑法规定应当追缴其违法所得及其他涉案财产的,人民检察院可以向人民法院提出没收违法所得的申请。

重的界限显得很多元,以徒刑为界限①,以三年为界限②,以五年为界限③,以十年为界限④,以无期徒刑、死刑为界限⑤均有其例。此外,实质与形式即犯罪性质或罪名与预期刑罚相结合的综合性标准也是《刑事诉讼法》的案件分类依据,如第282条的附条件不起诉⑥,以及第288条规定的刑事和解程序⑦即为此例。

事实上,犯罪性质(罪名)正是刑事诉讼法对犯罪轻重进行区分的重要标准之一,这一看起来在刑法中不甚妥当的类型化基准对刑事诉讼法而言却是妥当的,其原因在于实体法与程序法在属性和关注点方面存在差异。形式标准说的前提在于对刑罚轻重可以进行相对清晰的评估,在此基础上再对轻罪与重罪的类型区别对待,但刑事诉讼活动本身是一个动态和逐渐发展的过程,对刑罚轻重的预估不可能在每个阶段都达到足够的清晰度,但却需要分别情形采取相应的诉讼措施。例如,侦查机关发现犯罪嫌疑人存在实施恐怖活动犯罪的重大嫌疑,决定采用技术侦查措施来收集进一步证据,此时案情尚未明了,但需要考虑是否采取技术侦查措施。又如,基于恐怖活动犯罪在犯罪性质上的严重性,立法授予侦查机关采取技术侦查措施的权力,而不必考虑将来可能判处的刑罚。因此,从诉讼法

---

① 如《刑事诉讼法》第67条规定:人民法院、人民检察院和公安机关对可能判处管制、拘役或者独立适用附加刑的,或者可能判处有期徒刑以上刑罚,采取取保候审不致发生社会危险性的,可以取保候审。第81条规定:对有证据证明有犯罪事实,可能判处徒刑以上刑罚的犯罪嫌疑人、被告人,采取取保候审尚不足以防止发生下列社会危险性的,应当予以逮捕。……有证据证明有犯罪事实,可能判处徒刑以上刑罚,曾经故意犯罪或者身份不明的,应当予以逮捕。

② 如《刑事诉讼法》第216条规定:适用简易程序审理案件,对可能判处三年有期徒刑以下刑罚的,可以组成合议庭进行审判,也可以由审判员一人独任审判;对可能判处的有期徒刑超过三年的,应当组成合议庭进行审判。第220条规定:适用简易程序审理案件,人民法院应当在受理后二十日以内审结;对可能判处的有期徒刑超过三年的,可以延长至一个半月。

③ 如《刑事诉讼法》第286条规定:犯罪的时候不满十八周岁,被判处五年有期徒刑以下刑罚的,应当对相关犯罪记录予以封存。

④ 如《刑事诉讼法》第81条规定:对有证据证明有犯罪事实,可能判处十年有期徒刑以上刑罚的,……应当予以逮捕。第159条规定:对犯罪嫌疑人可能判处十年有期徒刑以上刑罚,依照本法第158条规定延长期限届满,仍不能侦查终结的,经省、自治区、直辖市人民检察院批准或者决定,可以再延长两个月。

⑤ 如《刑事诉讼法》第21条规定:中级人民法院管辖可能判处无期徒刑、死刑的案件。第35条规定:犯罪嫌疑人、被告人可能被判处无期徒刑、死刑,没有委托辩护人的,人民法院、人民检察院和公安机关应当通知法律援助机构指派律师为其提供辩护。第123条规定:侦查人员在讯问犯罪嫌疑人的时候,可以对讯问过程进行录音或者录像;对于可能判处无期徒刑、死刑的案件或者其他重大犯罪案件,应当对讯问过程进行录音或者录像。

⑥ 如《刑事诉讼法》第282条规定:对于未成年人涉嫌刑法分则第四章、第五章、第六章规定的犯罪,可能判处一年有期徒刑以下刑罚,符合起诉条件,但有悔罪表现的,人民检察院可以作出附条件不起诉的决定。

⑦ 如《刑事诉讼法》第288条规定:因民间纠纷引起,涉嫌刑法分则第四章、第五章规定的犯罪案件,可能判处三年有期徒刑以下刑罚的案件,或者除渎职犯罪以外的可能判处七年有期徒刑以下刑罚的过失犯罪案件,可以适用刑事和解程序。

的角度,轻罪与重罪的划分应当采用形式与实质标准综合说为宜,换言之,既要考虑刑罚的轻重,也要考虑犯罪的性质,如此作出的刑事案件类型划分方能适用于刑事程序的需要。

笔者虽然主张程序法相对于实体法在轻罪与重罪的划分问题上可以采用较为灵活和多元的标准,但并不意味着这是一个随意而为的过程,相反,统一的分析框架仍然是必要的。现行刑事诉讼法在这一问题上显然存在缺失。首先,缺乏轻罪与重罪的统一区分,所有刑罚的界限都是因事而立,过于多样化,如徒刑、一年、三年、五年、十年、无期或死刑等,这样的设定缺乏有说服力的理论或实证基础,基本上属于经验估计的结果。其次,经常使用似是而非的弹性表述,致使实际界限模糊不清。例如,除了"重大案件"的表述外,还有"重大的犯罪案件""重大刑事案件""重大复杂案件""特别重大复杂的案件"的称谓,有的与"复杂"或"疑难"并称,有的用"有重大社会影响"来修饰。再如,"轻微刑事案件"既可以指自诉案件,也可以适用于裁量不起诉,在司法实践中还扩展至可以"依法快速办理"的案件[①]。又如,对贪污贿赂案件,分别有"重大的贪污、贿赂犯罪案件""贪污贿赂犯罪等重大犯罪案件""特别重大贿赂犯罪"的区分,分类意旨不明,其中的界限在司法实务中往往被有意无意地加以忽略,造成一些强制性权力被扩张使用的后果。

笔者认为,基于刑事诉讼的性质和运作机理,轻罪与重罪的划分采用形式与实质标准综合说为宜,但在具体设置时应体现整体性和统一性的设计思路。

首先,在把握形式标准时应当考虑两个要点:一是从刑事一体化的角度应保持诉讼法与实体法的一致性,二是刑罚界限的确立应当以一定的统计数据作为实证基础。从刑事法律的规定来看,三年有期徒刑是量刑或者进行程序处置的重要分界线,现行立法者似乎倾向于以此来区分罪行轻重。有学者认为,如果以三年有期徒刑作为轻罪与重罪的分界,就可能使轻罪的范畴较为狭窄,也会使一些实际上罪行较轻的行为被纳入重罪范畴,并主张以五年有期徒刑作为轻罪与重罪的划分界限。[②] 但笔者认为,基于最近的法律年鉴数据分析,以三年有期徒刑作为轻罪与重

[①] 2006年12月28日最高人民检察院《关于依法快速办理轻微刑事案件的意见》。
[②] 郑丽萍.轻罪重罪之法定界分[J].中国法学,2013(2):128.

罪的分界是合理的，不会导致轻罪的范畴过于狭窄。① 在此基础上，如果就某一程序措施需要提升或者降低刑罚界限，就应当对立法理据进行充分认证，以避免立法上的随意性。

其次，在把握实质标准时应当在刑事诉讼法的整体框架内考虑普通程序和特别程序的层次性设置。对某些特别类型的严重犯罪，可以比照普通程序设置更加严格、强度更大的程序措施来应对。例如，针对恐怖主义犯罪、腐败犯罪，可以设置体系化的、专门的反恐或反腐刑事特别程序，如果尚不能形成体系化的特别程序，则可以在一般程序中作出有针对性的特别规定。但无论何种立法模式，均应当体现一般与特别之间的比例关系。同时，在性质相同的案件之间仍然可以进行不同轻重程度的界定，但应尽可能建立层次分明的比例序列，以避免使用似是而非的弹性术语，这样对刑事程序的比例性设置及其适用都大有裨益。

2. 人有差别：基于被追诉人的类型划分

在刑事法学上，由关注犯罪行为转向关注犯罪人带来了研究范式的重大变革，弗兰茨·冯·李斯特指出："应当惩罚的不是行为，而是行为人。"② 相对于刑法领域，在刑事诉讼活动中关注被追诉人其实显得更为迫切。这是因为，被追诉人完全有可能并非事实上的犯罪人，却错误地受到刑事追诉，各种刑事诉讼措施加诸其身；即便其就是事实上的犯罪人，也只能在定罪量刑环节充分体现"罚当其罪"的意旨，而不能用过度的刑事诉讼措施来加重其负担，否则就违背了刑事诉讼活动的本原属性和无罪推定原则。这样就不难理解，为什么被追诉人成为刑事诉讼法的中心人物和保护对象。

刑事案件复杂多样，所涉及的被追诉人也是形形色色、各具特点，存在多方面的差别，如在年龄和性别上，是否属于老年人、未成年人、女性等；在身份上，是否为在校学生、国家工作人员等；在性格和品质上，是否一贯品行良好、有无违法犯罪前科、有无不良嗜好等；在生理、精神状况上，包括是否盲、聋、哑等残疾人，是否患有精神疾病，是否怀有身孕或者严重疾病等；在经历和所处的环境上，是否有正当职

---

① 根据全国法院司法统计公报数据，2023 年全国法院刑事案件生效判决人数为 1 660 251 人，其中五年以上有期徒刑至死刑 134 142 人，占生效判决人数的约 8%；三年以上不满五年的生效判决人数为 348 148 人，占生效判决人数的约 21%。2022 年全国法院刑事案件生效判决人数为 1 431 585 人，其中五年以上有期徒刑至死刑 118 036 人，占生效判决人数的约 8%；三年以上不满五年的为 83 078 人，占生效判决人数的约 6%。2023 年全国法院司法统计公报[J]．中华人民共和国最高人民法院公报，2024(4)：15．2022 年全国法院司法统计公报[J]．中华人民共和国最高人民法院公报，2023(4)：17．

② A. H. 特拉伊宁. 犯罪构成的一般学说[M]. 王作富，译. 北京：中国人民大学出版社，1953：28.

业、受教育状况、家庭状况、居住情况、交友情况、经济状况如何,未成年人是否有双亲或其他监护人等;在与被害人的关系上,是陌生人关系还是熟人关系;在犯罪地位上,是累犯、故意犯、主犯、首要分子,还是初犯、偶犯、激情犯、过失犯、从犯、胁从犯等;在认罪态度上是好还是差;等等。

由于人的特征过于多样,难以尽数,因此理论界一直在试图探索相对统一的类型化标准。目前看来,较为成熟的主要有以下三种判断基准:

(1)人身危险性或社会危险性

虽然在刑事诉讼过程中,被追诉人的刑事责任尚在未定状态之中,但他是否具有人身危险性,以及人身危险性的大小都可能成为程序性决策(是否羁押、取保候审、不起诉、精神病人强制医疗等)所考虑的重要因素。2012年《刑事诉讼法》的已有条款直接使用了人身危险性的用语①,更多的情况是用"社会危险性"一词来指代人身危险性,但两者所指其实都是行为人可能发生的某种未然状况。在侦查、起诉、审判等重要诉讼阶段,都有可能对被追诉人的人身危险性或社会危险性进行预估,进而作出关乎其刑事处遇和诉讼程序进程的决策。

(2)责任能力

责任能力是指能辨别是非并据此实施行为的能力,即自由意志决定能力。在刑法上,犯罪的成立并非取决于责任能力的有无,刑罚的轻重也取决于责任能力的大小。在刑事诉讼活动中,责任能力的大小对是否采取以及采取何种刑事诉讼措施也会产生重要影响。无刑事责任能力包括两种情况:行为人不满12周岁,行为时因精神病而不能辨认或者不能控制自己的行为。无刑事责任能力人虽然依刑法不负刑事责任,但仍然可以进入刑事诉讼活动,并被采取一定的刑事诉讼措施,如《刑事诉讼法》规定,实施暴力行为,危害公共安全或者严重危害公民人身安全,经法定程序鉴定依法不负刑事责任的精神病人,有继续危害社会可能的,可以予以强制医疗。限制责任能力有三种具体情形:已满12周岁不满18周岁的未成年人,又聋又哑的人,盲人。限制责任能力人在刑事诉讼中往往也会得到特别保护。例如,被追诉人是盲、聋、哑人,或者是尚未完全丧失辨认或者控制自己行为能力的精神病人,没有委托辩护人的,人民法院、人民检察院和公安机关应当通知法律援助机构指派律师为其提供辩护。

---

① 《刑事诉讼法》第306条规定:强制医疗机构应当定期对被强制医疗的人进行诊断评估。对于已不具有人身危险性,不需要继续强制医疗的,应当及时提出解除意见,报决定强制医疗的人民法院批准。

(3) 特殊的生理心理状态或社会地位

以此为标准从普通的被追诉人划分出"特殊群体"或"弱势群体"类型。基于社会学的视角,特殊群体是指公民中由于生理或体能原因,其权利和一切合法权益受到特殊保护与特殊对待的一部分人,包括妇女、未成年人、老年人、残疾人等。[①] 由于生理特征和体能上的不足,或者社会地位的低下,这些主体在实现其权利方面存在障碍,与控方在诉讼能力上的不对等进一步加剧。而且,这种特殊的生理心理状态或弱势的社会地位很难或几乎不能人为地加以改变,如果不给予其特殊保护,则其正常的合法权益也可能处于危险状态。所以,弱势群体会被赋予普通被追诉人所不能享有的"额外权利"或特别保护措施。

可以看出,上述三种因素之间存在诸多交叉重叠。就目前而言,统一的类型化标准尚不可得。被追诉人往往是刑事诉讼措施所针对的对象,其类型化特征对刑事诉讼措施的设置及其适用会产生重要影响。

3. 事有缓急:基于诉讼情势的类型划分

在刑事实体法上描述案件轻重,罪刑类型与被追诉人类型就已足够,但刑事诉讼法尚有另一维度。这是因为刑事诉讼活动本就处于发展变化的动态过程中,诉讼情势的衡量可能成为采取何种刑事诉讼措施的考虑因素。所谓"诉讼情势",是指国家专门机关在诉讼过程中所面对的、导致某种强制性诉讼措施被适用的具体情境、状态或形势。

诉讼情势大致可以分为紧急和非紧急两种情况。世界各国一般认可:对于刑事诉讼中的紧急情况(exigent circumstances),应当准予司法机关或执法机关采取比普通或非紧急情况下强度更大的诉讼措施,尽管可能对被追诉人或者利害关系人造成较大的损害;相应的过程控制也较为宽松,以利于诉讼措施得到畅通的、便利的实施。尤其是在侦查阶段,涉及侦查行为或强制措施,往往会有关于"紧急情况例外"的规定,如紧急搜查、紧急逮捕等,赋予侦查机关较为迅捷的"紧急情况"处置权。这些紧急情况大致包括对警察的身体伤害、对证据的破坏、紧急追捕、对第三人的危害以及醉酒驾驶等。[②]

由于这些紧急情况中隐藏着对国家利益、社会利益、他人利益和诉讼利益的巨大侵害风险,一旦时机消失,损失就难以弥补,因此,比例原则要求在真实发现与人

[①] 余少祥. 法律语境中弱势群体概念构建分析[J]. 中国法学,2009(3):64.
[②] 罗纳尔多·V. 戴尔卡门. 美国刑事诉讼——法律和实践[M]. 张鸿巍,等,译. 武汉:武汉大学出版社,2006:243—257.

权保障这两种目标之间进行微调,在诉讼措施上作出与普通情况下不同的规定,以更有针对性地回应诉讼情势的发展与变化。在美国,一般的搜查需要获得法官的令状授权,但是,如果某种紧急情况的存在使得获取搜查证的要求变得不现实、无效用、危险或者没有必要,法律就许可采取无证搜查的方式。例如,1973年,联邦最高法院在一个判例中指出,如果证据在获得搜查证之前即将消失,那么,未经同意或者正式的逮捕而提取手指甲中的碎屑,这种做法并不违反联邦宪法第四修正案。[1] 另外,在人身安全和重大财产利益遭受紧迫危险的情形下,无证搜查也是法律许可的例外情况。例如,在密歇根州诉泰勒案中,消防队员进入商店灭火,然后发现了涉嫌通过纵火进行保险欺诈的犯罪证据,联邦最高法院认可了消防队员的行为,并且指出:"燃烧中的建筑物明显表明存在着紧急情况,足以使得无证入室行为具有合理性。"[2]

值得指出的是,对紧急情形的特别处置基本上只能适用于侦查阶段,不宜适用于起诉、审判阶段。其原因在于,在侦查阶段具有紧急处置的必要性,如紧急搜查可以避免证据的灭失,紧急逮捕可以避免犯罪嫌疑人的逃匿等,而到了起诉、审判阶段,主要的证据往往已收集完毕,犯罪嫌疑人也已经归案,需要的更多是理性而冷静的程序运作。如果授予司法机关采取强度更高的诉讼措施,就会对被追诉人造成不相称的损害。就此而论,我国在20世纪八九十年代所采取的缩短起诉、审判时间的严打措施,并不能归属于这里所说的"诉讼情势紧急"类型。

在紧急情形下,侦查机关的权力得到强化,所采取的诉讼措施具有较常规状态更加严厉的特点,更有可能侵犯公民的权利,而且其中必然隐藏着滥用权力的风险。基于比例分析的思路,应当采取更加严格的控制方式。虽然在授权程序上显得较为宽松,以利于诉讼措施得到畅通、便利的实施,但同时应当加强事中以及事后的控制与救济,以求得比例性的平衡。

三、诉讼措施的类型化和强弱区分

(一)诉讼措施强度的两面性

刑事诉讼措施类型化的目的在于从类的角度来判断和评估诉讼措施的强度。

---

[1] Mich. v. Tyler,436 U. S. 499(1978).
[2] 刘静坤.论美国的警察紧急权理论[J].中国刑事法杂志,2008(2):119.

诉讼措施的强度是指特定诉讼措施作用于一定的人或事时所产生的效果和力度。比例原则要求，对于不同的案件情形采取不同强度的诉讼措施，其前提在于诉讼措施的强度能够得到恰如其分的评估。

以往文献对刑事诉讼措施的分析往往局限于它实现某种诉讼价值的功效，基本上属于单面的分析。比例原则要求对刑事诉讼措施的强度有更深入的认知。经验表明，强度较大的诉讼措施有助于实现追诉目的，但也导致了较大的侵害性，反之亦然。因此，诉讼措施强度具有两面性，它可以用两个指标来加以说明：一是有效性或称"效度"，即某项程序对特定诉讼目的的实现程度；二是侵害性或称"害度"，即该项程序对公民权利或合理利益所造成的实际损害。由此带来了两种性质有异的分析视角——有效性分析和侵害性分析。它们与比例原则的基本分析方法相关联，分别是适合性分析和必要性分析的组成部分。

这两重分析不仅有助于我们全面认识刑事诉讼措施的功能和实效，而且能够帮助我们对诉讼措施的设置及其适用进行调整。例如，如果某项诉讼措施虽然侵害性较小，但面对特定的案件情况难以达到诉讼目的，该诉讼措施在强度上处于不足的状态，为了实现诉讼目的，就需要增加其强度，即可以采用更加有效（也可能侵害性更大）的诉讼措施。如果两项诉讼措施可以同等地达到诉讼目的，但其中一项造成的侵害性更大，该项诉讼措施在强度上就为过强，不应采用。

如果说有效性和侵害性构成了对诉讼措施强度的评估内容，那么，类型化分析就成为不可缺失的评估方法论。这是因为，无论是有效性分析还是侵害性分析，都不能仅从对诉讼措施的抽象概念分析中得到精确的阐明。刑事诉讼措施发生于特定的时空，围绕特定的事件或人展开，它所呈现的有效性和侵害性往往是具体的，甚至可能是因人而异、因事而异的，以至于同样的诉讼措施适用于不同的情境、事件、人会产生不同的强度。于是，诉讼情境以及相关的生活事实对评估特定诉讼措施的有效性和侵害性至关重要。当然，过于个别化无法满足立法构造的要求，还需要从类的角度来对诉讼措施的强度进行判断。可以依据诉讼措施的性质和它所发生的情境事实来进行归类。

(二) 诉讼措施类型及其强弱分析

1. 时间

时间要素包括特定诉讼措施的发生时间、持续期间或顺序逆序等。刑事诉讼发生于一定的时间范围内，这种时间属性会对被追诉人的生活、权利产生实质性影响，进而影响诉讼措施的强弱之分。

(1)发生时间。同样的搜查方式,是在白天进行还是在夜间进行,强度是不一样的,因此法治国家和地区的刑事诉讼立法对日间搜查和夜间搜查作了区分性规定。

(2)持续时间。较长时间的羁押,强度较大;较短时间的羁押,强度较小。如果对被追诉人采取了一定的诉讼措施,但是随着时间的推移,情况发生了变化,条件不再具备,就应当对这种诉讼措施进行变更或者撤销,否则属于强度过当。李震山曾提出"时间比例性"概念,指"目的达成后,或发现目的无法达成时,处分应即停止"[①]。

(3)时间的顺序逆序。正常情形下,刑事诉讼以顺序的方式向前发展,有时为了查明真相,也会存在"回流性"的程序机制(如补充侦查、发回重审等),但是,程序的回流导致时间的延长,对被告人产生较大的侵害性,这也可以归属于诉讼措施强度过大的情形,需要加以制约。

2. 空间

空间要素包括诉讼措施所发生的范围、地点或场合。诉讼措施总是发生在一定的空间内,这种空间属性会对诉讼措施所针对的被追诉人产生实质性影响,于是,诉讼措施也会产生强弱之分。

(1)空间范围。事实上,刑事强制措施强弱的依据正是被追诉人可以自由活动的空间范围,形成了取保候审(所居住的市、县)、监视居住(固定住处或指定居所)、羁押(看守所)的层级体系。

(2)发生地点。例如,在不同的地点搜查,对公民权益的侵害程度有所不同。现代社会中的法律对住宅给予了较多保护,从而形成一项特别的权利——公民住宅不受侵犯的权利,以此来对抗非法的或者不合理的搜查。这样,同样的搜查措施应用于住宅或其他场所,在强度的考虑上是不同的。

(3)空间布局。法庭的空间布局与不同的审理方式相关联,也可以视为特定的诉讼措施,因此也可以作强度上的区分。卞建林等认为,我国刑事法庭的空间布局表现为一种独特的"伞形结构"[②],试图对被告人施加强大的心理压力,相对于两大法系国家旨在彰显控辩平等意旨的法庭空间布局,这种法庭空间布局显然在被告人心理上造成了过度负担,是不足取的。可以作为比照的是近年来对未成年人特

---

① 李震山.行政法导论[M].台北:三民书局股份有限公司,1999:117.
② 卞建林,李箐箐.从我国刑事法庭设置看刑事审判构造的完善[J].法学研究,2004(3):82.

殊保护理念的提倡,一些地区的未成年人法庭开始推行"圆桌审判模式",通过法庭布局的改变来营造宽松、缓和的审判氛围,以缓解少年被告因庭审布局而引起的巨大心理压力,体现对罪错少年的人文关怀。

3. 实施方式

实施方式类型是根据刑事诉讼措施本身的性质所作的归类。每一种诉讼措施都会采取某种方式来实施,不同的实施方式会影响诉讼措施的强度。例如,强制措施可以划分为限制人身自由(如取保候审、监视居住)的强制措施和剥夺人身自由(如羁押)的强制措施,剥夺人身自由的强制措施又可分为暂时的强制到案或者人身控制和持续的拘禁状态。在监视居住过程中,对犯罪嫌疑人的监控可以是常规监控方式,也可以采用强度更大的电子监控或不定期检查,现在实务中还有侦查机关在执行指定居所监视居住时采取与犯罪嫌疑人同吃同住的直接监控,在强度上甚至超过了羁押,给犯罪嫌疑人带来了过度负担。又如,人身检查可以划分为非侵入性身体检查和侵入性身体检查,监听可以划分为固定于特定线路的有线通信监听和全方位的电子监听,后者的强度要大于前者。再如,起诉方式可以划分为自诉和公诉;不起诉处分方式可以划分为不附条件的不起诉和附条件的不起诉;审判程序的适用可以划分为和解性程序和对抗性程序、简易程序和普通程序等;审理方式可以划分为公开的开庭审理、不公开的开庭审理、调查讯问式审理、书面审理等方式。这些不同的方式类型在实现诉讼目的方面或者干预公民权利方面,其有效性和侵害性存在差异。

4. 被追诉人权益

这里的被追诉人权益是指诉讼措施所直接干预或侵害的法定权利或者正常的生活利益。同样的诉讼措施,针对的权益不同,会呈现强弱上的差异。一般原则是,所涉及的权益越重要,相应的诉讼措施强度越大,反之亦然。在不同的权益之间进行比较,理想状况是能够找到权益的位阶,只是权益的位阶往往十分抽象,加上立法政策在不同的时期有不同的侧重,其位序也会呈现很强的不确定性。[①] 但是,仍然可以总结出一些公认的原则:

(1)干预人格权利的诉讼措施在强度上一般大于干预纯粹财产权利的诉讼措施。例如,在言辞证据与实物证据之间,各国法律对取得言辞证据的过程给予更多约束,就是因为它更多地涉及公民的人格权利。

---

① 王利明.民法上的利益位阶及其考虑[J].法学家,2014(1):79.

（2）干预复合性权利的诉讼措施一般大于干预单一性权利的诉讼措施。例如，现代社会高度重视对住宅权利的保护，就是因为这一权利中包含了公民的隐私权、财产权、人格尊严等因素。

（3）干预权利核心的诉讼措施在强度上大于干预外围权利的诉讼措施。德国联邦宪法法院曾经将隐私权区分为三个层次：个人核心权利、核心权利之外的隐私领域和不会泄露公民隐私信息的领域。[①]

5. 公共利益

公益类型是指特定诉讼措施的采用所实现的公共利益。较重要和迫切的公共利益往往支持适用强度较大的诉讼措施。对公共利益的衡量可以从两个方面进行：

（1）公共利益的重要性程度。德国联邦宪法法院在"药房案"判决中将国家限制职业自由所追求的公益目的区分为"一般公益""重要公益"和"极端重要公益"，并对许可和限制职业自由的法定要件进行了层级化处理。[②] 这种源自职业自由领域的利益阶层划分可针对不同事务领域的利益特性加以类推适用。例如，在"私人谈话录音案"的判决中，德国联邦宪法法院判决，由于指控纳税欺诈罪所涉及的国家利益并不超过隐私领域内的个人利益，因此不足以引起采纳录音带的效果。但同时，法庭指出，该案如果所指控的罪行不是纳税欺诈而是暴力犯罪，结果则会相反。[③] 其原因在于，追诉暴力犯罪与追诉纳税欺诈相比，其所涉及的公共利益要大得多。

（2）公共利益的迫切性。如果立法者不授予采取某项程序措施的权力，或者给予过于严格的限制，执法或司法人员因而无法迅速作出反应以对相关的公共利益进行及时的保护，诉讼措施在有效性上就存在不足。

6. 关联对象

刑事诉讼措施的矛头虽然指向被追诉人，但在实施时有可能波及被追诉人以外的第三人。与被追诉人不同，第三人并非国家刑罚权行使的对象，对国家追诉不应承担必然的忍受义务。刑事诉讼措施波及第三人，固然可能增强其追诉能力，但其侵害范围也有所扩大，所以，波及第三人的诉讼措施在强度上大于未波及第三人

---

① Cho Kuk. "Procedural weakness" of German criminal justice and its unique exclusionary rules based on the right of personality[J]. Temple International and Comparative Law Journal, 2001, 15(1): 29.

② 许宗力. 基本权的保障与限制：下[M]//月旦法学教室（14）. 台北：元照出版有限公司, 2003: 58.

③ Cho Kuk. "Procedural weakness" of German criminal justice and its unique exclusionary rules based on the right of personality[J]. Temple International and Comparative Law Journal, 2001, 15(1): 30.

的诉讼措施。这种波及有两种类型：

（1）直接关联。将诉讼措施直接施加于第三人及其财产，如对第三人进行人身检查或者对其住所进行搜查等。

（2）间接关联。诉讼措施虽未直接施加于第三人，但是由于第三人与被追诉人之间的特殊关系或现实状态，使得该诉讼措施的适用对第三人产生了强烈的不利后果，如办案机关欲对符合条件的被追诉人采取羁押措施，却发现他是生活不能自理的人的唯一扶养人，因而采取程度较轻的监视居住措施更为妥当。

四、过程控制的类型化和宽严区分

（一）过程控制类型化的必要性

在对案件情形的轻重缓急、诉讼措施强度加以区分后，我们可以在两者之间建立比例关系，但问题是：我们能否以案件严重、情势紧急为由，片面追求诉讼措施的有效性而容忍它对公民权利及其合理利益的诸多侵害？回答当然是否定的。立法者在此需要设置更多约束条件。案件严重、情势紧急固然是设置或实施高强度诉讼措施的实体条件，但是，程序上的控制仍然不能缺失，即对高强度的诉讼措施应加以更加严格的控制，以避免其被滥用，对公民权益造成过度损害。

法定程序的意义在于对刑事诉讼权的行使进行制约，但在控制的广度、深度和力度方面存在差别，由此可以形成不同的过程控制类型。过程控制类型化旨在从严格或宽松的角度对刑事程序进行归类，进而确立对不同强度诉讼措施加以控制的比例关系。现代刑事诉讼强调对权力的过程控制，但这种控制绝不是千篇一律的。比例构造要求立法者根据案件情形的轻重缓急、被追诉人的人身危险性以及诉讼措施强度等因素来具体考虑设置何种力度的程序机制，一方面使这种诉讼措施的追诉能力得到充分发挥，另一方面最大限度地降低它所固有的侵害性并防止其被滥用。

各种诉讼措施是刑事诉讼权的载体和实体化，程序对刑事诉讼权的规范功能正是通过对诉讼措施的程序性控制来实现的。这种程序性控制不是以"全或无"的方式发生作用，这里存在着一个量变的调整过程，即通过宽严力度不同的过程控制机制来调节不同强度的诉讼措施，程序的比例性于此得到彰显，刑事程序也获得了一种更为精细化的构造。

(二)过程控制类型化的基准

1. 审批主体

在刑事诉讼中,相当多的诉讼措施需要通过审批环节来获得授权。不同的审批主体往往代表了不同的过程控制力度。我们可以根据审批主体的不同来划分外部控制类型与内部控制类型。外部控制类型将决定主体与执行主体完全分离,由中立的第三方来对诉讼措施的合法性和合理性进行审查。在西方法治国家,基于侦查强制处分行为的侵害性,一般由法官进行司法审查,以保证过程控制的严格性。内部控制类型也可以分为若干模式。纯粹的自我授权模式使得决定主体与执行主体合二为一,属于最为宽松的过程控制类型。内部行政审批模式在机构内部将决定权赋予行政级别较高的负责人,如我国的搜查、扣押等诸多侦查行为的审批采取这一模式。由于同一机构在利益上的一致性,因此这种过程控制模式并不具有很大的控制力度。由上级机关审批的模式也可归于内部行政审批模式,其审查力度要更大一些。例如,我国最高人民检察院于2009年发布规定,要求省级以下人民检察院立案侦查的案件由上一级人民检察院审查决定逮捕。但是,由于上下级检察机关之间的领导与被领导关系使它们之间的利益趋同,因此其控制力度要小于外部控制类型。

2. 授权令状

令状本是侦查机关在刑事诉讼中实施强制性处分的授权性文书,令状的有无以及载明何种事项体现了对诉讼措施的控制力度。

(1)有令状与无令状之分。在西方国家,司法令状是侦查机关行使强制处分权的一种事先制衡机制,未经有效令状授权的搜查、扣押等强制处分行为在程序上是无效的,因此,作为一种过程控制机制的司法令状,能够实现对侦查权行使的有力约束。司法令状虽然有助于杜绝草率、随意的办案方式,但是不利于捕捉稍纵即逝的机会,在紧急情形下,如果一味地要求侦查人员取得司法令状,就可能在追诉犯罪过程中贻误时机。在此情形下,有必要放宽侦查行为实施的过程控制而采用事后的审查机制作为弥补。

(2)令状载明事项。令状中载明的是侦查行为所适用的对象及范围,为办案人员的具体实施行为划定了界限,一旦超越令状所确立的范围,该行为就为非法。现代刑事诉讼反对没有载明事项的"一般令状"或"空白令状",因为此类令状在过程控制力上过于宽松,可能使令状制度本身失去意义。令状载明事项的范围与特定性程度代表了不同的过程控制力度。

3. 适用条件

诉讼措施的实施总是要基于一定的实体条件的,若无适用条件的限制,诉讼措施的实施就极易沦为一种恣意行为。适用条件于是成为过程控制的重要方式,通过调整适用条件可以改变过程控制的力度。例如,1996年《刑事诉讼法》对监视居住规定了与取保候审相同的适用条件,2012年《刑事诉讼法》则通过提升监视居住的适用条件而把监视居住从非羁押性强制措施转变为减少羁押的替代性措施,从而强化了对这种特定强制措施的过程控制。可见,适用条件的增减和升降往往是立法者调整过程控制力度的一种方式。值得注意的是,适用条件还可以分为概括条件和具体条件两种类型。概括条件因其条件的不明确而使执行者获得了较大的裁量空间,具体条件则因其条件的明确而压缩了执行者的裁量空间,后者的控制力度更大。

4. 裁决程序

针对某种诉讼措施采取不同的裁决程序会导致控制力度上的变化。诉讼性程序的过程控制力度一般要大于行政性程序,这是因为,诉讼性程序在结构上表现为控辩审的三方组合,由此产生了控辩平等、裁判中立、直接言辞等程序要求,具有较强的公开性、透明性和参与性;而行政性程序只是决定者与被决定者的两方组合,缺乏控辩双方的对抗,大多采用书面审方式,具有封闭性和秘密性等特征,当事人对案件缺少参与,诉讼权利也难以得到保证。但即便是在刑事诉讼过程中,并不是所有事项的裁决都会采用诉讼性程序,基于诉讼效率和减少当事人讼累的考虑,也会根据诉讼的目的或性质而采取不同控制力度的程序。例如,在审判程序中,具体的审理方式可以分为公开的法庭审理、不公开的法庭审理、调查讯问式审理和书面审理等,它们对诉讼标的的审查密度及对当事人权利的保护重心是存在差异的。

5. 过程控制

这是从诉讼过程发展的角度来设置和安排过程控制,可以分为事先控制、事中控制和事后控制。事先控制是在诉讼措施尚未作出前进行审查,以考虑其是否符合法定条件及其合理性、可行性等问题。例如,对犯罪嫌疑人实施羁押,原则上需要司法机关事先批准。事中控制是指在诉讼措施实施过程中采取一定的监督或制约措施,以防范公民权利遭受不当侵犯。例如,在讯问过程中允许律师在场,或者在搜查过程中有见证人在场。事后控制则是在诉讼措施实施完毕后对其采取一定的审查措施。例如,在紧急逮捕后,要求办案人员迅速将犯罪嫌疑人带往司法机关,对逮捕的事实和法律依据进行审核,以防止错捕的情况发生。事先控制、事中控制、事后控制是依流程而产生的三种不同的控制方式,各具特点,相互之间可以取长补短。例如,对紧急逮捕,不可能采取事先控制的方式,但为了防止紧急逮捕权对公民权利产生过度侵害,采取事后控制的方式几乎是一种必然的选择。过程控制还可以采取其他的划分类型,如定期审查和不定期审查、一次性审查和持续性审查,一般而言,后者的控制力度比前者大。

6. 救济方式

无救济则无权利。通过赋予权利受到损害的相对方一定的救济途径,可以对职权性诉讼措施进行程序上的控制。但救济方式存在不同的类型,其过程控制的力度也有严格与宽松之别。在程序启动上,可以区分依申请启动的救济和依职权启动的救济,前者可以容纳当事人更多的权利诉求,后者则更多地体现专门机关的意愿,因此,就职权性诉讼措施而言,依申请启动的救济可以产生更强的约束力。根据裁决的主体,救济程序可以划分为诉诸中立第三方的诉讼型救济程序、由采取诉讼措施的上级机关主导的复核型救济程序以及由采取诉讼措施的相同机关进行的复议型救济程序。基于利益相关性的考虑,可以判断三种救济程序的控制力度是由强到弱依次递减的。

7. 制裁方式

这里的制裁是指程序性制裁,即要求违反法定程序的办案机关或人员承担的法律上的不利后果,这是对职权性诉讼措施的重要控制方式之一。如何对程序违法行为进行制裁,体现了过程控制的力度。例如,相比1979年《刑事诉讼法》第138条,1996年《刑事诉讼法》第191条将第一审人民法院违反法定诉讼程序的行为予以具体化,增大了对此类行为的控制力度;2012年《刑事诉讼法》增加了关于非法证据排除规则的具体规定,旨在强化对非法取证行为的控制力度。但是,程序性制裁存在宽严之分。在程序性制裁方式中存在着诉讼行为绝对无效与诉讼行为相对无效之分,前者的控制力度显然要大于后者。而制裁决定的作出方式又有严格规则式制裁与自由裁量式制裁之分。2012年《刑事诉讼法》对非法取得的被告人供述、证人证言、被害人陈述采取了严格排除方式,而对非法取得的物证、书证采取了裁量排除方式,这在过程控制的力度上是有差异的。

第四章

刑事强制措施的比例设置

在运行方式上,刑事强制措施与行政措施最相似,适用过程中需要调节国家权力与公民自由权之间的尖锐冲突,以比例原则来约束强制措施颇为适宜。然而,如果只有对实施过程的原则性指导而没有立法上的基础构造,则比例原则的功能恐难以真正发挥。本章对我国刑事强制措施体系进行比例性诊断,并提出纠偏路径,进而提出刑事强制措施双序列比例结构的构建方案。

第一节 刑事强制措施体系的改良

一、制度上的体系化和适用中的比例失衡

我国刑事诉讼中的强制措施,是指公安机关、人民检察院和人民法院为了保证刑事诉讼的顺利进行,依法对被追诉人的人身自由进行限制或者剥夺的各种强制性方法。[1] 其范围仅限于对人身自由权的强制,在司法实践和科技发展的新需求面前显得过于狭窄,学界普遍主张,应当将针对物、公民隐私以及个人信息的侦查手段正式纳入刑事强制措施体系。[2] 笔者赞同这一体系扩张。当然,无论是对人的强

---

[1] 陈光中.刑事诉讼法[M].7版.北京:北京大学出版社,高等教育出版社,2021:233.
[2] 郭烁.刑事强制措施制度的体系化修改及现代化进路[J].南京师大学报(社会科学版),2024(2):111.

制还是对财产权、隐私权或个人信息权的强制，在比例构造原理方面都是相通的。因此，本章只涉及关于人身自由权的强制措施，以求讨论的集中性。

从立法意图来看，制度上的体系化是我国刑事强制措施设置的基本追求。1957年，最高人民法院起草的《刑事诉讼法（初稿）》确立了拘传、逮捕、交保、监视居住、羁押五类强制措施，已显示出鲜明的梯度层次。1979年《刑事诉讼法》规定了拘传、监视居住、取保候审、拘留和逮捕五种刑事强制措施，沿用至今。这一体系依强制力度由弱到强的顺序排列，体现了对公民人身自由的逐步限制，为司法机关提供了灵活适用的空间。

从类型设置和体系结构来看，我国刑事强制措施体系大致符合比例构造的要求。粗略来看，这些强制措施可分为羁押性措施和非羁押性措施两类。那么，哪一类该被更多地适用呢？这不是一个单纯的事实性问题，需要基于一定的价值判断或政策选择才能得出答案。若在重刑主义政策下，自然就是能押即押，相反，非羁押措施的适用需要特别批准。随着法治文明的演进，重刑主义政策被逐步摒弃，非羁押措施的优先适用成为一种共识。《公民权利与政治权利国际公约》第9条规定："等待审判的人被置于羁押状态不应当是一般原则。"《非拘禁措施最低限度标准规则》第6.1条规定："在适当考虑对指控犯罪的调查以及对社会和被害人的保护的同时，审前羁押应当作为刑事程序中的最后手段加以使用。"这里所说的"不应当是一般原则""最后手段"表明，在所有案件中，羁押性措施适用的比例应当小于非羁押性措施适用的比例。1994年第十五届国际刑法学协会上通过的《关于刑事诉讼中的人权问题的决定》第3条说得更加明确，它规定："在预审阶段，无罪推定要求在与一切强制措施有关的活动中适用比例性原则。根据这一原则，必须使政府干预刑事被告基本权利的严重程度与限制的代替性措施的目的存在合理关系。这一点应推动立法者把规定审前羁押的代替性措施置于首位，审前羁押在任何情况下都应视为例外情况。"这一文明发展趋势契合了比例构造原理的推论之一——轻缓型诉讼措施优先规则，即在可以同等实现追诉目的的情况下，应当优先适用轻缓型刑事诉讼措施，也就是说，对轻缓或严厉程度不同的诉讼措施，只要不存在明确违反法律规定的情形，就应当首先适用更为轻缓的措施。这实际上正是"最小侵害"原则的另一种表达。在强制措施的语境中，这一规则又可被称为羁押例外规则，即非羁押性措施应当是被普遍适用的强制措施种类，而羁押性措施是在万不得已的情况下才能采取的例外措施。

在这一点上，比例构造的运行效果是可以用数据来计量的。未决羁押率可以成为评估羁押性和非羁押性强制措施适用比例的实证指标。如果认为非羁押性措施应当优先适用,对被追诉人的未决羁押率就至少应当低于总体的50%。我国强制措施适用的整体效果是否契合非羁押性措施优先原则的旨趣?这是学界普遍关注的问题。目前官方尚未公布总体未决羁押人数数据,学者只能借助已有数据来间接测算。计算准确的未决羁押率并不容易,一方面是因为基础数据不充分,另一方面是因为实践具有动态性,存在很多不确定因素导致认识上的难以周全。为了评估我国强制措施适用的整体效果,笔者使用年度"捕诉比"和"每10万人批捕人数"这两个指标来推算2004—2023年我国总体的未决羁押人数变化趋势(见表4—1)。

表4—1 　　　　2004—2023年我国捕诉比和批捕人数的变化趋势

年份	批准逮捕人数(人)	提起公诉人数(人)	年末总人口(万人)	捕诉比	批捕人数(十万人)	提起公诉人数(十万人)
2004	811 102	867 186	129 988	93.53%	62.40	66.71
2005	860 372	950 804	130 756	90.49%	65.80	72.72
2006	891 620	999 086	131 448	89.24%	67.83	76.01
2007	920 766	1 082 487	132 129	85.06%	69.69	81.93
2008	952 583	1 143 897	132 802	83.28%	71.73	86.14
2009	941 091	1 134 380	133 450	82.96%	70.52	85.00
2010	916 209	1 148 409	134 091	79.78%	68.33	85.64
2011	908 756	1 201 032	134 916	75.66%	67.36	89.02
2012	969 905	1 390 771	135 922	69.74%	71.36	102.32
2013	879 817	1 324 404	136 726	66.43%	64.35	96.87
2014	879 615	1 391 225	137 646	63.23%	63.90	101.07
2015	873 148	1 390 933	138 326	62.77%	63.12	100.55
2016	828 618	1 402 463	139 232	59.08%	59.51	100.73
2017	1 069 802	1 663 975	140 011	64.29%	76.41	118.85
2018	1 056 616	1 692 846	140 541	62.42%	75.18	120.45
2019	1 088 490	1 818 808	141 008	59.85%	77.19	128.99
2020	770 561	1 572 971	141 212	48.99%	54.57	111.39
2021	868 445	1 748 962	141 260	49.65%	61.48	123.81

续表

年份	批准逮捕人数（人）	提起公诉人数（人）	年末总人口（万人）	捕诉比	批捕人数（十万人）	提起公诉人数（十万人）
2022	498 888	1 439 413	141 175	34.66%	35.34	101.96
2023	726 000	1 688 000	140 967	43.01%	51.50	119.74

数据来源:批准逮捕人数和提起公诉人数来源于2004—2023年《最高人民检察院工作报告》的数据或推算。年末总人口来源于"国家数据"官网。[①]

如果将捕诉比作为逮捕率的粗略估算指标,那么,我们可以看到在2020年前,这一指标一直在50%以上运行,换言之,办案机关在适用强制措施时优先考虑的不是非羁押性措施,而是羁押性措施(如图4—1所示)。20年间,我国检察机关提起公诉的人数逐年稳定增长,这表明我国的犯罪率持续走高,这既可能起因于犯罪形势的变化,也可能与刑法中罪名的增加有关(如图4—2所示)。例如,2015年我国《刑法修正案(九)》增加了20个新罪名,其后的2016年、2017年提起公诉人数相应大幅增加。尽管如此,捕诉比却一直呈下降趋势。在图4—1的曲线中,我们可以体会两股力量的博弈,2016—2017年,受提起公诉人数增加的牵引,捕诉比又有抬头的趋势,但仅在一年后的2018年又重拾下行趋势,从中我们可以感受到司法机关为控制逮捕率所做的努力。2021年,捕诉比出现明显的下行趋势,这主要是因为,当年最高人民检察院出台了"少捕、慎诉、慎押"刑事司法政策,这表明专项性的刑事司法政策会对办案行为产生直接影响。2020年和2021年,捕诉比在50%徘徊后,于2022年降至50%以下,这表明,办案部门对逮捕率的控制正显现越来越好的效果。这是一种值得肯定的发展。姑且将捕诉比作为未决羁押人数的准确测量指标,我们大致可以得出结论,即相对于羁押性措施,非羁押性措施已经得到了优先使用。只是与西方法治国家相比,这样的羁押率仍然偏高。据介绍,英国、美国、日本的羁押率大致为20%,大陆法系国家的羁押率稍高一些,大约为40%。[②]

但是,一个影响估算精度的关键问题是,以捕诉比推算逮捕率存在很大的误差,其原因有二:一是捕诉比受到分母基数变化的影响。即便是逮捕人数不变,作为分母基数的公诉人数增长也会导致捕诉比下降的结果。易言之,捕诉比下降未

[①] 国家统计局.总人口[EB/OL].年度数据.[2024—08—05]. https://data.stats.gov.cn/easyquery.htm? cn=C01&zb=A0301.

[②] 张步文.刑事强制措施改革的立法构想//[M].徐静村.21世纪中国刑事程序改革研究——中华人民共和国刑事诉讼法第二修正案(学者建议稿).北京:法律出版社,2003:255.

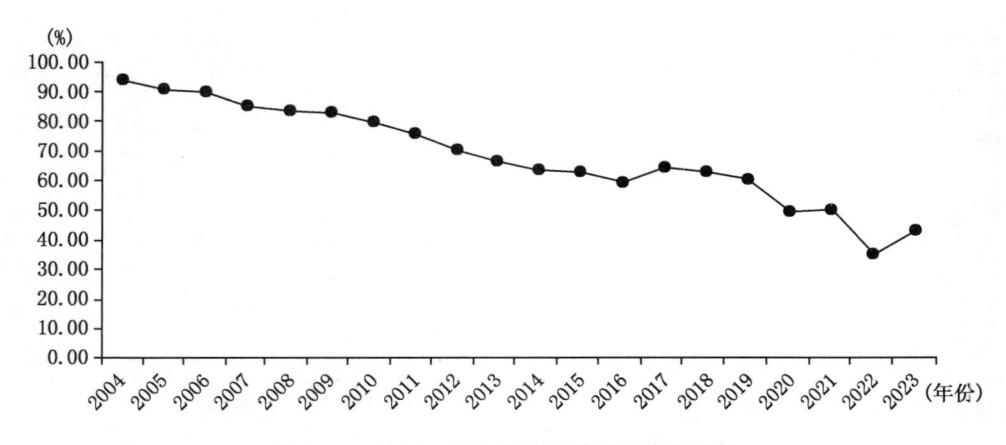

图 4—1　2004—2023 年我国捕诉比变化趋势

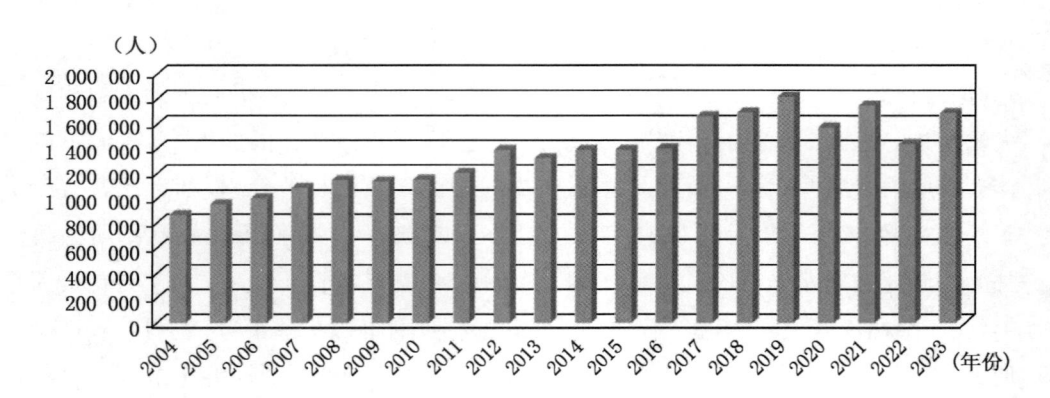

图 4—2　2004—2023 年我国提起公诉人数变化趋势

必说明逮捕治理水平提高。因此,将捕诉比作为逮捕治理水平的唯一甚至主要评价标准是站不住脚的,不能将因起诉人数增长导致的捕诉率下降视为逮捕治理水平提高的"政绩"。[1]　二是基数不同带来了比较上的不确定性。有学者认为,我国奉行行政违法和刑事违法二元分立的罪刑结构,大量的治安案件没有也不能适用刑事强制措施。西方国家的刑事案件范围比我国宽得多,我国的治安案件在西方国家也被纳入刑法规制。如果我们把庞大的治安案件数据也计入逮捕率的分母基数,羁押类强制措施的适用比例就并不一定高于西方国家,实际上我国并不存在羁押类强制措施使用率过高的问题。由于刑事案件标准的不同,因此我国和西方国

---

[1]　郭烁.羁押人口率:落实少捕慎押的另一个面向[J].中外法学,2024,36(3):565.

家在这个问题上不具有可比性。[①] 上述两种观点的结论是否妥当姑且不论,但确实指出了捕诉比估算方法存在的问题。

鉴于国际上往往以"每10万人口中的未决羁押人数"作为指标,考虑到数据的可得性,我们不妨将其改为"每10万人口中批准逮捕人数"来进行测算。根据《世界监狱简报》(The World Prison Brief)主任罗伊·沃姆斯利(Roy Walmsley)的研究,截至2020年2月底,在全球217个国家和地区中,52%的国家和地区每10万人口中的未决羁押人数在40人以下,世界中位数比率为每10万人口中38人。[②] 这一比率可以作为分析我国未决羁押人数的参照。

从图4-3可以看出,2004—2023年我国每10万人口中提起公诉人数呈稳定增长趋势,其中2012年具有分水岭意义,此后数据一直稳定在100以上,至2017年再上120的台阶,其后几年围绕120上下波动,2020年和2022年有下行的势头,这可能与"少捕、慎诉、慎押"刑事司法政策的出台有关。相比之下,2004—2023年我国每10万人口中提起逮捕人数稳中有降,2004—2019年基本上在60~80的区间内波动。这表明,从绝对数值来看,办案部门控制逮捕适用的效果并不明显;但相对而言,在提起公诉人数稳步增加的情况下,逮捕人数仍然保持稳定,也算是一种成功,只是推动逮捕率实质降低的压力仍然很大。自2020年后,数据下降至40~60的区间,这与"少捕、慎诉、慎押"刑事司法政策的推动有关,也表明办案部门控制逮捕的适用正在取得明显效果。

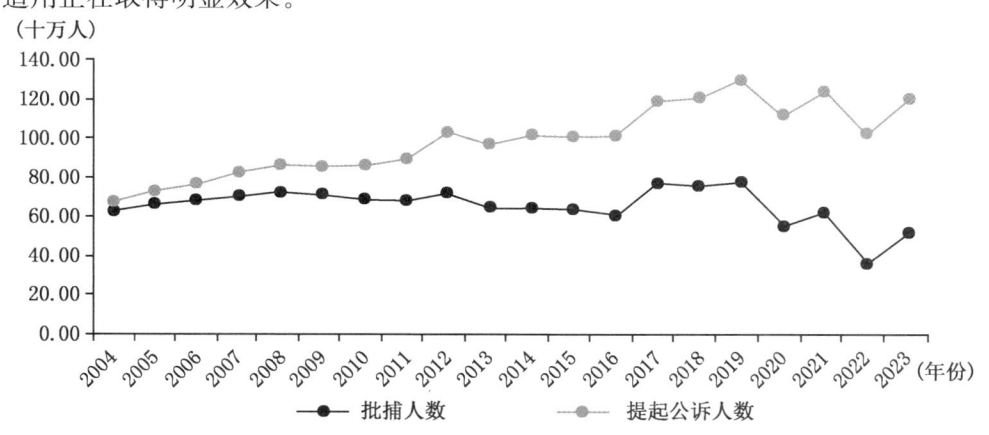

图4-3 2004—2023年我国每10万人口中提起公诉人数和批捕人数变化趋势

[①] 张彬. 破解"羁押率"之惑[J]. 人民公安,2007(18):17-18.
[②] Roy Walmsley. World Pre-trial/Remand Imprisonment List[EB/OL]. 4th ed. (2020-02-04)[2023-11-28]. https://www.prisonstudies.org/resources/world-pre-trialremand-imprisonment-list-4th-edition.

如果以 2020 年后的数据来看,我国数据与世界中位数(38 人)已相差无几,据此似乎可以得出较为乐观的结论,但又出现了一个事关测量精确度的问题,即以"每 10 万人口中批准逮捕人数"来估算"每 10 万人口中的未决羁押人数"存在较大误差。其原因是,在我国制度的语境下,"批准逮捕"与"未决羁押"不能简单地画等号,从而使这一估算过程存在不确定因素。

其一,我国的羁押性措施除了逮捕外还有拘留,目前年度被拘留人数无法确定。虽然有学者作了一些研究[①],甚至用了大数据的一些方法[②],但仍然是一种不准确的估算。况且,在司法实践中,拘留往往先于逮捕,拘留人数往往包含逮捕人数。因此,在获得准确的拘留人数前,未决羁押人数恐难有准确的估测。

其二,前述估算以年度为单位,但看守所完全有可能羁押上年度的被逮捕人员,因此羁押人数并不等于批准逮捕人数,而这又与拘留或者逮捕的期限有关。在我国,无论是逮捕还是拘留,都会附加较长的羁押状态,其期限往往是不确定的。用批准逮捕的行为来推算之后的羁押状态存在很大的不确定性。

其三,与国外数据的比较存在误差。国外的"每 10 万人口中的未决羁押人数"来源于羁押场所,其实际在押人员的数据是比较准确的。但是前述批捕人数来源于作出批捕决定的检察机关,而非羁押场所,所以两者之间难以进行精确的比较。

尽管如此,通过上述分析,我们仍然可以大致把握我国刑事强制适用的基本现状,虽然办案部门在刑事政策的推动下,正努力地降低审前未决羁押人数的比例,但总体上强制措施的适用仍然处于比例失衡状态。这需要回到制度本身来寻找可能的"病因"。

二、我国刑事强制措施体系的比例性诊断

强制措施适用比例失衡的原因是多方面的,既有观念上的原因,也有传统的因素,但制度的内在缺陷甚至结构性矛盾是其根本原因。以下尝试以比例分析基本方法作为"扫描病灶的 CT"来找寻这些缺陷和矛盾。

(一)基于适合性原则的诊断分析

适合性原则要求刑事强制措施的设置及其适用应当适合于实现其所追求的诉

---

① 孙长永,武小琳. 新《刑事诉讼法》实施前后刑事拘留使用的基本情况、变化及完善——基于东、中、西部三个基层法院判决样本的实证研究[J]. 甘肃社会科学,2015(1):166.
② 王禄生. 论刑事诉讼的象征性立法及其后果——基于 303 万判决书大数据的自然语义挖掘[J]. 清华法学,2018,12(6):124.

讼目的,具体可以从目的妥当性和手段合目的性的角度来分析。

1. 目的妥当性

从目的妥当性的角度来看,我国刑事强制措施在适用中存在"目的异化"现象,反映立法中目的约束的不足和疲软。

这里的"目的异化",是指刑事强制措施的运行偏离了原初意图或者依其本性所应当具备的预期效果。准确定位刑事强制措施的目的是适合性原则的首要问题。强制措施的目的何在?这是立法者设置强制措施制度、执法者适用强制措施时都应反思的问题。强制措施制度的不当设置或者适用往往与对这一初始问题的模糊认识有关。

作为一项重要的刑事诉讼制度,强制措施的基本目的或预期功能在于保证刑事诉讼的顺利进行,具体表现为:防止被追诉人逃避侦查、起诉和审判,实施妨害查明案情的活动;同时,兼具一定的预防性功能,即防止上述对象继续犯罪,危害社会或发生其他意外事件。以程序保障为目的的强制处分措施应当限定于程序性保障的范围内,超出程序性保障的范围则会导致强制措施的异化适用,不具有目的上的恰当性。

遗憾的是,目的异化在我国关于刑事强制措施的理论与实践中明显存在,具体表现如下:

(1)在理念上,任意将刑事强制措施的目的作泛化理解,主要是附加诸如震慑犯罪分子、预防犯罪、维护社会秩序、鼓励群众等其他目的,而这些所谓的"目的"充其量只能是强制措施适用的附带效果,如果将其作为强制措施的目的,就可能导致强制措施适用上的随意性。

(2)在侦查实务中,将羁押性措施作为方便获取口供的手段。由于口供具有取证成本低和直接指证犯罪的优势,因此不少侦查人员将其视为破案的最佳途径,不愿在其他证据方面下功夫。而取得口供最有效的办法就是对犯罪嫌疑人实行羁押,通过不断地审讯来获取口供,于是,羁押性强制措施就顺理成章地成为侦查人员的优先选择。

(3)在审判实务中,将强制措施作惩罚性的适用,主要表现为逮捕拘留以后的未决羁押成为刑罚的预支,被追诉人到判决被关了多长时间,法院的量刑就不会少于这个时间,而不管实际应当如何判决。有学者将其称为"先支出,后报销"制度,如此,"强制措施的预防功能、程序保障功能丧失殆尽,成为赤裸裸的刑罚的预演"[①]。这是将本不具有惩罚性的强制措施用作惩罚的目的。值得指出的是,2019年,全国检察系统推行"捕诉一体"办案机制改革,要求对同一刑事案件的审查逮捕、审查起诉、出庭支持公诉和立案监督、侦查监督、审判监督等工作,原则上由同一检察官或者检察官办案组负责,从而将审查逮捕与审查起诉捆绑在一起,这虽然使公诉更有效率和统一性,但容易使强制措施的程序保障目的受到办案需要的影响而偏离本来的性质,导致目的异化的发生。

2. 手段合目的性

从手段合目的性角度来看,部分刑事强制措施在适用中功能不足,不能有效地达到其应有目的。

刑事强制措施的基本目的虽然是保障刑事诉讼的顺利进行,但不同的强制措施具有符合自身特点的侧重点,如采取拘传的最主要的目的是保证被追诉人在传讯、审判时及时到案;采取取保候审、监视居住的目的除了保证被追诉人在传讯、审判时及时到案外,也是为了防止犯罪嫌疑人在侦查阶段干扰证人作证或者串供等,妨害诉讼活动的正常进行;拘留的目的是在紧急情况下防止现行犯或者重大嫌疑人逃逸或继续犯罪,造成新的危害,以便及时取得罪证、查明案情,保证侦查工作顺利进行;逮捕的目的则是防止可能判处徒刑以上刑罚、社会危险性较大的被追诉人继续犯罪,逃避或者阻碍侦查、审判。五种刑事强制措施围绕保障程序顺利进行的基本目的各有侧重,在强度上也有区别,因而具备了合目的性的特点。

但是,我国部分刑事强制措施在适用中功能不足,不能有效地达到其应有目的。例如,拘留程序的设计存在不具有合目的性的问题,导致实践中难以达到其预期功能。这主要表现在拘留措施的紧急性、即时性与出示拘留证之间的矛盾。《刑事诉讼法》第82条规定了对哪些情形可以适用拘留,从这些情形中基本可以看出,拘留主要是在紧急情况下作出的,即时性和快速反应性是拘留区别于其他羁押性措施的一个重要特点。既然要作出快速反应,在许多情况下就很难充分做好手续上的准备工作,正因为如此,英国和美国等国家的强制措施制度中设置了无证逮捕这种形式,有助于办案人员在情况紧急时对犯罪嫌疑人采取即时有效的控制和抓捕。《刑事诉讼法》第85条规定,拘留人时必须出示拘留证,办拘留手续显然是一

[①] 陈瑞华.超期羁押的法律分析[C]//陈兴良.法治的界面:北京大学法学院刑事法论坛暨德恒刑事法论坛.北京:法律出版社,2003:284.

个前置程序,这就与拘留的适用条件之间产生了明显的矛盾——既要及时拘留犯罪嫌疑人,又不能无证拘留,这是不切合实际的。如果作深入分析,出现这种现象的根本原因在于我国刑事诉讼法中对强制犯罪嫌疑人到案的行为与到案后的羁押状态不作区分,导致实践中两者的混用,以及对羁押措施的滥用。

(二)基于必要性原则的诊断分析

必要性原则要求,国家机关如果为了实现某一法定目的,不得不对公民权利加以限制,就必须选择对公民权利损害最小的措施或手段。不同的刑事强制措施往往具有不同的强度,这一强度一般可以用其对公民权利或合理利益的侵害程度来加以衡量。因此,必要性原则的适用要求我们对强制措施可能造成的"侵害"有清晰的认识,并且在此基础上进行"最小侵害"的控制。我国刑事诉讼法中设置了五种由轻到重的强制措施,便于实务中作最小侵害的考虑,即当办案机关为了达到保障诉讼顺利进行的目的而不得不采取强制措施时,应尽可能选择程度较轻的一种,这是"最小侵害"原则的初步体现,是值得肯定的。但是,从我国现行刑事强制措施的制度与实践来看,"最小侵害"原则并没有得到充分的肯定和清晰的展示。我国刑事强制措施体系在对"最小侵害"的控制方面还存在不尽如人意之处。

1. 没有明确确立非羁押性措施优先适用原则

依比例构造原理,对同一性质的诉讼措施可以做分层式设置,其隐含着一种关于次序先后的价值判断,即应当鼓励办案部门优先适用轻缓型诉讼措施;只有在轻缓型诉讼措施无法达到效果时,才考虑严厉型诉讼措施的适用。强制措施可以划分为限制人身自由(如取保候审、监视居住)的强制措施和剥夺人身自由(如羁押)的强制措施,前者为轻缓型诉讼措施,后者为严厉型诉讼措施;而在限制人身自由的强制措施中,取保候审相比监视居住更为轻缓。轻缓型程序优先原则落实于强制措施的语境体现为非羁押性措施的优先适用。在联合国层面上倡导的"审前羁押应当作为刑事程序中的最后手段加以使用"则为此义,它实际是"最小侵害"原则的另一种表达。但《刑事诉讼法》第一编第六章仅对各种强制措施适用的条件和程序进行了列举式规定,没有明示这些强制措施的适用顺序,实践的取向是够罪即捕,羁押性措施反而成为优先适用的措施,这大概是我国羁押率居高不下的理念根源之一。

2. 刑事强制措施的审查机制总体上偏宽松

《刑事诉讼法》第 80 条规定,逮捕被追诉人,必须经过人民检察院批准或者人民法院决定,由公安机关执行。逮捕适用的批准权在人民检察院,执行权在公安机关,这固然体现分权制衡之意,但在控制力度上与法治国家通行的法院司法审查相比则显得逊色。在我国,检察机关拥有部分刑事案件的侦查权,其又是公诉案件的法定起诉机关,其与案件的追诉结果有着直接的利害关系。这种利害关系的客观存在不免会使"法律监督"的功能打折扣。在检察机关自行侦查的案件中,本机关的审查其实难以产生实质性的制约作用。在公安机关负责侦查的案件中,除逮捕外,行政拘留、刑事拘留后以及刑事拘留后的羁押期间,都完全由公安机关执行确定而无须向任何其他机构申请授权和许可。宽松的审查机制导致了羁押性强制措施的宽松适用,从而造成对被追诉人自由权的过度侵害。

3.羁押性强制措施延长的适用条件规定得不够明确,容易导致异化式使用

《刑事诉讼法》关于延长羁押期限的法律条款中,模糊用语很多。例如,第156条规定,"案情复杂、期限届满不能终结的案件,可以经上一级人民检察院批准延长1个月";第158条规定,在遇到"重大复杂案件"的三种情形之一时,可以经省级人民检察院批准再延期2个月。何为"案情复杂""重大复杂案件",法律没有作出明确界定。又如,第160条第1款规定,"在侦查期间,发现犯罪嫌疑人另有重要罪行的,可以重新计算侦查羁押期限"。其中的"另有重要罪行"容易引起不同的解释。由于立法上的规定不明确,因此侦查机关延长羁押期限的要求一般均能满足。基于此,司法实践中存在不应适用羁押性强制措施时却加以适用的情况,可捕可不捕的一律逮捕,造成对被追诉人自由权的过度侵害。

(三)基于相称性原则的诊断分析

相称性原则要求国家机关为追求一定目的而采取的手段的强度,不得与达成目的所需的程度不成比例,尤其是因使用该手段所造成的侵害程度不得超过它所追求的成果。这要求刑事强制措施的适用给被追诉人权利造成的损害不得大于该手段可能给社会带来的收益,如果存在"过度的负担"或者"过度的侵害",该种手段的使用就是"不相称"的。从《刑事诉讼法》对于五种强制措施的条件设置来看,立法者试图在它们之间建立一种层次性的相称关系。慎用逮捕等羁押性措施的意图是十分明显的。但是,在这些法律规定中也存在着明显的缺陷,导致执法实践中的非相称性适用。

第一,拘留、逮捕兼具强制到案和剥夺人身自由的性质,只要强制到案,就必然导致羁押。在实践中,拘留和逮捕两种羁押措施一般是连续采取的,拘留便意味着逮捕是后续措施,并且两种羁押措施都将被用满法定期限,很少提前解除羁押。一般而言,强制到案措施所附带的监禁时间通常较短,对公民的个体权益所形成的威

胁相对较小,加以完善的事后审查和救济程序就可以充分保障其行使的合法性和正当性。而羁押对公民个人自由所造成的较长时间的剥夺,与刑罚中的自由刑颇为类似,还有可能为无辜的被羁押者带来类似犯罪标签之类的不良后果,一般被认为是一种最为严厉的强制措施。只要强制到案,就必然导致羁押,本无羁押必要的犯罪嫌疑人也就此被羁押,就导致羁押措施的不相称使用。有学者甚至认为,它是导致我国刑事诉讼中羁押率居高不下的"根本性缺陷"。[①]

第二,对适用逮捕的案件情形没有作出均衡的区分,致使不应当被羁押的被追诉人有可能被不当羁押。其一,逮捕条件中的刑罚条件(可能被判处徒刑以上刑罚)几乎没有任何规范作用。在刑法中,除了危险驾驶罪的法定刑是拘役,不包括有期徒刑外,其他所有犯罪的法定刑都包括有期徒刑。这一条件过于宽泛,难以区分不同的案件情形,并进行区别对待,因而失去了规范意义。其二,刑事诉讼法没有规定不应当适用逮捕的案件情形。《刑事诉讼法》规定,对可能被判处十年有期徒刑以上刑罚的犯罪嫌疑人应当予以逮捕,无须进行社会危险性的衡量,体现了重罪案件的从严处置态度,但没有考虑处于另一极的不应当逮捕的情形。这样的情形在法治国家的刑事诉讼法中是存在的,例如,德国刑事诉讼法第113条规定:"对只判处六个月以下剥夺自由或者一百八十个日额以下罚金的行为,不允许根据调查真相困难之虞命令待审羁押";第112条规定:"若与案件的重大程度和可能的刑罚、矫正及保安处分不相称的,不允许命令待审羁押。"德国学者约阿希姆·赫尔曼对此解释道:"对于轻微的刑事犯罪行为,不允许根据调查真相困难之虞而命令逮捕,是体现相称性原则的一个范例。"[②]在我国,告诉才处理的轻微犯罪一般允许自诉人撤诉和当事人和解,允许采取撤诉的方式结案。为了有利于案件的和平解决,避免适用逮捕而导致矛盾激化,或导致法院偏离消极、中立的裁判者立场,应当规定此类案件只是为了法庭审判的需要,法院应当有权拘传被告人,而不得采取逮捕方式。

第三,相称性羁押的衡量尺度仍然有待明确。羁押的需要与被追诉人的社会危险性有着密切的关联。在追究严重刑事犯罪或者社会危险性较大的被追诉人时,可以采取强制性较大的羁押性措施;对社会危险性较小的被追诉人,应当尽可能采取强制力度较小的非羁押性措施。因此,社会危险性的大小实际上可以成为

[①] 卞建林. 论我国审前羁押制度的完善[J]. 法学家,2012(3):81.
[②] 约阿希姆·赫尔曼. 德国刑事诉讼法典[M]. 李昌珂,译. 北京:中国政法大学出版社,1995:引言13.

相称性羁押的关键衡量尺度。司法解释对何谓"社会危险性"作出了细化规定,明确了五种社会危险性的情形[①],但是关于每种情形的判断缺乏统一的标准。哪些因素可以纳入考虑范围?各个因素的证明力是否有强弱之分?对这些问题的回答完全依赖个体办案人员的主观经验,难免出现因人而异的结果,因此迫切需要统一评估标准。

我国刑事强制措施的设置偏重于惩罚犯罪,对人权保障有所不足,导致对刑事强制措施目的作泛化理解。从适合性分析角度来看,强制措施对促进程序保障和适当预防犯罪这两大本原目的来说有所促进,但是由于立法上的目的约束偏弱,导致办案部门在适用这些强制措施时附加了其他目的,其结果是扩张了羁押性措施的适用,从而对被追诉人的自由权利造成过度伤害,因此在必要性分析和相称性方面失分很多。借助于比例分析基本方法的检测,我们可以看到我国强制措施体系中存在背离比例构造的诸多问题,这就需要从比例构造基本原理出发,对这些问题分门别类地予以解决。

三、刑事强制措施双序列比例结构的构建

前文已经述及比例构造的一般方法,但是,针对具体的诉讼制度,进行比例性构造又需要结合该制度的特点,因而会显示具体的特色。就刑事强制措施而言,比例构造的展开可基于两个层次:一是整体体系的比例构造,二是单个强制措施的比例构造。本节笔者将重点讨论强制措施在体系上的比例构造,以此为基础,下面两节将分别讨论羁押性强制措施和羁押替代强制措施各自的比例构造问题。

(一)问题的提出:强制措施的性质混同与叠加适用

在现行体系中,拘传、取保候审、监视居住、拘留、逮捕五种强制措施的强制力由小到大依次排列,可以适用于涉嫌犯罪轻重不一的被追诉人。这一初衷本意良好,但问题是,这五种强制措施之间存在层次不清、性质不明、功能叠床架屋的情形。具体表现如下:

其一,同种强制措施上叠加不同的功能,典型的便是强制到案与羁押不分的问题。拘留和逮捕是两种羁押性强制措施,一方面具有强制到案的功能,另一方面附

[①] 《人民检察院刑事诉讼规则》第128条规定的五种情形:(1)可能实施新的犯罪的;(2)有危害国家安全、公共安全或者社会秩序的现实危险的;(3)可能毁灭、伪造证据,干扰证人作证或者串供的;(4)可能对被害人、举报人、控告人实施打击报复的;(5)企图自杀或者逃跑的。

加了必然的羁押状态。拘留羁押期最长为30日,加上提请批准逮捕的7日,总计为37日;一旦被逮捕,侦查中的羁押期限最长可达7个月(不考虑重新计算、不计入等特殊情况),其间,被追诉人的人身自由被完全剥夺。

其二,同一功能在不同强制措施之间缺乏必要的梯度。拘传、拘留、逮捕都具有强制到案的性质,但在条件的设置上存在层次不清的情况。例如,要求被追诉人到案接受询问,可以采用非强制措施——传唤,也可以采取强制措施——拘传,两者却没有适用条件上的区分,完全听凭办案部门随意使用。又如,拘留本是适用于紧急情形的一种强制到案措施,但是在适用程序上有事先申请拘留证的要求,这与逮捕需要逮捕证雷同,不能体现紧急情形的特点。

其三,不同强制措施叠加适用与分离适用的标准不一。在我国的强制措施体系中,有些强制措施是可以叠加适用的,但另一些强制措施则只能变更。例如,拘传是公安机关、人民检察院和人民法院依法强制未被羁押的被追诉人到案接受讯问的一种强制措施。这意味着对被取保候审、监视居住的被追诉人也可以适用拘传。这种叠加适用与强制措施的变更不同,强制措施的变更意味着以前适用的强制措施的终结,并转换适用新的强制措施,而强制措施的叠加适用意味着被追诉人同时处在两种不同强制措施的控制下。例如,取保候审与羁押属于同质性的强制措施,就只能变更而不能叠加。事实上,只有不同性质的强制措施才有可能叠加使用,而属于相同性质但不同强度的强制措施只能在彼此之间进行变更。不能同时既适用取保候审,又适用羁押,两者在事理上是不可能兼容的。这种状态暴露了现行体系中不同强制措施叠加适用与分离适用的标准是不统一的。

以上三点表明,我国现行五种强制措施实际上并不具有完全的同质性。立法者试图形成层次分明的比例结构,但没有厘清强制措施的相同性质与不同性质,同一强制措施不能用来达到具有不同性质的目的,旨在实现不同目的的强制措施则难以形成同一序列的梯度层次,由此比例链条出现破裂与扭曲。之所以如此,根本原因在于立法上对强制到案行为与限制人身自由状态不作区分,试图将具有不同性质的强制措施整合到单一序列的体系框架内,无视这些强制措施在功能上的分化与差异,强行用单一基准来梳理和铸造其比例关系,所形成的结构出现扭曲与破裂也就不足为奇了。

(二)强制措施双序列:人身到场型与处分自由型

比例构造原理要求,只有清晰定位不同措施的性质和强度,才能形成合理的关系结构。如果我们对诸多强制措施进行合目的性分析,就会发现,在刑事强制措施体系中存在着性质不同、功能分化的不同序列：有些强制措施重在暂时性地强制被追诉人到场或者到案，以接受公安、司法机关的调查或者配合诉讼的进行；有些强制措施则表现为较长时间内限制或剥夺被追诉人的人身自由，防止其实施妨碍刑事诉讼顺利进行的行为。对这两种序列，我们可以分别称为人身到场型强制措施和处分自由型强制措施。

人身到场型强制措施包括但不限于强制到案措施，可以扩展至一些非强制性的人身到场措施（如传唤等），从而将强制到案措施与非强制到案措施作为一个整体考虑，以形成合适的比例关系。处分自由型强制措施包括现行的非羁押措施（如取保候审、监视居住）和羁押措施（如逮捕）。所谓"处分"，有干预、介入之意，既包括对人身自由的剥夺，也包括对人身自由的限制。这两种序列的强制措施尽管存在共通之处，如都是为了保障刑事诉讼的顺利进行，都是国家强制力的体现，被追诉人在法定的范围内须承担忍受义务等，但它们之间存在诸多差异。

1. 功能与目的不同

人身到场型强制措施的基本功能是强制被追诉人归案或者到场，目的大致有：（1）对被追诉人进行讯问或者采取其他侦查措施。拘传的目的是强制被追诉人接受讯问；拘留和广义逮捕也有要求被追诉人接受调查之意，以便判明其是否有犯罪嫌疑，判断是否采取进一步的侦查措施。（2）制止即时犯罪或者妨碍诉讼的行为。（3）推动诉讼的进程，如由于情势变化，需要对未被羁押的被追诉人实施先行拘留，进而转换为羁押性强制措施。处分自由型强制措施的功能是限制或者剥夺被追诉人的人身自由，使其在一定时期内不致实施妨碍诉讼进行的行为。强制到案行为与剥夺人身自由的持续羁押状态具有不同的目的，对被追诉人造成的影响也不同，应当将两者明确区分开来。

2. 适用对象不同

处分自由型强制措施的适用对象是被追诉人，只要符合法定事由，具有限制或剥夺人身自由的必要性，经过法定的审批程序，就可以适用此种强制措施，但这种强制措施显然只能适用于立案后。人身到案型强制措施的适用对象则较为复杂，如拘传适用于未被羁押的被追诉人，对于已被羁押的被追诉人则没有适用的必要。一些国家的拘传可以扩展适用于证人。而拘留既可适用于未被羁押的被追诉人（如对违反取保候审、监视居住的规定，需要逮捕的被追诉人进行先行拘留），也可适用于尚未具备犯罪嫌疑人身份的"现行犯或者重大嫌疑分子"，成为普通公民转变为犯罪嫌疑人的转折点。前者发生在立案后，后者则发生在立案前，适用对象的不同会对相关程序的设置造成影响。

3. 法益权衡不同

强制到案措施是在犯罪嫌疑人未到案的情形下,通过强制性手段迫使其到侦查机关指定的场所接受调查的一种临时性强制手段。设置这一措施的目的应明确定位于使未到案者到案——无论是配合调查还是完成某些法定的程序任务,但绝不是对犯罪嫌疑人的长时间羁押。正因为如此,强制到案措施的设置应尽可能考虑刑事侦查的紧迫性。出于控制犯罪和维持公共秩序的需要,西方各国对强制到案措施的司法审查有逐渐放宽的趋势,其原因在于侦查犯罪常常需要侦查人员对犯罪行为作出快速反应,及时有效地制止犯罪、捕获犯罪嫌疑人,这就使无证逮捕(强制到案)的广泛采用获得了现实的合理性。同时,强制到案措施所附带的监禁时间通常较短,对犯罪嫌疑人的个体权益造成的威胁相对较小,加上完善的事后审查和救济程序,就可以充分保障其行使的合法性和正当性。而羁押对公民个人自由往往造成长时间的剥夺,这与刑罚中的自由刑类似,还有可能为无辜的被羁押者带来犯罪标签之类的不良后果,因此被公认为最严厉的强制措施。晚近以来,西方各国考虑两种措施的不同性质,一方面放宽了对强制到案措施的司法审查要求,另一方面强化了对羁押的司法审查和控制,两相结合,既满足了侦查机关为了对犯罪作出快速反应而对强制到案权力的需要,也最大限度地减轻了对公民人身自由权利的不利影响。

4. 防范滥用的着眼点不同

人身到场型强制措施与处分自由型强制措施都有可能被滥用,但防范两者滥用的着眼点不同。防范强制到案被滥用,首要的是有正确的事由,否则便是随意捕人,如美国的逮捕需要以"可能事由"(probable cause)为据。固然强制到案作为一种法定行为须依据一定的令状才能进行,但在遭遇紧急情况时,为避免犯罪嫌疑人逃逸而贻误时机,须授权警察无令状也可实施强制到案措施。可见,正确的事由是一种更为实质的条件。其次,强制到案措施是对人身自由的强制性支配,需要向犯罪嫌疑人告知具体理由、法律依据及其权利,以便其展开有针对性的抗辩。再次,强制到案会使犯罪嫌疑人以某种突然的方式脱离其原来的生活进程,警方应通过有效方式及时通知其家属,避免出现公民从社会中凭空消失的情形。最后,强制到案可能出现警察与被追诉人面对面的对抗,会伴有强制力的使用,需要防止过度使用暴力。对处分自由型强制措施,防范滥用的重心在于避免错误羁押、不当羁押和超期羁押,对非羁押性措施也需要在具体执行中防范过度增加犯罪嫌疑人负担,如应避免过高的保释金或者变相羁押等。

由此可见，如果对现行强制措施体系进行符合比例构造原理的改造，最重要的结构性问题就是将人身到场型强制措施与处分自由型强制措施在法律上明确区分开来，设置不同的程序，使之符合各自的特点。这种区分实际上形成了"捕押分离"的体制。这不只是一种概念上的划分，更体现了程序规制上的恰如其分。首先，两者之间在条件上存在差别：采取到案措施的条件相对宽松，证明标准比较低；而羁押的条件比较严格，证明标准较高一些。其次，决定权主体存在差别：享有侦查权的主体可以决定临时的拘捕行为，但是无权决定长期羁押犯罪嫌疑人，羁押决定只能由司法官作出。这样的分离能够使这两种强制措施的性质和目的更加清楚，有针对性地设置不同的条件和程序。强制措施体系结构上的科学合理契合了比例构造的要求。

(三) 双序列比例结构中人身到案措施体系的构建

上述类型区分为我国强制措施体系的科学重构提供了基础，在此，双序列比例结构提供了一个较为理想的模型。所谓"双序列"，是指将人身到场型措施与处分自由型措施区分开来，使它们各自形成体系。人身到场型措施序列可设置两种——拘传和拘留，处分自由型措施序列可设置三种——取保候审、监视居住和逮捕(羁押)。此处的"比例结构"，则是要按照比例构造原理对两个序列的不同措施体系进行排列，使之层次分明，形成梯度，以利于执法机关有针对性地选择恰当的措施种类。处分自由型措施序列的改造将在本章第二节和第三节讨论，下面着重探讨人身到案措施体系的重构问题。

1. 拘传措施的体系性改造

基于性质，拘传措施的改造应包括以下要点：

(1) 明确定位拘传的目的

拘传措施应当按照其目的来设计。拘传是公安机关、人民检察院和人民法院对未被羁押的被追诉人采取的强令其到指定地点接受讯问的一种强制措施。拘传的目的是强制就讯，而不是强制待侦、待诉、待审，因此拘传没有羁押的效力，在讯问后，应当将被拘传人立即放回。有学者主张按照拘留的条件来改造拘传，这犯了目的不当的错误。

(2) 在范围上可与证人出庭制度衔接

基于拘传的目的，可以将这一措施适当扩张至关键证人。为确保关键证人能够及时出庭作证，对依法应当出庭作证但拒绝出庭作证的，可以适用拘传措施。其效力应当仅限于促使关键证人出庭作证,出庭作证后则应当立刻解除该措施。其程序可以参照对被告人的拘传,由法院签发拘传证。

(3)在方式上可与传唤衔接

传唤是指司法机关命令诉讼当事人或其他特定人于指定时间到案所采取的措施,其目的是使诉讼程序按计划进行,弄清案情,使案件得以正确及时地处理。受传唤的人应按传唤要求准时到案,无正当理由拒绝到案的,要承担法律上规定的责任。拘传是指司法机关强制受传唤人到案的措施。两者的区别在于,传唤不具备强制性,而拘传具有强制性。我国刑事诉讼法采用径行拘传制度,即公检法机关根据案件的具体情况,可以不经传唤直接对犯罪嫌疑人或被告人进行拘传。笔者认为,从比例设置的角度,拘传应当以自愿到案的传唤程序作为前置。只有经传唤没有正当理由拒不到庭,才可适用拘传。

2. 拘留与逮捕的改造

鉴于拘留与逮捕在功能上存在重叠,可以对这两种措施进行综合性改造。

(1)称谓、性质定位与适用条件

在制度设计上,从尊重传统概念的角度,可以将拘留改造为功能纯粹的强制到案行为(西方国家的逮捕),而将逮捕改造为功能纯粹的羁押。具体而言,可将拘留区分为有证拘留与无证拘留。由于只是为了强制犯罪嫌疑人到案,因此拘留可以由侦查机关自行决定。

原则上,实施拘留应当先行取得拘留证,从我国的基本体制出发,可将侦查机关负责人设定为拘留的批准权主体,此为有证拘留,其适用的情形包括:①对有证据证明犯罪嫌疑人实施了法定最低刑为三年有期徒刑以上的故意犯罪,并有继续危害社会现实可能的;②犯罪后企图自杀、逃跑或者在逃的;③有隐藏、毁灭、伪造证据或串供,或者妨碍知情人作证的现实可能的;④经依法留置盘问,不讲真实姓名、住址,身份不明,或者没有固定住所的;⑤有流窜作案、多次作案或者结伙作案重大嫌疑的。

无证拘留适用于对现行犯或者准现行犯或者其他紧急情形。现行犯是指正在实施犯罪或者刚实施完犯罪即被发觉的情形。准现行犯是指符合下列情形之一,可以明显地认为实施犯罪完毕后间隔不久的:①被害人或者在场亲眼看见的人指认其犯罪的;②持有赃物或者持有可以明显地认为是犯罪过程中使用过的凶器或其他物品的;③身体或者衣服上有犯罪的明显痕迹的;④受合法盘问时企图逃跑的。[①]

(2) 拘留羁押时间的压缩

前文明确规定拘留只是一种暂时性的强制措施,其目的只是强制被追诉人到案接受讯问或其他调查措施,它只能带来短时间的对人身自由的剥夺,因此需要对拘留羁押时间进行压缩,避免过度限制或剥夺被追诉人的人身自由。例如,日本的逮捕期间一般为 48 小时,最长不得超过 72 小时。日本刑事诉讼法第 203 条规定:"司法警员办理的逮捕手续和带交检察官的时间限制……司法警员依据逮捕证逮捕被疑人后,……认为有留置的必要时,应当在被疑人身体受到拘束后 48 小时内,办理将被疑人连同文书及物证一并移送检察官的手续。"第 205 条规定:"检察官收到依据本法第 203 条的规定移送的被疑人时,应当给予辩解的机会,当认为没有留置的必要时,应立即释放;认为有留置必要时,应当在收到被疑人后 24 小时内请求法官羁押被疑人。前款的限制时间,自被疑人身体受到拘束时起,不得超过 72 小时。"英国、美国、德国等国的规定大致类似,立法在此督促办案部门在被追诉人到案后抓紧时间问讯,及时改变,在超过逮捕期限仍需羁押的情况下,警方应当按照法定羁押程序及时解交由法官或预审法官进行裁决。根据这一思路,在我国可改变现行法中被拘留人被剥夺人身自由的时间最长可达到 14 天或 37 天的规定,区分案件情况将拘留时间分为三种情况:轻罪(可能判处三年以下有期徒刑)限制在 24 小时以内、一般重罪(可能判处三年以上十年以下有期徒刑)限制在 48 小时以内和特别重罪(可能判处十年以上有期徒刑、无期徒刑、死刑)限制在 72 小时以内。在此期间,侦查人员必须将被拘留人带至司法官面前以确定是否有必要进行羁押。

批捕法官或羁押法官在侦查人员和被逮捕人及其辩护人的参加下举行听审,审查是否有必要进行逮捕(羁押)。如认为逮捕不合法或无必要,就决定立即释放被逮捕人,或者决定采取取保候审等措施;如认为有必要实施逮捕的,则签发逮捕令,由指定的看守所实施监禁和管理,同时根据案件具体情况确定羁押的期限。

(3) 拘留与逮捕的衔接

作为一种强制到案措施,拘留不会导致个人处于长期监禁的状态,被拘留人人身被控状态应限制在最短的时间内,到案后,侦查人员必须毫不迟延地将其解交至司法官员,由后者对羁押的理由和根据进行审查,确定是否进一步羁押。这与《公

[①] 孙长永. 完善侦查程序立法的三个重点问题[J]. 刑事司法论坛,2008(1):49.

民权利和政治权利国际公约》的规定相一致,该公约第 9 条第 3 款规定:"任何因刑事指控被逮捕或拘禁的人,应被迅速带见审判官或其他经法律授权行使司法权力的官员,并有权在合理的时间内受审判或被释放。"这样,强制到案行为与限制自由状态形成两个独立的序列,经受两次相互独立的司法审查,体现对严厉型强制措施更严格控制的意旨。

第二节 羁押性措施的比例设置

人身到案措施与自由处分措施的分离有助于我们把握这两种措施的不同性质,从而进行恰如其分的授权与限权。羁押性措施的特点是迫使被追诉人在较长时间内处于自由被剥夺的状态。人身自由权是现代社会公民的基本权利之一,且是其他权利行使的基础。基于比例构造原理,应当对其加以最为严格的过程控制。在笔者设计的双序列体系中,羁押性措施仅有逮捕一种,后文所述逮捕与羁押同义,不作区分。

一、羁押条件的比例性设置

羁押条件即羁押的理由,是指在刑事诉讼活动中,侦查机关为了保障诉讼的顺利进行,决定限制或剥夺嫌疑人或被告人人身自由的法定条件。它是侦查机关羁押被追诉人的法律依据,应当由法律作出详细、明确的规定。不符合羁押条件而采取的羁押行为不具有合法性。

根据《刑事诉讼法》第 81 条的规定,目前我国适用羁押的实质要件主要有三个:(1)证据要件,即有证据证明有犯罪事实;(2)刑罚要件,即可能判处有期徒刑以上刑罚;(3)社会危险性要件,即采取取保候审、监视居住等方法不足以防止发生社会危险性,确有逮捕必要。这三个要件必须同时具备,才能对被追诉人实施逮捕。现行立法虽然体现了严格控制逮捕适用,防止滥捕错捕的意图,但总的来看,对逮捕条件的规定过于宽松,易于导致羁押适用的普遍化。从技术上来看,羁押条件设置得越宽松,适用羁押性措施的案件就越多,审前羁押率也越高。就现行逮捕条件的运行状况来说,我国当前逮捕条件总体上偏宽松,这正是实务中羁押率偏高的原因之一。从总体上来看,我国逮捕条件的设置应当适当严格或者收紧,以避免羁押性措施的过度适用。

（一）对过于宽泛的刑罚条件应当进行一定程度的收紧

依比例构造原理，刑事诉讼过程中采取的强制措施同样要与犯罪嫌疑人所涉嫌罪行的轻重相适应。罪行的轻重往往以"可能判处的刑罚"来表征。现行刑事诉讼法以"可能判处徒刑以上刑罚"作为一般逮捕的刑罚条件，这就排除了可能判处徒刑以上刑法的犯罪嫌疑人适用逮捕的可能性，体现了比例性控制的意旨。随着轻罪时代的到来，"可能判处徒刑以上刑罚"已不是一个恰当的比例界限。根据来自最高检的数据，近5年来的各种犯罪中，判处有期徒刑三年以下的轻罪案件占85.5%。① 如果仍以徒刑以上刑罚作为捕与不捕的分界线，就意味着大量轻罪人员被羁押，不符合逮捕措施的制度定位。因此，应当修改逮捕的刑罚要件，将可能判处徒刑以上刑罚提高到三年以上有期徒刑为宜。我国刑法虽未明确将犯罪分为重罪与轻罪，但我国刑法学者大多赞同以应当判处三年以下有期徒刑的犯罪为轻罪，其上为重罪。② 为求区分的清晰性，不妨以法定刑为标准，而不必以现实犯罪的轻重为标准。③ 原则上，重罪适用逮捕这一剥夺人身自由的强制措施，轻罪则适用取保候审、监视居住等限制人身自由的强制措施。在此基础上，可以考虑罪行的性质以及保护国家法律和社会公共安全法律的特殊要求，危害国家安全、危害公共安全、严重暴力等犯罪，适用逮捕措施的刑罚条件仍保留设置为"可能判处有期徒刑以上刑罚"④。这样将刑罚条件与犯罪性质有机结合起来，有助于通过严格刑罚条件来降低实际羁押率，同时兼顾严重犯罪中羁押被追诉人的特殊需要，最大限度地达到羁押目的。

（二）对特殊主体或者弱势人群不羁押的条款应当进一步明确

羁押条件的比例构造需要考虑被羁押人的特殊情况，这是因为，羁押对特殊主体或者弱势人群会造成权益或生活上的过度负担，所以在羁押条件的设置上应给予特别的关注。

---

① 史兆琨.最高检举行"迎两会·新时代检察这五年"首场新闻发布会——新时代,刑事检察履职成效如何？[N].检察日报,2023—02—16(1—2).
② 杜雪晶.轻罪刑事政策的中国图景[M].北京:中国法制出版社,2013:11.卢建平.轻罪时代的犯罪治理方略[J].政治与法律,2022(1):56.
③ 陈兴良.轻罪治理的理论思考[J].中国刑事法杂志,2023(3):3.
④ 陈卫东,崔鲲鹏.逮捕措施适用条件反思与建构——从"一般逮捕"与"径行逮捕"展开[J].上海政法学院学报(法治论丛),2023,38(5):19.

1. 对未成年被追诉人的逮捕

《刑事诉讼法》第 280 条规定,对未成年犯罪嫌疑人、被告人,应当严格限制适用逮捕措施。但这一规定过于原则,且缺乏与成年被追诉人的梯度性。在此,应当强化对未成年被追诉人的不羁押条款。在刑罚条件上应当强调,对可能被判处法定刑三年有期徒刑以下刑罚的未成年被追诉人,不得采取逮捕强制措施;对可能被判处三年以上有期徒刑的未成年被追诉人,应当加强社会危险性审查,充分考虑未成年人心智不成熟的因素,设定与成年被追诉人不同的定性和量化标准。

2. 被追诉人系患有严重疾病,生活不能自理,怀孕或者哺乳自己婴儿的妇女

根据《刑事诉讼法》第 67 条的规定,对此类人员,"可以采用取保候审或者监视居住的办法"。"可以"的规定比较随意,意味着完全由办案人员加以裁量决定。为强化约束,应当在表述中体现严格控制之意,即规定对前述主体,一般不得羁押,除非"有明显证据表明犯罪嫌疑人、被告人有可能实施新的犯罪,或者有危害国家安全、公共安全或者社会秩序的现实危险的"。

3. 对老年被追诉人的逮捕

《刑事诉讼法》对此未有规定,但 2006 年最高人民检察院《关于在检察工作中贯彻宽严相济刑事政策的若干意见》第 7 条规定,对老年被追诉人,"应严格把握逮捕条件,慎用逮捕措施",体现了对老年人的人文关怀。但是现行法律与相关司法解释中,有关老年人特别保护的年龄起点规定不一。[①] 考虑刑事诉讼程序保障的特殊需求,笔者主张将对老年被追诉人特别保护的年龄起点确定为 70 周岁,略早于刑法从宽处罚的 75 岁为宜。

4. 对其他特殊主体的逮捕

除前述主体外,尚有残疾人、间歇性精神病患者等其他特殊主体需要在逮捕环节采取特别保障措施,对此应加强研究。对此类主体,依据刑法规定从轻或减轻处罚的,原则上不得适用羁押。

(三)对证据要件引入主观标准,避免对证据要件的机械适用

如何理解逮捕的证据要件?公安部《公安机关办理刑事案件程序规定》和最高人民检察院《人民检察院刑事诉讼规则》对此做了解释。有证据证明有犯罪事实,是指同时具备下列情形:(1)有证据证明发生了犯罪事实;(2)有证据证明该犯罪事

[①] 《老年人权益保障法》以 60 周岁作为老年人权益保护的年龄起点,《治安管理处罚法》将 70 周岁作为老年人违法行为从宽处罚的年龄起点,《刑法》将 75 周岁作为老年人犯罪从宽处罚的年龄始点,2006 年《关于依法快速办理轻微刑事案件的意见》将 70 周岁作为老年人从宽处罚的年龄起点。

实是犯罪嫌疑人实施的；(3)证明犯罪嫌疑人实施犯罪行为的证据已被查证属实的。这是一种客观标准，侧重引导办案人员仅考虑是否有客观证据的存在，易流于机械司法。西方国家大多以"合理怀疑"作为羁押的事实要件，如德国的羁押要求被追诉人具有重大犯罪嫌疑，即根据侦查的实际情况，有高度盖然性表明，被追诉人是某个犯罪行为的正犯或共犯。[1] 欧洲人权法院则主张："持续存在合理怀疑是保持审前羁押有效的必要条件。"[2]这不仅要求在初始羁押时符合合理怀疑的条件，而且要求在此后的羁押状态中保持这种合理怀疑状态。有学者认为，由于"合理怀疑"标准对犯罪实施无特定性的要求，因此我国逮捕条件中的证据要件比"合理怀疑"要求更高。[3] 其实，这两个标准，一个是客观标准，另一个是主观标准，难以简单地判断两者孰高孰低，相反，两者之间可以形成一种互补关系。因此，不如在我国现行"有证据证明"的羁押标准中引入"合理怀疑"的主观标准，要求办案人员不仅看到相关证据的存在，而且基于这些证据确立一种关于犯罪的合理怀疑，这样既可以避免办案人员对证据要件的机械适用，也可以对羁押的适用提供更加严密的规制。

(四)判断社会危险性应当采取定量与定性相互印证，以定性判断为最终标准的模式，以强化控制上的严格性

在逮捕三要件中，社会危险性是最核心的一个，也是最难把握的一个。"社会危险性"是一个宽泛的概念，在大多数情况下是一种经验判断，主观性较强。这带来两个弊端：一是难以形成确定的指引，检察官享有较大的自由裁量权，这容易造成权力的滥用；二是受传统"重打击，轻保护"观念的影响以及司法人员担心不逮捕导致责任风险，社会危险性要件往往被选择性忽视。近年来，为提升社会危险性评估的科学性与准确性，依托大数据、智能算法等数字技术，检察机关积极探索使用社会危险性量化评估工具。其基本原理是对收集的相关风险因素进行数据筛选、数据转化与处理、权重赋值后，建模分析评估犯罪嫌疑人审前不予羁押的风险分数或风险等级，为检察官审查批准逮捕提供决策参考。量化评估有助于科学测量犯罪嫌疑人的社会危险性，提升审查逮捕决策的客观性，从而规范检察裁量，并督促

---

[1] 维尔纳·薄逸克，萨比娜·斯沃博达.德国刑事诉讼法教科书[M].15版.程捷，译.北京：北京大学出版社，2024：224.
[2] Echr, Letellier v. France, Series A No. 207, § 34, 26 June 1991.
[3] 王志坚.论未决羁押的实质性审查——从欧洲人权法院"布萨吉诉摩尔多瓦共和国案"切入[J].刑事法评论，2023，48(1)：461.

检察官更加积极地运用社会危险性评估来降低羁押率。但适用过程也暴露出一些问题,包括评估因素设置的合理性不足,样本代表性不足或样本质量不佳,评估程序的公开性和公正性有所欠缺等。① 尤其是在逮捕决策的作出方面,部分检察官将量化评估结果异化为是否批捕的唯一理由,机械决策弊端凸显。② 量化评估的方法论基础是定量研究方法,这种定量研究方法虽强化了模型的客观性,但实践中的模型却陷入完全定量研究的"陷阱",无法摒除先前判决书中偏见、歧视等因素的影响。③ 笔者认为,社会危险性量化评估算法的运用有利于解决评估标准模糊、主观性强等实践难题,为被追诉人社会危险性的认定提供机遇,司法机关可以因势利导,以务实的心态用其所利而避其弊害,使其更好地服务于审查逮捕决策。为此,应合理设置评估因素,确保评估样本数据的代表性、可靠性,优化逮捕的社会危险性量化评估模型的指标体系。在作出是否逮捕的决策时,应当采取定量与定性相互印证,以定性判断为最终标准的模式。量化评估模型的应用并非以精算工具等技术替代人的智能,而是构建人机合作的新型司法模式。发挥量化评估模型的强大辅助功能,使逮捕的社会危险性要件变得更加具有操作性,在降低羁押率方面起到更有效的作用。

二、羁押期限的比例性控制

处分自由型措施的特点是直接造成嫌疑人、被告人人身自由较长时间被剥夺的结果,这也是羁押成为最严厉强制措施的原因,因此,羁押期限的比例性控制十分关键。基于"最小侵害"的考虑,应尽可能缩短羁押期限。切萨雷·贝卡利亚有言:"在宣判为罪犯之前,监禁只不过是对一个公民的简单看守;这种看守实质上是惩罚性的,所以持续的时间应该尽量短暂。"④但基于适合性原则的视角,羁押期限不能一味地追求短暂,其必须起到程序性保障的作用以完成刑事诉讼的基本任务。羁押期限的设置需要调和两种对立目标,将被追诉人被羁押的时间控制在法定的

---

① 金玲楠,张栋.逮捕社会危险性量化评估模型的设计问题及优化路径[J].四川警察学院学报,2024,36(3):120.

② 刘邦泰.数字检察背景下社会危险性量化评估机制的实践反思与发展进路[J].牡丹江大学学报,2024,33(7):11.

③ 高通.逮捕社会危险性量化评估研究——以自动化决策与算法规制为视角[J].北方法学,2021,15(6):131.

④ 贝卡利亚.论犯罪与刑罚[M].黄风,译.北京:中国大百科全书出版社,1993:56.

限度内。

　　现代法治国家在设置羁押期限时,一方面奉行期限法定原则,即所有有关羁押期限的确定、延长或计算等内容都必须事先由法律加以明确规定,禁止办案机关违反法律规定,完全根据自身的主观需要随意确定、延长或计算羁押期限;另一方面提出合理设置期限的要求,使羁押期限的设定兼顾程序性保障和人权保障的不同目的。法国刑事诉讼法第 144 条规定:"先行羁押,应当考虑指控受审查人犯罪事实的严重程度以及为查明事实真相而有必要进行的调查的复杂程度,不得超过合理期限。"2002 年生效施行的《国际刑事法院规约》第 60 条第 4 款规定:"预审分庭应确保任何人不因检察官无端拖延在审判前受到不合理的长期羁押。发生这种拖延时,本法院应考虑有条件或无条件地释放该人。"

　　可见,以法定的形式明确规定合理期限是羁押期限制度的核心问题。但何谓"合理期限",法律似乎难以给出一刀切的规定,实践中往往鼓励司法人员根据案件的具体情况进行评估,应"确保这类剥夺自由不超过具体案件情况的需要,而且符合司法的利益",并"兼顾案件的复杂性、被告人的行为以及行政和司法当局处理案件的方式。在法院不允许保释被告人的情况下,必须尽可能快地审判他们"[1]。但是,羁押期限这样的重要问题不能听由司法人员自由裁量,而应当在法律中确立基础的框架,比例构造原理恰好可以成为这一基础框架的内在机理。

　　我国刑事诉讼法对羁押期限已有明确规定,但这些规定在精神实质上与比例构造原理的要求存在差距。近年来,我国在治理超期羁押方面取得了一定成效,但"前清后超""边清边超""押而不决"等现象仍然不断发生。形式上不合法的超期羁押只要令行禁止就不难消除,难以消除的是表面上合法的过度羁押,其背后涉及羁押期限制度的合理设置问题。导致过度羁押现象的制度性原因包括:(1)羁押期限与办案期限合一,这种制度导致被追诉人所受到的羁押期限完全服从于办案需要,而不是从羁押必要性的角度来考虑,被追诉人直到办案终结才有解除羁押的可能。(2)羁押期限过于划一,未体现区别对待。目前,我国刑事诉讼法对重罪、复杂的案件与轻罪、简单的案件的侦查阶段羁押期限没有区分,制度不合乎比例的层次性。(3)羁押期限的延长条件富有弹性。侦查机关对羁押期限的延长因为法定条件的粗疏以及缺乏外部制约而表现出极大的随意性。因此,应当综合考虑各诉讼阶段

---

[1] UN. Human Rights Committee. General Comment No. 32, Article 14, Right to Equality before Courts and Tribunals and to Fair Trial[EB/OL]. (2007-08-23)[2024-08-10]. https://digitallibrary.un.org/record/606075? ln=en&v=pdf.

的办案需要、被追诉人的羁押必要性、涉嫌或者被指控的犯罪可能判处的刑罚轻重以及诉讼效率的要求等因素,对未决羁押期限作出更加严格的规定。[①] 在笔者看来,基于比例构造原理,对羁押期限制度应进行以下完善:

(一)区分轻罪、重罪和不同诉讼阶段,设置一般羁押期限的基本框架

区分罪行轻重和不同诉讼阶段是各国设置羁押期限的基本做法。例如,法国刑事诉讼法第145条就轻罪和重罪的先行羁押分别规定了不同的期限:轻罪案件的羁押不得超过四个月,期限届满时,预审法官可以附理由的命令予以延长,但延长不得超过四个月;重罪案件的羁押不得超过一年,期限届满后,预审法官可延长羁押,但不得超过一年。意大利刑事诉讼法不仅根据诉讼的不同阶段规定了不同的羁押期限,而且在各个阶段,又根据嫌疑人、被告人可能被判处的刑罚确定各自的羁押期限,总体上形成了一种富有梯度的对应关系。根据意大利刑事诉讼法典第303、304、305条的规定,审判前羁押期限不得超过以下期限:(1)对判处六年以下有期徒刑的犯罪,羁押期限为三个月;(2)对判处二十年以下有期徒刑的犯罪,羁押期限为六个月;(3)对判处二十年以上有期徒刑或者无期徒刑的犯罪,羁押期限为一年。交付审判后,生效的有罪判决作出前的羁押期限如下:(1)对判处六年以下有期徒刑的犯罪,羁押期限为六个月;(2)对判处六年以上有期徒刑或者无期徒刑的犯罪,羁押期限为一年。

笔者认为,羁押期限的设置应当与办案期限剥离开来,可以将羁押期限分割成起诉前和起诉后两个阶段。考虑到我国的司法承受力,可做如下设置:(1)对可能判处三年以下有期徒刑的犯罪,羁押期限设为三个月;(2)对可能判处三年以上十年以下有期徒刑的犯罪,羁押期限设为六个月;(3)对可能判处十年以上有期徒刑或者无期徒刑的犯罪,羁押期限设为一年。交付审判后,生效的有罪判决作出前的羁押期限如下:(1)对可能判处三年以下有期徒刑的犯罪,羁押期限设为六个月;(2)对可能判处三年以上十年以下有期徒刑的犯罪,羁押期限设为一年。

(二)对轻罪和一般重罪,明确法定的最长羁押期限

最长羁押期限是指在考虑了各种可能延长的法定条件后,羁押期限不能逾越的最大值。一旦羁押期限达到这个最大值,无论何种理由都不能继续维持羁押,犯罪嫌疑人就只能被释放或者改用其他较轻的强制措施。西方各国几乎都在刑事诉讼法中明确规定了最长羁押期限,如法国根据(涉嫌)犯罪的严重性分别设定了六

---

① 孙长永.未决羁押的合理期限及其法律规制[J].交大法学,2024(1):5-28.

个月、一年或两年的最长羁押期限；德国以"预防再犯"作为羁押理由的特殊羁押一律不得超过一年；意大利则根据嫌疑人、被告人可能被判处的刑罚规定了两年或四年的最长羁押期限。刑事诉讼法中明确规定了最长羁押期限，实际上就等于为羁押权的行使搭建了不可逾越的"藩篱"。值得一提的是，意大利刑事诉讼法所确立的最长羁押期限颇具特色，即在绝对确定的最长羁押期限外，又设置了相对确定的最长羁押期限，在法律的刚性外容纳了一些弹性，以调和法律明确性与现实复杂性的矛盾，在确保秩序的同时充分关照公民的自由，这不失为一个好的立法例。关于我国最长羁押期限的设置，笔者认为，在可能判处三年以下有期徒刑的情形下，最长审前羁押期限不得超过一年；在可能判处三年以上十年以下有期徒刑的情形下，最长审前羁押期限不得超过两年；在可能判处无期徒刑或死刑的情形下，最长审前羁押期限累计不得超过五年。如果最长期限已经届满，则即便对被追诉人尚未得出结论，也必须变更强制措施或者予以释放。

(三) 明确延长羁押期限的实体性标准与次数限定

《刑事诉讼法》第156条规定，案情复杂、期限届满不能终结的案件，可以经上一级人民检察院批准延长一个月。《人民检察院办理延长侦查羁押期限案件的规定》第14条中列明了"案情复杂、期限届满不能终结的案件"的诸多情形[①]，其出发点主要是满足羁押两个月后侦查仍无法终结的办案需要。《刑事诉讼法》第158条"延押"的理由包括"重大复杂案件""交通十分不便""边远地区""取证困难"这些弹性术语，公安、司法人员应统一准确适用。但实践中，侦查人员与检察官的理解往往不一致，需要依靠公安、司法人员的办案经验作出判断，难以保障法律实施的一致性。[②] 因此有必要对羁押期限的延长进行重构：(1)重新界定羁押延长事由的性质，不宜将"案情复杂、期限届满不能终结"作为延长羁押期限的事由，也不应以"侦查未终结"为由作出延长决定。无论是案情复杂，还是侦查未终结，都不是羁押的充分理由，对被追诉人采取取保候审、监视居住同样可以继续侦查。延长羁押期限的实体性标准与羁押的条件在性质上并无二致，其内涵不应偏离保障诉讼顺利进行的本原目的。(2)延长羁押决定必须与羁押必要性审查相结合，换言之，如果侦

[①] 根据《人民检察院办理延长侦查羁押期限案件的规定》第14条的规定，"案情复杂、期限届满不能终结的案件"包括以下情形：(1)影响定罪量刑的重要证据无法在侦查羁押期限内调取到的；(2)共同犯罪案件，犯罪事实需要进一步查清的；(3)犯罪嫌疑人涉嫌多起犯罪或者多个罪名，犯罪事实需要进一步查清的；(4)涉外案件，需要境外取证的；(5)与其他重大案件有关联，重大案件尚未侦查终结，影响本案或者其他重大案件处理的。

[②] 韩旭，张钰.侦查羁押期限延长审查模式研究[J].江苏行政学院学报，2024(2)：129.

查机关申请延长羁押期限,就必须同时提供有关被追诉人符合羁押条件的证据,以确立继续羁押的适当性。如果被追诉人羁押期限届满后已不再符合羁押条件,就不应继续羁押。(3)限定延长羁押的次数。根据孙长永教授的看法,侦查过程中需要延长羁押期限的,由独立的司法官举行听证后附具理由予以批准,但每次批准延长的期间不得超过一个月,累计延长不得超过五次。审查起诉阶段和审判阶段羁押期限的延长,参照侦查羁押期限的审批程序作出严格规定。[①] 这一方案是具有合理性的。

三、羁押过程的比例性控制

对被追诉人的羁押过程具有时空的封闭性。在空间上,被追诉人被限定在特定的场所——被剥夺人身自由;在时间上,被追诉人脱离了正常生活的自然流程。这种时空的封闭性要求对羁押过程进行法律上的特别关注和程序上控制。依比例构造原理,对干预被追诉人权益最严厉的诉讼措施应当配备最严格的过程控制。

(一)检察机关和办案机关应加强对羁押必要性的依职权审查

羁押必要性审查是指在刑事诉讼过程中,对被逮捕的犯罪嫌疑人或被告人是否继续羁押进行审查和评估的制度。这一机制源于2012年对《刑事诉讼法》的修改——赋予了检察机关对羁押必要性进行审查的职责。这一机制在实践中取得了成效,在控制羁押率方面起到了重要作用,但仍存在一些问题,如因监督与救济机制未能有效建立而影响该制度在实践中充分发挥预期效果。为此,建议进一步完善羁押必要性审查机制,包括建立科学、合理的羁押必要性量化评估机制,帮助检察机关作出是否具有继续羁押必要的判断。同时,应拓展羁押必要性审查的范围,检察机关应加强对久审不决案件羁押必要性的审查监督,重视对审判中止和延长审判期限问题的监督,防止审判阶段对被告人的羁押期限过长。[②]

加强羁押必要性审查仅靠检察机关是不够的。由于刑事诉讼活动是一个动态发展的过程,因此不应将羁押必要性审查作为检察机关的专责,所有办案机关都应当适时依职权开展羁押必要性审查。尤其是在诉讼阶段变更时,被追诉人的羁押状态不应被自动延续,有关机关应当在审查案情时对羁押必要性进行审查,决定是

[①] 孙长永.未决羁押的合理期限及其法律规制[J].交大法学,2024(1):5.
[②] 李永航.推进非羁押强制措施适用的路径和策略[J].广西政法管理干部学院学报,2024,39(3):77—86.

否维持被追诉人的羁押状态以及是否需要调整继续羁押的期限。此外,即便在同一诉讼阶段内,羁押必要性也有发生改变的可能,有关机关应当根据案情及时进行复查和调整。这里的"依职权审查",强调的是办案机关进行羁押必要性审查的积极主动性,从而使羁押必要性审查成为防止羁押滥用的过程控制机制。

(二)畅通被羁押者权利救济渠道

除了前述有关办案机关和司法机关以职权开展必要性审查外,被羁押者提出申请是另一种打破既有封闭性的方式。在我国目前的刑事诉讼中,被羁押者自行申请的渠道并不通畅,专门机关的羁押合法性审查具有比较强的行政化色彩,被羁押者不服的救济和申诉渠道不畅通,无法有效质疑羁押的合法性和合理性,无法为保障自己的合法权益而斗争。"无救济则无权利",被羁押者权利救济路径不畅通,难以获得有效救济,也难以感受到公平正义。笔者认为,畅通被羁押者权利救济渠道应当从以下两个方面入手:

1. 保障被羁押者的知情权

根据《刑事诉讼法》第 90 条的规定,对不批准逮捕的,人民检察院应当说明理由,其对象主要是公安机关或被害人,但未规定作出批准逮捕决定时需要向被追诉人说明理由。现代法治国家和地区的刑事诉讼法普遍规定,对羁押的判决或决定,中立的司法官应当说明羁押理由,以方便被追诉人及其辩护人有针对性地申请救济。我国需建立羁押决定说理制度,检察机关、法院作出逮捕决定时,应以书面形式详细告知被追诉人羁押的理由、羁押的时间及其具体依据,同时告知不服羁押决定并申请救济的方式。羁押决定说理制度同样适用于侦查申请延长期限的情况。

2. 赋予被追诉人不服羁押或延长羁押决定的复议复核权

根据《刑事诉讼法》第 92 条的规定,公安机关不服检察机关不批准逮捕决定,可以要求复议,提请上级检察机关复核,但没有规定被追诉人不服检察机关、法院逮捕决定的,有权申请复议、复核或向法院申请司法审查。被追诉人就羁押决定合法性申请救济缺乏法律依据。在此,应当明确赋予被追诉人不服羁押决定并申请复议、复核或向法院申请司法审查的权利。

(三)设置羁押必要性或羁押救济听证程序

我国现行《刑事诉讼法》规定的羁押必要性审查属于人民检察院的单方职权行为,具有比较强的行政化色彩,缺乏控辩双方的对抗,大多采用书面审方式,具有封闭性和秘密性等特征,当事人对案件缺少参与,其诉讼权利也难以得到保证。根据比例构造原理,三方组合的诉讼性程序在控制力度上一般要大于行政性程序,对羁押这种严重干预被追诉人人身自由权的强制措施,应当司法化审查,以强化程序上的控制力度。2020年,最高人民检察院发布了《人民检察院审查案件听证工作规定》,以司法解释的形式明确了审查逮捕听证的程序性地位,早先的行政化审批模式开始向诉讼化转型。听证程序让与批捕结果有利害关系的被追诉人得以参与进来表达自己的意见和诉求,体现了程序的公正性。这一程序经各地试点,取得了一定的成效,但仍需要进一步完善。笔者认为,检察官在实施羁押必要性或羁押救济听证时,应站在中立司法官的立场,广泛听取各方意见,尤其是保障被追诉人及其辩护人的权利。公安机关应提请逮捕材料,阐明被追诉人符合逮捕条件的理由,被追诉人和辩护人有权提出反驳和反证。在双方各自阐述意见和质证、辩论完毕后,检察官在综合考虑羁押的证据要件、刑罚要件、社会危险性的定量和定性评估等诸因素后,作出应否羁押的决定。另外,还可以吸纳被害人参与到诉讼化的听证程序中,允许其全程参与并发表意见,最后,检察官综合各方意见依法作出决定。

(四)加强律师在被追诉人羁押审查或听证中的作用

逮捕是最严厉的强制措施,为保障犯罪嫌疑人的诉讼权利,律师介入审查逮捕程序十分必要。但在实践中,审查逮捕程序中律师参与的比例偏低,律师介入的时间较晚,其意见往往缺乏针对性,即使参与,对逮捕决定作出的影响也不大。[①] 出现这种情况的原因是多方面的,制度设置上的缺陷是重要因素之一,具体表现在:案件进入审查逮捕阶段后,法律对检察机关是否具有告知义务并无明文规定;检察机关对法律规定的"可以听取律师意见"拥有选择权,律师介入的方式不明确,对其辩护意见的采纳缺乏救济机制等。为此,应当加强律师在被追诉人羁押审查或听证中的作用,具体的制度设置包括:侦查机关提请批捕后,对犯罪嫌疑人已聘请律师的案件,检察机关的承办人应当及时将案件进入审查逮捕阶段的情况告知律师,一般在收到案卷材料后在1~2天内告知律师较为合理;应明确告知律师逮捕审查所要查明的内容和焦点,便于律师在接受委托并了解案情后,有针对性地对其认为犯罪嫌疑人无社会危险性、不需要逮捕的案件提出意见;应扩大酌定听取律师意见的范围,对是否符合逮捕条件有疑问的、侦查活动可能存在重大违法行为的、案情重大疑难复杂的、矛盾突出易引发舆情关注的、证据合法性有争议的案件,检察机关应主动听取律师意见。检察机关对律师意见不予采纳的,应当在逮捕决定书中充

---

① 熊欣慰.审查逮捕阶段法律援助值班律师制度探索[C]//上海市法学会.《上海法学研究》集刊2019年第14卷——杨浦检察院论文集.北京:中国知网,2019:37—41.

分说明理由,律师可以据此为犯罪嫌疑人提出具体而有针对性的申诉意见。

第三节　非羁押措施的比例设置

非羁押措施是刑事强制措施体系比例结构中的重要环节,它的出现为完全剥夺人身自由的羁押措施提供了一种缓冲性机制,既能避免羁押给被追诉人造成侵害,又能保证刑事诉讼顺利进行,兼顾惩罚犯罪与保障人权两大价值。

一、羁押替代措施的多元形式

考察目前世界主要的法治国家,基于无罪推定和人权保障原则,羁押大多被作为一种例外原则而适用。在适用羁押前,必须经由司法审查确认其必要性,对虽然符合羁押条件但没有羁押必要的嫌疑人或被告人,不得采取羁押措施,可采取其他能够代替羁押的强制措施。晚近以来,世界各法治国家的羁押替代措施呈现多元化发展趋势,不仅丰富了非羁押措施的种类体系,而且极大地提升了非羁押措施适用的可能性。以下列举数种略作说明。

(一)法国的"司法管制"制度

法国于1970年建立了旨在替代审前羁押的司法管制制度。其刑事诉讼法第137条规定,只有因预审的必要,或者以保安处分的名义,才能命令实行司法管制。司法管制是一种介于不采取强制措施与完全关押之间的中间措施,目的是在查明事实真相、及时有效追究犯罪的同时保证犯罪嫌疑人获得最大限度的自由。接受司法管制的人仅仅是在行动自由和社会生活方面受到某些限制,而不是被羁押,不过,其必须遵守法律所规定的义务或者法院的有关要求。按照法国学者的解释,建立司法管制制度的目的在于保证嫌疑人获得"与查明事实真相以及维护公共秩序之要求相适应的最大限度的自由"。[①]

(二)德国逮捕令的"延期执行"制度

在德国,法官认为即使不执行逮捕令也足以达到待审羁押目的的,应当命令延

[①] 卡斯东·斯特法尼,乔治·勒瓦索,贝尔纳·布洛克.法国刑事诉讼精义[M].罗结珍,译.北京:中国政法大学出版社,1999:597.

期执行并附条件。① 也就是说,法官对被捕者进行初次讯问后,如果认为不采取羁押性的强制措施也能够达到保障诉讼顺利进行的目的,就可以将逮捕令予以延期执行。在延期执行期间,法官只需对嫌疑人、被告人的自由施加一些轻微的限制,以作为羁押的替代措施,如责令定期到有关机构报到,责令不得擅自离开居所或一定的区域,责令提供一定的担保,责令不得与共同被告人、证人或者鉴定人联系等,而且所附条件要具有针对性。

(三)英国的附条件保释制度

英国的附条件保释最初是作为关押候审的替代措施而设立的,其目的在于减少关押候审的被告人数。与无条件保释相比,附条件保释更能加强对处于保释中的被追诉人的控制,从而兼顾追诉犯罪的要求。在程序上,警察实施逮捕后,由羁押官来决定是羁押、无条件保释还是有条件保释。关于是否适用保释,决定主体要经过多次审查,并且被保释一方可以同样的理由再次提出申请。如果拒绝适用保释或附加了其他限制性条件,作出决定的机关就必须给予书面说明,以便被保释人向另外的机关申请。在保释后,如果情况发生变更,被保释人还可以申请改变保释条件甚至取消保释条件。②

(四)美国的附条件释放制度

在美国,大多数州"在保护政府确保被指控者在审判时到庭利益的同时,提供一系列拟以最大限度扩展释放机会的选择类型"。其形式涵盖了传票、具结释放、附条件释放、无押金保证、现金保释、百分之十替代、保证人保证等几种形式。③ 美国法上主要有三种附条件释放的措施:一是个人具结,二是出具出庭保证书,三是保释。保释又有两种形式:定金保释(deposit bond)④和全额保释(full bond)⑤,具体适用哪种保释以及保释金的多少,由司法官根据案件的性质、严重程度、被捕人的个人情况和危险性裁定。为了减少司法官在决定保释金额时容易出现的任意性,目前各州一般定有保释金数目表供司法官参照适用。⑥ 20 世纪 60 年代后的保

---

① 克劳思·罗科信.刑事诉讼法[M].24 版.吴丽琪,译.北京:法律出版社,2003:295.
② 尹华嵘,钟琪.我国取保候审与国外保释制度之比较研究[J].浙江学刊,2002(5):197.
③ 爱伦·豪切斯泰勒·斯黛丽,南希·弗兰克.美国刑事法院诉讼程序[M].陈卫东,徐美君,译.北京:中国人民大学出版社,2002:335-345.
④ 即要求被捕人向法院实际交纳一部分保证金(通常为保释金的 10%)才能得释放,被捕人如果每次都能按照要求到庭,案件审理结束后就退还其保证金;违反出庭义务时,就负有全额交纳的责任。
⑤ 即要求被捕人必须全部交纳保释金后才能获得释放,通常由保证人或职业保人出面保证,被捕人向职业保人交纳一定的佣金(通常为保释金的 10%)。
⑥ 王以真.外国刑事诉讼法学[M].北京:北京大学出版社,2004:360.

释制度改革,增加了不附带财产条件的具结释放,降低了保释的门槛,扩大了法院在批准保释时附带条件的权力。

（五）意大利的替代羁押措施

在意大利,除审前羁押外,法律还规定了其他针对人身自由的强制措施,包括禁止出国、居住禁令、住宅逮捕及在治疗场所的羁押等。法官在选择适用时,必须考虑两个基础因素:其一,满足预防要求;其二,强制措施本身的性质和强制程度。在审前羁押适用一段时间后,法官发现没有必要继续羁押或羁押的法定期限临近,可以将其变更为其他强制程度较轻的强制措施。确定人身自由限制程度不同的强制措施的法律规定本身就为法官尽量减少适用审前羁押创造了条件。

可见,在西方各国的审判强制措施中,羁押替代措施占据了十分重要的地位。尽管由于各国的法律传统和制度渊源的不同,在羁押替代措施上存在诸多差别,但是,也存在许多共性,其出发点都是为体现无罪推定的意旨、充分保障人权以及实现程序正义。羁押替代条件的设置采取"条件法定＋裁量适用"的模式,体现了法定性与灵活性相结合的原则。例如,法国刑事诉讼法规定了16个司法管制的条件,在适用时法官可以指定其中的一个或数个,以期达到对被追诉人合理、必要的限制。羁押替代条件的设置强化了非羁押措施的管控能力,可以适用较轻微的措施来达到羁押的效果,使原来可能被羁押的被追诉人避免被实际羁押。这在效果上降低了羁押率,减少了在押人数,又在一定程度上节约了国家为羁押犯罪嫌疑人而不得不付出的财政开支及管理上的资源。

近年来,随着科技的发展和社会治理能力的增强,羁押替代性措施得到进一步丰富和发展。借助科技赋能和社会共治,非羁押措施的实施方式得到改进,使对被追诉人的管制能力得到大幅提升,为更大范围内运用非羁押措施打下了良好的技术基础和社会基础。在科技赋能层面,我国各地公安机关积极探索通过"非羁码"App、电子手环等电子定位技术来完善取保候审的执行方式,或者通过指纹和人脸识别系统要求非羁押措施对象每日到其居住地的公安派出所认证,并适时监督其是否遵守非羁押措施的相关规定。通过构建非羁押诉讼的智能支持体系,强化对非羁押人员的管理和监控,保障在非羁押状态下刑事诉讼程序的顺利进行。[①] 这符合世界各国羁押替代措施多元化发展的趋势,值得进一步推进完善。在社会共治层面,基于当下网格化社会治理的发展格局,可以构建以公安民警监管为主导、以

---

① 贾海洋.适用非羁押性替代措施问题研究[J].检察调研与指导,2018(3):54.

数字化技术监管为牵引、以基层网格员监管为辅助的"技术＋网格"耦合监管模式。① 鉴于飞机、火车、长途客运等公共交通工具以及海关、口岸等均已经实施实名制登记,如司法机关采取相应的限制措施,就可以对相关人员的出行及出境实施阻却。在非羁押性替代措施实施的过程中,也完全可以借鉴这一手段对相关人员的活动范围和活动能力加以限制。例如,对非羁押措施对象作出限制出行、出境令,不允许其乘坐相应的交通工具,不允许其出入特定场所,通过公安交警部门暂扣其驾驶证照,根据具体案件情况冻结其相应的金融结算途径和网络支付工具等。在不采取羁押措施的情况下,使其活动范围和活动能力受到相应的限制,进而不能完成违反非羁押措施相关规定的行为和活动。②

因此,从比例构造的角度,刑事诉讼法应当体现非羁押性措施优先适用的明确意旨,通过吸纳成熟的羁押替代条件,提升对被追诉人的管控能力,保障非羁押措施的执行效果,从而有效地降低羁押性措施的适用频率。

二、取保候审制度的完善

取保候审是指在刑事诉讼过程中,公安机关、人民检察院、人民法院责令被追诉人提出保证人或者交纳保证金,保证被追诉人不逃避或妨碍侦查、起诉和审判,并随传随到的一种强制方法。作为一种重要的羁押替代措施,取保候审在我国刑事强制措施体系中有着无可替代的价值。对被追诉人来说,除免于强制措施外,取保候审无疑是最好的选择,在自由处分型强制措施序列中,取保候审是最轻的一种。据此,对取保候审的比例构造应注意两点:一是在整体的强制措施体系中,应当尽可能增加取保候审的适用机会,以避免适用更严厉的强制措施;二是取保候审毕竟对被追诉人的人身自由造成了限制,应当基于比例构造加以必要的控制。

在刑事司法实践中,现行的取保候审制度没有发挥应有的优势。从比例构造的视角来看,有两个问题较为突出:一是适用率偏低,这恰与过高的羁押率呈相反的趋势。根据学者的调研结果来看,2012年《刑事诉讼法》实施至2017年,无论是取保候审直诉案件还是审查起诉阶段的案件,又或是提起公诉后的案件,在各个课

---

① 周长军,李震.非羁押诉讼中被追诉人的监管模式研究——以少捕慎诉慎押刑事司法政策的贯彻为背景[J].山东警察学院学报,2022,34(5):5.
② 贾海洋.适用非羁押性替代措施问题研究[J].检察调研与指导,2018(3):54.

题组所调研的大部分地区,取保候审的适用率均不超过40%。①二是取保候审的非相称性适用,这是指取保候审的适用过程对被追诉人造成了过度的负担。例如,有办案人员将取保候审变成变相结案的手段,对因证据不足而应当撤销的案件,并不直接作出撤销案件的决定,而是将案件搁置,等待取保候审期限届满才撤销案件。②毕竟取保候审是一种限制被追诉人人身自由的措施,这种将取保期限等同于办案期限的做法显然不恰当地增加了被追诉人的负担。

从目前来看,扩大取保候审的适用仍是改革的基本方向。随着轻罪时代的到来,认罪认罚被广泛使用,加上国家对社会控制能力的增强,为扩大取保候审的使用提供了良好的条件。同时,我们也需要降低实践中取保候审非相称性适用的可能性。这就需要对取保候审进行合乎比例的制度构建。基于现行取保候审存在的诸多问题,可以从以下方面入手:

(一)明确取保候审的权利属性

我国的取保候审在性质上是一种刑事强制措施,目的是限制被追诉人的人身自由,以保证办案机关收集证据,防止出现妨碍刑事诉讼的行为。在这一点上,它与西方国家的保释存在本质的区别。保释是一种权利,被追诉人可以主动申请适用,在受到侵害时则可以寻求司法上的救济,在目的上主要是确保被追诉人辩护权的充分行使。因此,我国的取保候审制度虽然可以替代羁押,但是一种缺乏"权利意识"的制度。《刑事诉讼法》第97条规定了被追诉人及其法定代理人、近亲属或者辩护人有权申请变更强制措施。有人据此认为,我国刑事诉讼法并未完全将取保候审作为一项被追诉人的义务,而是在一定程度上将其作为被追诉人的一项权利来规定的,因此,应当称其为"权利与义务结合于一体"的刑事强制措施。③但是,作为一项充分的权利,应当至少将权利的申请与救济同时包含在内,否则,无救济则无权利,必然使其徒具形式。所以,取保候审制度完善的要点,就是确立其权利属性,为其配置更加明确的权利请求和救济机制。

(二)扩大适用范围以提高适用比例

我国现行取保候审制度适用对象的范围较窄。根据刑事诉讼法和有关解释的规定,取保候审的适用必须建立在被追诉人涉嫌的罪行较轻(可能被判处管制、拘

---

① 郭烁.取保候审适用的影响性因素实证研究[J].政法论坛,2017,35(5):158.
② 李麒,郭冉.取保候审功能的异化与回归[J].南国法学,2024,3(1):179.
③ 薛宏伟.取保候审特征分析及完善建议[J].江苏警官学院学报,2004(2):52.

役或者独立适用附加刑)的基础上,即使是这些罪行较轻的情况,也是"可以"适用,而不是必须适用;同时,对特殊主体严格控制逮捕措施的力度不足。例如,《刑事诉讼法》第67条第2款规定,"对于应当逮捕的被追诉人,如果患有严重疾病,或者是正在怀孕、哺乳自己婴儿的妇女,可以采用取保候审或者监视居住的办法",这种特殊情况的例外规定采用的是"可以"的提法,完全受制于办案人员的自由裁量,不利于取保候审的优先适用。笔者认为,为了提高取保候审的适用比例,应当扩大取保候审的适用对象。在罪行方面,除杀人、抢劫、强奸、放火、投毒、爆炸、黑社会性质组织犯罪等严重危害社会治安和秩序的犯罪外,只要取保候审期间不会再犯新罪,不干扰证人作证,不逃避追究,就可以考虑适用取保候审。鉴于人们的认可度和社会的承受能力,可以考虑分步实施:首先,在未成年人、老年人、残疾人、妇女犯罪案件中适用。这些人的社会危险性相对小一些。其次,在过失犯罪案件中适用。过失犯罪人的主观恶性不深,社会危险性相对较小。最后,在轻罪和一般重罪案件中适用。对于案件证据已经固定,被追诉人认罪认罚的情况下应当尽可能适用取保候审措施。

(三)构建兼顾管控力度和权利保障的阶梯式取保候审执行体系

管控力度与权利保障是取保候审执行中的一体两面,两者看似矛盾,实质上可以相互促进。管控力度的加强会导致权利保障的提升,而权利保障的落实需要管控力度的加持。提升非羁押性措施的诉讼风险防控能力,是提高其适用率的最有效方法。司法实践中对可捕可不捕的情况,大多数审查人员会选择逮捕,主要原因是他们担心采取非羁押性强制措施会产生妨碍诉讼的风险。公安机关可以根据犯罪嫌疑人社会危险性的大小,对犯罪嫌疑人定期报到的周期频次和电子监控技术种类作不同的要求。为了防止电子监控技术的滥用,可以建立被追诉人社会危险性分级评价体系。具体的分级指标包括:罪行轻重、有无犯罪前科、认罪态度好坏、可能判处的刑期长短、本地有无固定居所、有无稳定收入、有无交纳保证金或提出保证人等因素,在此基础上根据社会危险性大小来决定取保候审的执行方式。对社会危险性较小的被追诉人,只要求其定期到公安机关报到即可,无须附加电子监控措施,且报到的周期频次可以根据社会危险性大小有所区分;对社会危险性较大的被追诉人,除了要求其定期到公安机关报到外,还可以附加电子监控手段,所适用电子监控措施的种类也可以根据社会危险性的大小有所区分。[①] 这样,对被追诉

---

① 李永航.推进非羁押强制措施适用的路径和策略[J].广西政法管理干部学院学报,2024,39(3):77.

人的自由限制呈现由弱到强的阶梯式变化,颇为贴合比例构造的原理。

(四) 丰富和完善担保方式并增加某些限制条件,以增强取保候审的灵活性和针对性

担保方式是取保候审落到实处的重要保障。现行担保方式存在一定的局限性,需要从以下几个方面加以改进:

1. 扩大保证人担保的适用

刑事诉讼法设定了保证金担保与保证人担保两种形式,但实践中保证人担保的适用越来越少,这与社会形态由"熟人社会"向"陌生人社会"转型有关。但一律适用保证金担保会给贫穷被追诉人带来过度的负担,降低其被取保的可能性。在此,可以借鉴西方商业保释制度,结合中国国情特点,实行由社会团体、基层组织和特定的"管护基地"来担保的制度。[1]

2. 增强保证金担保的灵活性

《公安机关办理刑事案件程序规定》第88条规定,保证金应当以人民币交纳,保证金的形式十分单一。应当允许被追诉人以有价证券、动产、不动产等财产形式提供担保,可以试行虚拟财产作为保证金的方式。[2] 在支付方式方面,除银行交付现金外,可以开通其他交付方式,如电子转账、二维码交付等。[3] 这些灵活的交付方式有助于扩大取保候审的适用。

3. 引入新的担保方式

对犯罪情节轻微、违反取保候审可能性较小但无法提供保证人和保证金的被追诉人,可以采用具结保证的方式。[4]

4. 有限制地许可保证金担保与保证人担保并用

《公安机关办理刑事案件程序规定》第84条规定,对同一犯罪嫌疑人,不得同时责令其提出保证人和交纳保证金。这一规定的目的在于防止实践中出现滥用这种合并担保形式,本意良好,但不排除在某些特殊的案件中,需要两种担保的合并才能取得效果,并避免直接适用羁押,或者片面地提高保释金的数额。因此,笔者认为应当有限制地许可这两种担保的并用,由办案部门按照比例原则的要求加以

---

[1] 杨雄. 商业保释制度研究——兼及对我国的借鉴意义[J]. 湖南社会科学,2016(3):91.
[2] 刘梅湘,孙明泽. 从保证方式看取保候审制度的完善[J]. 华北电力大学学报(社会科学版),2019(1):84−95.
[3] 蒋玲娟,何晓兰. 取保候审保证金执行中的问题和对策[J]. 上海公安学院学报,2020,30(5):63.
[4] 田文昌,陈瑞华. 《中华人民共和国刑事诉讼法》再修改律师建议稿与论证[M]. 北京:法律出版社,2007:355.

适用。

5. 增加限制性条件的适用

当适用取保候审的理由不够充分,司法人员对犯罪嫌疑人被取保候审后的行为抱有疑问时,可以对犯罪嫌疑人附加一些限制性条件。条件的设定可以采取限制条件法定主义与限制条件裁量主义相结合的方式。在现行《刑事诉讼法》已规定条件的基础上,还可以增加新的类型,如停止某些职业活动或社会活动,服从某些检验、治疗和康复措施(如戒毒治疗等)等;同时,应当赋予司法人员一定的自由裁量权,使其有针对性地适用限制条件,在提高取保候审适用有效性的情况下避免对犯罪嫌疑人合法利益的过度侵害。

(五)制约保证金担保中的过度行为

1. 避免收取过高的保释金

不得收取过高的保释金是联合国《公民权利和政治权利国际公约》中明确规定的权利,该权利直接体现了比例原则的要求。保释金事关被追诉人或其亲属的财产权。收取过高的保证金将使很多被追诉人由于不能支付高额保证金而无法获得取保候审,受到不恰当的羁押,这背离了比例原则的要求。保释金收取的一般原则应当是,保释金的金额应当与被追诉人所犯罪行的严重程度,以及保释后被追诉人逃避刑事诉讼的风险和重新犯罪的可能性大小相适应。我国保证金数额的规定只是明确了1 000元的最低限额,没有规定最高限额。受没收保证金的经济利益驱动,某些地区的办案机关对被追诉人课以较高的保证金,一旦被取保人违反规定,就没收保证金。还有的办案机关借收取高额保证金拒绝被追诉人的取保候审。实践中也有因被追诉人强调经济困难而只收了1 000元,削弱了对犯罪嫌疑人的制约作用,从而造成脱保现象。① 地方司法机关为了防止办案人员收取过高的保证金,开始探索规制的路径。有些地方按照被追诉人涉案金额的大小确定收取保证金的比例,尽管这种做法缺陷很多(如忽略了嫌疑人罪行的严重程度),但基本符合比例原则,对之可以加以改造,以为实务部门提供操作性标准。考虑到不同地区的经济发展水平和公民收支存在差异,司法机关可以结合本地区的实际情况,制定切实可行的实施办法或细则,编制轻重不同的犯罪与保证金之间的对应表,同时允许办案人员根据案件和被追诉人具体情况作出适当调整。此外,还应对保证金的上限在立法上作出统一的、明确的数额限定,以利于操作,并体现对被追诉人的公平对待。

---

① 蒋玲娟,何晓兰.取保候审保证金执行中的问题和对策[J].上海公安学院学报,2020,30(5):63—68.

同时,应考虑保证金担保与其他担保方式的协同作用,如果所确定的保证金数额难以取得效果,就可以附加其他条件,而不必过度收取保证金或直接羁押。

2. 防止随意没收保证金

一般情况下,只要被追诉人遵守取保候审有关规定,在取保候审期满后,办案机关所收取的保证金就应及时退还,只有在当事人违反了取保候审规定时,才对其保证金予以没收。这意味着,执行机关应当根据被取保候审人违反法定义务的不同情况来决定是否没收保证金以及没收的数额。但在实际执行中,一些地方的公安机关往往不考虑具体情况就全部没收,没有体现没收方式与违法行为之间的相称性;更有甚者为了没收保证金,多次没有实质内容地传讯犯罪嫌疑人,一旦其不按时到场就没收其交纳的保证金。① 这些都是对没收保证金权力的非相称性行使,应予纠正。针对前一种情况,可以在立法上对保证金的没收作出更加明确的程序性规定,根据被取保候审人违反法定义务的不同情况,决定没收保证金的比例。针对后一种情况,应当明令禁止,通过强化监督和赋予被追诉人救济权利来加以规制。

(六)加强对取保候审适用的法律监督

现行《刑事诉讼法》对取保候审的适用采取"可以取保"的正向规定形式,公检法机关在是否适用取保候审的问题上拥有很大的自由裁量权,且在执行取保候审时没有严格的监督制约措施。虽然从理论上说,取保候审系检察监督的事项之一,但由于观念上认为取保候审属于轻型的强制措施,甚至被认为是对被追诉人的一种优待,因此对取保候审适用的法律监督并没有得到应有的重视。2022年9月21日,最高人民法院、最高人民检察院、公安部、国家安全部联合发布了《关于取保候审若干问题的规定》,促进了取保候审执行的规范化,也强化了执行机关对被取保候审人的监督与考察,以及保证人对被取保候审人遵守取保候审管理规定情况的监督。但是,在对取保候审进行执行监督方面仍然存在不足。加强对取保候审适用的法律监督,是完善取保候审制度、提高其运行合理性的关键环节。鉴于我国检察机关既是法律监督机关,又是法定的批捕机关,取保候审的执行监督应当由检察机关主导。检察机关应当受理利害关系人的申诉和复议申请。对应当取保候审而没有取保候审的,或者不应当取保候审而适用取保候审的,或者在适用取保候审时有违反法律规定或者比例原则的,被取保候审人及其法定代理人、近亲属、辩护人

---

① 李忠诚.论取保候审制度的完善[J].中国刑事法杂志,2003(6):76.

有权向检察机关提出申诉、复议申请,检察机关应当就相关事项进行专项监督,对申诉、复议申请作出适时回应。

三、监视居住制度的完善

在我国刑事强制措施中,监视居住历经多次存废之争,无疑是最受争议的一项,指定居所监视居住更是被指责为刑讯逼供的"温床",甚至是"刑诉法之耻"。笔者将从比例构造原理的角度来讨论监视居住制度的存废与完善问题。

(一)2012 年《刑事诉讼法》:监视居住特殊诉讼功能的彰显

监视居住是指公检法机关在刑事诉讼过程中依法将被追诉人限制在其住处或指定的区域,不准其擅自离开,并对其活动予以监视和控制的一种强制方式。在我国处分自由型强制措施体系中,监视居住是介于取保候审与羁押之间的一种非羁押性措施。在 2012 年修改《刑事诉讼法》前,就有学者提出,监视居住并无存在价值,应当予以废除。① 当时,在理论上,监视居住较少为学界所关注;在实践中,监视居住较少为公安司法机关所采用。导致这一局面的主要原因之一在于,1996 年《刑事诉讼法》对监视居住定位不清,使监视居住丧失了在刑事强制措施体系中的比例性功能。按照当时的法律规定,监视居住与取保候审具有相同的适用条件和适用对象。② 凡是能适用监视居住的,都可以适用取保候审;凡是能适用取保候审的,都可以适用监视居住。这使监视居住处于可有可无的尴尬境地。而在适用中,执行机关可以采取两种监视居住方式:一是将被追诉人置于其固定住处;二是被追诉人无固定住处的,对其采取指定居所的监视居住方法。③ 对于前者,执行机关囿于人力、物力和条件的限制,往往只能对被追诉人进行定期或不定期的监视,或者要求其自行向执行机关汇报。这样,被监视居住人实际上并未受到严格的监控,其"待遇"在很大程度上等同于取保候审,而且,由于没有提供保证人,也无须交纳保证

---

① 程荣斌,赖玉中.论废除监视居住的理由[J].河南省政法管理干部学院学报,2010,25(4):53-58.江涌.监视居住:异化及废止[J].江苏警官学院学报,2009,24(4).余辉胜.现行监视居住制度的隐忧与省思[J].西南政法大学学报,2007(6).

② 1996 年《刑事诉讼法》第 51 条规定,人民法院、人民检察院和公安机关对于有下列情形之一的犯罪嫌疑人、被告人,可以取保候审或者监视居住:(1)可能判处管制、拘役或者独立适用附加刑的;(2)可能判处有期徒刑以上刑罚,采取取保候审、监视居住不致发生社会危险性的。

③ 1996 年《刑事诉讼法》第 57 条规定,被监视居住的犯罪嫌疑人、被告人应当遵守以下规定:(1)未经执行机关批准不得离开住处,无固定住处的,未经批准不得离开指定的居所;……

金,因此其所受到的限制反而小于被取保候审人。此时的监视居住成了一个比取保候审约束力更弱的强制措施。对于后者,法律并未明确界定什么是"指定的居所",因此,执行机关常常在内部设立的有关场所对被追诉人进行监视居住,这极易被操作成变相拘禁,在强制力上又与拘留、逮捕无异,如果再考虑到监视居住期限较长等因素,监视居住甚至在强制力上会超过拘留、逮捕,这与监视居住的法律性质是不相符的,无怪乎一些学者提出废除监视居住的主张。

2012年《刑事诉讼法》对监视居住进行了重新定位:(1)将监视居住明确定位为逮捕的替代措施,在适用条件和适用对象上不再与取保候审混淆不清,而是直接适用逮捕条件,即监视居住适用于虽符合逮捕条件,但因案件的特殊情况或者办理案件的需要,采取监视居住措施更为适宜的情形,如患有严重疾病、生活不能自理的,怀孕或者正在哺乳自己婴儿的妇女,系生活不能自理的人的唯一扶养人,以及羁押期限届满,案件尚未办结,需要采取监视居住措施的。(2)将监视居住明确定位为取保候审与逮捕之间的过渡环节。监视居住作为取保候审的补充措施,与取保候审衔接起来,即对于符合取保候审条件,但被追诉人不能提出保证人,也不能交纳保证金的,可以监视居住。如果被取保候审的被追诉人违反法定义务,就应区别情形,责令其重新办理取保候审手续,或者监视居住,予以逮捕;如果被监视居住的被追诉人违反法定义务,情节严重的,就可以予以逮捕。这样,监视居住的法律定位就获得了更加清晰的界定。

首先,监视居住虽然与取保候审同为限制人身自由的强制措施,但它作为逮捕的替代措施,对自由权的限制强度更大。(1)人身自由活动的空间方面:被监视居住人只能在其"住处"或公检法机关为其指定的"居所"自由活动;未经执行机关批准,不得擅自到"住处"或指定"居所"外自由活动。(2)人身自由活动的内容方面:被监视居住人不得自由会见"他人";若要会见"他人",则必须经负责执行的公安机关批准。(3)人身自由活动的状态方面:被监视居住人受到了更多的约束。2012年《刑事诉讼法》规定执行机关可以采取电子监控、通信监控、不定期检查等监视方法对被监视居住人进行监督,并增设被监视居住人应当将身份证件、旅行证件、驾驶证件交执行机关保存的资格限制规定。

其次,监视居住的特殊诉讼功能得到彰显。与取保候审不同,被监视居住的被追诉人不仅需要交存出入境证件、驾驶证件,而且必须将身份证件交由执行机关保存。这属于监视居住的特定要求,增强了对被监视居住人的控制力度。在程度上,监视居住与取保候审虽然都是对人身自由的"限制"措施,但前者的限制程度高、限制范围广,因而强度更大。与羁押相比,监视居住则是一种相对轻的强制措施。毕竟,它只是限制被追诉人的人身自由,被监视居住人仍然保有一定的活动空间和行动自由。而羁押是对人身自由的完全剥夺,被羁押者没有自主的活动空间。监视居住还能避免因被羁押在看守所而产生的犯罪人之间的"交叉感染"等消极影响,在生活条件等方面也比逮捕更为人道化。曾有学者主张明确将监视居住界定为剥夺人身自由的措施,以避免执行中的尴尬①,其实这并不妥当,因为这会使监视居住与羁押措施混淆不清。

(二)立法比例性的增强与实践中的异化适用

单从立法文本的分析来看,2012年《刑事诉讼法》强化了监视居住的独特性质,从而使强制措施体系的比例性特色得到提升。首先,将监视居住与取保候审区分开来,形成了拘传→取保候审→监视居住(住处监视居住→指定居所监视居住)→拘留→逮捕的强制措施体系,层次序列性更加明晰。其次,增加了取保候审、监视居住这些非羁押性措施的监控力度,这虽是顾及办案需要的举措,但在效果上易于扩大非羁押性措施的适用,体现了追诉犯罪与保障人权之间的比例性平衡。

尽管立法比例性有所增强,但相应的配套规定并没有跟上,难以给司法实务提供明确的指引和约束。正如笔者曾经指出的,"2012年《刑事诉讼法》规定了指定居所监视居住,但对具体地点、监控方式规定得不尽合理,实务中极有可能产生密度过大的监控,加之最高人民法院、最高人民检察院和公安部分别规定各自对犯罪嫌疑人采取监视居住措施的期限不超过6个月,这样可能导致这种强制措施在强度上超过羁押性措施,这是对比例原则的实质性违反"②。法律规定的不完善导致了司法实务的滥用风险,也背离了比例构造的初衷。

在司法实践中,监视居住的适用出现了一系列问题。通过实证研究,学者发现,在五种强制措施中,监视居住的适用率是最低的,在监视居住与逮捕的择用上,其适用比例远远不及逮捕,监视居住并不是办案机关经常考虑适用的强制措施,只有在羁押期限届满,不能再继续羁押的情况下,才被迫适用监视居住。③ 这似乎表明监视居住的替代羁押功能并没有得到有效发挥。最为严重的问题是指定居所监视居住的"羁押化"甚至"超羁押化",其执行方式出现了异化现象。执行人员对被

---

① 潘金贵.监视居住保留论:反思与出路[J].人民检察,2007(14):16.
② 秦策.比例原则在刑事诉讼法中的功能定位——兼评2012年《刑事诉讼法》的比例性特色[J].金陵法律评论,2015(2):224.
③ 刘梅湘.预期目标与理性检视:监视居住的实证研究[J].中国刑事法杂志,2021(3):104.

追诉人实行24小时全天候监视,与被追诉人共同居住,监视居住于是从"羁押替代措施"异化为"变相羁押措施"。① 这种现象与监视居住的非羁押性质相背离。由于指定居所监视居住的封闭性和秘密性,因此执行过程中缺少制约与监督,一些办案人员为了获取口供,甚至对犯罪嫌疑人实施刑讯逼供。据《南方周末》报道,2019年江苏靖江市的一名犯罪嫌疑人夏某在指定居所监视居住期间因摄入不足等原因导致韦尼克脑病,被评定为重伤一级;2022年河北省石家庄男子暴某被执行指定居所监视居住13天后死亡。② 由此可见,指定居所监视居住已异化为比羁押更严厉的"超羁押措施"。

(三)改良或废除:监视居住制度的反思

鉴于监视居住在实践中暴露出来的问题,理论界和实务界开始对这项制度进行全面反思。尤其是针对指定居所监视居住,在观点上出现了"改良派"与"废除派"之争。"改良派"主张通过制度改良,使指定居所监视居住回归非羁押属性,"既然指定居所监视居住是一项非羁押措施,就应明确不得在监视居住之指定居所安排'看守'或者履行类似职责的人员,避免将指定居所看守所化"③。"废除派"则认为,指定居所监视居住的实际执行效果比逮捕更严厉,现行制度下很难找到制约、审查手段,且这种弊端是制度性的。所有"改良"构想都已被证明为立法的一厢情愿。④ 鉴于此,应当在刑事诉讼法再修改时恢复监视居住原有的非羁押性质和适用程序。⑤ 在"废除派"阵营内,还有更极端的观点,即不仅主张废除指定居所监视居住,而且要求全面废除监视居住制度。⑥ 一些学者还为监视居住制度的废除提出了替代方案,即借鉴域外附条件保释制度,对取保候审措施的适用条件、执行方式予以修改完善。除现行《刑事诉讼法》第71条第2款规定的条件⑦外,还应增设其他约束性手段,以增强取保候审措施的管控能力,如要求被追诉人的手机内安装"非

---

① 李永航.推进非羁押强制措施适用的路径和策略[J].广西政法管理干部学院学报,2024,39(3):77.
② 韩谦.多起死亡事件背后:"指居"走样,陷存废之争[EB/OL].(2024-07-20)[2024-08-10]. https://www.infzm.com/contents/275548?source=131.
③ 张建伟.指定居所监视居住应回归非羁押属性[N].上海法治报,2024-03-25(B1).
④ 郭烁.论作为"超羁押手段"的指定居所监视居住制度[J].武汉大学学报(哲学社会科学版),2016,69(6):119.
⑤ 卞建林.我国刑事强制措施制度完善的初步思考[N].上海法治报,2024-03-20(B3).
⑥ 韩谦.刑诉法四修在即,专家建议废除"指居"制度[EB/OL].(2024-08-04)[2024-08-10]. https://www.infzm.com/contents/276524.
⑦ 《刑事诉讼法》第71条第2款规定,人民法院、人民检察院和公安机关可以根据案件情况,责令被取保候审的犯罪嫌疑人、被告人遵守以下一项或者多项规定:(1)不得进入特定的场所;(2)不得与特定的人员见面或者通信;(3)不得从事特定的活动;(4)将护照等出入境证件、驾驶证件交执行机关保存。

"羁码"定位软件、佩戴电子定位器械,对社会危险性相对较大的犯罪嫌疑人,还可以进一步限制和压缩其活动范围,如不得离开所居住的村庄、社区或街镇。①

在笔者看来,指定居所监视居住适用中出现的乱象令人痛心,但不能将指定居所监视居住甚至监视居住简单归结为"恶法",相反,对这项制度应当进行理性的评估。首先,从立法意图来看,设立监视居住并非立法者随意或者恣意立法的结果。② 其次,从客观效果来看,难说这一定是一种在本性上难以修正的强制措施。在刑事诉讼法体系中,所有诉讼措施都不是孤立存在的。指定居所监视居住适用中的乱象固然有其本身规定不完善的缘故,但问题是:现有的规定都得到遵守了吗?应有的司法监督发挥作用了吗?检察监督到位了吗?司法实践中的"锅"是不能全部由立法来背的。从立法和司法互动关系合理化的角度来看,如果现有司法措施(包括法律解释、相互监督等)能够解决问题,那么,未必要直接动用立法资源。

从比例构造的角度,监视居住是否有存在的必要,主要看其能否在强制措施的比例体系中具有"手段上的独特性",即具有不可取代的诉讼功能。在司法实践中,刑事案件纷繁复杂,每个案件都有自身的特点,涉及各种类型的被追诉人。有的案件对被追诉人采取取保候审可能失之过宽,不足以防止发生社会危险性,但采取逮捕措施可能失之过严或尚不具备条件,在此情况下,监视居住就成为处于中间地带的适当选择。这样看来,监视居住是具有独特的诉讼价值的。监视居住对被追诉人还具有独特的针对性,这表现在:在刑事诉讼实践中,对有的被追诉人,应当优先适用监视居住;对有的被追诉人,虽然具备取保候审的条件,但因不能提出保证人或提供保证金而无法适用取保候审,不得不适用监视居住,对一些已适用取保候审的被追诉人,因其在取保候审期间违反应遵守的法律规定而可以改用监视居住;从强制措施变更的角度来看,如果取保候审期间届满但又不宜逮捕的,变更为监视居住是唯一的选择。

可见,在完整的强制措施体系框架中,没有哪一项强制措施能取代监视居住。取消监视居住的观点并不可取,因为这将导致在取保候审和逮捕之间失去一种必要的缓冲机制。有学者提出用附条件取保候审来取代监视居住,但实际上从类型学的角度来看,监视居住甚至指定居所监视居住本质上就是附加了特定条件但无须取保的候审措施。因此,即便我们采纳了附条件取保候审制度,也存在规范和制

---

① 李永航.推进非羁押强制措施适用的路径和策略[J].广西政法管理干部学院学报,2024,39(3):77.
② 万毅.论我国刑事强制措施体系的技术改良[J].中国刑事法杂志,2006(5):70.

约的问题。这与对监视居住的规范和制约并没有实质性的区别。所以,针对当前监视居住运行中的乱象,关键是如何给予监视居住清晰而明确的定位,并加以必要而有效的制约,使之体现比例设置的意旨。

(四)监视居住制度的改良与完善

笔者认为,对当前指定居所监视居住适用中的乱象应当进行综合治理:一方面,应当用足已有的法律规定和司法措施,对监视居住的适用进行有效的法律监督;同时,对在指定居所监视居住期间实施刑讯逼供的办案人员应当依法追究行政责任、民事责任和刑事责任。另一方面,应当立足于对监视居住性质的正确认知,对现有监视居住措施相关规定的不足进行反思和改良。

1. 明确监视居住措施"非羁押性"与"羁押性"的双重性质

对于监视居住的性质,学界已多有讨论,并基本认同它是一种非羁押措施或者羁押替代措施,尤其是指定居所监视居住,被认定为一种"准羁押"措施。[①] 这些共识明确了监视居住的"非羁押性",对这一性质的认识有助于正确确定对被追诉人在监视居住的处遇,即其自由受限程度低于羁押状态。但是这个单一性质的认知因过于扁平化而没有体现监视居住的复杂性,即它还具有"羁押性"的一面。根据《刑事诉讼法》第 74 条的规定,人民法院、人民检察院和公安机关对符合逮捕条件的犯罪嫌疑人、被告人,才能适用监视居住。这意味着,专门机关应当依逮捕的条件和程序要求对监视居住的适用进行审查和过程控制,即批准适用监视居住应当按照批准逮捕的条件,适用监视居住也须按照逮捕程序的要求进行过程中的控制,并且根据案情和社会危险性的变化及时变更。

2. 指定居所监视居住场所的设置应当契合自由处分型强制措施的比例序列

指定居所监视居住场所是被追诉人在被采取监视居住时的活动范围,对其合理设置是监视居住发挥应有功效的重要条件之一。这一场所的设置不宜过大,自由度过大会给执行机关带来执行难度,使监视居住难收功效;同时,这一场所的设置也不能过小,太小则容易演变成变相羁押,无论是人身自由还是活动空间,被指定居所监视居住人的都应当比被羁押的被追诉人的更大一些。[②] 为此,可以仿照英

---

① 谢小剑,朱春吉.公安机关适用指定居所监视居住的实证研究——以 5 955 个大数据样本为对象[J].中国法律评论,2019(6):74—87.

② 陈光中.《中华人民共和国刑事诉讼法》再修改专家建议稿与论证[M].北京:中国法制出版社,2006:368.

国的保释旅店①来设置"专门场所"。我们应在立法上明确专门场所的性质不是看守所,而是具有一定的活动范围、面积较大的场所。它仅仅是限制被追诉人的人身自由,而不是剥夺其人身自由,整个场所内可以安装监控设施,也可以采取社会化管理的方式,还应当尽可能具体明确专门场所的规格、条件,保障场所内有充足的活动空间,能够满足正常的生活需要。

3. 依逮捕要求对监视居住的适用进行审查和过程控制

根据《刑事诉讼法》的规定,只有符合逮捕条件的犯罪嫌疑人、被告人,才能适用监视居住,这是监视居住"羁押性"的一种体现,因此,应当依逮捕要求对监视居住的适用进行审查和过程控制。首先,指定居所监视居住的审查决定应当实行审查与执行相分离。在现行制度下,公安机关既有决定权,又有执行权,这样既不利于有效监督,也与检察机关的批准逮捕权相冲突。"是否符合逮捕条件"应该由检察机关来判断,这是刑事诉讼职权的基本分工。但考虑到监视居住的"非羁押"性质,固定住处监视居住的决定权可由公安机关行使,但指定居所监视居住的权限应当重新设置,由公安机关提请同级检察机关审查决定;同时,检察机关应当对被追诉人是否符合羁押条件进行定期审查,不再符合羁押条件的,应及时变更强制措施。其次,在过程控制方面,对指定居所监视居住应当明确规定"居审分离"的要求,即对被监视居住的犯罪嫌疑人的讯问不得在指定的居所进行②;同时,应当严格限制讯问时间,不得连续讯问犯罪嫌疑人,以保证其拥有充分的休息时间;在讯问过程中应当实行同步录音录像,防止指定居所监视居住期间出现刑讯逼供。

4. 对被监视居住人的权利在必要限制的基础上加强保障

对被监视居住被追诉人的权利,既要增加限制,又要加强保障。

在增加限制方面,应规定被监视居住的被追诉人,除了现行《刑事诉讼法》第77条的有关规定外,还应当遵守:(1)未经执行机关批准不得与近亲属和辩护人以外的他人通信;对经批准的通信,执行机关可以检查。(2)接受执行机关对其行踪的电子监控。(3)被监视居住人会见近亲属和辩护人以外的其他人应经执行机关批准,执行机关还可以派员在场监听。这是防止被追诉人使用通信手段,或利用与他

---

① 英国没有监视居住这项强制措施,但其在20世纪90年代建立了一种特定的保释旅店,专为附条件保释而开设,即将"专门场所"作为一项附加条件,被保释的被告人必须居住在特定的保释旅店中。

② 刘梅湘. 预期目标与理性检视:监视居住的实证研究[J]. 中国刑事法杂志,2021(3):104. 2015年最高人民检察院《人民检察院对指定居所监视居住实行监督的规定》第4条也有此规定:"指定的居所应当具备正常的生活、休息条件,与审讯场所分离;安装监控设备,便于监视、管理;具有安全防范措施,保证办案安全。"

人见面、交谈的机会,实施串供、毁灭证据或其他妨碍刑事诉讼的行为。

在加强对被追诉人权利的保障方面,应在刑事诉讼法中明确规定下列权利:(1)执行机关应及时将被追诉人被监视居住的有关情况和理由、执行监视居住的地点等事项通知其近亲属。(2)在没有第三人在场且不受监听的条件下,随时会见其辩护人、近亲属。(3)通过电话、邮件等途径与其辩护人、近亲属联系不受非法干涉。(4)被监视居住人不服监视居住决定的,本人及其法定代理人、近亲属、辩护人可以依法定程序提出申诉等。

5. 重新设定监视居住的最长时间

根据现行《刑事诉讼法》第 79 条的规定,监视居住最长不得超过六个月。此规定本身不够严谨和明确,直接导致了司法解释和行政规章的自行解释。在公检法的相关解释性法律文件中,这一期限被理解为每一个办案机关单独适用监视居住的期限最长不得超过六个月,这是非常不合理的。鉴于刑事诉讼涉及侦查、起诉、审判三个阶段,笼统地规定监视居住时间是不恰当的,最好在立法上以统筹的方式依不同阶段分别设定监视居住时间,对侦查、起诉和审判阶段的监视居住期限分别作出规定,这样更具有可操作性。鉴于监视居住较严厉,较取保候审,其适用时间应当相应缩短,同时兼顾办案需要,具体的设置可以比羁押期限稍长,可规定侦查期间监视居住的时间不得超过三个月;特殊情况下,经过上一级人民检察院批准,可以延长一个月;审查起诉期间、审判期间监视居住的时间不得超过办案期限。

6. 加强检察机关对指定居所监视居住的专项监督

人民检察院作为法律监督机关,监视居住的决定与执行自然应当在其监督范围内。加强检察机关的专项监督是治理当前监视居住执行乱象的可行路径。对此,可以采取定期常规监督与专案监督相结合的方式对指定居所监视居住的执行进行专项监督。定期常规监督是指派驻检察员深入现场,对指定居所监视居住执行情况进行监督检查,具体方式包括:查看立案决定书、指定居所监视居住决定书、执行通知书等,重点核查相关法律文书是否齐全;实地查看监视居住指定场所的基础设施、监控设备等;与个别被监视居住人谈话,重点询问被监视居住人的生活、休息、饮食、会见、通信等合法权益是否得到保障;调查了解是否存在刑讯逼供、体罚虐待等违法情形。定期常规监督旨在从预防的角度排除指定居所监视居住执行活动中存在的风险隐患。专案监督则是检察机关发现执行过程中出现违法行为时可以责令公安机关停止违法行为并提出相关整改意见,及时对强制措施进行变更或解除,最大限度地保护被监视居住人的合法权益。2024 年 4 月,最高人民检察院发布第五十三批指导性案例,聚焦刑事立案监督和侦查活动监督,其中一则涉及指定居所监视居住的侦查监督。在该案中,犯罪嫌疑人在指定居所监视居住期间遭遇殴打及饥饿、疲劳讯问,经检察机关侦查监督,非法证据被排除,涉刑讯侦查人员被依法追究刑事责任。[①] 加强检察机关对指定居所监视居住的专项监督,不仅能够更好地保护被监视居住人的合法权益,而且是维护这项制度正常有效运行的可行路径。

[①] 刘甲、刘乙恶势力犯罪集团侦查活动监督案(检例第 215 号)。

第五章

刑事侦查程序的比例设置

在刑事诉讼程序中,立案、侦查、起诉、审判和执行各个阶段环环相扣,各有其重要性和价值,但侦查程序的基础性作用是至关重要的。传统上,一些西方国家并不将侦查程序作为一个独立的诉讼阶段,而只是作为审前程序的环节,但晚近以来它的独立性得到越来越多的认可。[1] 然而,重视侦查程序并非旨在片面加大侦查机关的权限,而是要细致地剖析其中的侦查权力与公民权利之间的紧张和冲突关系,通过合乎比例构造的制度设置,防止出现不当侵犯犯罪嫌疑人人权的危险。由于刑事侦查措施是构筑侦查程序的"基本细胞",因此,本章的分析围绕这一概念展开。

第一节 刑事侦查措施的体系性完善

一、价值张力之间的侦查措施

侦查程序的重要性在于它是发现和收集证据,查明犯罪事实和查获犯罪嫌疑

---

[1] 例如,德国学者克劳思·罗科信指出:"刑事诉讼程序的第一阶段是侦查程序。"(克劳思·罗科信.德国刑事诉讼法[M].吴丽琪,译.北京:法律出版社,2003:354.)日本学者井户田侃认为:"侦查程序并不单是公审程序的准备阶段,其本身就是一个独立的目的、独立的程序。"(井户田侃.辩护人的地位和权限[J].郭布罗润麒,译.法学译丛,1980(4):37—44.)我国台湾地区学者林山田指出:"不宜将侦查程序视为审判程序之准备程序,……侦查在刑事程序中,亦与审判同样重要。"(林山田.刑事程序法[M].4版.台北:五南图书出版公司,1990:472.)

人的关键阶段,公诉与审判所使用和依凭的证据大多来自侦查程序的收集。侦查任务需要通过一定的侦查行为来实施和完成,因而立法上的侦查措施以及支撑这些侦查措施的侦查权构成了侦查程序的基本内容。

在我国刑事诉讼法中,侦查又称"专门调查工作",即刑事诉讼法所规定的,侦查机关为收集证据、查明犯罪而进行的调查工作和有关的强制性措施;侦查权则是侦查机关依法开展专门调查工作和采取有关强制性措施的权力。相比于其他诉讼,刑事诉讼中国家权力的运用具有主动性、普遍性和深刻性,这一点在侦查环节最为典型。在侦查活动中,为了及时获取犯罪证据和查获犯罪嫌疑人,侦查机关往往主动干预社会生活,单方面限制个人的基本权益和自由。法律也因此赋予了侦查机关灵活多样的调查手段和强制权力。侦查机关不仅可以采取公开侦查、任意侦查的方式,而且在符合法律规定的条件时可以采取秘密侦查、强制侦查的方式。

充分而有效的侦查权是实现侦查程序目的的内在需要。时至今日,已没有人将"报复"或"复仇"看成侦查行为的目的。[①] 一般认为,侦查行为的基本目的主要在于"发现"和"保全"。首先是发现和保全证据,采用讯问犯罪嫌疑人、询问证人、勘验检查、扣押书证物证、鉴定等手段,收集、调取犯罪嫌疑人有罪或者无罪、罪轻或者罪重的各种证据,查明犯罪的性质、时间、地点、动机、目的、手段、结果等案件情况。其次是发现和保全犯罪嫌疑人,通过各种侦查手段,获得有关犯罪嫌疑人的线索和罪证,为采取强制措施或进一步侦查创造条件,如对隐匿的犯罪嫌疑人进行搜查;收集的证据符合逮捕要求,可以成为逮捕犯罪嫌疑人的先决条件;应当逮捕的犯罪嫌疑人如果在逃,则发布通缉令,将其追捕归案。这两项目的是相辅相成,缺一不可的。如果只是查清了犯罪事实,但犯罪嫌疑人却在逃,就只能中止诉讼,刑事诉讼程序无法顺利推进;如果只是查获了犯罪嫌疑人,收集的证据却达不到证明要求,就只能按照无罪推定的要求释放犯罪嫌疑人。无论何种情形,都不可能达到侦查的目的,起诉和审判也难以顺利展开。只有在实现这两项基本目的的基础上,才能完成其他更为"高端"的目的和任务,如保障无罪的人不受刑事追究、先行滤筛出不可能作出有罪裁判的案件等。为了达到侦查活动的目的,侦查措施需要取得一定的效果,侦查措施的有效性是刑事诉讼成功的保障。而要使侦查活动具有必要的有效性,就必须在立法上赋予各种侦查措施一定的强度和力度。

---

① 19世纪,被誉为"刑事侦查学之父"的奥地利人汉斯·格罗斯(Hans Gross)在其著作《司法检验官手册》中指出:"刑事侦查行为是一种报复行为,无非是要求刑警以复仇的精神提高效率。"邹明理. 侦查与鉴定热点问题研究[M]. 北京:中国检察出版社,2004:152.

侦查活动的有效性是建立在国家强制力的基础上的。《刑事诉讼法》第108条第1款将"侦查"界定为与"有关的强制性措施"合并适用的"专门调查工作"。侦查行为本是国家强制力的一种运作，公民对依法行使国家权力的侦查行为有服从的义务，拒不服从的，将受到追究或制裁。当侦查机关依法实施侦查措施，尤其是强制性侦查措施时，公民需要承担一定的忍受义务。如果公民对抗侦查机关依法实施的侦查措施，就会导致不利的法律后果。侦查措施的强制性并不意味着所有侦查措施都一定要通过强制手段实施。某些侦查措施可以在取得公民同意的前提下实施。然而，即使是任意侦查的情况下，国家强制力其实也处于蓄势待发的状态。侦查措施不具有强制性，就难以保障国家权力的顺利行使。

基于侦查措施的强制特征，侦查措施可以成为国家机关追诉犯罪的有效工具，但也存在因其强制性而侵害公民权利的可能。"侦查行为越是要求通过强制手段保证其成效，侵犯相对人的私生活领域的基本权利的可能性也就越大。"[1]根据克劳思·罗科信的看法，可能侵害公民基本权利的侦查行为不胜枚举。例如："为勘验其心神状态所令入精神病院之处分、人身搜索、照相及暂时性的扣押驾照"等是对人格自由权的侵犯；"抽验血液、脑波测验"等是对生理不得侵犯之权利的侵犯；"公家对物之保全行为，亦即所谓的扣押"是对财产权的侵犯；"对住宅、处所之搜索"是对住宅权的侵犯；"设置缉捕网络追缉、栅网追缉、数据比对、科学仪器之使用、布建秘密侦探"是对信息自主权的侵犯；一些侦查行为还有可能侵犯邮电通信秘密权等。[2]

刑事侦查措施的行使常常伴随着对公民基本权利和诉讼权利的限制与侵犯，择例简析如下：(1)讯问。讯问犯罪嫌疑人是指侦查人员以言辞的方式，依照法定程序，就案件事实和其他与案件有关的情况，对犯罪嫌疑人进行讯问的一种侦查行为。这一侦查行为涉及犯罪嫌疑人的人身自由权、不受强迫自证其罪的权利、自愿陈述的权利，如果在讯问过程中实施了刑讯逼供，则涉及犯罪嫌疑人的生命健康权和人格尊严；此外，讯问行为还可能涉及犯罪嫌疑人获得律师帮助的权利。(2)搜查。搜查是指侦查人员依法对犯罪嫌疑人以及可能隐藏罪犯或者犯罪证据的人的身体、物品、住处和其他有关场所进行强行搜索、检查的一种侦查行为。其中，人身搜查会限制犯罪嫌疑人的人身自由，又由于针对的是人的身体，也可能事关特定的对象（如妇女），因此它又涉及公民的人格尊严；住宅搜查则涉及公民住宅不受侵犯

---

[1] 孙长永.侦查程序与人权——比较法考察[M].北京：中国方正出版社，2000：25.
[2] 克劳思·罗科信.刑事诉讼法[M].24版.吴丽琪，译.北京：法律出版社，2003：273.

的权利;车辆搜查会涉及个人的行动自由;同时,由于搜查往往以保全物证、书证为目的,因此又会涉及公民的财产权。如果搜查的对象包含个人秘密,则涉及公民的隐私权;如果进行夜间搜查,则又会涉及公民的安宁生活权。(3)扣押。扣押是指参与诉讼的国家机关有关人员在诉讼过程中,依法强行提取或封存能证明案件事实的物品、文件等的一种强制措施。其目的在于取得和保全能够证明案件事实以及被追诉人有罪的证据,防止其损毁或被隐匿,以正确地认定案件事实。它涉及公民的财产权利。(4)查封。查封是指参与诉讼的国家机关有关人员在诉讼过程中,就地对涉案财产、物品等加贴封条、予以封存,禁止被追诉人或者其他人转移或者处分的强制措施。(5)冻结。冻结是指参与诉讼的国家机关在诉讼过程中,通知有关银行或者其他金融机构、邮电部门对犯罪嫌疑人的存款、汇款暂时不准提取。这里所说的其他金融机构是指信托投资公司、证券公司、信用合作社等。这显然涉及公民的财产权利。

刑事案件五花八门、复杂多样,需要通过不同种类、不同程度的侦查行为来发现真实,以发挥追诉和打击犯罪的功效。具备合法性和正当性的侦查行为虽然有可能对公民的宪法权利造成某种限制,但由于它具有正当化的事由,且不违背依法治国的基本原则,因此应当被视为国家追诉权力的正常行使。一个完善的侦查制度必须赋予侦查行为必要的强度,以保证其有效性,使其足以完成侦查任务。但同时要限制侦查权的不当运用,以寻求保障人权与惩罚犯罪之间的平衡。因此,各国普遍对侦查行为的实施作出了一定的约束和规制,在侦查制度中确立了强制侦查行为法定原则和司法审查原则。强制侦查行为法定原则是指强制侦查行为只能在法律有明文规定的前提下才能适用,具体有三项要求:(1)侦查机关只能采用法律有明文规定的强制侦查行为。(2)侦查机关实施强制侦查行为,必须遵循法律明文规定的程序。这两个要求是程序法定原则在侦查程序中的具体体现。(3)侦查机关采用强制侦查行为,一般情况下应当事先经过司法机关的审查批准。这涉及司法审查原则。"司法审查是现代民主国家普遍设立的一项重要法律制度,是国家通过司法机关对其他国家机关行使国家权力的活动进行审查,通过司法活动纠正违法行为,并对由此给公民、法人、其他组织合法权益造成的损害给予相应救济的法律制度。"[①]具体到侦查程序,则是指由法院或法律监督机关对侦查机关所实施的侦查行为的合法性和正当性进行审查,以保障个人的权益,防止国家公权的滥用。刑

[①] 罗豪才.中国司法审查制度[M].北京:北京大学出版社,1993:1.

事诉讼中的强制侦查集中体现了个人权利与国家权力的激烈冲突,现代法治国家都将司法审查作为侦查程序的一项基本原则,以保障个人权利免受国家权力的非法侵犯。未经司法机关的审查,不得对任何人采取强制性侦查措施。

对于一些调查手段和强制性措施,普通公民如果没有合理的防御方式,侦查活动就极易对公民的人身权利、财产权利造成侵犯。林钰雄教授说:"如果基本权体系不能贯彻到刑事诉讼领域,等于委弃了最重要的守地。"[①]为了制约侦查权的这种天然扩张性,有必要对侦查机关侦查权的行使设置一定的界限。如何确立侦查法定的尺度?如何把握司法审查的标准?比例原则在此具有用武之地,具体有二:一是作为一项司法审查原则,对实务中侦查机关实施的各种侦查行为进行审查——审查其是否适合、是否必要以及是否相称,避免对相对人造成过度负担;二是作为一项比例构造原则,从立法者的视角对刑事侦查措施进行评估、诊断,按照比例构造原理和方法论,对刑事侦查措施及其体系进行改良和完善。

二、我国刑事侦查措施比例性的不足

比例原则要求国家权力对公民个人自由的限制或剥夺仅以达成目的为足够,造成的损害应当控制在必要的最低限度内,不能过度干预公民的个人自由。尤其是对强制侦查措施的采用,应当在行使时注意对"度"的把握,避免给公民权利造成不必要的损害。然而,对照比例构造原理的要求,我国现行刑事侦查措施存在诸多缺陷。

(一)刑事侦查措施的适合性分析

适合性原则要求侦查行为的设置与行使应当有助于侦查目的的完成,在面对多种选择时,应选择能够达到目的的方法。这就要求侦查制度所设立的侦查行为的种类应当是全面的,能够满足侦查实践的基本需要。我国刑事诉讼法规定的侦查措施包括:讯问犯罪嫌疑人、询问证人、询问被害人、勘验、检查、搜查、查封、扣押物证、书证、鉴定、技术侦查措施、通缉。除此之外,还有侦查实验(第135条,属于勘验、检查)、隐匿身份侦查、控制下交付(第153条,属于技术侦查措施)。但是,就应对快速发展的侦查实践要求而言,以上措施在手段上失之偏狭,无法适应侦查犯罪的需要,这使得我国侦查行为制度在适合性上存在不足。

---

① 林钰雄.从基本权体系论身体检查处分[J].台湾大学法学论丛,2004,33(3):150.

我国刑事犯罪活动的特点呈现如下趋势：一是刑事案件总量多、种类多，呈高发频发态势。近几年，杀人、盗窃、抢劫等传统暴力犯罪有所减少，但基于新技术的新类型犯罪不断出现。二是犯罪活动跨度大、流动性大，侵害的领域、地域更加广泛，由此带来了侦破难、查证难、抓获难问题。三是刑事犯罪表现出明显的智能化、组织化、产业化特征，增加了公安机关侦查破案的难度。随着网络技术的发展，网络犯罪的危害愈发严重，网络犯罪已成为侦查机关的工作重心。网络空间是虚拟空间，其不受物理空间的限制，犯罪案件隐蔽、发现难，证据分散、收集难。例如，在网络洗钱案件中，洗钱者通过第三方支付、网络融资等平台，频繁地将不法资金转出或者转入，最后不法资金与合法收益达到了水乳交融的状态，并进一步参与市场流通，导致公安机关不知从何下手。① 又如，互联网的蓬勃发展促使犯罪隐语延伸至网络空间，其形式更为复杂，成为犯罪分子的反侦查工具，公安机关在侦查应用中面临难以识别、缺乏认识工具等困境。②面对这样的犯罪形势，刑事诉讼法规定的传统侦查措施已远远满足不了公安机关进行调查取证和及时抓捕犯罪嫌疑人的实际需求。易言之，现行刑事侦查措施体系难以充分保障侦查目的的达成。因应打击犯罪的严峻形势，侦查实践不可避免地大量使用缺乏明确法律定位的新型技术侦查手段，通过立法来对这些手段加以明确规范成为一项迫切的任务。

（二）刑事侦查措施的必要性分析

我国台湾学者林山田阐释了侦查行为必要性的含义："在犯罪侦查中若存在数个合适之侦查可能性时，则应选择一个对于犯罪嫌疑人或被告较少侵害之侦查手段，切忌拿着大炮轰小鸟，或是杀鸡用牛刀。"③必要性原则要求所使用的侦查手段在具有同等有效性的情况下应当是强度最小的。在对侦查行为的选择上，国家机关在侦查犯罪时应当选择并优先使用对公民权利侵害较小的侦查措施，只有在侵害性较小的措施达不到预期目的，不能保证侦查行为的有效性时，才可以考虑侵害性较强的侦查措施，以此来对侦查行为进行最小侵害的控制。然而，考察我国现行的刑事侦查措施，对最小侵害的控制显得薄弱。

例如，扣押是刑事侦查活动中常用的侦查措施，其强度应以扣押物品的范围来

---

① 宋明非.网络洗钱犯罪侦查对策探析[J].网络安全技术与应用,2024(8):155.
② 张宁.网络犯罪隐语的发展：趋势、侦查应用困境与完善路径[J/OL].(2024-06-24)[2024-08-15]. http://kns.cnki.net/kcms/detail/36.1316.D.20240624.1030.008.html.
③ 中国政法大学刑事法律研究中心,编译.英国刑事诉讼法（选编）[M].北京：中国政法大学出版社,2001:265-266.

衡量,如果范围过于宽泛,就可能造成不必要的侵害,与"最小侵害"原则不符。《刑事诉讼法》第141条规定:"在勘验、搜查中发现的可用以证明犯罪嫌疑人有罪或者无罪的各种物品和文件,应当扣押;与案件无关的物品、文件,不得扣押。"这一条款虽然用与案件是否有关为标准对扣押范围进行了限定,但这种限定仍然过于宽泛,未能全面考虑实施扣押行为时的其他因素,与域外国家法律的扣押条款相比存在明显不足。例如,英国警察实施扣押需要有"合理理由"。"合理理由"的具体情形包括:(1)该物品是因为实施某一犯罪而取得的;(2)该物品是与警察正在侦查的某一犯罪或其他任何与犯罪有关的证据;(3)为了防止该物品被藏匿、遗失、毁坏或变造。[①] 日本法律要求警方在实施搜查和扣押时,应当"参照犯罪的形态和轻重、对象物的重要程度、被扣押和被搜查对象的利益受损程度大小等各因素,明确认定不具有扣押、搜查必要的时候,不容许进行扣押和搜查"[②]。《刑事诉讼法》对扣押的条件并无具体规定,程序上的约束也较为粗疏。只要认为可能存在犯罪嫌疑人有罪或无罪的证据,无论这些物品与案件事实的关联性有多大,也不考虑犯罪嫌疑人的利益受损程度,都一律予以扣押。过于宽泛的扣押范围导致对公民财产权益的过度侵害,这其实与立法规定的含糊直接相关。

又如,《刑事诉讼法》第132条规定了"人身检查"措施:"为了确定被害人、犯罪嫌疑人的某些特征、伤害情况或者生理状态,可以对人身进行检查。犯罪嫌疑人如果拒绝检查,侦查人员认为必要的时候,可以强制检查。检查妇女的身体,应当由女工作人员或者医师进行。"这一规定显然过于粗略,难以在侦查实践中体现必要性原则的要求。一般而言,人身检查包含了一系列对公民身体权利侵犯程度强弱有别的具体措施,域外各国法律在实施要件的规定上都予以区别对待。例如,对于拍身检查和附属逮捕的脱衣检查、羁押中的脱衣检查,一般无须令状和可能事由要求。而对强制采样、强制手术取证等,由于其导致被追诉人产生较大的伤害性效应,法院不仅要考虑实体要件,而且要对具体执行的条件做严格的限制。《刑事诉讼法》在这方面规定得过于粗疏,未能充分考虑应根据侦查行为强制性的不同在实施条件和程序上有所区别,在实践中难以体现最小侵害的要求。对此,本书下文有专节论述。

(三)刑事侦查措施的相称性分析

相称性原则要求强制侦查行为对公民权利造成的侵害与所要保护的公共利益

[①] 林山田.论刑事程序原则[J].台湾大学法学论丛,1999,28(2):65.
[②] 松尾浩也.日本刑事诉讼法[M].丁相顺,译.北京:中国人民大学出版社,2005:75.

之间保持相称。相称性原则所反对的是"超量禁止",即侦查机关所采取的侦查行为必须与"所欲达成之目的以及事件情状之轻重缓急成相当比例;一切超出相当比例之强制手段或强制程度,均应在禁止使用之例"①。我国刑事侦查措施在相称性方面的不足主要表现在以下两个方面:

一方面,《刑事诉讼法》对一些侦查措施的规定过于简略和粗疏,或者过多地使用弹性术语,扩大了侦查裁量的空间,增加了侦查行为造成侵害的可能性。

从广泛意义上说,侦查措施的运用必须符合控制和打击犯罪、维护国家和社会公共利益这一总体目标。比例构造原理要求赋予侦查措施特定且具体的目的。过于宽泛的目的式授权不能给侦查人员提供明确的指引,侦查人员会在尽快破案的压力下任意扩展特定侦查措施的行使范围,从而导致这项侦查措施的非相称性行使。

例如,《刑事诉讼法》第150条规定了适用技术侦查措施的案件范围,立法中使用了大量弹性术语如"重大""严重侵犯公民人身权利的重大犯罪""其他严重危害社会的犯罪"等,缺乏明确的指引效应,这导致实践中任意扩大技术侦查的适用范围。有学者发现,在2013年至2018年间适用监控类技术侦查措施案件的817份判决书中,有148件案件超出监控类技术侦查的案件范围,占比18.1%。超出范围的罪名既包括危险驾驶罪、寻衅滋事罪、窝藏包庇罪等故意犯罪,也包括交通肇事罪等过失犯罪。② 立法上过于原则、笼统,缺乏具体的可操作性,就会导致侦查人员出现认识上的不一致,实际运用不规范,其结果会对犯罪嫌疑人的基本权利和诉讼权利作过度的干预和侵害,有违相称性原则的要求。

另一方面,《刑事诉讼法》关于侦查措施的规定缺乏必要的要件限制,程序的规定也十分简略,带来了适用中的随意性,也给侦查人员的非相称性使用预留了空间。

例如,《刑事诉讼法》第136条规定:"为了收集犯罪证据、查获犯罪人,侦查人员可以对犯罪嫌疑人以及可能隐藏罪犯或者犯罪证据的人的身体、物品、住处和其他有关的地方进行搜查。"这样的规定基本上属于一种授权性条款。法律规定缺乏可操作性,仅有"出示搜查证"的要求,这是远远不够的。是否可以为了侦破案件的需要而搜查任意场所?是否不论案件的性质轻重都可以随意搜查?是否不论白天

---

① 林山田.刑事程序法[M].4版.台北:五南图书出版公司,1990:58.
② 廖思蕴.诱惑侦查合法性认定的实践困境与制度优化——基于150份裁判文书的实证分析[J].南海法学,2024,8(2):40.刘梅湘.侦查中的网络监控法制化研究[J].北京:法律出版社,2017:30—31.

夜晚都可以随时搜查？法律没有作出明确的规定。这给执法人员的肆意妄为留下了很大的空间，其结果是给公民的基本权利造成过度侵害。

三、我国侦查行为体系的完善

（一）与时俱进，将新型的和已经成熟的侦查措施或手段，及时纳入侦查行为体系，以作出必要的规制

为了查明犯罪事实和查获犯罪嫌疑人的需要，侦查实践中自发产生了一些"法外"的强制侦查行为。有学者发现，伴随着信息网络技术、大数据、人工智能的迅猛发展，犯罪手段不断迭代升级，网络化、智能化已经成为当下诸多犯罪行为的显著特征。在此背景下，一种情报主导侦查模式应运而生，其特征是，在立案前，刑事侦查部门即已通过数据分析等方式积极收集、分析情报，搭建起"数据-情报-证据"的桥梁，以情报而非证据为中心主动开展工作，实现犯罪预测和先发制人的打击。侦查手段实现了以往侦查所无法达到的隐秘化和弥散化，对公民基本权利可能产生不利影响。这种情报主导侦查模式受到了学者的批判。[①]

与此同时，联合国也在对侦查方式进行制度创新，通过设立新的侦查措施来强化追诉犯罪的力度。2024年8月8日，经联合国网络犯罪问题特设委员会一致投票通过的《关于打击为犯罪目的使用信息和通信技术行为的全面国际公约》（以下简称《联合国打击网络犯罪公约》）第25.1条规定，各缔约国均应采取必要的立法措施和其他措施，使其主管机关得以下令或以类似方式取得快速保全使用信息和通信技术系统存储的指定电子数据，包括流量数据、内容数据和订户信息，特别是在有理由认为该电子数据极易丢失或被修改的情况下。第28.1条规定，各缔约国均应采取必要的立法措施和其他措施，授权本国主管机关搜查或以类似方式访问位于本国境内的信息和通信技术系统、存储在其中的电子数据，以及可能存储所要查找的电子数据的电子数据存储介质。第30.1条规定，各缔约国均应针对拟由本国法律确定的一系列严重犯罪采取必要的立法措施和其他措施，授权其主管机关采取下列行动在本缔约国境内应用技术手段实时收集或记录或强令服务提供商在其现有的技术能力范围内配合并协助主管机关实时收集或记录在本国境内使用信息和通信技术系统传输的特定通信的内容数据。可见，联合国刑事司法准则也对

[①] 李训虎.侦查情报化之批判[J].法学，2024(7):128.

新的侦查方式采取了开放的态度,敦促各成员国通过立法来约束其行使。

因此,我们有必要将已经成熟的侦查措施尽早地纳入立法体系,明确其程序性要件。在笔者看来,无论是隶属于情报主导侦查模式的预测性侦查技术,还是《联合国打击网络犯罪公约》中的数据扣押与拦截技术,都应当在《刑事诉讼法》中予以明确规定,并设定其实体要件和程序要件,使侦查活动有法可依,以保证侦查权力依法行使,这也是对防止实践中滥用侦查权的一种保障。正如《联合国打击网络犯罪公约》第24.1条的规定:各缔约国均应确保本章所规定的权力和程序的确定、实施和适用符合本国法律所规定的条件和保障措施;这些条件和保障措施应当按照本国在国际人权法下承担的义务保护人权,并应纳入相称性原则。①

(二)对传统的侦查行为,我们尚需做"补课"的工作,通过明确其实施的条件和程序进行较为缜密的规范,以杜绝侦查权力的过度使用

我国刑事诉讼法规定了八类侦查措施,具体包括讯问犯罪嫌疑人,询问证人、被害人,勘验、检查,搜查,查封、扣押物证、书证,鉴定,技术侦查,通缉,并为这些措施规定了实施条件和程序。但相关法律规定仍然难说达到完备的程度,仍然需要我们从比例构造的角度来加以完善。对此,笔者以刑事扣押为例来加以说明。

在刑事诉讼中,扣押是最易侵犯被追诉人财产权的侦查措施之一。但在刑事诉讼实践中,扣押措施一直存在启动随意性大、保管不规范、移送不顺畅、处置不及时、救济不到位等问题,严重损害当事人合法权益。2015年中共中央办公厅、国务院办公厅印发了《关于进一步规范刑事诉讼涉案财物处置工作的意见》的通知,对刑事扣押进行了规范,取得了一定的成效。但是,从刑事诉讼运行的角度,现行的扣押规定远不能达到完善的程度,还存在不少需要"补课"的点,具体包括:

1. 扣押的启动标准过低

侦查人员发现"能够证明犯罪嫌疑人有罪、无罪的财物、文件"就应当对其扣押,易言之,只要财物、文件与犯罪嫌疑人有罪或无罪存在证明上的某种关联,侦查人员就可以启动刑事扣押。法律没有具体要求侦查人员在申请批准扣押时需要向批准负责人证明这种关联性所应达到的程度,以及具体的扣押范围应以多大为宜。这就表明,刑事扣押的启动实际上取决于侦查人员的自由裁量,具有很大的随意性。

---

① United Nations treaty on cybercrime agreed by the Ad Hoc Committee[EB/OL].(2024-08-08)[2024-08-20]. https://www.coe.int/en/web/cybercrime/-/united-nations-treaty-on-cybercrime-agreed-by-the-ad-hoc-committee.

2. 扣押范围规定狭窄且笼统,不同对象的扣押标准没有区别

现行《刑事诉讼法》规定扣押的对象是"财物、文件",但司法实践中还存在对电子通信数据的扣押问题。例如,《联合国打击网络犯罪公约》第28.3条规定,各缔约国均应采取必要的立法措施和其他措施,授权其主管机关扣押或以类似方式取得位于本国境内的电子数据。这些措施应当包括:(1)扣押或以类似方式取得信息和通信技术系统、其一部分或电子数据存储介质;(2)制作和保留电子数据的电子形式副本;(3)维护所存储的相关电子数据的完整性;(4)屏蔽所访问的信息和通信技术系统中的这些电子数据或将其删除。对电子数据的扣押更多地涉及犯罪嫌疑人的隐私权、通信自由权等权益,与普通财物、文件的扣押相比,应当根据对象属性进行不同的考虑。

3. 扣押程序的相关规定十分粗疏

现行《刑事诉讼法》关于扣押的规定对侦查人员的限制很少,扣押的决定和实施的权力完全授予侦查机关的人员。在司法实践中,侦查机关的负责人虽然需要对扣押申请予以审查,但这种审查最终往往流于形式。

4. 见证人制度未落到实处

见证人制度的设立有助于引入中立第三方对侦查机关的扣押行为予以监督,防止侦查人员违法取证,但因立法规定的约束性不强,实践中侦查人员常常通过"倒签""代签"等技术性手段规避见证人制度的贯彻执行,所以其监督效用大打折扣。

5. 对非法扣押的程序性制裁力度不够

2015年中共中央办公厅、国务院办公厅《关于进一步规范刑事诉讼涉案财物处置工作的意见》要求办案机关建立有效的权利救济机制,对当事人、利害关系人提出异议、复议、申诉、投诉或者举报的,应当依法及时受理并反馈处理结果,但对非法扣押行为侵犯财产权利如何进行程序性制裁尚未明确。在司法实践中,非法扣押的证据,在查证属实、事后补办手续后,完全可以被采用,一般不会被排除。应该说,现行《刑事诉讼法》有关扣押的规定主要是从方便侦查和打击犯罪的角度考虑的,在保障被追诉人财产权、隐私权、通信自由权方面有所不足。尽管扣押作为一项侦查措施在1979年《刑事诉讼法》中就已设置,但时至今日,相关法律规定仍然难说达到完备的程度,对此,我们尚需做"补课"的工作,通过明确其实施的条件和程序进行较为缜密的规范,以杜绝侦查权力的过度使用。

（三）在侦查体系的结构上，应当根据侦查措施的类型和强度作出一定的层级划分，在立法规范上作出区别对待，用其所利，避其所害

比例构造原理要求对侦查措施体系依一定的标准进行层级划分，以利于有针对性和相称性地适用。比如，侦查措施可以根据其强制性程度及其所侵害的权利的性质被划分为强制性侦查措施和任意性侦查措施，就整个侦查措施体系的合比例性而言，应当在强制性侦查措施与任意性侦查措施之间作出必要的层级划分，进行区别性规范。例如，根据刑事案件、犯罪嫌疑人的不同特点，采取不同类型和不同强度的侦查措施。强度不同的侦查措施可以应对不同性质的犯罪，对性质严重的犯罪采取强度较大的侦查措施，对性质轻微的犯罪采取强度较小的侦查措施。强度不同的侦查行为也可以应对不同类型的犯罪嫌疑人：对危害性大的犯罪嫌疑人要施以强制性的侦查措施；对危害性小、事实不清、证据不足的犯罪嫌疑人要使用任意性侦查措施；只有在确有必要的时候，才使用强制性的侦查措施。在实务中，可以通过具体分析犯罪的性质、犯罪事实情节、犯罪结果、犯罪嫌疑人的主观恶意、在犯罪活动中的地位和作用以及犯罪嫌疑人在犯罪后的悔罪、认罪态度来进行判断。

从这一原理出发，我们可以看到现行技术侦查措施存在诸多需要完善之处。《公安机关办理刑事案件程序规定》第264条规定，技术侦查措施包括记录监控、行踪监控、通信监控、场所监控等措施。这里所做的类型区分仅仅是功能性的，无法据以判断其强度特征，可能导致在没有必要采用侵犯公民权利较大的侦查措施的情况下错误地适用技术侦查措施。因此，可以根据技术侦查措施对公民隐私的侵入程度，将技术侦查区分为：(1)侵入通信联络的技术侦查，如电话监听、电子监控等，其侵入式特点直接关涉公民隐私权；(2)监控相对人活动的技术侦查，如监视、定位等，主要涉及公民日常生活自由权和独处的权利；(3)监控相对人物品的技术侦查，如秘搜、邮件检查等传统监控方法，主要涉及公民财产权利及其背后的隐私权。[①] 通过分析技术侦查措施所侵入的权利，判断这项技术侦查措施的强度，对侵入公民隐私的程度较高的技术侦查措施进行严格的限制。《公安机关办理刑事案件程序规定》第264条还规定，技术侦查措施的适用对象是犯罪嫌疑人、被告人以及与犯罪活动直接关联的人员。这里虽然区分了不同的对象类型，对技术侦查措

---

① 胡铭.技术侦查：模糊授权抑或严格规制——以《人民检察院刑事诉讼规则》第263条为中心[J].清华法学，2013,7(6):36.

施的适用进行了限定,但是没有考虑在对这些对象适用技术侦查措施的时候,涉及的其他人员如何处置的问题,因此应当对适用技术侦查措施波及其他人员的场景加以严格控制。

(四) 对强度较大的侦查行为,应当从严把握,在程序条件和违法行为的制裁方面给予更为严格的制约

德国学者约阿希姆·赫尔曼指出,允许以强制性措施侵犯公民的权利时,关键的是一方面必须对国家权力的强制性明确地予以划分和限制,另一方面必须由司法官对强制性措施进行审查,使公民由此享受到有效的法律保障。[1] 在我国现行的刑事侦查制度框架中,有关侦查权的制约机制相对薄弱,在侦查的发动、侦查措施的运用等方面,侦查机关享有较充分的自主决定权,其权力的行使在多数情况下较少受到外部力量的监督和制约,如公安机关除了逮捕犯罪嫌疑人必须报经检察机关批准外,实施的其他侦查措施有搜查、扣押、查询、冻结、监听、邮检、诱惑侦查等,一律由公安机关自行决定,而无须其他机关审查。侦查权制约机制的薄弱无疑是导致侦查权滥用的重要制度原因之一。

依比例构造原理,对较为严厉的侦查措施应当引入强度更高的司法审查机制来加强外部制约,从而抑制非法侦查行为,防止侦查权滥用,同时使犯罪嫌疑人的合法权益获得必要的司法救济。对侵犯公民核心权利、强度较大的侦查措施,可以从以下角度严格其适用条件:(1)适用范围应限于性质严重或取证难度较大的案件,如危害国家安全犯罪、腐败犯罪、走私犯罪、毒品犯罪、恐怖主义犯罪、有组织犯罪等,在采用一般侦查手段难以取得证据的情况下可以适用权利干预性更强的侦查措施。(2)适用对象应只能针对案件被追诉人本人以及其他与嫌疑罪行相关联的人员,而不能波及无关人员。(3)严格批准程序,应报请中立的司法机关批准并严格履行相关手续。(4)严格执行程序,如许可使用该侦查措施的法律文件应当载明实施的具体对象、场所、方式、有效期限等内容。(5)赋予相对人救济性权利。(6)在侦查措施实施过程中引入外部力量,对侦查权的行使进行必要的监督。(7)建立针对违法侦查的程序性制裁机制。(8)建立针对违法侦查的责任追究制度。

我国现行的刑事诉讼法制度体系对侦查权的规范属于粗线条设计,虽然存在一些制约性规定,但总体上规定得较为原则,需要对一些缺失进行必要的补漏。列

---

[1] 约阿希姆·赫尔曼.德国刑事诉讼法典[M].李昌珂,译.北京:中国政法大学出版社,1995:6.

如，特殊侦查措施总体上属于强度较大的侦查措施，应当约束其过度适用。控制下交付必须严格按照《联合国反腐败公约》相关的界定标准操作，即仅限于在主管机关知情并由其监控的情况下"允许非法货物或者可疑货物流通"，不允许执法人员进行主动参与交付的诱惑性侦查行为。卧底侦查原则上只能以消极的方式进行观察和取证，而不能以积极的行动影响、推动、控制犯罪进程，更不得主动实施犯罪行为。

第二节　刑事搜查的比例性控制

一、搜查行为的比例审查与搜查措施的比例构造

对刑事搜查的比例控制有两条路径：一是司法途径，即由审查机构对侦查人员实施的搜查行为依据比例原则进行评价和判断；二是立法途径，即由立法机关对刑事诉讼法诸渊源中所规定的搜查措施根据比例构造原理进行构建或者改良。这两种途径都以比例原则为规范论基础，但又有不同的侧重点。

（一）具体搜查行为的比例审查要点

对侦查人员所采取的搜查行为有两种评价方式：一是合法性评价，二是适当性或合理性评价。如果搜查行为不合法，就可以直接依据法律规定否定其效力，这是程序法定原则的表现。基于侦查程序的紧迫性，法律通常赋予侦查机关足够的裁量权以提高侦查效率。侦查人员如何适当地行使自由裁量权就成为一个问题。比例原则是对搜查行为进行适当性评价的重要依据。基于比例原则的三个子原则产生的三种分析方法即适合性分析、必要性分析和相称性分析可以成为具体搜查行为的比例审查要点。

1.具体搜查行为的适合性分析

依适合性原则的要求，侦查机关进行搜查，应当有助于实现收集证据、查获犯罪人的目的。《刑事诉讼法》第 136 条规定："为了收集犯罪证据，查获犯罪嫌疑人，侦查人员可以对犯罪嫌疑人以及可能隐藏罪犯或者犯罪证据的人的身体、物品、住处、工作地点和其他有关地方进行搜查。"可见，我国刑事搜查的本原目的是收集犯罪证据、查获犯罪嫌疑人。为了实现这一目的，法律授权侦查人员对犯罪嫌疑人以及可能隐藏罪犯或罪证的人的身体、物品、住处或其他有关场所进行搜索。只有可

能存在需要获取的证据,其对认定案件事实有证明价值时,才能采取搜查行为。搜查的目的应当具有恰当性,即旨在实现追诉犯罪的公益性目的,而不能成为实现私人利益、部门利益的工具,应严格禁止侦查机关及其工作人员以权谋私、滥用职权、肆意侵害公民的正当权益和生活安宁。

对一项侦查取证措施究竟能否获取证据,在判断上不应过于严苛,这是因为侦查实务充满变数,具体适用取证措施前往往无法确切知晓证据的存在情况。所以,达到适合性原则的要求需要具备两个条件:一是存在取证可能性,即在当时的条件下,侦查机关凭借一定的证据认定采取该取证措施可能收集到有助于认定案件事实的证据,这里只要存在获取证据的可能性即可,不能用最终实际上没有取得证据来否认事先判断上的可能性。二是具有合理根据,即根据当时所掌握的线索能够合理地认为具有获得证据的可能性。这一可能性是有初步证据支持的、具体的、经验意义上的,而非抽象的、哲学意义上的。因此,是否满足适合性主要采用经验判断。根据适合性原则,警察在决定是否搜查私人场所时,必须合理地认为该场所中可能存在实物证据或有义务提供证据的人,搜查的范围也只限于有藏匿证据的可能性的范围。①

2. 具体搜查行为的必要性分析

依适合性原则的要求,侦查人员在进行搜查时,应当将对被搜查对象权益的损害控制在最小限度。据此,审查机构应当对具体搜查行为所可能造成的权益损害进行分析,评估该具体搜查行为所具有的副作用,即它可能严重干预被搜查人居住安宁、居住自由和隐私权利的程度。在此基础上,对可能采取的搜查措施进行比较:侦查人员是否尽可能采取了对被搜查人不利影响最小的搜查措施?是否能够做到在保证搜查目的得到有效实现的同时将对公民的侵害或干预控制在最小范围内;侵害最小的措施是否得到优先适用?如果采取任意性搜查或强制性搜查都可以达到搜查目的,是否选择了任意性搜查的方式?是否在任意性搜查不能奏效时才选择采取强制性搜查措施?在确有必要采取强制性搜查时,是否控制了强制力使用的程度,力求侵害最小?同时,审查机构还应当评估侦查人员在实施具体搜查行为的过程中,是否在目的达成时即停止行动。这实际上是要求侦查人员如果采取了强制手段,足以对相对人或局面实施有效的控制,就不应当继续加大强制的力度,以避免对犯罪嫌疑人权益损害的不当扩大。

---

① 樊传明,郑飞.论比例原则在警察侦查取证程序中的适用[J].西部法学评论,2013(1):105.

3.具体搜查行为的相称性分析

从相称性原则的角度,侦查机关还应当考虑搜查行为的实施给被追诉人或者其他公民带来的"过度负担",即搜查措施对公民权益的损害实际上超过了它所追求的诉讼利益。这就需要对所牵涉的相关价值法益作轻重的权衡。即便搜查措施符合目的,本身已属于侵害最小的措施,搜查程序合法,也要权衡它所促进的公共利益(目的)和侵害的私人利益(手段),不能使对私人利益的侵犯超过所追求的公共利益;否则,要因法益上的不相称而对所采取的搜查措施给予负面评价。这是因为,"权力的行使,虽是达成目的所必要的,但是不可给予人民超过目的之价值的侵害"[①]。

对搜查行为进行相称性分析的关键点在于两种诉讼利益的权衡:一是搜查行为所欲促进的公共利益。为了避免过于抽象和宽泛的讨论,不妨借助一些特定的因素来对公共利益进行具体化诠释。例如,通过搜查行为取得证据的可能性和迫切性、预期取得证据的证明价值、所追诉的犯罪行为本身的危害性程度等,这几个因素与对公共利益的判断呈正相关关系,即通过搜查行为取得证据的可能性越大、迫切性越强,预期取得证据的证明价值越大或者所追诉的犯罪行为本身的危害性越大,此项搜查行为所负载的公共利益就越大。二是犯罪嫌疑人的权益。判断犯罪嫌疑人权益的大小也可以借助一些因素。例如,特定搜查行为所限制的权利在权利体系中的位阶高低,一般而言,人身权高于财产权,住宅权高于一般财产权,这样,搜查人身和住宅所导致的权益侵害就大于搜查一般场所或物品所导致的权益侵害。但是,由于搜查所面临的场景复杂多样,仅靠权益位阶的抽象排列是难以完成法益衡量的,因此还需要结合时间、地点、对象、方式等具体的情境要素来具体考虑搜查行为所限制的权益的大小。

比例性原则要求不能为追求公共利益而过度侵犯公民利益,所以必须权衡这两个因素。只有在对公共利益的促进大于对犯罪嫌疑人权益的侵犯时,实施特定的搜查行为才是正当的。如果对犯罪嫌疑人权益的侵犯程度超过了对公共利益的促进程度,则即便符合程序法定规则,也不应当采取该措施。

(二)搜查措施比例构造的基本思路

搜查措施相对于搜查行为而言具有抽象性,因为其属于立法的范畴。搜查措施的比例构造是以比例构造原理为指导,对搜查措施适用的各个环节进行合乎比

---

① 余凌云.论行政法上的比例原则[J].法学家,2002(2):31.

例的构建,这一构建方式具体体现为两重基本的比例关系:一是搜查措施与案件情形或类型之间的比例关系,二是不同强度搜查措施与相应过程控制之间的比例关系。搜查措施的比例构造与搜查行为的比例审查虽然具有相通的法理,但在方法论的着眼点上是不同的。搜查行为的比例审查在性质上是一种司法审查方法,可由司法人员根据三阶理论的分析方法,结合案件及搜查实施的具体情况加以判断。而搜查措施的比例构造在性质上是一种立法设计方法,可以运用本书所倡导的刑事诉讼比例构造"三层次结构模型",将适合性、必要性和相称性分析凝练、固化为程序规范的具体要素。

如前所述,"三层次结构模型"旨在理顺两重基本的比例关系:一是刑事诉讼措施与其所应对的案件情形之间的比例关系,二是刑事程序针对不同强度诉讼措施加以控制的比例关系。基于这两重比例关系,刑事诉讼比例构造中实际上包含三个层次——案件情况、诉讼措施和过程控制,它们各自会产生程度或强度上的差别:案件情况的轻微与严重,诉讼措施的轻缓与严厉,以及过程控制的宽松与严格。按照比例原则的基本原则,在刑事诉讼的程序和制度中实现和建立这三个层次之间的内在关联,即以轻缓型诉讼措施来应对轻微的案件情况,以严厉型诉讼措施来处理严重的案件情况;对轻缓型诉讼措施采用较宽松的控制程序,对严厉型诉讼措施采用较严格的控制程序。如此形成的比例关系类似于刑法中的罪刑相适应,形成了能够体现刑事程序特点的一种三层次结构。

在刑事搜查的语境中,可以进行三个层次的类型化:(1)对搜查措施所针对的案件情形从罪刑轻重、犯罪嫌疑人状况、诉讼情势等角度进行类型区分;(2)对搜查措施的强弱从时间、空间、对象、方式、关联人等角度进行类型区分;(3)对搜查过程控制机制从审批主体、过程控制、救济方式等角度进行类型区分。这种类型化方法有助于我们将搜查措施的丰富性和具体性以类的方式转化为相对明确的程序规范要素,这不仅能使法定程序变得更为精确和完善,而且有利于搜查行为在实践中的合比例运用。

《刑事诉讼法》对刑事搜查作了专门规定,具体包括刑事搜查的任务和授权、单位和个人的配合义务、有证搜查和无证搜查、搜查的执行、搜查笔录等。自1979年《刑事诉讼法》制定以来,虽然经历了三次修正,但有关刑事搜查制度的内容基本维持最初的规定,在面对复杂的司法实践时,这短短的五个条文是捉襟见肘的。虽然我国已经建立了刑事搜查的大体框架,但在具体操作层面仍存在诸多缺失。立法上的规定过于粗疏与简略,有对侦查人员执行搜查授权不足之处,更多的是对搜查的执行缺乏足够约束。刑事搜查作为一种国家公权力的强制性行为,其实施过程中容易侵犯公民的基本权利,如人身自由权、住宅权、隐私权和财产权等。就此而论,基于比例构造原理对搜查制度进行完善是具有重要现实意义的。

二、搜查措施的比例构造:案件情形的类型化

依比例构造原理,刑事搜查措施应当根据案件的情形来作出不同的设置。涉嫌罪刑的轻重以及诉讼情势的紧急与非紧急成为搜查措施设置的基本场景。

(一)罪刑轻重与搜查措施的完善

搜查是一种常规的侦查行为,无论是轻罪案件还是普通的重罪案件,也无论被追诉人是何种类型,都有可能通过搜查来发现和保全证据,以及抓获犯罪嫌疑人。一般而言,重罪与轻罪的划分并不影响搜查措施的采用,但是,从世界各国的司法实践来看,侦查一些特别严重的犯罪类型仍然可能考虑采用强度较大的搜查措施来达到目的。如果对普通案件的搜查采取一般的启动条件或者常规的搜查方式,对性质特别严重的犯罪就往往会放宽搜查的条件限制,或者增大搜查方式的力度。根据案件所涉罪刑的轻重来对搜查启动条件和搜查方式进行层次化设置,正是比例构造原理的应有之义。

例如,由于恐怖主义犯罪的严重社会危害性、高度隐蔽性和特别复杂性,联合国和世界各国都在考虑设置特殊的诉讼措施来应对。恐怖主义犯罪的严重性质决定了相关的搜查措施不可能在一般的搜查程序基础上进行。例如,美国2001年《爱国者法》创设了全国搜查令,该法第219条规定,在国内或国际恐怖主义犯罪侦查中,联邦地区法院的法官可以签发全国搜查令,只要该地区与在侦查的恐怖主义活动相关,如有恐怖主义行为发生、搜查的物品在该地区或者被搜查人在该地区。这就突破了美国《联邦刑事诉讼规则》关于搜查令状适用的辖区范围限制。鉴于恐怖主义犯罪的时间和地域跨度大,这种全国搜查令有利于侦查人员抓住调查取证的最佳时机,避免不必要的延误,从而提高反恐侦查的效率。[①] 该法还授权推迟发出搜查令的通知。为了保障当事人的宪法第四修正案权利,以往的法律普遍要求搜查时通知当事人,而《爱国者法》明确授权在特定情形下推迟此项通知,即如果法院有合理理由相信搜查通知可能对案件侦查造成不利影响,就可以推迟通知。德

---

① 倪春乐.恐怖主义犯罪特别诉讼程序比较研究[D].西南政法大学,2011:59.

国刑事诉讼法第 111 条规定：如果有一定的事实使得有理由怀疑存在加重的抢劫罪或任何一种恐怖性质犯罪，并且有事实使得可以估计设卡措施将导致查获行为人、保全有助于查明犯罪行为的证据的，就可以命令在公共街道、广场及其他公共场所设立检查卡。凡经过检查卡的人，都负有接受身份确定检查、搜身检查以及随身携带物品检查的义务。这种"设卡检查"实质是一种特殊的搜查措施，由于涉及通过检查卡的任何公民，波及面很广，是一种强度很大的搜查措施，因此法律虽授权采用，但限定于特殊的重罪侦查。

相比之下，我国对恐怖主义犯罪的搜查措施没有作出特殊规定，但其实质是，现行立法没有对搜查程序的启动条件作出任何实质性规定。《刑事诉讼法》第 136 条规定："为了收集犯罪证据、查获犯罪人，侦查人员可以对犯罪嫌疑人以及可能隐藏罪犯或者犯罪证据的人的身体、物品、住处和其他有关的地方进行搜查。"这是以搜查目的和对象来对侦查人员启动搜查程序进行的约束。搜查目的必须是查找与犯罪有关的证据、缉查犯罪嫌疑人。例如，侦查人员不得为了个人私利进行搜查。但目的的约束总体上十分有限，因为几乎所有侦查措施的目的都可以说是"收集犯罪证据，查获犯罪嫌疑人"，这样的约束不免过于宽泛。搜查对象必须是被告人以及可能隐藏罪犯或犯罪证据的人的身体、物品、住处和其他有关的地方，这似乎是无所不包，但又十分空洞。例如，"网络"是否属于"其他有关的地方"？"网络"作为一种虚拟空间，其特殊内涵实在不能从"其他有关的地方"看出端倪。因此，《刑事诉讼法》第 136 条对搜查目的和对象的规定基本属于概括授权，缺乏基本的实质条件。只要大致符合目的和对象的要求，搜查人员既无须提交证明其启动程序的合理性和必要性的申请，也不受中立第三方的核查，就可以启动搜查程序。由此导致实践中实施搜查措施未必都能做到合理，如侦查人员可以仅凭自己的推理或猜测，就启动搜查程序，从而导致与案件无关的第三人的身体、物品、住处被侵犯。这样的条件设置实际上比域外国家针对恐怖主义犯罪的搜查程序还要宽松，这虽然为侦查机关收集和保全证据提供了极大便利，但不免忽略了对公民权利的保障，自然也不可能根据案件所涉罪刑的轻重来对搜查启动条件和搜查方式进行层次化设置，这不符合比例构造的原理。就此而论，完善我国搜查措施的当务之急是为这一措施的启动设置应有的实质性条件，在此基础上考虑所涉罪刑的轻重来对搜查条件和方式进行层次化设置。

（二）诉讼情势的紧急与非紧急和搜查措施的完善

就具体案件的诉讼情势而言，搜查的运用存在差别。在某些案件中，犯罪嫌疑人具备现实的人身危险性，或有毁灭、隐匿、转移证据的可能，或时间紧迫，搜查的机会转瞬即逝，若非及时搜查则可能致使嫌疑人脱逃或证据灭失，因而出现紧急情况下的搜查问题，需要采用比一般搜查更为宽松的门槛即无证搜查来应对诉讼情势的紧急性，否则将难以实现搜查措施的基本功能。虽然严格的适用条件有利于限制侦查机关滥用权力，但如果不考虑紧急诉讼情势下的司法需要，则不仅搜查的诉讼功能难以发挥，而且不利于保护紧急情况下公民的人身、财产权益。所以，现代各国基本采用强度更大的无证搜查来完成紧急情况下的搜查任务。

《刑事诉讼法》第138条规定，进行搜查，必须向被搜查人出示搜查证。在执行逮捕、拘留的时候，遇有紧急情况，不另用搜查证也可以进行搜查。这一条件的严苛之处在于，侦查人员开展无证搜查既要满足刑事拘留、逮捕的硬性条件，又要具备情况紧急这一法定事由。从比较法的角度来看，这种无证搜查大致属于域外国家的附带搜查，且叠加了紧急情况这一要求。在执行拘留逮捕时没有紧急情况，或者虽有紧急情况但不属于拘留逮捕的情况，侦查人员实施搜查就是违法的。由于案件情况的复杂性，因此在相当多的紧急情况下，警察依此规定难以适用无证搜查。于是，侦查人员往往突破法律，采取某种变通手段来实现搜查的目的。例如，侦查人员借用行政检查措施来替代刑事搜查以满足收集犯罪证据的需要。① 这反而造成了搜查措施适用的随意性。

从特性上看，无证搜查应当具有便捷性和灵活性，以应对侦查人员在现实办案进程中遇有紧急情况时保全证据或者对犯罪嫌疑人进行侦查控制的需要，这符合适合性原则的要求。为了提升手段服务于目的的有效性，比例构造原理的思路是根据诉讼情势的紧急与非紧急来调节实施搜查的具体条件和程序。因此，应当修改《刑事诉讼法》第138条，增加无证搜查启动的灵活性，即授予侦查人员在紧急情况下自行决定实施无证搜查的权力。所谓"紧急情况"，是指如果不及时采取搜查措施，就可能导致涉案证据灭失或嫌犯逃脱的各种情形，具体可以参照《公安机关办理刑事案件程序规定》第224条的解释：(1)可能随身携带凶器的；(2)可能隐藏爆炸、剧毒等危险物品的；(3)可能隐匿、毁弃、转移犯罪证据的；(4)可能隐匿其他犯罪嫌疑人的；(5)其他突然发生的紧急情况。同时，《刑事诉讼法》第138条中的"附带因素"应予以拆分，设置独立的附带搜查，即侦查人员在拘捕犯罪嫌疑人时，

---

① 李卫国,李阳,罗小玲.公安机关行政检查替代刑事搜查的原因与对策[J].贵州警官职业学院学报,2016,28(2):19.

可以直接进行搜查,无须申请搜查证。这也有助于侦查人员及时应对侦查活动中的特殊情况。另外,还可以设置同意搜查——侦查人员在事先征得相对人同意的前提下进行的无证搜查。这既增加了无证搜查的灵活性,也弱化了搜查作为刑事侦查措施所固有的强制性。

三、搜查措施的比例构造:搜查措施的类型化

比例构造要求对搜查措施的强度进行相对客观的衡量。在外观上,搜查表现为侦查人员寻找证据和犯罪嫌疑人的行为,其强度大小往往依搜查的方式方法而定,但事实上,在刑事诉讼过程中,搜查发生于各类场景,相同方式的搜查行为因为不同的情境因素而发生强度上的改变,这些情境因素包括时间、空间、方式、关联人等,并且这些情境因素所指向的不是案件的基本特征,而是诉讼过程,与搜查行为紧密结合在一起,因此,笔者不将其归入案件情形的类型化因素,而将其归入对搜查措施强度的大小进行类型化的因素。通过结合具体的事实情境因素,我们可以区别性地评估搜查的强度及其对公民权益的侵害程度。

(一)搜查的时间类型

相对于日间搜查,夜间搜查强度更大。一般而言,夜间是人最脆弱、防御能力最低的时候,人们在夜间会有较多的私密活动,因而具有更多的"个人隐私期待",因此,夜间住宅搜查固然具有侦查上的便利,但是,从人权保障角度看,却非常容易对被搜查人造成精神上的创伤,社会效果也不好。鉴于夜间搜查可能严重侵害公民的安宁生活权甚至健康权,西方国家对之进行了严格的法律规范。尤其是对于住宅,原则上禁止进行夜间搜查,只有在紧急情形下或者针对特定的场所才允许例外。例如,德国刑事诉讼法第104条规定:在夜间,只有追捕现行犯时,或者如果延误将导致危险,或者捉拿潜逃的罪犯时,才允许对住房、办公房间和有围圈的产业进行搜查;对在夜间任何人都可以出入的房间,或者根据警察掌握的情况,属于有前科人员投宿地或聚集地、赃物储藏地、秘密赌场、麻醉品或武器的非法交易场所、秘密卖淫窝点,不适用前款的规定。

在我国,刑事诉讼立法未对搜查时间作出限制,完全交由侦查人员具体把握,搜查时间多是因案件进程而定,侦查人员更多地考虑搜查的便利与高效。在追求办案效率的目标下,搜查人员更青睐夜间搜查行为。这些"零点行动"的频繁进行,不可避免地会干扰被搜查人家属及其邻居的正常休息,甚至可能导致严重的伤害

性后果。例如,2004年5月18日凌晨1时,辽宁省兴城市公安局立案侦查机动大队5名警察连同1名线人,从窗户搭梯闯入兴城东关水产物资住宅楼二楼的一户居民家内,强制在此租房的主人常某交出"嫖客",并对其家进行强制搜查。整个过程中,警察未出示搜查证及任何可以证明警察身份的证件。受害人常某因受惊吓而患急性应激性障碍。经协议,6名被告人及兴城市公安局赔偿受害人经济损失共计18万元。法院判决6名被告人犯非法搜查罪,免予刑事处罚。① 被害人受惊吓后患精神病,正是夜间突击搜查行动的结果。

笔者认为,夜间搜查相对于日间搜查而言,在强度上要大得多,对此应当作出区别性的规定。为了保障公民的住宅权和安宁生活权,建议借鉴国外立法规定,对夜间住宅搜查予以必要的限制。至于何谓"夜间",应当根据地理位置、季节等因素来判断。例如,德国刑事诉讼法规定:4月1日至9月30日,夜间是指晚上9时至凌晨4时的期间;10月1日至3月31日,夜间是指晚上9时至凌晨6时的期间。但是,这里也需要与其他的案件情形综合起来考虑。如果属于前述紧急情形,则搜查时间可以不受限制。另外,对于在夜间任何人都可以出入的场所,或者秘密的非法交易场所,则不受此限制。

(二)搜查的对象类型

根据《刑事诉讼法》的规定,搜查的对象包括人的身体、物品、住处、工作地点等。搜查的对象不同,所涉及的权利也存在区别。搜查人的身体涉及人身自由权、人格尊严和隐私权等,搜查物品涉及财产权、隐私权等,搜查住处涉及住宅权、隐私权等,搜查工作地点涉及商业秘密等。由于所涉权利的不同,因此搜查措施的强度也不同。一般来讲,对人的搜查在强度或侵害程序上大于对物的搜查,对住宅的搜查在强度或侵害程序上大于对公共场所的搜查。对前述搜查的对象类型还可以细分。例如,对已被警方控制的单纯的物的搜查,一般不得采取紧急搜查,但对某种存在重大嫌疑的物品,则可以采取相对灵活的搜查方式。正如美国学者所说,对"盗贼用的工具箱,行凶者放置凶器的袋、盒等从其性质以及外观上就可以推断出所储存的物品",由于无法成立合理的隐私期待,因此可排除申请令状的必要。②

(三)搜查的空间类型

在不同的地点搜查,对公民权益的侵害程度也会有所不同。现代社会中的法

---

① 张晓宁.警察半夜搭梯抓嫖,破窗入民宅吓疯单身女子[N].沈阳今报,2004-08-17(3).
② 韦恩·R.拉费佛,等.刑事诉讼法[M].卞建林,等,译.北京:中国政法大学出版社,2003:213.

律对住宅给予了较多保护，以至于形成了一项特别的权利——公民住宅不受侵犯的权利，以此来对抗非法的或者不合理的搜查。1604年，英国的科克勋爵（Lord Coke）提出，"每个人的住宅就是他的城堡"[①]，以此宣示住宅的重要性。域外国家的刑事诉讼法将场所搜查分为对住宅的搜查和对其他场所的搜查。对搜查住宅，各国均规定了更为严格的要件限制，而对营业设施等类似的其他场所，在搜查条件的设置方面则宽松一些。这里的核心问题在于如何区分住宅和其他场所。广义而言，住宅是一个模糊的概念，从宫殿到洞穴、从别墅到帐篷都有可能被纳入这一范畴，而立法上又难以做到将住宅的全部形式列举出来。西方法律理论曾一度将宪法财产权理论作为住宅权保护的基础，但是，隐私期待学说更适合刑事诉讼的语境，合理的隐私期待于是成为区分住宅和其他场所的基准。因此，有必要确立搜查场所范围的客观性标准。有学者提出可以根据场所的开放性来作出具体判断：如果该场所只是允许特定人进出，则属于住宅的范围；如果是对不特定的人开放的，则归入其他场所。[②] 人员的特定则可以根据场所与进入者的关系来定。如果该场所仅对与其有密切关联的个别人开放，这些进入者就属于特定人。如果进出某个场所的人不受限制或者即使受到限制，也并不以关系密切度来筛选，这些进入者就属于不特定人。任何人都可以自由进入酒吧、俱乐部、商场等经营场所，这是完全不受限制的例子。有些办公室、私人会所等虽然只允许部分人进出，但并不局限于关系密切的小范围人群，因此，进入者仍属于不特定的范畴，这样的场所不能归入住宅保护的范畴。除此之外，还可以考虑隐私期待，如旅馆、集体宿舍等场所，虽然存在人员进出的流动性，但由于存在明显的隐私期待，因此应当作为住宅看待。

（四）搜查的方式类型

侦查实践中搜查的方式是多种多样的，既可以采取任意搜查方式，也可以采取强制搜查方式，前者是指不采用强制手段，不对相对人的合法权益强制性地造成损害，而由相对人自愿配合的搜查；如果相对人不愿配合，甚至采取阻挠手段，那就只能采取强制方式进行搜查。在某些紧急情况下采取强制搜查手段也是常见的事情。任意搜查与强制搜查划分的出发点主要是考虑到强制搜查对公民重要权益具有极大的危险性，因而对此往往会加以更为严格的限制。当然，就强制搜查而言，在方式上也有程度之别，强制使用工具开锁、破门或者破窗而入，使用机械或爆破

[①] 中国政法大学刑事法律研究中心，编译.英国刑事诉讼法（选编）[M].北京：中国政法大学出版社，2001：5.

[②] 廖丹.场所搜查范围的判断基准——以宪法隐私权为视角[J].时代法学，2011，9(2)：46—50+65.

等手段打开通路等都能归入强制搜查之列,但它们在程度上是不同的。如果将搜查方式与对公民权益的侵害结合起来,就可以更加鲜明地看到这种强度上的差异。例如,在美国,人身检查被视为一种特殊类型的搜查行为,由浅入深可以分为体表搜查(strip body search)、身体腔穴搜查(body cavity search)、进入身体内部进行的搜查(bodily intrusion examination),也包括提取身体样本的搜查(bodily sample search)等。[1]

(五)搜查的关联人类型

根据被搜查人与案件的关联性标准,搜查可以分为对被追诉人的搜查和对第三人的搜查。对第三人的搜查,不能采取与被追诉人同等的搜查标准和搜查力度。这是因为,案外第三人与案件的关联程度远低于当事人。从诉讼法理上看,被追诉人作为刑罚权的实施对象,一方面就刑事强制处分措施在法律的限度内负有一定的忍受义务,另一方面在法律上被赋予各种程序权利和诉讼救济手段,因此,侦查人员在"必要时"搜查被告人的身体及其居所具有合理性。相反,第三人并非刑罚权的实施对象,也不享有与被追诉人相当的程序权利,更不能要求其像被追诉人一样负有必然的忍受义务,因此,要搜查第三人,就需要更为严格的程序要件。[2]

域外国家对被追诉人和第三人进行搜查采取了分类规定和双重标准,前者采用"必要说",后者采用"有相当理由说"。例如德国刑事诉讼法第102条规定了搜查犯罪嫌疑人的条件,即为了抓获有犯罪行为主犯、共犯嫌疑的人员,或者有庇护、藏匿犯人或者赃物罪嫌疑的人员,或者推测进行搜查可能收集到证据材料时,可以对他的住房、人身或物品进行搜查。其第103条规定了搜查案外第三人的条件:对其他人员,只有在为了破获被追诉人、追踪犯罪行为线索或者扣押一定物品,并且只能在依据事实可以推测所寻找的人员、线索或者物品就在应予搜查的房间里时,方得准许予以搜查。两相比较,搜查案外第三人更强调指向上的特定性,包括抓获"被指控人"、追寻"犯罪行为线索",起获"特定物品";并且,只有在有"事实"支持前述推断时,才可以为这些目的而进行搜查。[3] 又如,法国刑事诉讼法典第96条规定:"如果搜查是在受审查人以外的其他人的住所进行,应当要求居住该屋的人协助。如果居住者不在场,或者拒绝协助,搜查应当在其两名父母和亲属在场下进

---

[1] William J Simonitsch. Visual body cavity searches incident to arrest: validity under the fourth amendment[J]. University of Miami Law Review, 2000, 54(3): 665—669.
[2] 林钰雄. 刑事诉讼法(上册 总论编)[M]. 北京: 中国人民大学出版社, 2005: 352.
[3] 德国刑事诉讼法典[M]. 李昌珂, 译. 北京: 中国政法大学出版社, 1995: 35—36.

行；如果父母和亲属均不在场，则在两名证人在场下进行。"在我国台湾地区，刑事诉讼法对警方人员搜查被追诉人和第三人进行了区别式的规定，搜查被追诉人的身体，只要认为有必要，即可施行；而搜查第三人的身体，除了有必要外，还要有相当理由来证明被追诉人涉案所应扣押之物或电磁记录存在于该第三人身上。不同的搜查对象牵涉不同的法益类型，需要设置不同的启动条件，这体现了比例构造的意旨。

四、搜查措施的比例构造：过程控制的类型化

比例构造原理要求对轻缓型诉讼措施采用较宽松的控制程序，对严厉型诉讼措施则采用较严格的控制程序，以避免此种诉讼措施的不当与过度使用。在搜查措施的场景中，这一原理的适用又会呈现具体的特点。

（一）审查主体的控制

在我国，刑事搜查是由侦查机关自行决定的，决定主体与执行主体合二为一，自然，也存在内部的审批程序。《公安机关办理刑事案件程序规定》第222条规定，搜查需要经县级以上公安机关负责人批准。《人民检察院刑事诉讼规则》第203条规定，经检察长批准，检察官可进行搜查。这种自我授权、内部审批式审查机制的控制力是比较弱的。这种做法使搜查活动蒙上极强的行政性色彩，内部绩效考核的驱动力会加大，而对被搜查人的人权保障会随之弱化。域外法治国家奉行司法审查原则，由中立的法官来批准并签发搜查证，授权侦查人员进行搜查，搜查的决定与执行主体相分离，这是一种第三者授权的审查机制，对搜查活动的控制力度较强，有助于加强人权保障。当然，考虑到紧急情况下侦查的需要，又实行例外情况下的侦查机关决定模式。如德国刑事诉讼法第105条规定，是否搜查，由法官决定；在延误就有危险时也允许由检察官及其辅助官员决定。当下中国搜查制度的基本路径是加大对搜查行为的控制力度，但完全借鉴西方国家的法官审批模式存在短期内难以解决的制度难题，因此，可以考虑由检察机关对同级公安机关的搜查进行审查，自侦案件的搜查则由上一级检察机关审查。在紧急情况下，可以由侦查人员进行无证搜查，但其后要及时报前述机关审核，并补办相应手续。

（二）授权令状的控制

域外国家和地区的搜查令状在我国被称为"搜查证"，即侦查人员依法执行搜查任务时的法律文书凭证。无论是域外国家和地区还是我国，刑事诉讼法都非常

强调搜查证的重要性。但相形之下,我国搜查证制度对搜查的控制力度不如域外国家和地区,需要进行制度上的改良。首先,在我国,搜查的决定权和执行权同时集中于侦查机关,而过于集中的权力易被滥用,因此有必要实行搜查决定权与执行权相分离。具体来说,公安机关在进行搜查前,必须出具证据并附上合理理由来说明搜查的必要性,向同级检察机关提出申请,申请材料应采取书面形式。检察机关在进行实质审查后,认为确有搜查必要的,则出具搜查证交由公安机关执行,否则搜查机关不得进行搜查。对无证搜查,公安机关在结束搜查行为后,必须将启动搜查的目的或理由以及搜查的结果提交检察机关,由其判断搜查行为是否合法、合理。若检察机关认定搜查行为违法,则此次搜查行为归于无效,取得的证据应当予以排除。其次,完善搜查证内容,使其特定化。搜查证内容的特定化一方面提升了授权的明确性,另一方面是对搜查人员权力的限制。搜查证应详细载明搜查的目的或理由、搜查的对象及范围、搜查时间等,同时应将搜查证副本交付被搜查人或其家属。最后,对同一个搜查证的使用次数作出限制。在实践中,常有持同一搜查证多次反复搜查的现象。① 因此,应当规定同一搜查证只能由专门人员在特定时间内使用,逾期应当重新递交申请,不得持原搜查证反复进行搜查。

(三)适用条件的控制

如前所述,对启动搜查程序的实质条件,我国刑事诉讼法只有目的和对象上的宽泛规定,流于概括授权。笼统模糊的概括规定只会导致搜查权的滥用,最终侵害公民的宪法性权利。笔者认为,基于比例构造原理,应当根据案件情形的各种类型综合考虑,建立具有层次性的搜查条件,通过不同强度的条件设定,实现对搜查活动的比例性控制。首先,应确立适用于普通案件的一般性搜查理由。在此可以借鉴英美国家的"合理根据"原则,即侦查人员应当向搜查决定者提出材料并使后者相信能够从搜查对象的人身、财物、住所和其他相关地方搜出与犯罪有关的证据或其他物品。这要求侦查人员的判断具备客观基础,而非基于主观臆断,一般需要一定的在先证据加以证明。其次,应当基于不同的案件情况设置有针对性的搜查条件。例如,反恐搜查的条件可以比一般性搜查的条件适当放宽。对一般的搜查,必须有一定的证据表明存在查获嫌疑人或证物的可能性,才能进行搜查;而在涉恐案件中,搜查可以经验法则为证明标准,只要符合侦查人员的一般判断即可。② 又如,

---

① 天津市河北区人民检察院课题组. 对搜查、扣押、冻结等强制性侦查措施检察监督有关问题研究[J]. 法学杂志,2011(2):95.
② 郭夏菁,范明玉. 论恐怖主义犯罪下警察职能的特殊化[J]. 犯罪研究,2017(4):35.

对网络搜查,应当严格把握只有在立案后和必要性原则,如果采取其他侦查手段就可以收集到犯罪证据材料、锁定犯罪嫌疑人、没有采取网络搜查必要的,就不采取网络搜查。① 最后,根据搜查所可能涉及的场景,设定相应的针对性条件。如前所述,侦查程序中的搜查可能遭遇各种各样的场景,所涉及的权益也有所不同,因此有必要在积累司法实务经验的基础上,依各种场景的性质要求进行特定化设置。在方法论上可以参照美国搜查制度的做法,即除了一般性的条件外,通过设置例外的方式为不同的场景设置针对性的搜查条件,如拍身搜查的例外、机动车搜查的例外、显而易见的例外、抛弃物的例外、清点扣押财产的例外等。

(四)违法搜查的救济与制裁

无救济则无权利。通过赋予权利受到损害的相对方一定的救济途径,可以对搜查行为进行程序上的控制。对违法搜查行为进行程序上的制裁也是一种程序上的控制。但是,救济与制裁在过程控制上有严格与宽松之别,需要在法益衡量的基础上进行比例性设置。首先,应加大对遭受违法搜查的受害人的保护力度。《刑事诉讼法》第117条只规定了当事人、辩护人、诉讼代理人、利害关系人对司法机关及其工作人员对与案件无关的财物采取查封、扣押、冻结措施的,有权向该机关申诉或者控告,并没有涵盖违法搜查的情形,对遭受违法搜查的受害人缺乏应有的保护。因此,法律应当明确将违法搜查的情形纳入申诉或者控告的范围。其次,加强对非法搜查人员的惩戒。我国《刑法》设置了非法搜查罪,我国《警察法》也规定了纪律责任和行政处分,但实际上因非法搜查罪而被法律制裁的比率较小,所产生的震慑效应十分有限。为此,应当进一步明确违法搜查的责任要件,加大处罚力度。这里的刑事责任与行政责任虽然在性质上属于实体法责任,但是对违法搜查的治理应当综合实体责任与程序责任的共同作用,实体责任震慑效应的加强对合理设置程序性制裁具有正向促进作用。最后,合理设置违法搜查的程序性制裁。《刑事诉讼法》确立了非法实物证据的裁量排除规则,排除的要件包括:不符合法定程序,可能严重影响司法公正,以及不能补正或者作出合理解释的。这里的"可能严重影响司法公正"和"合理解释"都属于弹性术语,缺乏明确的界定,导致非法证据在排除中争议不断,给司法实践带来了新的困惑。② 这种裁量机制实际上是将不合法定程序的违法搜查分成了"违规搜查"和"非法搜查",前者与"瑕疵证据"相对应,后者

---

① 王俊祥.我国网络搜查存在问题及对策[J].中国人民警察大学学报,2023,39(6):9.
② 崔丽.中国刑事搜查制度的反思与重构[J].大连海事大学学报(社会科学版),2015,14(5):93.

则与"非法证据"相对应。这样的区分体现了程序正义与实体真实的法益平衡,在目标上是合理的,但重要的是明确"可能严重影响司法公正""合理解释"的界定标准,或者采取判例参照的方式增强法律的可操作性,从而使对违法搜查的程序性制裁既有合乎比例的弹性,又能落到实处。

第三节 人身检查的比例性控制

人身检查,是指为了确定被害人、犯罪嫌疑人的某些特征、伤害情况或者生理状态,对其身体进行检查,提取指纹信息,或者采集血液、尿液、汗液、精液、唾液以及毛发、气体(用于酒驾呼气酒精测试)等生物样本的一种侦查活动。[①] 在科技日益发达的现代社会,人身检查已成为刑事诉讼中查证案情的必要手段,但是,它对公民的生命健康权、身体完整权、隐私权等基本权利具有高度的侵扰性,这些权利与政府控制犯罪的利益之间常常发生尖锐的冲突。比例构造理论在平衡这种冲突方面可以发挥重要作用。

一、人身检查措施类型化分析的必要性

1979年《刑事诉讼法》第75条规定,为了确定被害人、被告人的某些特征、伤害情况或者生理状态,可以对人身进行检查。1996年《刑事诉讼法》对此未作修改。与前述搜查条款一样,该规定采用"目的+对象"的限定方式,存在概括授权之弊,于实践中难以约束搜查权的滥用,导致公民权利遭受侵害。2012年《刑事诉讼法》第130条规定:为了确定被害人、犯罪嫌疑人的某些特征、伤害情况或者生理状态,可以对人身进行检查,可以提取指纹信息,采集血液、尿液等生物样本。2018年《刑事诉讼法》第132条延续了这一规定。该条在保留之前条款基本内容的基础上,增加了关于提取生物样本的规定。这无疑丰富了人身检查措施的内涵,扩展了证据的范围,增强了侦查机关的取证能力。该条并未增加关于人身检查约束性条件的规定,仍然有流于概括授权之弊。在医学、生物技术日益发达的现代社会,人身检查已成为刑事侦查的必要手段之一。从侦查实践来看,人身检查措施所涉及的范

[①] 陈光中.刑事诉讼法[M].7版.北京:北京大学出版社,高等教育出版社,2021:314.

围相当广泛,其性质、方式及强度存在相当大的差异,如果仅仅设定一个概括性的适用条件,则显然不利于实务操作。立法上的规定过于粗疏和简略,既存在对侦查人员执行搜查授权不足的问题,也存在对搜查的执行缺乏足够约束的问题。

鉴于司法实践中人身检查行为的多样性,抽象的定性分析难以负载比例构造进行具体性构建的目标,因此我们有必要引入结合诉讼情境和生活事实的类型化分析方法。对诸多人身检查措施开展类型化分析具有以下必要性:

(一) 类型化分析有助于区分不同性质、不同强度的人身检查措施

从侦查实践来看,人身检查所涉及的范围相当广泛,其实施形式也是各种各样,粗略归纳为四种情形:一是查看受检查人的体表、衣物,以搜索相关的实物证据;二是对受检查人的人身进行检验和查看,以确定其体表特征、伤害状况等;三是从受检查人的人身提取某种样本,以供鉴定之用,如抽取犯罪嫌疑人的血液,以检测其体内的酒精浓度;四是从受检查人的体内取出某种证物,如采取灌肠手段使犯罪嫌疑人呕吐出吞入体内的毒品,或者开刀取出子弹等证物。其中,有些实施方式与勘验存在类似之处,主要通过侦查人员五官的作用来进行感知和观察;有些则类似于搜查,即寻找身体表面或随身所藏匿的证据或对象。提取人体样本既可以从被检查人体外、非侵入性地提取物质,如采集毛发标本,也可以从其体内、以侵入的方式来提取物质,如采集血液。这些实施方式在性质和强度上差异很大,不可简单地等同视之。此外,人身检查在干预权利方面也具有多样性,包括生命健康权、身体完整权、隐私权、人格尊严以及人身自由等[①],不同的权利具有不同的性质,在保护方式上各有特点,忽视其特点的权利保护难免流于形式。

(二) 类型化分析有助于对人身检查措施作出具体授权,消弭概括授权之弊

《刑事诉讼法》规定,只要是为了"确定被害人、犯罪嫌疑人的某些特征、伤害情况或者生理状态",就可以实施人身检查措施。这意味着,只要侦查人员认为"必要",即可实施人身检查,而且对一般或重大人身检查措施不作区分。对人身检查启动条件具体规定的缺失,造成了启动的任意性,导致了这一侦查行为实施的扩大化和随意化。根据法律保留原则,"国家欲实施强制处分并进而干预人民的基本权利时,必须有法律之授权依据并且应该谨守法律设定之要件限制,否则即属违法侵害人民基本权利的行为"[②]。换言之,任何强制侦查措施都必须以法律的形式予以

[①] 陈光中,陈学权. 强制采样与人权保障之冲突与平衡[J]. 现代法学,2005(5):45.
[②] 林钰雄. 对第三人之身体检查处分——立法原则之形成[J]. 台湾大学法学论丛,2004,33(4):101.

明确,由法律作出明确的授权,并且要由法律设定要件予以限制。作为强制性处分的一种类型,人身检查对公民的基本权利造成极大的威胁。概括性、简单化的授权难以照顾到需要实施人身检查的各种不同情境,导致对侵犯公民权利严重程度不同的检查方式适用同样的程序和条件,甚至会使借人身检查之名严重侵犯公民基本权利的行为披上合法的外衣。基于类型分析的程序规制所克服的正是这一弊端。

(三)类型化分析有助于对侦查实践中出现的人身检查措施进行比例性规制

人身检查措施既是查获罪证的重要手段,又可能对公民权利造成损害。要在打击犯罪与保障人权之间求得平衡,就必须对人身检查行为进行合理的规范,将对公民权利的损害控制到最低限度。如前所述,人身检查措施多种多样——从测量身高到抽血开刀,其侵害的深浅程度也有所不同,仅仅设定一个概括性的适用条件,显然不利于实务操作,甚至会导致侦查权力的滥用。因此,对不同的人身检查行为进行类型化,根据其性质、强度的不同作一定的区分,对程序设置的合理化殊为必要。比例原则本是法治国家规制人身检查等侦查行为的基本原则,但这一原则如果脱离了对不同人身检查措施的类型区分,就难以具体落实。

二、人身检查措施的若干类型及其确立基准

能被涵盖于人身检查概念下的检查手段十分多样,如何选择类型划分标准就成为一个前提性的问题。按照亚图·考夫曼(Arthur Kaufmann)的观点,类型产生的基础是事物的本质,只有以事物的本质为类型标准,才能准确把握事物本身。[①] 就人身检查措施而言,其本质的挖掘既依赖于对其性质、强度的分析,也需要参照它所干预的权利类别。只有确立一定的基准,才能保证类型化的有效展开。但复杂性在于,这种基准并非划一,而是表现为多种形态。

(一)侵入强度基准

人身检查有时会侵入人的身体。依此标准,可以将人身检查分为非侵入性检查和侵入性检查。前者是指仅在被检查人的身体表面和口腔等身体自然状态下的凹窝及开口处进行查看并收集有关证据;后者是指用某种物理器械对被检查人的

---

① 亚图·考夫曼.类推与"事物本质"——兼论类型理论[M].吴从周,译.台北:学林文化事业有限公司,1999:109.

身体进行物理侵入,或者通过化学药物引发被检查人体内的剧烈生理反应,以提取有关证据的检查方法,如抽血、腰椎穿刺术、灌入催吐剂取出胃中的毒品等。非侵入性检查没有对被检查人的身体完整权造成侵害,侵入性检查则对被检查人的身体完整权造成了侵害。这种分类可以在一定程度上区分人身检查方法对人体侵害的严重性。由于侵入性检查的侵害性更强,因此应当对其作出更加严格的要求。

(二)损害风险基准

这一基准与侵入强度基准存在一定的竞合关系。人身检查措施侵入身体,往往会带来较严重的损害后果。例如,采取强制手术的方式取得证物(如留在人体内的子弹等),既有较强的侵入性,又会导致很大的损害风险。但是,是否侵入与损害风险之间并不存在简单的正比关系,侵入性与侵害性有时并不完全一致。例如,抽血虽属侵入性措施,但通常无损健康;而以 X 光、超声波或高科技扫描技术来探知人体生理状态,虽然对皮肤或肌肉并没有物理性侵入,但是可能存在一定的损害风险。因此,损害风险应当成为一项单独的考虑基准。

(三)隐私期待基准

根据人身检查是否侵害被检查人的隐私期待,可以将其分为隐私检查和非隐私检查。前者是指对被检查人的隐私权造成较大影响的身体检查,后者是指对被检查人的隐私权没有造成影响或者影响可以忽略不计的身体检查。需要注意的是,侵犯隐私期待的人身检查未必具有较大的侵入强度或损害风险。例如,探知男性生殖器官生理反应的检测术,虽不是侵入性检查,通常也无损害风险,但侵犯被检查人的隐私期待和人格尊严。

(四)受检查人基准

从受检查人的角度,可以将人身检查分为对被追诉人的人身检查、对被害人的人身检查和对第三人的人身检查。由于被追诉人是国家刑罚权行使的对象,因此,其对侦查机关的强制处分行为负有一定的忍受义务,侦查人员有权对其进行强制处分。被害人虽与案件结果有利害关系,但要与被追诉人区别对待。在某些情形下,对当事人之外的第三人进行人身检查有助于查明案件事实,但第三人本身与刑事案件既没有利害关系,也不是追诉程序的对象,依法律和情理不应承担无谓的忍受义务,因此,相应的人身检查应当与对当事人的人身检查明确地区别开来。

(五)紧急危险基准

从实施人身检查的情境是否存在紧急危险的角度,可以将其分为紧急危险情形下的人身检查和一般情形下的人身检查。这里的紧急危险主要指两种情况:一是人身检查所涉及的证据属于危险物品,可能对侦查人员、第三人或者犯罪嫌疑人本人造成伤害;二是人身检查所涉及的证据可能由于犯罪嫌疑人的行为或者其他客观情况而很快灭失。由于侦查权中包含应对紧急情况的权力,如果对犯罪嫌疑人不立即进行人身检查,就可能导致难以弥补的损失,因此,紧急危险情形中人身检查的授权与实施应当更多考虑侦查的便利。

三、基于类型化分析的程序规制

依上述基准,我们得到了若干人身检查措施的类型。类型分析本身不是目的,重要的是在区分不同层次人身检查措施的基础上,针对不同性质、不同强度和侵犯不同权利的人身检查措施,通过设定不同的启动条件和约束程序来消除概括授权之弊。有学者提出,对人身检查措施可以区分一般检查与重大检查,对后者采取较严格的规范方式。这一思路虽体现了契合比例原则的精神,但失之笼统。因为"一般"与"重大"是弹性术语,存在需要进一步明确之处。在此,类型化分析无疑可以成为有用的辅助技术。只有区分出侵害性的强弱,才有可能考虑适用最轻手段原则。按照前述的类型基准对人身检查行为进行分类,形成非侵入性人身检查和侵入性人身检查、损害风险较大的人身检查和损害风险较小的人身检查、非隐私检查和隐私检查、对被追诉人的人身检查和对第三人的人身检查等具体类型。这些类型划分中,前者属于一般人身检查措施,后者属于重大人身检查措施。这样可以将种类繁多的人身检查措施归入其中,对不同层次的人身检查设置不同的适用条件和程序。依紧急危险基准所进行的类型划分与前四组在主旨上颇有不同,不能归于一般或重大的类别,却可以程序设置例外性比照,从而使程序设置更合理,兼顾追诉犯罪与保障人权之间的法益均衡。[①]

(一)一般人身检查的基本要件

我们区分不同层次的人身检查措施,就是要有针对性地设置不同的条件和程序。一般而言,对重大的人身检查,在程序上应当给予严格的限制,而对一般的人身检查,限制和约束可以稍弱一些。但是,即便是一般的人身检查,也需要一定的启动条件,即人身检查的基本要件。第一,人身检查的目的,只能是为确定或发现

[①] 例如,在 1973 年的库普诉墨菲(Cupp v. Murphy)案中,美国联邦最高法院指出,如果证据在获得搜查证前即将消失,未经同意或者未取得正式令状而提取手指甲中的碎屑就不违反联邦宪法第四修正案。Cupp v. Murphy,412 U. S. 291(1973).

对诉讼有意义的事实,此一目的不能随意扩大。第二,在实体条件方面,案件所涉犯罪嫌疑人或被告人应存在初始的嫌疑。第三,在决定权方面,基于我国现实的侦查体制,可由侦查机关建立内部审批制度,以内部控制的方式来加以控制,但无论如何,人身检查都必须提供正式的批准文件方可实施。第四,人身检查的实施应遵循无损健康的原则,即无论何种人身检查,均不得对受检查人造成不可恢复的健康损害。第五,人身检查的主体应遵循同性别或医师原则。我国法律已规定,检查妇女的身体,应当由女工作人员或者医师进行。但采用同性别原则更加准确,也能体现男女平等的保护精神。第六,人身检查的过程应当严格保密;对提取的人体样本,应限于调查或证明与犯罪有关的事实;在案件结束后,除法律另有规定外,这些样本应当予以销毁。

(二)重大人身检查的特殊考虑

重大人身检查在约束条件和程序上的严格性表现在:第一,在决定权方面,相对于一般人身检查所采取的内部控制机制,重大人身检查的批准必须采取外部控制的方式,即由检察机关来批准。只有在紧急情况下,延误可能影响侦查结果时,侦查机关才可自行决定实施,但应受到检察机关的事后审查。第二,在审批程序中,侦查方与辩护方都应当参与。检察机关不仅应当充分听取被告人、犯罪嫌疑人及其辩护人的意见,而且必须参考专业医务人员的意见,以此来决定是否实施这一人身检查以及可能的实施方案。第三,侦查方应当提供实施重大人身检查的必要性证明,说明该项人身检查措施对被追诉人健康的侵害程度,是否侵犯公民的个人尊严和隐私,以及是否存在可替代的其他侵害较小的措施等。第四,一般人身检查可以由普通的侦查人员实施,但重大人身检查应由专业医师按照医术规则进行,主体必须限定,技术规程必须更加严谨。

(三)受检查人同意机制的补充性功能

在实践中,受检查人对人身检查的实施会有同意和不同意两种反应,侦查机关有可能强制实施人身检查行为。西方国家刑事诉讼法均认可这样一条规则:只要得到受检查人同意,侦查机关原则上可以免除法律授权规范的拘束。公民选择配合侦查机关的工作,这是其自主性的体现和自决权的行使,对此并无疑义。但是,对受检查人同意检查的情形,仍然需要有若干约束条件:第一,受检查人同意系出于其真实意思表示,并签署相应的证明性文件。第二,受检查人同意应有界限,不可侵犯他人利益和公序良俗,也不可违背检查技术规程(如同意由非医师实施高难度的医疗行为)。第三,设置保障性程序,如人身检查前的告知程序(告知其所享有的权利以及检查行为可能存在的风险等)、受检查人的确认程序等。

如果受检查人不同意对其实施检查措施,侦查机关就可以依法律规定进行强制。除了要遵循前述基本要件和特别要件外,尚须设立一定的强制机制,以体现比例原则的精神。在德国法与日本法上,强制检查分为间接强制和直接强制。间接强制是对拒绝配合侦查机关的受检查人处以罚款、赔偿相关损失甚至追究刑事责任,勒令或督促其接受人身检查措施;直接强制则是指使用强制力强迫被检查人接受检查。在两种强制方式之间确立明确的适用顺序,即在实施人身检查的过程中,应尽可能征得受检查人的同意,只有在采取罚款等间接强制方式没有效果时,才能使用必要的有形力进行直接强制。同时,强制检查应遵循无损健康原则和医事规范。

四、"场景风险控制"模式下的特别人身检查措施

实践中,人身检查方式多种多样且强度跨度极大,从无痛的抽血测试、毛发提取直至深入人体的手术取证都可列入其外延选项。概括授权显然难以提供有效的约束,也不符合比例构造的要求。为防止这一侦查措施被滥用,具体授权尤为必要。以具体规定,即规定侦查措施的名称、实施条件和程序等内容的法律条文对侦查所作出的法律授权是具体授权。[①] 具体授权是对人身检查措施进行比例构造的应有之义,但如何实现具体授权仍需要方法论上的改进。在此,可以引入"场景风险控制"理论来使具体授权变得更为具象。所谓"场景风险控制",是指在相应场景中具体地评估特定侦查措施的风险,根据风险等级采取相应程度的约束机制。这一理论产生于对隐私权的情境式考虑,它侧重"程度性"评估,通过贯穿数据处理生命周期全程的动态控制,力图将隐私风险控制在可接受的范围内。[②] 这一理论又被应用于大数据环境下的个人信息利用领域[③],对人身检查措施的比例构造也可产生有益的借鉴作用。基于"场景风险控制"理论的思路,笔者对以下人身检查措施的合比例设置提出建议。

(一)体腔检查

许多国家将体腔检查与脱衣检查相区分。体腔检查一般是指对口腔、鼻腔、耳

---

① 蒋开富.试论侦查的概括授权[J].犯罪研究,2005(2):13-19.
② 范为.大数据时代个人信息保护的路径重构[J].环球法律评论,2016,38(5):98.
③ 邹晓玫,杜静.大数据环境下个人信息利用之授权模式研究——重要性基础上的风险评估路径探索[J].情报理论与实践,2020,43(3):37.

朵、生殖器和肛门（包括直肠）的检查。体腔检查除了会侵入人体器官外，还可能使人产生被羞辱、厌恶、不受尊重的感觉。正是由于体腔检查的高度侵犯性，美国法将其限定为两种场合：一是在监狱中被羁押的已决犯和未决犯，其理由是在监狱中通过体腔检查有效地达到维护安全和威慑性目的的重要性超过了被羁押者的隐私权；二是利用消化道走私毒品的案件，其理由是此类走私行为通过其他手段难以发现，而在海关边境存在维护国家安全的特殊需要，其重要性明显高于对嫌疑人的隐私权保障。[①] 我国可以借鉴这一做法，将体腔检查严格限制在性犯罪（包括强奸罪、传播性病罪）和毒品犯罪（包括走私毒品、运输毒品和非法持有毒品犯罪）等特定犯罪范围内。

（二）抽血检测

美国联邦最高法院在施默伯诉加利福尼亚州案中认为，抽血检查在现代社会是一种习以为常的体检，参加过这种体检的人都知道，抽血的量是很少的，对绝大多数人来说既无风险又无损害和疼痛。[②] 因此，对强制抽血只要求其符合重大人身检查措施的启动条件即可，而不必加以特别限制，但是应当要求由医务人员以符合医学规范的方式进行。

（三）采集尿液

在某些案件中，尿液可能成为一种证据，但这种取证方法较为特别，使用不慎即有可能侵犯人的尊严和隐私权。日本的判例对采集尿液的取证方式给予了肯定，但要求"根据犯罪嫌疑案件的严重性、存在嫌疑、该证据极为重要和取证的必要性、不存在适当的替代手段等情况，在认为用该手段侦查犯罪确实属于不得已时，在正当的法律程序基础上，对犯罪嫌疑人身体安全及其人格给予充分保护后，作为最终手段可以使用"[③]。因此，对这一人身检查措施应当加以严格的规范，不仅要有审批机关的批准文件，而且在此文件中应明确记载医生所认为适宜的医学方法与规程，避免因为检查行为的随意性而侵犯公民的人格尊严和隐私权。

（四）手术取证

手术取证的目的主要是提取犯罪嫌疑人体内的证物或者人体样本，这种方式的侵犯性最为严重，相应的控制手段也应当最为严格，对犯罪嫌疑人和被告人应提供最为充分的程序性保障。在美国诉克劳德案中，美国联邦最高法院提出了审查

---

① 李皓,高峰.比较法视野中的人身检查措施[J].广西政法管理干部学院学报,2007(2):41—45.
② Schmerber v. California,384 U.S. 757(1966).
③ 陈光中,陈学权.强制采样与人权保障之冲突与平衡[J].现代法学,2005(5):45.

判断强制手术取证是否具有合理性的标准：一是通过手术要取得的证据具有关联性，通过其他方式无法取得，并且具有相信通过手术能够获取该证据的可能事由。二是手术是轻微手术，并且由技术娴熟的医生实施，手术采取了一切预防措施，因此造成被追诉人永久性伤害的风险很小。三是在法庭签发令状前，举行了由被告人及其律师共同参加的对席式听审。四是手术前给被告提供了上诉的机会。[1]

（五）针对第三人的人身检查

第三人不是刑事程序追诉的对象，对其进行的人身检查需要设置特殊的约束条件，否则难以杜绝漫无边际的人身检查。在实践中，为了破获大案、要案，侦查机关往往不惜一切代价，实施大规模的、大海捞针式的人身检查，造成与案件无关的第三人随时可能承受基本权利被侵犯的危险。笔者认为，对第三人的人身检查，除了要遵循基本要件外，还须增列以下约束条件：第一，刑事案件与被追诉人已先行存在，不能使用人身检查手段在不特定的人群中锁定被追诉人。第二，必须有相当理由认为该检查行为对调查犯罪极为必要。第三，必须有证据证明受检查人与案件关键性事实之间存在关联性，包括确认被追诉人的身份（如对直系血亲进行血缘检测等）、发现第三人身体中存有犯罪行为的痕迹或结果等。由于第三人在法律地位上主要表现为证人，因此他们可以依据拒绝证言的相同事由拒绝检查。

---

[1] United States v Crowder，543 F. 2d 312(DC Cir 1976)。

第六章

刑事起诉程序的比例设置

公诉权在本质上是一种国家追诉权,在程序意义上往往表现为司法请求权[①],这是公诉权的本初含义。但如果将公诉权单纯理解为司法请求权就过于狭隘了,公诉权的内涵极其丰富[②],具体表现为审查起诉权、提起公诉权、不起诉权、抗诉权等,其中,提起公诉权又包括起诉权、出庭支持公诉权、变更起诉权等。这些权力的行使以落实刑罚权为目标,推动着刑事诉讼程序向前发展。这一过程不仅与被追诉人存在直接的利害关系,而且对其基本权利、诉讼权利和合理利益产生干预和侵害效应。公诉权还存在被滥用的可能。鉴于此,运用比例构造原理对刑事起诉程序进行合理设置极有必要。

第一节 比例构造与刑事诉权的分配

在现代社会,犯罪侵犯的合法权益具有广泛性,公民权利、国家利益和社会利益都可能成为犯罪侵犯的客体,但是,不同的犯罪在所侵犯的利益方面各有侧重。如何根据犯罪所侵犯的不同利益和案件的不同性质采取既符合各自特点又恰如其分的起诉方式,是刑事诉权分配关注的重点内容。起诉方式本质上是起诉权的分

[①] 姜伟,钱舫,徐鹤喃.公诉制度教程[M].北京:法律出版社,2002:21.
[②] 有学者认为,公诉权应当包括以下基本内容:(1)立案决定权或立案控制权;(2)提起公诉的权力;(3)决定不起诉权;(4)出席法庭的权力;(5)变更起诉权;(6)上诉权;(7)申请再审权;(8)监督刑罚执行的权力。张智辉.公诉权论[J].中国法学,2006(6):109—121.

配问题。依权利行使主体的不同,刑事起诉分为公诉和自诉两种。作为追究犯罪的两种方式,自诉与公诉在性质上存在差异,但在刑事诉讼体系中,两者互相衔接、互相补充,共同完成对犯罪的追诉,只是在立法与司法中两者不可避免地存在一定的冲突和矛盾。对如何选择起诉方式、如何确立合理的诉权分配结构,比例构造原理可以提供重要的解释和指导。

一、刑事诉权分配的基本类型及其发展趋势

(一)刑事诉权分配的基本类型

在漫长的历史进程中,刑事起诉方式经过了一个变化的历程。在起源上,自诉(私诉)的历史与刑事诉讼的历史一样久远;公诉则始于近代的欧洲,资产阶级革命胜利后才得以制度化。如何在两种诉权之间进行合理的分配就成为各国刑事诉讼法学探索的问题。从历史与现实的角度,刑事诉权的分配主要有三种模式:

1. 单一自诉模式

单一自诉模式是指被害人及其代理人享有起诉犯罪的绝对权利,国家并不主动对犯罪进行追诉,而是由其设立的审判机关以居中裁判者的身份审理刑事案件,并对犯罪人进行刑事制裁。单一的自诉模式只存在于人类早期社会的弹劾式诉讼制度下,它是人类摒弃原始血亲复仇制度后采用的第一种诉权分配模式。其产生有着历史与社会的原因,当时的人们认为犯罪只是侵害了被害人的利益,是否追诉犯罪是被害人个人的权利。由于当时生产力低下,社会分工不发达,国家权力体系不分化,立法权力、行政权力、司法权力三位一体,加上原始氏族社会解决纠纷的传统方式的影响,公诉制度产生的土壤尚不存在。

在古埃及、古巴比伦、古印度等时期,提起诉讼完全是公民个人的事,法院实行完全的"不告不理"原则,原告与被告在诉讼权利和诉讼地位上完全平等。《汉穆拉比法典》第 1 条规定:"倘自由民宣誓揭发自由民之罪,控其杀人而不能证实,揭人之罪者应处死。"其第 2 条规定:"倘自由民控自由民犯巫蛊之罪而不能证实,则被控巫蛊之罪者应行至于河而投入之,倘彼为河占有,则控告者可以占领其房屋;倘河为之洗白而彼仍无恙,则控彼巫蛊者应处死,投诉者取得控告者之房屋。"[①]从上述规定可以看出,古代社会刑事案件的追诉权是由自由民个人行使的,他需要自行

---

① 世界著名法典汉译丛书编委会.汉穆拉比法典[M].北京:法律出版社,2000:10.

承担相应的举证责任,如果出现证据不足的情况,则采用神明裁判的方式来决疑,案件的判决也往往由当事人自主执行。为了防止滥用诉权,法律严惩诬告者,同时要求原告人对同一案件不得再次提起诉讼。

在历史的进程中,单一自诉模式在公诉制度产生后逐渐被抛弃,现代已没有国家采取这一起诉模式。

2. 单一公诉模式

在单一公诉模式下,刑事案件的起诉权由国家机关统一行使,个人包括受犯罪直接侵害的被害人都不享有向审判机关直接控诉犯罪的权力。被害人在遭受犯罪侵害时只有向国家的侦查、起诉部门控告犯罪的权利,但不能直接向法院起诉。刑事起诉只能由国家机关提起。

实行单一公诉模式的国家主要有日本、法国、美国、加拿大等。例如在日本,检察机关是行使起诉权的唯一专门机关,包揽所有刑事起诉,其他国家机关和公民个人均无权起诉,就连被害人也不例外。法律虽然规定了告诉乃论罪,没有被害人告诉就不能追究被告人的刑事责任,但它所指是向检察机关提起控告,由检察机关提起公诉,并非被害人直接向法院起诉。所以,日本刑事诉讼是不存在自诉制度的。日本采取国家追诉主义是基于这样的认识,即刑事诉讼谋求实现国家刑罚权,与把私人利益作为基点的民事诉讼不同,应当将实现正义作为首要目标。因此,由公正的、不受报复感情及利害关系所左右的国家机关行使追诉权,是最恰当的。[①] 在法国也没有自诉案件,凡刑事案件都是公诉案件。虽然就某些案件,被害人享有通过成为刑事诉讼中的民事当事人来行使发动公诉的权利,但是依法国刑事诉讼法典第 1 条的规定,追诉即使是由受害人发动,进行公诉的也是检察机关。一切刑事案件都须依公诉程序来处理。[②]

3. 公诉与自诉并存模式

这是一种双轨制的追诉模式,即在实行国家追诉主义的同时,兼采被害人追诉主义,一方面认为犯罪是侵害社会公共利益和统治秩序的行为,对犯罪的追究应当由国家机关负责;另一方面承认被害人及其代理人在追诉犯罪上的自主性,将对某些犯罪的起诉权交由受犯罪直接侵害的被害人或其代理人行使,是否起诉由被害人自行决定。于是,将刑事案件划分为公诉案件和自诉案件,由国家和公民个人分

[①] 宋英辉. 日本刑事诉讼法[M]. 北京:中国政法大学出版社,2000:11.
[②] 卡斯东·斯特法尼,乔治·勒瓦索,贝尔纳·布洛克. 法国刑事诉讼精义[M]. 罗结珍,译. 北京:中国政法大学出版社,1999:121.

别行使刑事起诉权,使公诉与自诉成为并行不悖、相互补充的起诉方式。但两种起诉方式又有主次之争,分为两种类型:

(1)以国家公诉为主,公民个人自诉为辅

德国、奥地利、俄罗斯和我国采用这种做法。例如,德国法将追究犯罪看作专属国家所有的、由国家专门机关行使的权力与职责,在以国家起诉为一般原则的同时,许可自诉方式的补充性存在。德国刑事诉讼法第五编专门规定了被害人参加程序,包括被害人的自诉程序、附带诉讼、对被害人作出补偿,以及被害人的其他权利。德国刑事诉讼法第374条还明确规定了自诉案件的具体范围,包括八种犯罪类型:侵入住居罪,侮辱罪,妨害书信秘密罪,伤害罪,恐吓罪,毁损罪,其他不当竞争罪及有关专利法、著作权法、商标法、新型新式样保护法等犯罪,一般以轻微作为其构成要件。如果自诉之罪与公诉之罪(如侮辱罪与风化罪、侵入住居罪)恰为想象竞合或法条竞合的情形者,则不得提起自诉,应由提起公诉的机关依职权一并对自诉之罪径为追诉。①

(2)以公民个人自诉为主,国家公诉为辅

这一模式将诉讼权视为公民的基本权利,国家机关无权替代;除案情复杂,性质严重的案件可由检察机关公诉外,一般的刑事起诉均由公民个人发动。代表性的国家为1985年以前的英国。作为普通法系的代表,英国长期坚持其传统的私诉制度,由公民对犯罪直接起诉。英国法所指的私诉与其他国家的自诉存在区别:一是起诉主体不同。自诉一般是由被害人提起,私诉的主体则较为广泛,在检察官之外,警察、政府部门、公共机构、国有企业、国内税收部门和海关甚至任何个人都可以提出刑事起诉。检察官一般只对重大案件,如可能判处死刑的犯罪案件提起公诉。这与大陆法系国家检察机关垄断或基本垄断刑事起诉是不同的。二是起诉案件的范围不同。自诉的案件范围一般较小,私诉则对允许一般公民提起诉讼的案件范围几乎没有限制。1985年,英国颁行《检控犯罪法》,规定从1986年1月1日起在英格兰和威尔士普遍建立公诉机关,其主要职责是在警察决定指控被告人后复审案件,并负责决定是否提起公诉、出席法庭和支持公诉,以及对警察调查案件提出意见。该法还规定了具体程序,警察在侦查终结后,认为证据充分、应该起诉的案件,要移交给皇家检察署,由它决定是否向法院起诉。②其后,英国实际上改变

---

① 克劳思·罗科信.刑事诉讼法[M].24版.吴丽琪,译.北京:法律出版社,2003:578.
② 卞建林,刘玫.外国刑事诉讼法[M].北京:人民法院出版社,2002:351.

了私诉传统,实行与大陆法系国家大致类似的检察官公诉制度。

(二)刑事诉权分配的基本发展趋势

从目前各国起诉方式的发展来看,刑事诉权分配基本的趋势是进一步强化检察官公诉制度。英国的发展历程很能说明问题。传统的法律理念认为人人都是国王的臣民,私诉被看作一项基本的诉讼权利,但是,在当代英国,由于公民个人没有警方所拥有的物质资源和法律权力,因此在实践中私诉成功的可能性很小,相应地,适用私诉的案件很少,只是在理论上说被害人可以对大多数犯罪进行私人起诉而已。在大陆法系国家,检察机关的起诉功能也得到了强化。例如在德国,1975年修改后的刑事诉讼法取消了预审调查制度,使检察官的职责作用得到了加强。[①]

在刑事起诉方式的历史演变过程中,各个国家和地区对起诉方式作出了不同的选择,自诉案件范围的具体设置在不同的国家和地区也有所不同。起诉方式的发展遵循着由私人起诉向国家公诉发展的轨迹。在现代刑事起诉制度中,自诉作为一种古老的追诉方式逐步式微。越来越多的国家和地区将公诉制度确认为一项基本起诉制度,公诉制度日益显示其强大的生命力。实行公诉与自诉并存的国家在确定自诉案件范围时都较为慎重,一般会做严格的限制,通常只限于特定的涉及公民个人权益的侵害案件。在司法实践中,自诉在刑事诉讼中所占的比例正在萎缩。但这是否意味着将由单一公诉模式来完成统一呢?在此,对刑事诉权分配的比例性分析或将产生有益的看法。

二、刑事诉权分配的比例性分析

刑事诉权分配的首要任务是在公诉和自诉这两种起诉方式之间进行选择。历史传统的不同导致国家和地区之间存在差异,但是多数国家和地区试图建立起公诉与自诉并存模式。我国现行《刑事诉讼法》采取公诉与自诉并存且以公诉为主、自诉为辅的模式。近年来,理论界出现过取消自诉制度,实行公诉垄断的主张。这就涉及如何建立一个合理的诉权结构的问题,比例构造原理在此可以提供一个解释的视角。笔者认为,从比例构造的角度,单一自诉模式、单一公诉模式都是不足取的。

---

① 姜伟,钱舫,徐鹤喃.公诉制度教程[M].北京:法律出版社,2002:15—16.

(一)单一自诉模式的适合性分析

适合性原则要求围绕刑事起诉的目的或预期功能来对起诉权进行配置,易言之,诉权结构的安排应当有助于促进刑事起诉预期功能的实现。如果诉权分配的模式不能实现其基本的预期功能,那么,这种模式就是"不足的",或者不具有"合目的性"。在现代刑事诉讼中,起诉的主要功能是履行控诉职能,发动审判程序,通过有效的起诉追究被告人的刑事责任。根据现代诉讼"不告不理原则"的要求,起诉还具有限制审判权范围的效力,法院不得审判未经起诉的被告人和未经起诉的犯罪。所以,起诉对刑事诉讼而言是必不可少的,具有目的正当性,起诉制度的设置应当保证实现有效的追诉。

单一自诉模式之所以最终退出历史舞台,主要是因为它不能对犯罪行为组织有效的追诉,在完成惩罚犯罪的刑事诉讼任务方面有所欠缺,即手段的使用不足以达到目的,不符合适合性原则的要求。

第一,单一自诉模式不能有效地维护国家利益与社会公共利益。文明社会初期,人们认为犯罪所侵害的是被害人的利益,只与被害人有关,国家在追诉犯罪的问题上处于消极被动的立场,是否追究完全取决于被害人的个人意志,被害人不控告,国家不追究。然而,人们逐渐认识到,犯罪在本质上所侵犯的不仅仅是被害人的个人利益,而且涉及国家利益和公共利益。如果仅以自诉为单一的起诉方式,能够得到国家刑罚惩处的可能只限于侵犯私人权益的犯罪,危害到国家利益、公共利益的犯罪就得不到有效的打击,刑事起诉就达不到其应有的目的,实现不了其预期功能。正因为如此,现代国家设立公诉制度,以强化国家对追诉犯罪的主动权和控制权,这是具有适合性的法理基础的。

第二,单一自诉模式的侦查取证能力不足。基于刑事案件的隐蔽性和复杂性,要查明案件真相并抓获犯罪人是一个非常困难的过程。被害人提起自诉后,个人往往难以承受收集证据所需要的资源投入,也缺乏有效的取证措施。所以,如果将犯罪追诉权都交由被害人行使,其往往无力承担举证责任,即使刑事诉讼得以进行下去,也因证据有限,法官难以查明真相,最终使犯罪人逍遥法外。随着社会的发展,犯罪涉及的领域越来越广,个人没有能力与犯罪分子抗衡。要追诉犯罪,就必须收集证据、查明犯罪,但公民个人既无侦查犯罪的能力,不享有特定的侦查手段和强制措施,又难以在法庭上履行举证责任指控犯罪。因此,无论是侦查犯罪,还是指控犯罪,由国家专门机构来担负这些职责都是更为适合的。

第三,单一自诉模式在追诉的专门性方面存在欠缺。与诉讼活动的专门化相对应,法律工作也越来越专业化。为了更好地惩罚犯罪,维护社会秩序,由法律专业人员而非普通人来承担追诉工作显然更为适宜。这是因为以法律为业的检察官具有普通公民不具有的专业素养,专门的检察机构又为其履行追诉职能提供了组织和资源保证。犯罪的复杂化及刑事诉讼的专业性是公诉制度产生的现实需要。在起诉模式上,私诉向公诉的转化是历史发展的必然趋势。

(二)单一公诉模式的必要性与相称性分析

实践经验证明,由检察机关提起公诉是追诉犯罪的有效手段。尤其对危害国家安全或者社会公共安全的案件、无被害人案件、性质严重的案件、重大复杂案件而言,这种有效性表现得更加突出。换言之,在这些案件中,公诉和自诉并不是两种具有"同等有效性"的追诉模式。如果采取自诉的追诉方式,则显然不能达到刑事诉讼法惩罚犯罪的目的。

但是,当我们将目光转向另外一些案件时,情形似乎发生了变化。这些案件的犯罪性质、情节比较轻微,主要侵犯公民个人权益,而不涉及国家利益和社会公共利益,且被害人与被告人之间可能存在某种特殊的人身关系。在这些案件中,追诉的有效性已经不是一个主要矛盾,追诉方式的侵害性却可能成为一个突出问题,程序的严厉与缓和的选择成为必要。在公诉方式与自诉方式之间进行比较,前者显然是一种"严厉型"的诉讼措施,而后者是一种"缓和型"的诉讼措施。当然,所谓的"严厉"或"缓和"并非绝对,而是相对而言的,通过两者的对比可清晰地看出强度上的差异。

从追诉主体来看,公诉程序使被告人必须面对代表国家利益和掌握国家资源、权力的检察机关,提起公诉是有强有力的国家资源和强制力来作为后盾的。因此,被告人尽管在法律上具有与公诉机关平等的诉讼地位,但是其处在事实上的弱势地位,而且与公诉机关之间往往不可能产生对等的协商。

从追诉程序来看,自诉案件没有独立的侦查和审查起诉阶段而直接进入审判阶段。在此过程中,被告人被采取强制措施的可能性小很大。而公诉案件一般经过独立的侦查阶段和审查、起诉阶段,被告人可能被采取强制措施,也可能受到传讯或者适用其他的侦查手段,正常的生活会受到较大的影响。由于被采取了强制措施,因此被告人通过自己的行为获取证据的能力会受到限制。

从当事人的意愿来看,公诉不取决于被害人的意愿,即便没有被害人的控告,或者被害人不主张追究犯罪人,国家专门机关仍然可以决定起诉。而自诉则完全取决于被害人的态度。被害人不控告的,审判机关不审理,国家也不干预。在审理程序中,公诉案件不适用调解,当事人自由处分的权利受到限制。

从反诉权来看,公诉程序中被告人不享有反诉权。自诉案件中被害人与被告人的诉讼地位是平等的,被害人享有起诉权,被告人则有相应的反诉权。反诉以自诉的存在为前提,但反诉本身不是对自诉的答辩,而是一个独立的诉讼。原自诉人撤诉不影响反诉案件的继续审理。反诉权对被告人而言是一种程序利益。

从结案方式来看,自诉程序比较灵活,除了判决结案,还可以通过调解、自行和解、撤回自诉等方式结案,结案的结果充分体现了被告人与被害人的个体意愿。公诉案件的结案方式一般为法院判决,广义上也包括检察机关的不起诉,它需要严格按照法律规定进行,重在体现国家意志而不是被告人和被害人的意愿。

除此之外,公诉方式的"严厉性"还表现在它可以延伸至被告人的日常生活从而带来比自诉方式更强的"侵害性"。

其一,公诉程序的启动意味着"犯罪标签"的形成。由国家机关主导的公诉活动与由普通公民推动的自诉行为代表了两种性质不同的犯罪应对方式,对被告人、被害人乃至社会都会产生不同的效果。犯罪标签理论(Labeling Theory)认为,一个人并不会仅仅由于违反法律而成为犯罪人,犯罪人或犯罪嫌疑人的身份是由警察、检察官、法庭、监狱等国家机关赋予的,因此国家机关的反应更为重要。国家机关的反应是通过一系列刑事司法行为来完成的,具体表现为逮捕、公诉、审判、监禁等,这一过程就是一个贴"标签"的过程。在公诉程序中,被告人与国家机关有更多的接触,被采取强制措施的可能性也更大,容易导致较自诉方式更为强烈的负面评价,对被追诉人的工作、学习、生活会产生更多不利影响。

其二,公诉程序的启动有可能使被告人与被害人之间的关系产生更深的裂痕。犯罪有轻重之别,一些轻微刑事案件本身就是一种偶发的纠纷。虽然说这种犯罪违反了刑法,对被害人造成了侵害,但是,通过加害人的忏悔,与被害人的沟通、协商与和解,积极地进行赔偿、弥补侵害,则会使这一纠纷很快消弭。这一目的在类似于民事诉讼的自诉程序中更容易达成。但是,公诉程序的启动意味着国家侦控机关取得了程序上的绝对主动权,侦控权力的行使并不以被追诉人和被害人的意志为转移,常常在不知不觉中将双方当事人推到对立面,最终,被告人的刑事责任虽然依法得到确定,但被告人与被害人之间的关系可能在程序的推进中产生更深的裂痕。在这一点上,某些英美法系国家所奉行的单一公诉模式是存在缺陷的。

笔者曾听加拿大刑法改革和刑事政策国际中心的杨诚教授介绍过一个案件:一对年轻的中国留学生夫妻在加拿大打拼。在两人的结婚纪念日,丈夫因工作而迟归,还忘记了这个特殊的日子,让妻子十分生气。丈夫因为疲倦就躺到床上休息,两人发生口角,生气的妻子将一盆凉水倒在了床上,丈夫发怒动手打了妻子几巴掌。妻子的怒气继续升级,指责丈夫实施家庭暴力,便顺手打电话报警。警察到场立刻拘捕了丈夫。妻子最初以为警察会进行劝和调解,给丈夫一点小教训,然后这场纠纷就可以平息。但是,过去了一段时间,丈夫仍在羁押状态,妻子去了解情况后发现丈夫已经被检察官起诉。于是她找到检察官解释,提出这个案件不需要起诉,只需要调解一下就行。她对检察官的起诉表示反对,作为被害人,她希望撤回起诉,但检察官拒绝了她。加拿大实行的是单一公诉模式,是否起诉完全由检察官根据法律和刑事政策来决定。在当时,家庭暴力是加拿大的一个比较严重的社会问题,检察机关掌握的政策尺度是一律不作为不起诉处理,这个检察官据此坚持起诉。妻子非常着急,最后向检察官无奈陈情:她自己喜欢被丈夫打,当时就是她邀请丈夫来打她的,她对丈夫说的是"你打呀!你打呀!"这个案件如果被起诉,无论最后法庭如何判决,这段经历都可能给这段婚姻、这个家庭蒙上一层阴影。这个案例可以生动地说明,在当事人之间存在特殊关系的案件中,一味地提起公诉会伤害当事人之间的关系和生活利益。

应该说,公诉方式的"严厉性"对保证严重犯罪、一般犯罪的追诉而言是必要的,但是就一些性质较轻的、被告人与被害人之间存在特殊关系的案件而言,从最小侵害原则的角度出发,自诉应是一种更为妥当的起诉方式。基于国外公诉权的扩张趋势,国内曾有取消自诉案件的主张。[①] 但从前面的分析可以看出,这种观点是不足取的。笔者认为,以公诉为主、公诉与自诉互补的结构是一种更能满足多元社会需求的诉权分配结构,关键是合理界定自诉案件的范围,规范相关的运作程序。

三、公诉与自诉互补结构的完善

(一)公诉案件与自诉案件范围的划分

根据比例原则,"国家公权力之干预强度与有益于社会公益之间,必须成相当比例"[②]。现代各国的刑事诉讼之所以均确立了国家追诉原则,是因为相比自诉方

[①] 汪本立.试论刑事自诉制度的存废[J].中国法学,1993(6):90.
[②] 林山田.刑事程序法[M].4版.台北:五南图书出版公司,1990:58.

式,公诉方式更有追诉能力、更加专门化、更有利于保护国家利益、更有效地恢复被犯罪所破坏的社会秩序和实现社会正义。因此,刑事案件以公诉案件为主体能够更好地达到刑事起诉的目的,是具有合目的性的。然而比例原则要求国家公权力的行使必须是达到目的的妥当和造成最小侵害的必要手段。"应采何种强制手段以及至何程度之强制等问题之决定,务必与主权措施所欲达成之目的以及事件情状之轻重缓急成相当比例;一切超出相当比例之强制手段或强制程度,均应在禁止使用之列,此即所谓超量禁止。"[1]在某些刑事案件中,行为人虽已触犯刑法,但其行为仅是侵犯了个人利益,犯罪性质并不严重,主观恶性也不大,与被害人也存在着和解的可能,如果一味由其进入公诉程序,则不免有"过度"与"超量"之弊。对此类案件,适用贴近民事诉讼的自诉程序更为妥当。

综上所述,从比例构造的角度确定自诉案件范围应当考虑以下因素:(1)案件所涉的犯罪在性质、情节和后果上必须轻微,对社会造成的危害不大。从"合目的性"分析的角度,对此类犯罪,国家不会因为将起诉权赋予被害人行使而造成放纵犯罪、危及自身统治和社会秩序的结果。(2)案件的证明不需要经过专门的侦查才能完成,被害人依靠个人力量足以承担收集证据的责任。如果案情复杂,需要经过专门的侦查,被害人没有能力收集证据并承担法定的举证责任,就不宜规定为自诉案件,否则不利于对被害人的利益进行有效的保护。(3)犯罪所侵犯的仅止于公民的个人权益,出于原始的报复情感和对犯罪的痛恨,被害人自然会积极主动地行使诉权,即使被害人疏于自诉,一般也不会对他人、社会和国家利益造成损害。(4)被害人与被告人之间可能具有某种特殊的人身关系,如夫妻关系、亲属关系,而且此类案件往往涉及当事人的名誉、隐私和家庭关系,如果以国家公诉权强力介入,就可能对自诉人与被告人之间的关系造成不应有的侵害,使矛盾激化,不利于纠纷的顺利解决。

根据《刑事诉讼法》第 210 条和相关司法解释的规定,除了所谓的"公诉转自诉"案件外,自诉案件主要有两大类:(1)告诉才处理的案件,包括侮辱、诽谤案(严重危害社会秩序和国家利益的除外),暴力干涉婚姻自由案,虐待案(但被害人没有能力告诉或者因受到强制、威吓而无法告诉的除外),侵占案。(2)被害人有证据证明的轻微刑事案件,包括故意伤害案(轻伤),重婚案,遗弃案,妨害通信自由案,非法侵入住宅案,生产、销售伪劣商品案(严重危害社会秩序和国家利益的除外),侵

---

[1] 林山田.刑事程序法[M].4 版.台北:五南图书出版公司,1990:58.

犯知识产权案件(严重危害社会秩序和国家利益的除外),属于刑法分则第四章、第五章规定的可能判处三年以下有期徒刑的案件。

对照上述确定自诉案件范围应当考虑的因素,《刑事诉讼法》规定的自诉案件范围存在一些缺陷,需要作出相应的调整。在第一类自诉案件中,侵占罪可能涉及所有人不明、依法应归国家所有的埋藏物,而且调查取证较难,因此将侵占埋藏物的犯罪列为公诉案件更为妥当。第二类自诉案件的范围过于宽泛,不利于实现刑事追诉的目的。其中,侵犯民主权利的案件不宜规定为自诉,如煽动民族仇恨、民族歧视罪,破坏选举罪等,因为这类案件社会影响大,关系民主进程,不能由公民自由决定。此外,犯罪性质严重的恶性案件也不宜列入自诉。在最高人民法院司法解释中,目前我国第二类自诉案件的确立主要以刑罚轻重为标准——有期徒刑三年以下犯罪,但这样就把抢夺罪、诈骗罪、敲诈勒索罪等一些恶性案件包含进来,这是明显不合理的,应当将它们列为公诉案件,其中的遗弃罪则可以比照虐待罪规定移至"不告不理"自诉案件中,这是因为此类案件主要侵犯的是公民个人的权益,而且同样关涉一定的家庭关系。

(二)自诉、公诉交叉案件的程序设置

自诉、公诉交叉案件即前述司法解释中的第二类自诉案件。之所以把这类案件规定为自诉案件,主要是因为采取自诉的方法更有利于尊重被害人的意愿。"在审判权的强制推进中主张并承认当事人的合意的正当性与效力。这种合意是当事人自身的权利要求,只要不违背公序良俗,那么在观念上、制度上就要予以认可和接受。"[①]被害人想提起自诉,可以按自诉案件进行,如果被害人要求公诉介入,加大追诉的力度,就可以转为公诉案件,不至于因为被害人举证能力不足而导致刑事案件民事化。这样的程序设置既考虑到了被害人的追诉需要,也考虑到了司法机关的诉讼效率。但不足之处在于使被告人的程序利益处于不确定状态,甚至可能因为适用不同的程序而出现同罪异罚的现象,这显然违背了刑事司法的公正性。在实践中,还存在公安机关随意转换公诉权与自诉权的现象。某些地方的公安机关将办案数量作为绩效考核指标之一,为了追求办案数量,办案人员在办理既可自诉也可公诉的轻微刑事案件时,通常不会考虑让被害人行使自诉权,而将此类案件优先作为公诉案件来处理,无形之中剥夺了被告人因为适用自诉程序而可能取得的程序利益。

---

① 常怡,黄娟.现代诉讼的法理性透视[J].现代法学,2001(1):33.

综上所述,笔者认为,应当根据比例原则的"最小侵害"要求来对自诉、公诉交叉案件的程序进行设置。首先,确定此类案件应优先适用自诉程序,公安机关应当征询被害人是否行使自诉权,只有在被害人要求公安机关介入时方可立案,公安机关不得直接将其作为公诉案件来处理。其次,对这一类特殊的自诉案件,即便转为公诉程序来处理,也应当适用自诉程序的一些特殊规定,如调解、反诉等。之所以如此,一是要体现这类案件性质轻微的特点,使被告人不至于丧失在自诉程序中应享有的利益;二是避免两种诉讼出现两种结果,对被告人出现同罪异罚的现象。

(三)公诉与自诉的相互转化

公诉与自诉的转化存在着两种可能:一是公诉案件转化为自诉案件,二是自诉案件转化为公诉案件。笔者认为,诉权分配意味着依案件性质设定明确的分界线,公诉与自诉之间的转化应当受到严格限制。

1. 公诉案件不宜转化为自诉案件

《刑事诉讼法》第 204 条第 3 项规定,被害人有证据证明对被告人侵犯自己人身、财产权利的行为应当依法追究刑事责任而公安机关或人民检察院不予追究被告人刑事责任的案件,可以提起自诉。这一制度的设立初衷在于:"考虑人民群众告状难的问题越来越突出,立法机关急群众之所急,想群众之所想,把这类案件调整为人民法院直接受理的自诉案件。"[①]可见,立法本意是为了解决实践中被害人告状无门、权益受侵害的情况,以更好地维护被害人的利益,也含有对侦查机关、公诉机关正确行使权力、严格执法进行外部制约的意思。

但是,这一制度能否达到其立法初衷值得反思。其一,对被害人的权利保护难以落实。公诉转自诉后,控诉犯罪的举证责任由被害方承担。传统上,我国被害人的权利有限,在 1996 年修改《刑事诉讼法》后,这种现象虽有所改观,但被害人即使在律师的帮助下,取证的渠道也是有限的,取证能力并不如意,况且刑事诉讼证明标准较高,被害人的控诉常常因证据不足而以失败告终。法的运行效果是检验立法成败的试金石。被害人仅具有形式意义上的起诉权,实际上其实体权益却难以得到保护,自诉权制约公诉权的预想落空。其二,对犯罪嫌疑人而言,公诉转自诉后使其再次陷入可能被追诉的境地。另外,为了保证审判活动的顺利进行,他必须随传随到,人身自由受到妨碍,影响了其正常的工作和生活。这种"奉陪到底"的义

---

① 陈光中,严端.《中华人民共和国刑事诉讼法》释义与应用[M].长春:吉林人民出版社,1996:229.

务对犯罪嫌疑人是不公平的。[①] 可见,公诉转自诉这一制度设置在实践中并不能达到其立法目的,相反,会使被告人处在反复被追诉的状态,对其权益造成了过度侵害,因此,这一制度设置不具有合目的性,不符合比例构造原理。

2. 自诉案件转为公诉的非实质性

自诉案件转化为公诉案件一般通过检察官的自诉担当表现出来。自诉担当是指自诉案件开始后,被害人可能由于本身出现某些特殊情况而无法正常进行其诉讼行为,国家对此进行干预,检察机关介入诉讼,使已经开始的自诉程序得以继续。严格说来,自诉担当并不意味着自诉案件就此转化为公诉案件,检察官其实并没有取代被害人的诉讼地位。当自诉人在诉讼终结前死亡、丧失行为能力或出现其他特殊情况时,自诉担当制度具有重要的价值。我国《刑法》第 98 条规定:"本法所称的告诉才处理,是指被害人告诉才处理。如果被害人因受强制、威吓无法告诉的,人民检察院和被害人的近亲属也可以告诉。"笔者主张,应当将"被害人因受强制、威吓无法告诉"作为自诉担当的一种法定情形,通过检察机关担当自诉案件来保障被害人权益;另外,不可使此类案件实质性地转化为公诉案件,使被告人因不能适用自诉程序而失去相应的程序利益。

(四)公诉与自诉的衔接

2020 年"杭州网络诽谤案"引发了学界关于自诉与公诉相互关系的讨论,有相当一部分学者认为这是一起"自诉转公诉"的案件。[②] 但从本质上来说,这里并不存在真正意义上的"转化"问题,而只是公诉案件与自诉案件的界分问题。真正意义上的"转化"应当是本属自诉案件却改由公诉处置。在"杭州网络诽谤案"中,2020 年 10 月 26 日,杭州市余杭区谷女士就郎某、何某的网络诽谤行为向余杭区人民法院提起诽谤罪的刑事自诉;12 月 14 日,余杭区人民法院决定立案,并依法要求杭州市公安局余杭分局提供协助。这表明,无论是原告还是余杭区人民法院,都认为这是一个自诉案件。12 月 25 日,根据杭州市余杭区人民检察院提出的检察建议,杭州市公安局余杭区分局对郎某、何某涉嫌诽谤案立案侦查,从而启动了刑事公诉程序。在这里,公诉程序的启动并不是因为把原本意义上的自诉案件转化成公诉案件,而是这本就该是一个公诉案件。我国《刑法》第 246 条的规定十分明确:侮辱

[①] 王志强.论自诉与公诉的关系[J].上海市政法管理干部学院学报,2002(3):77.

[②] 贾志强."自诉转公诉"程序规则的系统性反思——以网络侮辱诽谤犯罪案件为视角[J].国家检察官学院学报,2023,31(5):25. 步洋洋,韩雨轩.论自诉转公诉制度的立法确立[J].青少年犯罪问题,2024(4):18.

罪、诽谤罪,告诉的才处理,但是严重危害社会秩序和国家利益的除外。本案的关键是如何理解"严重危害社会秩序"。

2023年9月,最高人民法院、最高人民检察院、公安部发布《关于依法惩治网络暴力违法犯罪的指导意见》,其第12条要求办案人员准确把握侮辱罪、诽谤罪的公诉条件:根据我国《刑法》第246条第2款的规定,实施侮辱、诽谤犯罪,严重危害社会秩序和国家利益的,应当依法提起公诉。对网络侮辱、诽谤是否严重危害社会秩序,应当综合侵害对象、动机目的、行为方式、信息传播范围、危害后果等因素作出判定。该条列举了5项"严重危害社会秩序"的具体情形,其中之一是"随意以普通公众为侵害对象,相关信息在网络上大范围传播,引发大量低俗、恶意评论,严重破坏网络秩序,社会影响恶劣的"。这正是"杭州网络诽谤案"所涉及的情形。

最高人民检察院第34批指导性案例"郎某、何某诽谤案"(检例第137号)要旨指出,对公安机关未立案侦查、被害人已提出自诉的,检察机关应当处理好由自诉向公诉的转换。所以这里只是程序适用有误后的"转换",而非原有性质发生转变后的"转化",它需要立法预先设置程序的衔接机制。《关于依法惩治网络暴力违法犯罪的指导意见》第13条规定,对严重危害社会秩序的网络侮辱、诽谤行为,公安机关应当依法及时立案。被害人同时向人民法院提起自诉的,人民法院可以请自诉人撤回自诉或者裁定不予受理;已经受理的,应当裁定终止审理,并将相关材料移送公安机关,原自诉人可以作为被害人参与诉讼。对网络侮辱、诽谤行为,被害人在公安机关立案前提起自诉,人民法院经审查认为有关行为严重危害社会秩序的,应当将案件移送公安机关。该规定详细规定了自诉与公诉的衔接机制,有助于自诉向公诉的转换。从比例构造的角度来看,这样的衔接机制是极其必要的。因为如果机械地依从被害人的起诉,将原本属于公诉范围的案件适用自诉程序,就会存在适合性不足的问题;相反,将本应自诉的案件按公诉处理,则会不当剥夺被追诉人的合理权益,不具有相称性。显然,《关于依法惩治网络暴力违法犯罪的指导意见》对这一问题有所体察,其第13条规定,对网络侮辱、诽谤行为,被害人或者其近亲属向公安机关报案,公安机关经审查认为已构成犯罪但不符合公诉条件的,可以告知报案人向人民法院提起自诉。这一规定维护了公诉案件和自诉案件范围的固有边界,避免了前述不相称情形的发生,因而是合理的。

第二节　公诉处分机制的比例设置

检察机关在对公诉案件进行审查后,应当根据事实和法律作出提起公诉或者不起诉的处理决定,这就是公诉处分。公诉处分是一种"司法处分"。我国台湾地区学者蔡墩铭先生认为:"不起诉处分,乃检察官审查刑事案件之结果,认其欠缺诉讼的条件或处罚条件,或认为无起诉之必要,决定不向法院提起公诉,而依法定程序,以书面对外表示之司法处分也。"[①]不过,提起公诉处分与不起诉处分两者在性质上有所不同,前者是一种单纯的程序处分,后者则兼具程序处分和实体处分双重性质。

公诉处分正是公诉权行使的结果。其实质是公诉机关适用法律对案件进行的判定和处置,在这个意义上,公诉权已不是一种单纯的司法请求权,而是一种司法处置权。[②] 这种司法上的处置必然关系到刑事起诉目的和任务的达成与否,也会涉及犯罪嫌疑人的基本权利、诉讼权利和合理利益,因此它也有一个适度行使的问题。公诉处分机制的比例设置就是从比例构造原理出发,通过公诉处分机制在结构上的多样化、层次化,针对不同的刑事案件和犯罪嫌疑人作出恰当的处置,从而控制公诉权行使可能带来的侵害性,以达到最大限度保障权利的目标。

一、从"法定追诉"到"适当追诉"

法国是最早建立现代公诉制度的国家。作为国王的代理人,早期的检察官必须严格依照国王的法令来提起诉讼,此为"法定追诉"的雏形。1789 年法国资产阶级革命废除了封建政治制度和纠问式诉讼模式,建立了以分权制衡理论为基础的宪法体制。在刑事司法领域,控诉权与审判权分离原则成为法治国家刑事诉讼的基本原则,控诉权与审判权相分离,由国家公诉机关独立行使。但是,出于对权力滥用的担心,立法者并未给司法官留下任何自行评判的可能性,仍然采取"法定追

---

① 蔡墩铭,朱石炎.刑事诉讼论[M].台北:五南图书出版公司,1981:174.
② 龙宗智.刑事公诉权与条件说[J].人民检察,1999(3):44.

诉"原则,即一切违反刑事法律的行为都必须受到追诉。①

法定追诉原则或起诉法定主义,是指只要犯罪嫌疑人符合法定的起诉条件,公诉机关就必须提起公诉,不享有根据案件具体情况决定是否起诉的自由裁量权。起诉的条件往往用犯罪的客观嫌疑或法律所确定的起诉标准来加以明确,提起公诉也是法律明定的义务。起诉法定主义要求所有符合法定起诉条件的案件,都应当毫无例外地提起公诉,其必然推论是,对不符合法定起诉条件的案件,不得提起公诉。检察官的公诉权同样表现为决定起诉和不起诉两个方面,但他对案件的处理,无论是起诉还是不起诉,都不享有根据自己的判断和理智选择的权力——只能对具备起诉条件的案件依法提起公诉,对不具备法定起诉条件的案件作出不起诉处理。在此意义上,起诉法定主义包含"不起诉法定主义"的要求。② 换言之,在起诉法定主义制度下,同样存在着不起诉,但是法定不起诉是其唯一形式。

从适合性原则的角度来分析,"有罪必诉"的起诉法定主义符合公诉的预期功能。稳定的社会秩序是人类生产和生活得以维持的基本条件。犯罪是对社会秩序最严重的破坏,为了维护社会秩序,国家必须追诉和惩治犯罪。公诉正是代表国家查明、追诉犯罪的诉讼活动,其核心是确定被追诉人的刑事责任,包括被追诉人是否实施了被指控的罪行,是否应当承担刑事责任,以及承担何种刑事责任。尽管犯罪的认定须依刑事实体法律,但是,这只有通过公诉权的启动才能完成,也只有通过国家公诉机关的公诉行为,才能使有罪的人受到法律制裁,无罪的人及时得到解脱。

然而,在刑事诉讼实践中,"法定追诉"面临许多问题。例如在19世纪的法国,在"法定追诉"原则下,法律没有规定公诉机关可以作出灵活处置的情形,在实践中,一些犯罪尽管在事实上并无疑问,但检察官未必一定会对行为人提起追诉。犯罪固然是存在的,检察官在起诉时却常常"犹豫不决"。原因是多方面的,可能是检察官对所援用的法律条文作了较为宽松的解释,进而对提起追诉是否可予受理以及提起追诉的依据产生怀疑;也可能是犯罪行为给社会造成的损害极为轻微,甚至可能是犯罪人本着完全值得赞赏的目的而实施的行为。在这些情况下,对公共秩序而言,提起追诉只能是弊大于利。检察官于是在是否提起追诉的问题上行使其

---

① 卡斯东·斯特法尼,乔治·勒瓦索,贝尔纳·布洛克.法国刑事诉讼精义[M].罗结珍,译.北京:中国政法大学出版社,1999:499.
② 宋英辉,吴宏耀.不起诉裁量权研究[J].政法论坛,2000(5):116.

裁量权，就追诉的适当性作出决定，将为数不少的案件"归档不究"。[①]

基于实践中的这种需求，"适当追诉"原则应运而生。法国刑事诉讼法第40条增加规定，检察官接受告诉与控诉（控告）并审查，以确定应当作出的适当处理。在德国，立法上突破起诉法定原则的是1924年的艾明格改革，刑事诉讼法增订的第153条第1项规定："处理轻罪的时候，如果行为人责任轻微，不存在追究责任的公众利益的，经负责开始审判程序的法院同意，检察院可以不予追究。对于尚未受到最低刑罚威胁，行为所造成后果显著轻微的犯罪决定不予追究时无须法院同意。"追诉的合理性需要通过检察官行使起诉裁量权来实现，因此，"适当追诉"原则的必然结果是起诉便宜主义的兴起。起诉便宜主义是指虽有足够的证据证明确有犯罪事实，起诉条件完全具备，但公诉机关斟酌各种情形，认为不需要处刑，可以裁量决定不起诉。起诉法定主义与起诉便宜主义的区别在于起诉机关是否拥有起诉裁量权。

从"法定追诉"到"适当追诉"的发展形成了起诉法定主义和起诉便宜主义二元并存的局面，公诉处分的方式变得多样化，在保证刑罚适用统一性的同时，兼顾了具体案件的追诉合理性。这种结构性的变化，在起诉案件数与不起诉案件数的比例构成上得到了反映。以德国为例，对比1981年和1997年检察官向法院起诉的案件比率，前者为18.9%，后者降至12%，附条件的不起诉案件数变化不大，但不附条件的不起诉案件数从1981年的7.7%增长到1997年的21.6%。[②]这意味着，以追求"适当追诉"为主旨的裁量不起诉发挥着越来越大的作用，其适用范围日趋广泛。

"适当追诉"原则的出现有多方面的原因，如节省司法资源、提高诉讼效率等。从比例构造原理的角度来看，绝对的起诉法定主义由于容易导致公诉权力的过度使用，因此是难以通过相称性原则的检验的。它要求只要具有犯罪的客观嫌疑，符合法律规定的起诉条件，公诉机关就必须提起公诉。这对严重犯罪、恶性犯罪而言，依法从严追究刑事责任，切实发挥刑罚的惩戒和威慑功能，并无不当。但它忽略了两个重要问题：第一，刑事案件是复杂多样的，除了重罪案件外，尚有一些轻罪案件，行为人的行为虽然触犯刑法，应受刑罚制裁，但并不具有严重的主观恶意，行为手段也不恶劣，行为后果和社会危害性并不十分严重，甚至可能存在某种可以宽

[①] 卡斯东·斯特法尼，乔治·勒瓦索，贝尔纳·布洛克.法国刑事诉讼精义[M].罗结珍，译.北京：中国政法大学出版社，1999：499—500.

[②] 陈光中，汉斯-约格阿尔布莱希特.中德不起诉制度比较研究[M].北京：中国检察出版社，2002：170.

恕的社会情由,对这一类犯罪显然不能与严重犯罪、恶性犯罪相提并论。第二,公诉权的行使是一把双刃剑,既能不折不扣地维护法律尊严,也可能给当事人的法律权利、现实利益、未来发展和社会境遇带来伤害。

如果法律对"应当起诉"的情形不作出规定,公诉机关就可以听任个人好恶来作出不起诉决定,发生"当诉而不诉"从而放纵犯罪的情况,导致起诉不能达到其目的。但是,如果持法定起诉的单一做法,片面追求起诉的案件数量,而不论刑事案件中犯罪情节的轻重、犯罪嫌疑人的具体情况、社会危害性大小、公共利益的重要性和追诉的迫切性、特定时期刑事政策的要求,就会导致刑罚的扩大化适用,对被追诉人造成不应有的伤害,社会也会付出不应有的代价。这种侵害或代价效应包括:(1)容易激发犯罪人更多的社会对立性,因为强制力最为直接的负面效应就是激起其作用对象的反抗情绪;(2)给被追诉人打上"标签",使其成为社会的另类,在心理上与社会产生隔阂;(3)波及家庭这个社会的基本"细胞",给被追诉人家属带来不良甚至伤害性的影响;(4)使被追诉人无论其犯罪的轻重,都不得不进入一个极具犯罪传染性的人群,通过"交叉感染"致使恶性增加。这些情况可谓法定追诉方式过度行使所产生的负面功能,给犯罪嫌疑人的权益带来不必要的损害。这些伤害在严重案件、恶性案件中是一种为了法律尊严和社会安全而不得不付出的代价,但在轻型案件中则不是一种非得付出不可的代价,这种代价甚至可能超出刑罚所追求的应然目标。在这个意义上,"适当追诉"原则与比例构造原理是完全契合的。

二、"适当追诉"与裁量不起诉的多元化

"适当追诉"原则或起诉便宜主义催生了各种裁量不起诉形式,进而形成了公诉处分措施多元化发展的格局。绝对起诉法定主义盛行时,公诉处分措施只存在法定起诉和法定不起诉两种形式,显得单一而僵化。"适当追诉"原则的提出使起诉法定主义与起诉便宜主义相互补充,尤其是引入了不起诉裁量权,扩展了公诉处分措施的基本类型,除了原有的法定起诉和法定不起诉两种形式外,又增加了各种裁量不起诉的情形,从而能够更为灵活地应对刑事案件和犯罪嫌疑人的不同状况,增强了追诉的合理性,避免了因一律强行起诉而给被告人权益造成过度的干预与损害。各国法律传统的差异使得法律规定的裁量不起诉形式不尽相同,但在历史发展的积淀中,形成了较为稳定的裁量不起诉类型。以下列举较为重要的几种。

(一) 不附条件的裁量不起诉

裁量不起诉又称酌定不起诉,是指公诉机关对存在犯罪嫌疑且符合起诉条件的案件,认为不将犯罪嫌疑人交付审判更为适宜时,依其职权作出的一种不起诉处分。这里所谓的"裁量"或"酌定",是指公诉机关对案件和犯罪嫌疑人具体情况等因素的斟酌与衡量,"裁量"或"酌定"的范围有多大往往在刑事诉讼法中明确规定。所谓"不附条件",是指这种不起诉由公诉机关直接作出,而不附加任何条件,犯罪嫌疑人不需要履行特殊义务即可以获得不被交付审判的结果。但是,它的采用需要符合一定的适用条件,一般是指犯罪情节轻微,依照刑法规定不需要判处刑罚或者免除刑罚的情形。

在由法定起诉向适当起诉过渡的过程中,最先采用的不起诉形式就是不附条件的裁量不起诉,因此,域外法治国家对这一公诉处分的适用是十分广泛的。例如,德国刑事诉讼法第153条和第154条规定:对轻罪,不存在追究责任的公共利益时,经法院同意,检察院可以不予追究;对尚未受到最低刑罚威胁、行为所造成的后果显著轻微的犯罪,不需要诉交法院,检察院可以决定不起诉。

(二) 附条件不起诉

附条件不起诉又称暂缓起诉,是指附加一定条件后终止刑事诉讼进程的不起诉形式,即对符合起诉条件的案件,检察官依法规定一定的条件,要求犯罪嫌疑人完成一定的条件以换取不起诉的处理。如果犯罪嫌疑人依规定履行了条件,检察官就作出不起诉处分。由于检察官对是否起诉设置了一定的"犹豫期",因此,不附条件的裁量不起诉又被称为"暂缓起诉"。当然,附加特定条件是此种不起诉区别于其他不起诉种类的关键,更为贴切的称谓是"附条件不起诉"。[①] 附条件不起诉制度体现了协商性司法的基本理念,有利于对社会公共利益的维护,可以预防轻罪嫌疑人再次实施犯罪行为,发挥公诉机关参与社会治理的作用,表现出强大的制度活力。2012年《刑事诉讼法》针对可能判处一年有期徒刑以下刑罚的未成年人刑事案件设置了附条件不起诉制度,适用范围较窄。随着轻罪时代的到来,学界普遍认为,应当将这一制度扩大适用到所有轻罪案件,以充分发挥其积极功能。[②]

(三) 和解不起诉

和解不起诉适用于一种特定的场景,即在检察官主持下,加害人通过认罪悔

[①] 陈光中.《中华人民共和国刑事诉讼法》再修改专家建议稿与论证[M].北京:中国法制出版社,2006:510.

[②] 陈瑞华.轻罪案件附条件不起诉制度研究[J].现代法学,2023,45(1):145.

过，获得被害人谅解，基于双方直接协商达成了和解协议，检察院据此作出不起诉决定。由于这种不起诉形式中存在被害人积极参与的因素，能够较好地兼顾对被害人利益的保护，具有自身的优势和独特性，因此也可以被视为一种独特的不起诉类型。和解不起诉具有自身的独特价值，有利于从本源上解决纠纷，修复被破坏的社会关系，从根本上化解矛盾。日本学者棚濑孝雄认为："就合意的形成而言，只有在当事者的意思渗透到解决过程和结果的一切方面才具有真正的合理性。"①《刑事诉讼法》在第五编"特别程序"中设置了当事人和解的公诉案件诉讼程序，和解不起诉是其中的重要环节。刑事和解通过在不损害公共利益的前提下充分尊重被害人和加害人的意愿来解决纠纷。案件如果能够成功和解，就说明至少纠纷双方最低限度的要求得到了满足，利益得到了保障，而这又是通过彼此之间的妥协和让步来实现的。这一不起诉处分形式既能够有效地发挥公诉机关的作用，又能够直接调整被害人与加害人之间对立、紧张的关系，有助于维护社会的和谐秩序。

（四）交易不起诉

交易不起诉的典型形式是美国式的辩诉交易。作为一种公诉处分方式，辩诉交易是指在法院开庭以前，控诉方和被告方进行谈判和协商，如果被告方满足控诉方提出的认罪要求，检察官就视案件的情形采取撤销指控、降格指控或者要求法院从轻判处的处分方式。交易不起诉的特色在于控辩双方的"交易"，两者都可以因此而获得某种程序上的利益。除了被告人认罪外，还可以有其他的交易条件，如被告人作为污点证人为控方所追诉的更严重案件作证，这就是污点证人不起诉制度。它是指犯罪嫌疑人在刑事案件中作为证人配合政府的刑事指控工作，政府对其有关罪行予以"不起诉"的豁免制度。该作证的犯罪嫌疑人因具有犯罪污点而被称为"污点证人"。域外许多国家和地区存在污点证人不起诉制度的立法及实践。例如，德国刑事诉讼法第 153 条 e 项规定，犯罪人在行为实施后、被发觉前，对消除有关联邦德国的存在或者安全或者法秩序的危险有所贡献的，经有管辖权的州最高法院同意，联邦总检察长可以对这种行为不起诉。如果行为人在实施行为后，向有关部门告发了与行为有关联的，事关叛逆、危害民主宪政、叛国或者危害外部安全的企图方面的情况，同样适用该规定。污点证人不起诉还被规定在联合国的有关文件中，成为国际通行的准则。如 2000 年《联合国打击跨国有组织犯罪公约》第 26 条第 3 款规定："对于本公约所涵盖的犯罪的侦查或起诉中予以实质性配合者，各

---

① 棚濑孝雄.纠纷的解决与审判制度[M].王亚新,译.中国政法大学出版社,1994:73.

缔约国均应考虑根据其本国法律基本原则规定允许免予起诉的可能性。"2003年《联合国反腐败公约》第37条第3款也有类似规定。

（五）认罪认罚不起诉

2018年《刑事诉讼法》增设了认罪认罚从宽制度，对自愿如实供述自己的罪行，承认指控的犯罪事实，愿意接受处罚的犯罪嫌疑人、被告人，可以依法从宽处理。该项制度是在借鉴西方认罪协商制度的基础上，经过顶层设计、试点探索和实践检验而形成的，旨在回应中国司法实践中的特殊问题，因而具有鲜明的中国特色。作为认罪协商制度的一种亚类，认罪认罚从宽与美国的诉辩交易、德国的认罪协商存在共同的价值追求和运作方式，但中国的认罪认罚从宽与其他国家的认罪协商制度之间又存在重大差异，在协商主体、协商内容、协商效力、证明标准等方面呈现自身的特点。在司法实务中，这一制度正在实际消化80%以上的刑事案件[1]，促进刑事案件繁简分流，优化司法资源配置，成为以审判为中心的诉讼制度改革的一环。在理论上，更是有学者将其视为刑事诉讼的一种新型范式[2]，其重要性不言而喻。伴随着认罪认罚从宽制度的推行，以不起诉处理的认罪认罚案件在数量上不断增加。但是，法律规定的不起诉类型没有为认罪认罚从宽制度的融入留出足够的规范空间。因此，有学者提出，应当将认罪认罚不起诉塑造为一种相对独立的不起诉类型。[3] 以比例构造的视角观之，笔者赞同这一观点。

综上所述，随着"适当起诉"原则的提出和推广，不起诉类型呈现多样化发展的趋势，检察环节的程序分流机制也越来越丰富，从而给公诉处分措施的结构化、比例化创造了条件。最初只有法定起诉与法定不起诉的二元分流机制，裁量不起诉扩展了程序分流的样式。随后，在裁量不起诉的基础上又分化出附条件和不附条件两种具有梯度的类型，对被追诉人形成不同强度的约束，建立起"不起诉→附条件不起诉→起诉"的阶梯式起诉制度。但公诉处分措施的演进并未就此停歇，在政策需求、制度精细化和司法文明化发展等多种因素的共同推动下，一些具有场景应

---

[1] 2021年2月，最高人民检察院张军检察长在河南调研时指出：认罪认罚从宽适用率在80%到85%比较正常。邱春艳. 把"救心""传道"的好制度落实得更好——张军就认罪认罚从宽制度实践中的热点难点问题回应社会关切[EB/OL].（2021－02－21）[2023－10－20]. https://www.spp.gov.cn/spp/tt/202102/t20210221_509442.shtml.

[2] 熊秋红. 比较法视野下的认罪认罚从宽制度——兼论刑事诉讼"第四范式"[J]. 比较法研究，2019(5)：80.

[3] 闫召华. 认罪认罚不起诉：检察环节从宽路径的反思与再造[J]. 国家检察官学院学报，2021,29(1)：128.

对性的不起诉类型正在走向定型化,如和解不起诉强调了被害人的参与,交易不起诉要求犯罪嫌疑人对侦查、起诉行为给予实质性的配合。它们分别针对不同的案件情形和犯罪嫌疑人的不同情况,有利于办案机关作出恰如其分的处置。公诉处分机制和程序分流机制的多元化丰富了检察权的工具箱,为检察机关参与社会治理提供了重要的制度保障。这也正是刑事诉讼比例构造应用于公诉程序的意旨所在。

三、我国公诉处分措施体系的比例构造

如前所述,比例构造原理有其基本的方法论,但是在刑事诉讼的不同阶段,其具体的应用会表现出不同的侧重点。公诉处分措施的设置应当从多元化、结构化和避免过度追诉的角度来加以完善。

(一)建立容纳多元需求的公诉处分措施体系

从比例构造的角度来看,绝对的起诉法定主义容易导致公诉权力的过度使用,在许多情形中难以通过相称性原则的检验。起诉便宜主义兴起后,不起诉裁量权被引入,公诉处分机制呈现多元化发展态势。在起诉实践中,多元化的公诉处分机制能够较为灵活地应对刑事案件和犯罪嫌疑人的不同状况,增强追诉的合理性,有助于将公诉权过度使用所造成的侵害降到最低限度,所以更加符合比例构造的意旨。经过近代以来的发展,当前的公诉处分机制在"法定起诉+法定不起诉+裁量不起诉"的总体构造下,涵盖了诸多足以包容多元需求的具体处分措施,形成了既有制度刚性又有实践弹性的体系。

其一,如果案件进入"法定起诉"管道,那它将沿着刑事诉讼发展流程继续向审判程序发展,检察官的起诉意味着在审查起诉环节,他已经认定犯罪嫌疑人的行为构成了犯罪,但仍需要在审判程序中经由法官的裁判来加以确认。这里需要强调的是,起诉只能是"法定"的,这是罪刑法定主义的体现。如果犯罪嫌疑人从法律规定的角度看不构成犯罪,检察官就不能基于自身的裁量而提起公诉。

其二,法定不起诉是检察机关在审查案件后认为犯罪嫌疑人没有犯罪事实或符合法定情形时作出的终止诉讼活动的决定。它体现了不同场景中的法律需求,具体而言:(1)因"情节显著轻微、危害不大,不认为是犯罪"而不起诉,体现了刑罚谦抑主义,坚守刑法作为最后手段法的边界,避免刑罚权过度介入社会生活。(2)因"犯罪已过追诉时效期限"而不起诉,有助于保护公民的合法权益,避免因长

时间的追诉压力而对个人生活造成不必要的干扰和损害。(3)因"经特赦令免除刑罚"而不起诉,体现了国家对特定罪犯的宽容和人文关怀。(4)因"依照刑法告诉才处理的犯罪,没有告诉或者撤回告诉"而不起诉,体现了法律对个体自主权的重视和保护。(5)因"犯罪嫌疑人、被告人死亡"而不起诉,体现了罪责自负原则,避免了对死者家属的二次伤害。在不起诉体系中,证据不足不起诉单立为一类,但其实它也具有法定的性质,体现了疑罪从无和人权保护的现代法治理念。

其三,裁量不起诉实质是对非必要追究刑事责任的犯罪嫌疑人给予停止追诉的公诉处分,体现了"宽严相济"的刑事司法政策,以及对犯罪嫌疑人的教育和挽救之意。从不起诉的酌定或裁量性质而言,现行《刑事诉讼法》中的附条件不起诉、核准不起诉也应当属于广义上的裁量不起诉。附条件不起诉的设立目的是从未成年人的成长特点出发给予一定的考察期,以促其改过自新,达到更好地教育、挽救涉罪未成年人并预防再犯的目的。核准不起诉则鼓励犯罪嫌疑人在具有重大立功或者案件涉及国家重大利益的情形时自愿如实供述涉嫌犯罪的事实。此外,和解不起诉和认罪认罚不起诉虽然没有被确认为正式的不起诉类型,但在司法实践中广泛存在,并且越来越定型化。这两种形式的不起诉各自满足了司法实践中处理特定案件的特殊需求。和解不起诉旨在鼓励当事人通过和解来解决纠纷,修补因为犯罪行为而被破坏的社会关系,化解社会矛盾,促进社会和谐。认罪认罚不起诉旨在鼓励犯罪嫌疑人自愿认罪并真诚悔罪,通过简化程序、从宽处理来提高司法效率及其公正性。

(二)建立起诉必要性审查机制,防止轻罪案件过度追诉

在"法定起诉＋法定不起诉＋裁量不起诉"的构造体系中,提起公诉无疑是对犯罪嫌疑人产生最严重不利影响的、强度最大的一种诉讼措施,按照比例构造原理,这需要给予最严格的过程控制。尤其对在形式上看,犯罪事实清楚、证据确实充分且依法应当追究刑事责任的轻罪案件,虽然提起公诉并不违反法律规定,但对检察官是否全面认知和把握了可予出罪的政策或法律事由仍然可能存在疑问,此处设置起诉必要性审查机制可以防止对轻罪案件的过度追诉。在笔者看来,在检察和审判环节都应当对提起公诉有无必要进行审查,以防止过度追诉。

1. 检察环节的起诉必要性审查

2006年最高人民检察院《关于在检察工作中贯彻宽严相济刑事司法政策的若干意见》首次提出了"起诉必要性"概念。起诉必要性审查,是指检察机关在审查起诉过程中,对符合提起公诉条件的案件,通过综合考虑犯罪的事实状况、犯罪嫌疑

人的个人情况以及社会公共利益等因素,确定该案有无提起公诉的价值和必要,进而决定是否将案件提交法院审判的活动。① 起诉必要性判断要求检察官在办理具体案件时,摒弃"有罪必诉""有罪必罚""轻保护,重打击"等错误观念,综合考虑犯罪具体情形、国家公共利益、犯罪嫌疑人的人身危险性、社会危害性、诉讼效益等因素,不能仅以行为人的行为构成犯罪就必须依法追究其刑事责任。②

起诉必要性审查不仅涉及对犯罪事实和证据的考量,而且包括对犯罪嫌疑人个人情况和社会公共利益等因素的综合评估。具体而言,检察官在审查起诉时应考虑社会公共利益因素,包括犯罪行为的社会危害性、对公共安全和秩序的影响等,还应关注每个案件的具体特点,灵活运用裁量权,避免"一刀切"的做法。对于轻罪案件,检察官应在事实证据审查的基础上,进一步审查犯罪嫌疑人的各种情况,如品格、家庭环境、教育和职业经历等,这些因素有助于判断犯罪嫌疑人是否具有人身危险性,以帮助检察官更加妥当地决定是否有必要对犯罪嫌疑人提起刑事审判和处以刑事制裁。除此之外,检察官还应当考虑是否有替代性的非刑事措施可以达到预防再犯的目的。总之,检察官应根据起诉标准,结合个案的具体情况进行综合考虑,总体评价,权衡起诉的适当性、必要性,追求起诉的合理性、合目的性。③

2. 审判环节的公诉审查

公诉审查程序是指人民法院在正式开庭审判前,对人民检察院提起公诉的案件进行初步审查的诉讼活动。这一程序旨在确保案件符合法定条件,并为顺利进行法庭审判做好准备。公诉审查具有筛选功能,对进入审判程序的案件进行质量控制,约束检察机关的公诉权力,并保障被追诉人的合法权利。但是,依据目前我国法院对公诉的审查受理程序,只要起诉书指控的犯罪事实明确、相关材料齐全,审判程序就自当开启,不存在审判前对公诉是否合法、适当的实质性把关。④ 这样的公诉审查程序具有显著的程序性审查特点,缺乏筛选和制约能力。在庭前会议中,法院可以对案件的事实及证据进行实质审查,听取控辩双方对案件事实、证据的意见后,对明显事实不清、证据不足的案件,可以建议人民检察院补充材料或者

---

① 苗生明.立足司法实践创设起诉必要性审查制度[N].检察日报,2010-12-20(3).
② 阮建华.公诉案件起诉必要性审查制度研究[J].法治论坛,2015(4):73.
③ 卞建林,肖峰.刑事诉讼中的审前程序分流——以轻罪治理为视角[J].法学杂志,2024,45(2):27.
④ 栗峥.推进以审判为中心的诉讼制度改革[J].求索,2020(1):15.

撤回起诉。[1] 这样的审查只涉及事实和证据达不到起诉条件的案件,过于狭窄,不能对起诉的必要性进行全面审查,且处理方式只是"建议",效力偏弱。

笔者认为,为了有效地审查检察机关提起公诉的必要性,防止轻罪案件过度追诉,有必要建立独立而实质性的公诉审查程序,目的在于确定诉讼条件是否存在,判断追诉有无必要。诉讼条件是公诉权存在的基础,只有诉讼条件齐备,检察官才具备请求法院为实体判决的权利,案件才能归属于法院。[2] 在具体程序上,可以要求检察机关在提起公诉时移送起诉书、案件全部卷宗以及证据材料。由独立的审查法官对起诉书、案件全部卷宗和证据材料进行审查。审查过程可以采取听证的方式,允许被告人及其辩护人提出相关异议,审查法官在全面审查事实及法律问题后,作出该案是否符合诉讼条件以及是否同意开庭审判的裁定。在机构设置上,公诉审查庭可从属于立案庭,主要发挥预审的功能,对刑事审前程序中的程序性问题进行裁决。为防止先入之见的不良影响,从事公诉审查的预审法官应当专职化。公诉审查可以过滤起诉不当的案件,避免过度追诉,走出"有诉必审"的误区。

(三)以"宽宥"为导向,扩大裁量不起诉的适用范围

当前我国的刑法立法处于一种活性化状态,即为了应对社会风险和回应社会问题,立法机关将积极刑法观引入刑法立法过程,通过增设新罪名以及刑事处罚早期化、帮助行为正犯化等各种立法技术不断扩张刑法边界。面对新的形势,检察官在行使公诉权时应当更多地以刑罚谦抑主义为指导,偏重于刑法的限缩适用,以对冲积极刑法观所导致的刑罚过度扩张。为此,在具体的操作层面,应当适度扩张刑事司法的宽宥裁量权。有人主张完全禁绝刑事司法人员的所有裁量权,但事实证明这是不可能的,也是没有必要的。司法过程中的裁量权必然存在,既可能表现为对刑法规定弹性术语的解释性裁量,也可能表现为诸如相对不起诉这种程序性裁量机制的运用。裁量权的行使有两个方向:一是严惩,二是宽宥。司法裁量权的行使往往受政策的指引和环境因素的影响。例如,在"严打"的政策指引下,裁量权的行使会偏向严惩的一面,而在目前的宽严相济政策下,司法裁量权的行使会呈现严惩与宽宥均衡的风格。在笔者看来,随着积极刑法观在刑法立法中的传播,宽严相济的刑事政策应当在总体均衡的情况下偏向从宽指引,在轻罪案件中更当如此。

---

[1] 最高人民法院、最高人民检察院、公安部、国家安全部、司法部《办理刑事案件庭前会议规程》(法发〔2024〕12号)第23条。

[2] 任禹行.公诉权运行的外部监督:论公诉审查程序[J].求是学刊,2022,49(1):127—128.

对司法人员来说,不仅要避免积极追诉主义的倾向,而且不应拘泥于严格法定主义,应更多地展示裁量权中宽宥的一面。基于这一取向,应当采取有效措施扩大裁量不起诉的运用。

目前实践中,检察机关在适用裁量不起诉时往往十分慎重,案件适用率偏低,其原因是多方面的,既有观念上的问题,也有制度上的不足。在制度层面,完善的要点在于扩展裁量不起诉的适用范围,放宽至法定最高刑五年以下有期徒刑的案件。此类案件,只要犯罪情节较轻,依照刑法规定不需要判处刑罚或者免除刑罚的,都可以适用裁量不起诉。刑法规定的可以或者应当免除刑罚的情形很多,如防卫过当、避险过当、中止犯等,还有一些情节较轻的过失犯罪,如交通肇事罪,犯罪嫌疑人的主观恶性小,对他们判罪量刑,限制其人身自由,对被害人和社会都没有利益,还要消耗大量司法资源。鉴于《刑事诉讼法》第142条第2款规定的"犯罪情节轻微"范围过窄,应突破这一限制,只要犯罪情节较轻,又符合刑法规定的免除刑罚的情形的,就应当将是否起诉的裁量权交给检察官。同时,应当充分利用已有的制度资源,强化认罪认罚从宽制度与裁量不起诉的衔接适用,对犯罪情节轻微并自愿认罪认罚的犯罪嫌疑人应尽可能适用不起诉方式。有必要指出,检察机关宽宥裁量权的运用,并不是追求一种不问是非、没有原则的出罪,而是要在明示刑法法度的前提下,通过利益衡量来取得法律效果与社会效果的统一。

(四)厘清不起诉措施体系的结构关系

前已述及,随着起诉便宜主义在我国刑事诉讼法中的引入,公诉处分机制呈现多元化态势,各种裁量不起诉形式更加丰富。但或许是由于缺乏比例构造原理的自觉指导,立法上对公诉处分机制的统筹不足,各种不起诉的条件设置和衔接并不顺畅,不起诉措施体系的结构关系并未厘清。依比例构造原理的推衍,各种不起诉措施之间应尽可能形成梯度或层次关系,或者充分体现对特定诉讼场景的针对性,便于检察官依强度大小和场景需求选择适用。

例如,《刑事诉讼法》将附条件不起诉仅适用于未成年人这一特殊主体,而且在条件设置上,附条件不起诉与不附条件的裁量不起诉之间缺乏合理的衔接。实务中可能出现同样的案件情形,成年人适用无须附加条件的裁量不起诉,而未成年人只能适用附条件的不起诉。在性质上,附条件不起诉的强度大于不附条件的裁量不起诉,这显然有违对未成年人从宽处置的立法精神,也是难说"合乎比例"的。此外,附条件不起诉可以根据犯罪嫌疑人的不同情况附加针对犯罪原因的各种"对症性"措施,有利于敦促实施了违法犯罪行为的犯罪嫌疑人改过自新,相对于不附任何条件、直接免除刑事责任的裁量不起诉,其矫治的力度更大,预防犯罪的效果也更好,值得在成年人犯罪的刑事诉讼程序中推广应用。附条件不起诉的改革还可以考虑对所附条件进行比例性设置,使所附条件的性质、强度与案件和犯罪嫌疑人的具体情况相适应。所附条件大致可分为修复性条件、矫治性条件和限制性条件,它们的矫正功效有所不同。修复性条件如向被害人道歉、赔偿损失、社区义务劳动或公益服务等旨在督促犯罪嫌疑人改过自新,恢复被犯罪行为伤害的社会关系;矫治性条件如接受戒瘾治疗或心理辅导、接受职业技能培训等旨在对存在某种社会化缺失或者不良惯习的犯罪嫌疑人进行针对性的"治愈";限制性条件如不得进入特定场所、不得从事特定活动等旨在预防妨碍诉讼或者继续犯罪。随着司法经验的积累,对所附的这些条件也应当进行体系化的设置,并提升每种条件对案件情形和特定犯罪嫌疑人的应对效果,增进附条件不起诉的相称性运用。

第三节 公诉权滥用的合比例防控

一、公诉权滥用的表现形式——以当下中国为语境

评价公诉权行使有两个基本维度:一是合法性,其反面是公诉权的非法行使;二是正当性,其反面是公诉权的不当行使,即公诉权滥用。公诉权滥用是指检察官利用法律授予的国家公诉权,以合法形式达到恶意或非法目的,侵害当事人权益的行为。从表象上看,公诉权的行使虽然符合法定的权限和条件,但实质上导致与法律目标相背离的结果。公诉权滥用是刑事程序滥用的一种形式。程序滥用(abuse of process)本是英国法上的概念,它是指追诉方的诉讼行为严重违背了法律目的或者法治精神,或者严重损害被告人的权利或利益,导致被告人不可能获得公正的审判,因而被法庭终止诉讼的情形。这种程序滥用的本质是国家公诉权的行使侵害了被追诉人公平受审的权利,违背了程序公正的刑事诉讼原则。

公诉权滥用可分为三种形式:一是起诉权的滥用,即检察官没有正当根据甚至恶意对本不该起诉的案件提起公诉,致使被告人陷于接受刑事审判的不利境地;二是不起诉权滥用,即有证据证明嫌疑人实施了犯罪,且应当追究刑事责任,而检察官怠于行使起诉权,从而放纵了犯罪;三是公诉过程的滥用,即检察官在提起公诉及参与审判过程中不正当甚至恶意地行使法律赋予的各项权力,导致当事人权益

遭受过度损害的行为。从比例原则的角度来看，无论是起诉权的滥用、不起诉权的滥用还是公诉过程中的权力滥用，本质上都是公诉权的非相称行使，要么是公诉机关提起公诉所实现的国家利益和公共利益在分量上远远低于它对被告人权利所造成的损害，从而给被告人带来过度负担；要么是使被告人获得过分的程序利益，使国家利益、公共利益和被害人利益得不到足够的保护，使刑事起诉措施与其所欲达到的诉讼目的之间处于不匹配、不适合的状态。无论是哪一种，都标志着公诉权的行使处于"比例失调"的状态。

以上三种公诉权滥用形式都是对比例原则和法治精神的违背，应当在司法实践中避免。但是不同的国家、地区或历史时期，基于特定的刑事诉讼模式或司法风格，公诉权行使的"比例失调"在表现形态上会有不同的矛盾重点。在当下中国，公诉权滥用更多地体现为起诉权的滥用和公诉过程的滥用，而非不起诉权的滥用。这是因为，我国传统上以起诉法定主义为正统，起诉便宜主义受到较多限制，在具体制度上，对公诉权监督制约的重心主要放在不起诉权的行使方面。不起诉裁量权的启动不仅有着严格的适用条件和程序，而且受到来自检察机关内部和外部的多重监督制约。在内部监督方面，上级检察机关可以纠正和撤销下级检察机关的不起诉决定。在外部监督方面，刑事诉讼法中也有多重设置：公安机关认为不起诉决定有错误时，可以要求复议、复核；被害人对不起诉决定不服的，可以申诉或者提起自诉；基于被害人的起诉，人民法院可以对案件进行审查；被不起诉人认为不起诉决定错误的，可以进行申诉。此外，人民监督员、政法委、人大也可以对不起诉进行监督。客观地说，司法实践中对不起诉的控制和制约是卓有成效的，不起诉率呈现低位运行的态势。鉴于此，笔者以下着重讨论起诉权的滥用和公诉过程的滥用。

（一）起诉权的滥用

起诉权的滥用最典型的有以下两种形式：

1. 恶意起诉

恶意起诉即检察官以不良居心，故意对不符合法定条件的案件提起公诉，以产生不利于犯罪嫌疑人或被告人的效果。这种不良居心有不同来源，私人目的或利益以及职业性、政治性报复均可成为驱动因素。例如，某些检察官对正当行使举报控告权利、言论自由的公民以诽谤、寻衅滋事等罪名进行报复性起诉，或者对刑事诉讼中的对手——辩护律师以毁灭证据、伪造证据、妨害作证的名义追究刑事责任，这些显然是恶意起诉行为。此外，对没有犯罪事实，或者明显属于法定不起诉情形的案件提起公诉，虽然在后续的审判阶段仍然存在终结程序的设置，但公诉机关如果确系明知故犯而非对法律或事实的认识有分歧，导致对犯罪嫌疑人或被告人权利的不当损害，就应当归属为恶意起诉的情形。

2. 过度起诉

过度起诉即检察官虽不存在明显恶意，但对不应当提起公诉或者可以不提起公诉的案件，为了获得办案便利、程序利益或者避免责任，存在一种诉了再说的心态，丝毫不考虑犯罪嫌疑人或被告人的权益和境况，一味推动案件的开庭审理，虽然不违背法律的字面规定，但实质上伤害了法律程序的正当性。过度起诉的情形多种多样。例如，检察官在严格控制不起诉政策的支配下对不具有公共利益的轻微犯罪案件提起公诉。又如，检察官对可自诉的案件提起公诉，虽然法律规定自诉人在行使起诉权遭遇障碍时，检察机关可以提起公诉以代替自诉，但未出现自诉人不能或难以行使自诉权的情形，检察机关径行介入，显然属于过度起诉。再如，检察官为了在认罪协商程序获得优势地位，提出过重的量刑建议，以加强起诉的"砝码"。美国学者研究发现，费城地方检察官一度在几乎所有谋杀案中都提出死刑的指控建议，因为这样会给检方带来各种起诉上的"红利"，如因案情重大，犯罪嫌疑人会失去保释的可能，因律师工作量加大，贫困被告人不易得到优秀律师的帮助，这样检方更容易获得胜诉的结果。[①] 最严重的过度起诉莫过于对事实不清、证据不足案件的起诉。根据《刑事诉讼法》的规定，对事实不清、证据不足案件，检察机关应当在二次补充侦查后作出存疑不起诉的决定。如果对此类案件，检察机关因为已对犯罪嫌疑人先行逮捕或其他原因而强行起诉，对犯罪嫌疑人权益造成不应有的伤害，甚至构成冤错案件的渊薮，就显然是对公诉权的滥用。

（二）公诉过程的滥用

在提起公诉、案件进入法庭审理环节后，检察机关会继续行使一系列公诉权能，采取各种刑事诉讼措施，这不仅包括公诉人出庭支持公诉，而且包括对已经提起的公诉进行撤回、追加、补充或变更等。公诉过程中的证据运用行为也是公诉权行使的有机组成部分。这些权力也存在不正当行使或滥用的情形，因为其主要发生在提起公诉后的程序环节，又作为公诉过程的表现形式，故被称为公诉过程的滥用。

公诉过程的滥用中最典型的有以下两种表现：

1. 重复性撤诉与起诉

在庭审过程中，经过法庭调查、辩论后，检察机关发现有罪证据达不到法定的

---

① 秦策.协商性程序中无辜者认罪的十大"病理"[J].青少年犯罪问题，2024(3):40.

证明标准,遂向法院提出撤回起诉的请求,对这一请求,法院通常会裁定准许。检察机关补充侦查后,可以以原罪名或者新的罪名对同一被告人再次提出起诉。尽管《人民检察院刑事诉讼规则》第 424 条规定,对撤回起诉的案件,没有新的事实或者新的证据,人民检察院不得再行起诉。但是,法律并未规定在补证后再行起诉的次数,因此,被告人面临案件被多次撤诉、重复起诉的可能,这实际上侵害了被告人获得迅速审判的权利,剥夺了其获得无罪判决和国家赔偿的权利,陷被告人于长期羁押和丧失人身自由的境地,其生活长久处于不确定状态,这是对被告人权利的严重侵犯。①

2. 证据运用中的恶意行为

在诉讼过程中,检察官有时会为了己方的程序利益,违背客观义务准则,故意隐瞒、损毁、丢失可能有利于被告人的证据,致使被告人的权益遭受侵犯。在英国,由于检控方的原因丢失、损坏可能有利于被告人的证据,故意使被告人不能传唤和质疑控方证人等情形归于程序滥用而要承受程序性制裁的法律后果。② 在中国,检察官恶意使用证据的行为有自身的特点。例如,根据 1996 年《刑事诉讼法》第 150 条的规定,检察院在按照普通程序提起公诉时只需要移送起诉书、证据目录、证人名单和主要证据复印件或者照片。检察官可以通过自行决定在具体案件中移送的"主要证据"范围来"合法地"隐瞒有利于被告人的其他证据。③ 2012 年《刑事诉讼法》对第 150 条规定进行了修订,恢复了全案移送制度,这有利于被告方全面获得不利于和有利于己方的证据。但是,实务中仍然存在检察官为了保证诉讼成功,对能够证明被告人无罪、罪轻的证据采取故意遗漏、记录不全的态度,至于以各种借口或理由使被告人不能传唤和质疑控方证人的情况则更是司空见惯。检察官的这些行为显然违背了检察机关所应承担的客观义务准则,侵犯了被告人的公平审判权,应当属于公诉权的滥用。

二、防控公诉权滥用的合理尺度

对如何判断检察官是否滥用公诉权存在不同的观点。

---

① 周长军. 公诉权滥用论[J]. 法学家,2011(3):23—35+176.
② 李玉萍. 程序滥用与诉讼终止制度及其给我国的启示[J]. 法商研究,2006(2):129.
③ 孙长永. 刑事庭审方式改革出现的问题评析[J]. 中国法学,2002(3):144.

有观点认为,法院作出无罪裁判是判断检察权是否滥用的最直接、最重要的标准。[①]《人民检察院办理起诉案件质量标准(试行)》也规定,法院作出无罪判决,经审查确认起诉确有错误的,属于起诉错误。笔者认为,在法院作出无罪判决的案件中,固然存在滥用公诉权的可能,但有相当一部分可能是法律认识错误、证据发生变化的原因,即便在法院作出有罪判决的案件中,也可能存在检察官滥用权力的情况,因此,有罪或无罪的实体标准难以准确甄别滥用公诉权行为是否存在。

也有观点认为,判断检察官是否滥用公诉权,不应以法院是否作出有罪裁决为标准,而应当根据公诉权行使的诉讼条件是否具备来判定。公诉条件可分为实体性诉讼条件和程序性诉讼条件,前者主要是由一定证据支撑的犯罪构成;后者是指符合起诉的程序性要求,如管辖、时效、被告人在案等。[②] 如果不具备实体性或程序性诉讼条件但公诉机关强行起诉,这样的行为就属于公诉权滥用。在此基础上,有学者主张,判断是否构成公诉权滥用,不仅要考查公诉权的合法性,而且要考虑公诉权运作的正当性和合理性,要审查公诉的合目的性,即公诉裁量是否公平、合理。[③]

后一种观点跳出了单以实体结果来判断公诉权滥用行为的藩篱,体现了公诉权运作的程序属性,具有较强的合理性。笔者认为,违反公诉条件提起公诉显然属于滥用公诉权的类型之一,但它所进行的主要是违法性判断。在公诉权滥用行为中,除了违法起诉外,还包括不当起诉或恶意起诉,以及在公诉过程中的权力滥用行为。单纯以诉讼条件来判定公诉权是否滥用仍然狭隘,没有抓住公诉权滥用这一范畴所针对的重点目标。判断公诉权是否滥用关键要看公诉权运作的正当性,其要旨既不是解决犯罪嫌疑人是否有罪的问题,也不能仅仅视其是否具有合法性,有时虽然合法,但仍然存在滥用的情形。

如何具体判断公诉权行使的正当性仍然需要细致考虑。笔者在此倡导以程序效果为视角,以被告人权利为主旨来确立防控公诉权滥用的合理尺度。比例构造原理以平衡调节国家公权力与公民权利关系为己任,对确立防控公诉权滥用的合理尺度具有相当的方法论意义。在比例原则的三个子原则中,适合性原则要求公诉权的行使必须实现其预期的、符合其本性的目的和功能;必要性原则要求在完成

[①] 宋伟,郝银钟.论检察权的滥用及其法治[J].法学,1999(9):45.
[②] 龙宗智.刑事公诉权与条件说[J].人民检察,1999(3):44.
[③] 谢小剑.公诉权滥用形态的发展[J].中国刑事法杂志,2009(11):76.

基本公诉任务的同时,公诉权的行使必须选择对被告人权利或利益损害最小的方式;相称性原则要求公诉权行使对被告人权利或利益的干预或损害不得超过完成公诉任务所追求的公共利益。具体而言,防控公诉权滥用的合理尺度应当从以下几个方面对其程序效果进行衡量与判断:

(一)基于适合性分析,应从公诉权本性出发,维持裁断性与克制性之间的平衡关系

公诉权行使的基本任务是追诉犯罪,并以此来维护公共利益和社会秩序。如果公诉权得不到充分行使,公共利益与社会秩序就得不到有效维护。作为一种司法权,公诉权具有裁断性,即检察机关在对事实、证据进行审查的基础上,根据案件具体情况和法律规定自由斟酌,决定是否对犯罪嫌疑人提起公诉和如何提起公诉。公诉机关拥有根据对案件和犯罪嫌疑人具体情况等进行斟酌和权衡的权力,这是公诉权的本性使然。如果没有斟酌和选择的余地,也就没有公诉权可言。在这个意义上,如果对公诉权制约得过严,就势必影响其应有功能的正常发挥。但如果对公诉权的制约过宽,甚至毫无制约,就必然导致公诉权的滥用。因此,应当在公诉权的裁断性与克制性之间找到平衡点,进而确立程序制约上的界限。立法上的理想模式是在公诉权行使的程序制约与公诉权各种具体权能的大小之间建立合理的适应关系,对公诉权的制约过于宽松会让检察机关放任自流,过于严苛则会束缚检察机关的主动性。一方面应给公诉权的行使留存必要的裁量空间,以充分保证其功能的正常发挥;另一方面要使公诉权受到必要的制约,以保障这一行使过程的规范化,缩减公诉权有可能被滥用的空间。

(二)基于必要性分析,将保障被告人合法权益作为防控公诉权滥用的出发点,并寻求使损害最小化的路径

必要性分析的核心在于充分认知公诉权行使对被告人的权利和利益所造成的负面效应即"损害",尽管被告人对公诉权的行使负有忍受义务,但检察官有责任将这种损害控制在最小状态。无论是恶意起诉、过度起诉,还是起诉后的重复性撤诉和再起诉,都极有可能不适当地延长对被告人的羁押时间,致其人身自由遭受不应有的剥夺。卷入刑事诉讼的时间越长,被告人生活所遭受的干扰和破坏也就越大;案件悬置不决使被告人的身份长期处于不确定状态,这意味着他有可能失去工作和享受正常家庭生活的机会,并在巨大的心理压力下丧失对司法甚至对整个社会的信心。检察官在诉讼过程中的恶意诉讼行为则侵犯了被告人的公正审判权和及时获得有利甚至无罪判决的权利。关于防控公诉权滥用的法益理论,英国法上曾

将维护司法廉洁作为其理据。这种学说的着眼点在于考察追诉方的诉讼行为本身是否存在严重瑕疵，是否存在严重的违法性或不当性，强调通过抑制明显违法、不当的追诉行为来维护司法的道德公信。但司法过程是否廉洁往往要通过被告人权益遭受损害的情况来加以判断。基于必要性原则的分析思路，笔者认为，应当将保障被告人合法权益作为防控公诉权滥用的出发点，在此基础上要求公诉权的行使必须选择对被告人权利或利益损害最小的方式。易言之，在行使公诉权的过程中，应控制对被告人合法权益的非必要性损害，如果存在更小损害的措施而弃置不用，却采取造成较大损害的方式，则显然是非必要的、不合比例的，因而应当被认定为公诉权滥用。

（三）基于相称性分析，公诉权行使所实现的公共利益应大于其所干预和侵犯的被告人权益

在判断是否构成公诉权滥用时，不仅要考查公诉权的合法性，而且要审查公诉的合目的性和合理性，总体的要求是公诉权行使所实现的公共利益应当大于其所干预和侵犯的被告人权益。公诉权行使所实现的公共利益体现的是追诉的必要性，具体表现如下：所涉嫌的罪名及刑罚很严重，主观恶性较大（如有证据证明该罪行系预谋等），手段恶劣（如实施犯罪时使用了武器或以暴力相威胁等），犯罪行为严重违背了公众的法情感（如罪行是针对弱势群体等），被告人在涉嫌犯罪过程中的地位（如被告人是犯罪集团的首要分子或者是该罪行的组织者等），被告人的特殊身份（如被告人处于有权威或者负责任的职位等）等。与之相比照的是追诉行为所干预和侵犯的被告人权益，从反面来考虑追诉的非必需性，可以权衡的因素包括：所涉嫌的罪名及刑罚较轻（如法庭可能作很轻的判罚等），主观恶性较小（如被告人系因错误判断或者误解而犯下罪行等），后果不严重（如造成的损失或伤害较轻等），被告人在归案前有悔罪表现或归案后的态度较好（如被告人已弥补了所造成的损失或伤害等），被告人主体状况不适宜继续追诉（如被告人系老年人，或在犯罪的时候正患有严重的精神或身体疾病等）等。通过这些具体因素的对比分析，可以判断公诉权行使所实现的公共利益是否与其所干预和侵犯的被告人权益具有相称性。

三、公诉权滥用的立法控制

基于比例构造原理，笔者认为，应当从公诉权的本性出发，充分考虑被告人的

权益保障,维持公诉权裁断性与克制性之间的平衡关系。从我国的现状来看,公诉权滥用之所以更多地体现为起诉权的滥用和公诉过程的滥用,就是因为对检察官的恶意起诉、过度起诉、重复性撤诉与起诉以及证据运用中的恶意行为缺乏足够的制约,在某些方面甚至毫无制约机制可言,不仅没有关于公诉权是否滥用的审查机构,辩护方并不能以公诉权滥用来质疑公诉决定,而且没有对公诉权滥用的程序性制裁。鉴于此,公诉权滥用的制约理应成为未来刑事起诉制度改革的一个重点领域。在理念与原则层面,强化检察官的客观义务是基础性的前提条件。这一原则要求检察官在刑事诉讼过程中,不以胜诉为唯一目标,而是以发现案件真相、公正适用法律为己任,始终站在客观公正的立场上,以事实为根据、以法律为准绳,在追诉犯罪的同时兼顾对被追诉人合法权益的维护,决不能为了追求胜诉的结果而滥用公诉权,置被告人利益于不顾。

当然,公诉权滥用的制约不能仅停留于诉讼理念的倡导与宣示,更在于具体制约机制的合理性设置与完善。显然,比例构造原理为弥补公诉权制约不足,避免公诉权过度行使提供了一个极佳的视角。在立法上,公诉机关职权范围内的各种刑事诉讼措施是设置公诉权制约制度的"基本细胞",围绕这些刑事诉讼措施,可以构建防范公诉权滥用的"三层次结构模型",其第一重比例关系表现为各种公诉措施与其所应对的案件情形之间的比例关系,具体可落实于公诉行为必要性条件的内涵,这既是检察官实施公诉行为的标准,也是对检察官所实施的公诉行为进行必要性审查的标准。其第二重比例关系表现为对各种公诉措施应当依性质和强度进行合乎比例的程序制约,在前述方法论部分,笔者述及多种程序制约方式,但在滥用公诉权的制约方面,最紧迫的是引入审查者和程序性制裁机制,由前者对公诉行为进行实质性审查,并经由后者对滥用行为进行应有的制裁。统合起来,公诉权滥用的制约要真正起到作用,至少需要具备三个基本要素:审查机构、审查标准、审查后果。

(一)审查机构的引入

引入审查机构的目的是对公诉行为进行实质性的司法审查,具体判断公诉权是否存在滥用的情况。任何人都不能成为自己的法官,因此,公诉权的滥用很难得到公诉机关自身的主动纠正,由中立第三方进行审查和裁决符合自然正义的要求。为防止检察机关滥行起诉,更好地保障被追诉人的权利,域外法治国家在决定是否开启审判程序前,普遍设置了专门的实质性起诉审查程序。尽管由于法系传统和诉讼模式的影响,不同国家的起诉审查程序存在差异,但其功能指向呈现异曲同工之妙,即通过这一程序的过滤,将起诉不当的案件排斥在法庭正式审理之外,以减轻后续正式审判的负荷,并使被告人尽早地从刑事程序中解脱,免受无理由、无根据的审判。我国应以此为鉴,尽快构建庭前的实质性起诉审查程序,以杜绝实践中经常发生的公诉权滥用现象。起诉审查在性质上应为司法审查,法院是这一职责的最佳承担者。笔者主张,在法院立案庭设置专职的起诉审查法官,使之与刑事审判庭的庭审法官相分离;为了保障庭审的中立性,应当严禁庭前审查法官向庭审法官透露或传递任何有关案件的事实和情况。在程序设置上,应当采取较为简便的书面审理方式,起诉审查法官对检察官移送的证据材料进行表面审查,检视其是否符合起诉条件,或者是否存在滥用诉权的情况;被告人可以向起诉审查法官提出基于起诉材料表面不成立,直接驳回检察机关起诉的请求。起诉审查法官不审查案件中的实质争点,只是通过表面审查来确定对该案究竟是继续审理还是驳回起诉。

(二)审查标准的细化

公诉权的滥用有各种形式,难以用单一的标准来进行规制,应根据不同的公诉权滥用形式作出针对性的设置。在规制方式上,应当将裁量性标准与明确性规则结合起来。首先,应当合理设置基本的公诉条件。一般而言,提起公诉必须满足法定的实体性诉讼条件和程序性诉讼条件。前者是指已获得的证据达到了实体性审判的要求,基本排除各种阻却违法和阻却受罚的因素;后者是指符合起诉的程序性要求,如管辖、时效、被告人在案等。[1] 其次,应当要求公诉权的行使遵循合理性原则。这要求检察官在进行起诉裁量时,慎重斟酌案件的具体情况,合理权衡和兼顾国家利益、社会利益、当事人利益,进而作出妥当的处理。虽然对合理性的把握在具体案件中很难固化为绝对统一的规则,但是,借助一定的方法论和衡量要素,仍然可以达到共识的客观性。再次,对撤回起诉、重新起诉,应当设置特别的条件。撤回起诉的条件可限定为发现不存在犯罪事实、犯罪事实并非被告人所为或者不应当追究被告人刑事责任的情形。经法庭审理后发现案件事实不清、证据不足的,禁止检察机关撤回起诉,以防止检察机关借撤回起诉来规避法院的无罪判决。对撤诉后再次起诉也应当设定限制性条件。只有当再次发现犯罪事实的重要证据时,才允许再诉,但当处于公诉事实的同一性范围内时,仍不得再诉[2],以此防范起诉的随意与过度。最后,对于一些恶意起诉情形,需要确立恶意的存在。需要指出

---

[1] 龙宗智.相对合理主义[M].北京:中国政法大学出版社,1999:297—298.
[2] 周长军.公诉权滥用论[J].法学家,2011(3):23.

的是,防止公诉权滥用的出发点在于保障犯罪嫌疑人的合法权益,确定公诉权是否被滥用并不以检察官主观恶意的存在为前提,但是,如果有充分证据证明检察官存在主观恶意,就应当要求相关人员承担相应的职务性责任。

(三)审查后果的设置

无后果的审查往往缺乏实际的效用,为了对公诉权滥用进行有效的制约,设置程序性制裁措施是必要的。例如,在英国法上,如果法庭发现追诉方存在操纵或滥用法庭程序的行为,刑事被告人因此不能获得公正审判而又没有其他有效的方法可以救济时,基于保护被告人权利的需要,法庭应当作出终止诉讼的决定。[①] 借鉴域外国家的经验,我国制约公诉权滥用的程序性制裁措施可以从以下角度进行设置。首先,程序性制裁措施的设置应在庭前起诉审查和正式庭审环节有所体现。在庭前起诉审查程序中,检察官应当提供足够的证据以证明其指控犯罪有可成立的理由。如果起诉审查法官认为检察官的指控不存在可成立的理由,就可以作出驳回起诉的裁定。如果起诉审查法官认为该项控诉存在可成立理由,案件就进入下一步的庭审程序。在正式庭审环节,法官可以通过审判案件要求检察官采取适当行为,并基于被告方的请求或者依职权对检察官的不适当公诉行为作出惩罚性的处理。其次,对程序性制裁措施进行分层设置,具体划分为公诉行为绝对无效和公诉行为相对无效两种类型。前者是指公诉行为严重违反法定的构成要件,或者明显不符合该项公诉措施所要求的实质标准,因而不能产生任何预期的法律效力。检察官即便认识到公诉行为存在缺陷并要求予以补正,也不能使其产生预期的法律效力。后者是指公诉行为虽然不符合法定的构成要件,或者在实施必要性上存疑,但在一定条件下可以对其瑕疵进行补救,并因此恢复预期的法律效力。瑕疵公诉行为可以得到补救的条件是,继续对案件进行审理既没有侵害被告人获得公正审判的权利,又可以使追究犯罪这一公共利益得以实现。两相比较,公诉行为的绝对无效与相对无效之间存在程度上的差异,绝对无效通常适用于公诉行为违法程度严重、显失公平且被追诉人权利损害较大的情形。相对无效则通常适用于公诉行为违法程度较轻,虽略有不公平,但对被追诉人权利损害较小的情形。

在对公诉权滥用行为进行制约的同时,我们也要兼顾公诉权运行的特点。公诉权在本性上应具有主动性和裁量性。由于司法实践中各种主客观因素的作用,因此绝对无瑕疵的公诉行为是不存在的,况且还存在着单凭机构设置无法解决的

---

① 李玉萍.程序滥用与诉讼终止制度及其给我国的启示[J].法商研究,2006(2):129.

"裁量悖论"，即为制裁公诉裁量而设置的制约机构仍然必须行使裁量权，且后者的裁量未必就是一种更加高级的裁量。制约机构与公诉机关之间可能因为价值判断的矛盾而导致自由裁量权上的冲突，甚至出现制约机构凌驾或取代公诉机关的情况，并且侵犯了公诉权的独立性。因此，对公诉权的审查和制约也应当遵循适度原则，考虑公诉行为的瑕疵程度以及对被告人权益所造成的实际后果，在此，比例性的判断至关重要。应该说，公诉裁量权是立法赋予检察官斟酌决定是否起诉的自由裁量权，需要检察官综合考虑和平衡各种利益来自主决定。只要公诉裁量权是在法律规定的范围内行使，就应当得到尊重。无论如何，在刑事诉讼中不能遏制公诉裁量权的灵活性，在法律许可的限度内，承担公诉职能的检察官有权针对具体的案件情况，或基于公共利益的考虑，或基于实现个别正义的目标，或为了追求诉讼效益而根据自己对法律的理解和对事实的判断作出决定，公诉裁量权的价值或本质恰恰就在于这种灵活性。对公诉权的制约应当掌握恰当的尺度，既不能妨碍对错误的起诉和不起诉决定进行纠正，又不能妨碍检察机关行使公诉裁量权，更不能以制约为借口干涉检察机关依法独立行使职权。

第七章

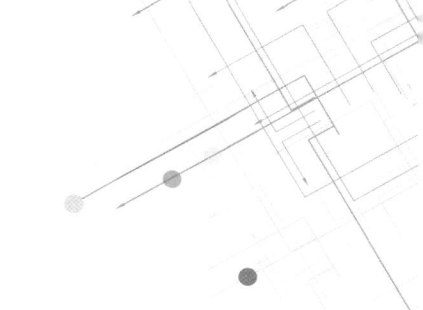

刑事审判程序的比例设置

在刑事诉讼法学界,将比例原则运用于刑事审判程序的研究并不多见,但基于审判权的公共权力性质,以及对被告人权益的干预性,比例原则的规范功能不可或缺。比例构造理论在此也可提供很有价值的思维视角。不过,若要开展集中而有针对性的研究,概念的明晰则十分必要。细究起来,审判权应区分实体性和程序性两个侧面。比例原则固然可以应用于定罪与量刑的判断[①],对法官的实体性审判权产生约束作用,刑事诉讼比例构造原理所着眼的却是程序性审判权。

第一节 比例构造与刑事审判权配置

一、刑事审判权的程序之维

一般而言,刑事审判权是指法院根据法定职权和法定程序,适用刑事法律处理刑事案件的专属权力。关于审判权的性质及其在刑事诉讼中的地位,学界的探讨已相当丰富,并取得了基本的共识。代表性的观点是,刑事审判权是由法院独享的有罪判断权,这种有罪判断权相对于侦查机关和公诉机关的有罪判断来说具有性质上的根本差别:只有人民法院才能确定一个人有罪,这一有罪的判断权具有终极

---

① 张明楷.法益保护与比例原则[J].中国社会科学,2017(7):88.于改之,吕小红.比例原则的刑法适用及其展开[J].现代法学,2018,40(4):136.姜涛.比例原则与刑罚积极主义的克制[J].学术界,2016(8):89.

性,可以推翻公安机关、检察机关的判断。[①] 法院所作出的具有终局效力的裁判,"表明国家对纠纷或事项的最后判断和决定"[②]。这种观点虽然揭示了刑事审判权作为司法裁断权的本质属性,但仍然存在一个重要缺陷,即只是从实体权的角度来看待刑事审判权,将它等同于人民法院最终的定罪权,而忽视了刑事审判权作为程序权的一面,有一定的片面性。

事实上,刑事审判权具有不能忽略的程序之维。从程序角度来看,刑事审判权是指"法院为了追究被告人的刑事责任而对案件进行审理和裁判的权力"[③]。在审理和裁判两项权能中,天然地包含程序的要素。审理权中包含诸多旨在组织法庭审理、行使证据调查审核权方面的程序性权力;在裁判权方面,既有侧重于事实认定、适用实体法的实体性权力,又有对程序问题进行判断的程序性权力。如果认为审判权的实质在于它是一种判断权,那么,较为全面的认识是,这种判断既包括实体法上的判断,即审判人员对刑事实体法含义的解释与确定,又包含关于事实的认定,即通过判断证据的真伪来发现案件事实,还包括程序运作中的判断,即法官在启动、推进和终结庭审程序时,需要对诉讼权利的有无及程序的运行方式作出判断。

这样,我们可以划分出实体性审判权和程序性审判权。实体性审判权是指法庭通过认定案件事实,适用刑事法律来判断被告人刑事责任的有无,以及定罪后量刑轻重的权力。程序性审判权是指处分程序及程序权利的权力,即法庭在刑事审判过程中启动、推进、中止、终结程序,以及授予、认可、限制、剥夺当事人和其他诉讼参与人诉讼权利的权力。将程序性审判权从笼统的刑事审判权中分解出来,有助于我们进一步分析它的性质、运行方式、对公民权益的影响并进行必要的约束。

在现代社会,为了充分体现惩罚犯罪与人权保障这两大刑事诉讼价值的动态平衡关系,刑事程序的设置越来越精致和复杂,程序性审判权的行使也越来越普遍。一般而言,程序性审判权的行使体现在法院的裁定和决定中。在法国,裁定是指专门"就程序问题作出的决定"[④]。与美国、英国、德国、日本一样,在我国,裁定也可以用来处理实体问题,但是程序问题仍然是其主要的处理对象。在我国刑事诉

[①] 陈兴良. 独立而中立:刑事法治视野中的审判权[J]. 华东政法大学学报,2007(6):3.
[②] 范愉. 司法制度概论[M]. 北京:中国人民大学出版社,2003:6.
[③] 陈光中,徐静村. 刑事诉讼法学[M]. 北京:中国政法大学出版社,2001:348.
[④] 卡斯东·斯特法尼,乔治·勒瓦索,贝尔纳·布洛克. 法国刑事诉讼精义[M]. 罗结珍,译. 北京:中国政法大学出版社,1999:675.

讼法中，明确以裁定来解决程序性问题的情况包括是否恢复诉讼期限、中止审理、驳回自诉、驳回上诉或者抗诉并维持原判、撤销原判并发回重审等。在其他国家，通过裁定来处理程序性问题的情形更为广泛，如准许被告人收集证据裁定、移送管辖裁定、合并审判裁定、暂时停止程序裁定、对申请回避的裁定、归还没有扣留必要的扣押物的裁定等。

决定是另外一种以处理程序性问题为主要功能的处理方式。在我国刑事诉讼法和相关法律解释中，使用决定来处理程序性问题的情形包括：人民法院采取、变更和撤销强制措施，采取强制性调查措施，立案，自诉案件的受理，改变、移送、指定管辖，不公开审理，审判人员的回避，适用简易程序，开庭审判，通知新的证人到庭，调取新的物证、书证，重新鉴定、勘验，按撤诉处理和提起审判监督程序等。

在有的国家或地区，判决也可以适用于解决程序问题，如在德国，停止程序这一程序性问题可以用判决的形式作出。[①] 在日本，以判决作出的程序性裁判包括管辖错误、不受理公诉与控诉以及撤销原判决。[②] 使用判决来解决程序问题的情况虽然不多，但是也可以成为程序性审判权的载体。在有的国家，程序性问题的解决还可以用命令的形式来完成。例如，在德国，采取强制性措施、停止执行罚金等可以命令的形式作出；在日本，赔偿由于不到庭所产生的费用、追加或变更诉因以命令作出；在美国，逮捕、搜查、扣押等强制性措施，诉讼的分开或合并，对证人的采证，信息透露的拒绝或限制以及处罚藐视法庭行为都是以命令的方式进行的。在英国，命令包括搜查令，逮捕令，预审命令，公诉人向法庭、被告人提交陈述命令，高等法院撤销无罪宣告的命令，证人传唤令等。

无论是判决、裁定、决定还是命令，都可以成为程序性审判权行使的载体，这说明了程序性审判权在刑事诉讼活动中的普遍性，由此也提出了一个问题：程序性审判权的设置和行使是否应当遵循比例原则？笔者认为，作为刑事司法权力的一种特殊形式，程序性审判权的设置和行使同样存在着比例性约束的必要。与实体性审判权一样，程序性审判权也是从国家刑罚权中派生出来的，它的行使过程很大程度上就是落实国家刑罚权的过程。刑罚本是最具强制性的法律调控手段，这种强制性也必然向程序性审判权传导。由于刑罚权能够剥夺公民的财产、自由甚至生命，它的运用如果不是"尽量轻的"，不是维护公共福利必要的，就是极具侵犯性的

---

① 德国刑事诉讼法第 260、389 条。
② 日本刑事诉讼法第 329、338、395、397 条。

"恶"的力量，因此必须设置合理的限度。① 这一点对程序性审判权而言同样适用，它的行使应当考虑对公民权利可能造成的损害，失去了合理的限度就会造成对权利的侵害。

刑罚权的合理限度在实体法和程序法层面具有不同的表达形式。在实体法上，这种合理限度主要体现为罪刑法定原则和罪刑相当原则的运用，由体现公民意志的代议机关设立犯罪和刑罚的法律标准以防范刑罚权的滥用，这些法律标准往往与"比例"的理念一脉相承，并以此确立刑罚权在实体法层面的合理限度。在程序法上，这种合理限度则表现为程序法定原则与比例原则的运用，现代法治的核心是程序，法定的程序"决定了法治与恣意人治之间的基本区别"②。比例原则要求对这种法定的程序进行更加合理的设置，既能保障目的的实现，又能防止不必要的侵害，在"不足"与"过度"之间寻找最佳平衡点。因此，作为刑罚权的工具，无论是实体性审判权还是程序性审判权，都存在一个"合乎比例"、寻求最佳平衡点的问题。如果说对程序性审判权的运行进行规制是刑罚合理化的必由路径，那么，比例原则的制约就是达到这一目标不可或缺的因素。由此我们看到，比例构造的基本方法对程序性审判权而言是同样适用的。以下论述主要围绕程序性审判权的比例构造展开。

二、刑事审判权的张弛之度

依比例构造原理，刑事审判权的配置应当是"张弛有度"的。一方面，无论是管辖范围还是行使方式，都应当有助于彰显刑事司法的应有功能，回应司法实践的基本需要；另一方面，在过程控制和效果评估方面要时时体现对被告人基本权利和合理利益的关切，避免造成过度负担，将权力的行使约束在合理的界限内。

（一）特殊案件的缺席审判：对审判权不足的弥补

一般而言，刑事审判以对席审判为基本模式。所谓"对席审判"，是指控辩审三方都要参与，尤其是被告必须亲自出席的法庭审理模式。这一模式体现了诉讼要素的完整性，更重要的是，被告人对刑事审判的参与已是国际法文件所确认的一项基本诉讼权利。联合国《公民权利和政治权利国际公约》第 14 条规定了"被告人在

---

① 陈兴良.走向哲学的刑法学[M].北京：法律出版社，1999：435.
② 季卫东.法治秩序的建构[M].北京：中国政法大学出版社，1999：1.

场权",即被告人在审判过程中,有权亲自到场接受审判。这一权利是被告人行使辩护权的前提,它不仅是审判公正性的保障,而且是被告人诉讼主体地位的基本体现。因此,被告人参与法庭审判成为刑事诉讼的一项基础性原则,要求在一般情况下,被告人必须出席法庭审判,法庭不得进行缺席审判。① 我国刑事诉讼法实际上也是以对席审判为基本原则的。

  刑事审判的对席原则以保障被告人的对质权、辩护权为主旨,对审判权的行使范围进行了约束,只要是被告人无法到案的,即使案件事实清楚、证据确实充分,也不得审判并定罪处刑。这一做法大体上是正确的,但是,如果对审判权约束过甚,在某些情形下就会影响刑事审判目的的达成,导致审判权的延伸不足。例如,近年来,贪官携巨额赃款潜逃他国的案件屡屡发生,国内也有被告人在诉讼过程中潜逃,侦控机关虽然采取了诸多追捕措施,但经过较长时间仍不能抓获。显然,在一个只有对席审判的刑事审判制度中,对已经潜逃、无法归案的被告人是不能行使审判权的。从适合性原则的角度来分析,单一的对席审判模式在达到刑事审判目的方面存在不足,并带来诸多现实和潜在的不利后果。其一,单一的对席审判模式不利于及时解决刑事纠纷,保护被害人的合法权益,尽快恢复社会秩序;其二,单一的对席审判模式不利于惩处潜逃境外的经济犯罪分子,并追索赃款,不能适应打击腐败犯罪的政策需要。其三,从刑法效果上来看,单一的对席审判模式不利于准确及时地查明犯罪事实,影响刑罚威慑功能的发挥,影响刑事司法制度在民众心目中的权威。

  针对单一对席审判模式的不足,缺席审判制度的设置是一个有效的弥补途径。刑事缺席审判,是指当被告人不出席法庭时,法院在控诉方和被告人的辩护人或近亲属参加的情况下所进行的一种审判活动。这是普通刑事审判之外的一种特殊审判方式,往往实行特别的程序设置。刑事缺席审判制度在域外国家立法上早有先例,如法国刑事诉讼法典第270条规定:"如果被告人未能捕获,或未到庭,应该缺席审判。"德国刑事诉讼法典第276条规定:"被指控人凡住所不明或者逗留国外,认为不可能或者不适宜将他带送有管辖权的法院者,被视为缺席。"意大利刑事诉讼法典第487条第1款也规定,如果被告人未出席法庭审判并且不具备法定理由的,法官在听取当事人的意见后,可以宣布被告人缺席并进行审判。对腐败案件,一些国家更是将缺席审判作为一种基本的追诉机制加以确立。例如,1989年新加

---

① 邓思清.刑事缺席审判制度研究[J].法学研究,2007(3):92.

坡颁布的没收贪污所得法第24条规定,如果需要将文书送达某人,而该人尚未被发现或者在国外而且不能被强制到庭参加根据本法进行的诉讼,那么法院无须再向其传送文书,并在该人缺席的情况下继续进行诉讼,作出缺席判决。①

在我国,2012年《刑事诉讼法》基于从严惩治贪污贿赂犯罪、恐怖活动犯罪等重大犯罪案件的考虑,增设了违法所得的特别没收程序。其在性质上属于一种特殊的缺席审判,延伸了审判权对刑事案件的管辖范围,加大了对两类重大犯罪案件的追究力度,适应了当前强力反腐和反恐的实践需要。2018年《刑事诉讼法》进一步增设了刑事缺席审判程序,在特定的刑事案件中,人民法院对符合法定条件的被告人,在其未到庭参与审判的情况下,根据控方的起诉对案件进行审理并依法确定其刑事责任。它具体包括三种样态:刑事责任型缺席审判、解决诉讼障碍型缺席审判、为被告人正名型缺席审判。② 毫无疑问,在这三种类型中,旨在解决贪污贿赂犯罪、严重危害国家安全犯罪、恐怖活动犯罪案件中被告人潜逃境外、逃避审判的司法实践难题而设置的刑事责任型缺席审判,是2018年修法的重点。

违法所得的特别没收程序和刑事缺席审判程序的增设,是刑事审判权合乎比例的延伸。它有助于惩处潜逃境外的犯罪分子并追索赃款,适应打击腐败犯罪、恐怖犯罪的现实需要,也强化了刑罚的威慑功能,树立了刑事司法制度在民众心目中的权威。实质上,这种缺席审判程序的增设体现了刑事审判权的扩张,弥补了单一对席审判模式的不足,从比例构造的角度来看,增强了"手段-目的"的适合性功能。但我们也应该注意到,缺席审判模式在效果上对被告人的诉讼权利进行了实际的克减。如果被告人不能出席庭审,实际上就被剥夺了其参与庭审所享有的举证权、质证权、辩论权,必然不利于发现事实真相。被告人出席并参与法庭审判,可以通过行使辩护权来展示自己的主体地位,也可以通过行使辩护权来保护自己的合法权利,因而绝大多数被告人愿意出席法庭并参与审判。这是各国都将被告人出庭审判作为原则的重要原因。③ 从这个思路出发,刑事缺席审判程序的设置需要进行相称性考虑,尤其要考虑它给被告人诉讼权利带来的诸多不利影响,应力图将这些不利影响控制到最低限度。

立法者考虑到因被告人不出庭而给其诉讼权利带来的不利影响,通过一定的

---

① 陈光中.《联合国反腐败公约》与我国刑事诉讼法再修改[M].北京:中国人民公安大学出版社,2005:148.
② 卞建林.依法治国与刑事诉讼[M]//卞建林法学文选:下.北京:中国检察出版社,2023:1773—1774.
③ 邓思清.刑事缺席审判制度研究[J].法学研究,2007(3):92.

程序设置对此进行了弥补,具体包括:(1)要求法院通过多种送达方式来保障被告人的知情权。[①] (2)强化被告方的辩护权,除被告人有权委托辩护人外,被告人的近亲属也可以代为委托辩护人;同时,采取强制辩护制度,即当被告人及其近亲属没有委托辩护人时,由人民法院通知法律援助机构指派律师为其提供辩护。[②] (3)赋予被追诉人的近亲属提出上诉的权利。[③] (4)赋予被定罪者对判决、裁定的异议权。[④] 等等。这些规定使刑事审判权的行使更有针对性,刑事程序的设置也更为科学合理。

从比例构造的视角来看,考虑到缺席审判制度克减了被告人通过出庭才能享有的各种诉讼权利,因此,应当在其他权利的保障方面给予必要的弥补。现行《刑事诉讼法》对此已有所关照,但尚须进一步探究:现有权利的补偿是否到位,是否足以使对被告人出庭权利的克减所带来的损害效应降低到最小限度,或达到公共利益与被告人权利相称?现行刑事缺席审判程序在这一点上仍然存在可予完善的空间。例如,在完善被告人的知情权方面,应规定谨慎使用公告送达方式,尤其是明确其作为最后送达方式的属性,即在其他送达方式全部用尽依然无法实际送达时,方可使用这一送达方式,避免司法机关出于送达的便捷性而轻易使用这一送达方式。又如,缺席审判程序中辩护人往往难以与被告人见面和通信,为了弥补缺席审判程序给被告人造成的权利减损,有必要进一步加强对辩护人权利的保障。

(二)非追诉性:审判权不可逾越之度

刑事审判权的过度行使,最严重的莫过于将其与控诉权相混淆。正如法谚所云:"如果法官本身就是控告者,那么,只有上帝才能充当辩护人。"本应中立的裁判者如果倾向于控诉方,审判职能混同于追诉职能,被告人的各种诉讼权利就难以得到应有的保障,甚至被告人完全沦为刑事追诉的客体。比例构造要求刑事审判权的设置和行使不能超过必要限度,对被告人的合法权利和合理利益造成不必要的侵害。这种必要限度表现为审判权在现代刑事诉讼中所具有的应然属性和独特品格,偏离其应然属性和独特品格就必然给被告人的权益带来过重的辩护负担和不必要的侵害。在现代刑事诉讼中,中立性是合理审判构造的基本要求之一,也是人

---

① 《中华人民共和国刑事诉讼法》第 292 条。
② 《中华人民共和国刑事诉讼法》第 293 条。
③ 《中华人民共和国刑事诉讼法》第 294 条。
④ 《中华人民共和国刑事诉讼法》第 295 条。

们赋予审判权的应然属性和独特品格。[①] 在笔者看来,中立性是一种带有理想色彩的价值目标,非追诉性则是刑事审判权不可突破的最低限度。刑事审判权的追诉化所导致的必然是它的不相称行使,必然给被告人的权益造成不应有的侵害。

按照比例构造的分析思路,审判权的追诉化违背了相称性原则的基本要求。审判机关虽然通过行使刑罚权来维护社会秩序和国家利益,但是,在刑事诉讼中,尚有需要保护的另一种利益——刑事被告人的诉讼权利。在强大的国家追诉权力面前,被告人的诉讼权利处于明显的弱势地位,极易受到压制与侵害。不仅如此,国家权力之间具有天然的亲和性,追诉权与审判权极易结成联盟。因此,要在刑事诉讼中切实增强被追诉人的防御能力,就必须使这两种权力彼此分立并且相互制衡,被告人的各种权利会在两种权力的制衡中求得最好的保护。如果审判权的行使过于积极主动,甚至演变为一种事实上的追诉权,就会对被告人的权利造成过度侵害。正是在这个意义上,非追诉性是刑事审判权不可逾越的最低限度。

从历史视角来看,消除审判权的追诉性可以说是刑事诉讼发展的一条重要脉络。纠问式诉讼以控审职能不分为特征,法官不是中立的裁断者,而是在承担审判职能的同时承担追究犯罪、维护公共秩序职责的追诉者,这导致法官的司法专横,被告人沦为诉讼的客体。现代刑事诉讼在保留纠问式诉讼中的国家追诉方式后,确立了控审分离原则,并汲取了早期弹劾式诉讼中的"不告不理"原则,以消除审判权的追诉性,维护其中立的诉讼地位,为审判程序的正当化奠定了基础。

我国刑事诉讼法的发展遵循了这一轨迹,其基本的方向是削弱职权主义特别是纠问式审判方式的影响,审判权的中立地位被不断强化。1996年《刑事诉讼法》吸收了当事人主义诉讼模式的某些特点,确立了以法官中立为取向的新审判方式,改变了1979年《刑事诉讼法》法官主宰庭审调查的模式,对审理过程中的法官庭外调查权进行了限缩。这些改革有利于控审分离原则的贯彻,从根本上消除了审判权的追诉性。2012年《刑事诉讼法》及其相关司法解释延续了强化审判权中立地位的改良思路,对具体的制度进行了完善。例如,法院在审判阶段直接变更指控罪名时,为避免导致变相追诉,最高人民法院通过司法解释加强了对被告人辩护权的

[①] 陈光中,汪海燕.论刑事诉讼的"中立"理念——兼谈刑事诉讼制度的改革[J].中国法学,2002(2):28.

保障。[①]

2014年10月23日,党的十八届四中全会提出,"推进以审判为中心的诉讼制度改革,确保侦查、审查起诉的案件事实证据经得起法律的检验",确立了审判中心主义的改革思路。审判中心主义通过将刑事审判阶段置于整个刑事诉讼的中心位置,确保了审判权的中立性。这一原则要求所有诉讼活动都围绕审判展开,强调控辩双方在法庭上的实质性对抗,使得法院能够居中裁判。在审判过程中,法官必须保持公正、客观的态度,通过对证据裁判原则和直接言辞原则的落实来保障庭审的实质化。审判中心主义进一步促进了控审分离原则的落实,通过一次又一次的改革,审判权行使中的追诉因素正在逐步消解。

但是,在司法实践中,由于受到思维定式和传统惯习的影响,法官的中立地位尚未得到完全确立,审判权的追诉化行使在刑事诉讼立法和司法实践中都有所体现,导致了对被告人权利的过度限制。以下三个方面是亟待改革的重点领域:

1. 弱化法官的庭外调查权

《刑事诉讼法》第196条规定了法官在法庭审理过程中的庭外调查权。应当说,法官庭外调查权的过度行使不可避免地影响司法的被动性和法官的中立地位,法官或将沦为带有倾向性的调查官员,以自查自定的方式作出裁断损害了程序公正的要求。从我国当前的刑事司法实践来看,适度保留法官在审判过程中的庭外调查权是有必要的,但是应当采取措施来抵消法官在庭外调查中可能产生的追诉倾向。(1)应当确立法官庭外调查的补充性和克制性原则,只有在控辩双方穷尽手段后仍然不能消除合议庭对证据的疑问,为确保发现真实,法官才可以依职权调查。(2)应当区分辩护性事实和控诉性事实,对前者,法官既可以告知辩护方补充证据或者作出说明,也可以主动调查核实证据;对后者,原则上应先由公诉人举证,如果公诉人未能举证,而又确有证明必要,或者不及时收集,证据有灭失风险时,法官可进行适当的庭外调查,但应限定调查范围不得超过起诉的事实范围。(3)庭外调查的时间应当在庭审开始后,在开庭前以及庭审会议期间,法官不得庭外调查核实证据。(4)法院在庭外调查核实证据时,应当通知公诉人、辩护人到场,如果有必要,法官可以采用开庭的形式,控辩双方全程到场参与。所收集的证据及相关笔

[①] 2012年《最高人民法院关于适用〈中华人民共和国刑事诉讼法〉的解释》第241条规定,对第一审公诉案件,人民法院审理后,发现起诉指控的事实清楚,证据确实、充分,指控的罪名与审理认定的罪名不一致的,应当按照审理认定的罪名作出有罪判决。但人民法院应当在判决前听取控辩双方的意见,保障被告人、辩护人充分行使辩护权。必要时,可以重新开庭,组织控辩双方围绕被告人的行为构成何罪进行辩论。

录,应当得到充分的质证。(5)当出现事实不清、证据不足的情况时,法官不能扩大证据调查范围,应依据无罪推定原则作出疑罪从无的判决,以保障被告人的合法权益。

2. 限制法院的再审启动权

《刑事诉讼法》第254条赋予人民法院对生效裁判再审程序的启动权。在司法实践中,法院自行启动的情况在再审案件总数中占了相当高的比例,而且对有利于被告人的再审和不利于被告人的再审不作区分,甚至出现了再审改判重刑化的现象。[①] 法院主动提起再审并加重被告人的刑事责任违背了控审分离的基本原则,它使审判权的行使背离了其应有的消极性、中立性和被动性,模糊了审判权与公诉权的界线,导致审判权的追诉化。要消解审判权的追诉性行使,就必须对法院的再审启动权进行限制,取消人民法院主动提起不利于被告人的再审程序的权力,保留其主动提起有利于被告人的再审程序的权力。对前者,所考虑的是严格遵循控审分离原则,控诉职能与审判职能应当由不同的主体承担。如果允许人民法院主动提起不利于被告人的再审程序,审判权的追诉性行使就不可避免。试想,当人民法院发现应当对被告人判处更重的刑罚而主动提起再审程序时,如果检察机关消极应诉,法庭将不得不扮演控方的角色,自行承担起控诉的职能。对后者,所考虑的是对被告人权利的保障,即当出现了新的证据或情况,应对被告人判处更轻的刑罚时,应当依据纯粹的当事人主义和控审分离原则作衡平性的偏离。这是因为,刑事诉讼毕竟不同于民事诉讼,其判决结果涉及的大多是被告人的生命、自由等基本权利,完全取消法院主动提起再审程序的权力,不利于对被告人的保护,而且,此类再审案件的提起显然并不具有追诉性。将法院的再审启动权限制在有利于被告人的案件范围内,符合比例构造的要旨。

3. 杜绝法院与侦控机关的联合办案

长期以来,我国司法实践中存在着一种颇具"中国特色"的办案模式,即由各级政法委牵头的公检法联合办案机制。其形成初衷是通过三机关的密切协作、优势互补来形成合力,快速处理案件,政法委的介入有助于及时协调和解决三机关之间的分歧与矛盾,以有效地实现惩罚犯罪的目的。这种公检法联合办案机制违背了职权法定原则,在三机关之间只讲配合而无视法律规定的相互制约关系,弱化了法

[①] 徐玲利,黄学昌.基于实证考察的刑事再审制度之重构——以G省D市2009年至2013年刑事再审案件为样本[J].中国刑事法杂志,2014(4):75.

院独立审判对程序正义和实体正义的保障功能,致使本应中立裁判的法庭成了追诉团队的一分子,先定后审,导致被告人的辩护权失去实质意义。这是审判权追诉化行使的典型表现。近年来发生的一系列冤假错案件中有政法委协调办案的因素存在。2014年《中共中央关于全面推进依法治国若干重大问题的决定》要求政法委将工作重心放在总体统筹指导方面,不再干预具体个案。最高人民法院也明确提出要求,各级法院应当"严格依照法定程序和职责审判案件,不得参与公安机关、人民检察院联合办案"①。但是,在司法实践中,公检法联合办案仍然存在;在某些地区,纪检监察机关为了强化打击职务犯罪的有效性,直接吸收审判人员参与办案。这种做法再次赋予审判权强烈的追诉色彩,专门机关"抱团"作战将破坏刑事诉讼中控辩审三方的平衡,为冤假错案的发生埋下隐患。只有坚决杜绝法院与侦控机关的联合办案,才能消除审判权的追诉性行使,避免对被告人的权益造成过度侵害。

三、刑事审判程序的宽严分层

我国刑事审判程序类型化的主流理论基本上是以"繁简分流"为主旨的。事实上,"宽严分层"可以成为刑事审判程序类型化的另一种思路。刑事审判程序中的"繁简分流"主要根据案件的复杂程度和性质,将案件分为简单案件和复杂案件,并采用常规或简化(简易、速裁)的不同审理程序,其主要目的是提高司法效率,优化司法资源配置。而刑事审判程序的"宽严分层"是指根据案件罪刑轻重或者被告人状况,在"宽"和"严"两个维度上对审判程序进行层次化设置,在司法中进行相应的分流。"宽"和"严"揭示的是审判程序中两种具有不同向度的属性。所谓"宽",是指宽和、轻缓。相对常规的审判程序,这种宽和型审判程序更加宽松、缓和,往往能够回应或者满足被告人的特殊需求。所谓"严",则表现为两个特征:一是严格,二是严厉。严格型审判程序要求严格依循对抗制和正规化的程序来开展审判活动,严厉型审判程序则强调对被告人采取强度较大、约束性较强的程序来开展审判活动。

刑事审判程序的"繁简分流"与"宽严分层"存在着竞合关系。严格型审判程序是正规的对抗式普通程序的别称。宽和型审判程序与简易程序之间存在很多重叠

---

① 2013年10月9日《最高人民法院关于建立健全防范刑事冤假错案工作机制的意见》第23条。

之处，如诉讼程序可能加快，结案周期可能缩短。但是，它们之间在价值取向和程序设置上存在区别。在价值取向上，"繁简分流"旨在节约诉讼成本，提高司法效率，它看重的是司法资源可以在不同的案件中得到大体合理的配置；"宽严分层"则是对不同强度的程序所做的区分，旨在通过调节不同强度的程序措施来完成刑事审判任务，并尽可能多地保障被告人的各种应有权益，它强调的是被告人的权利依案件的情形得到合理的对待，而没有受到不恰当的限制或剥夺。在设置程序时，"繁简分流"往往通过在普通程序外设置简易程序来实现，这种简易程序的特点是诉讼进程相对简化，审理期限比较短，通过案件的快速办理来节省司法资源。"宽严分层"则是刑事诉讼措施及相关程序配置与案件具体情形如所涉罪刑轻重、被告人状况、案件复杂程度等相适应，并且在审判权行使与被告人权益之间形成一种恰如其分的比例关系。用宽和型程序来应对性质严重的犯罪案件显然是达不到刑事审判的基本目的的，而用严厉型程序来应对情节轻微的案件便是"用高射炮打蚊子"，不具有必要性，也给被告人造成了过度负担。

刑事审判程序的"宽严分层"在各国刑事诉讼法中都有所体现。表现之一是区分重罪案件与轻罪案件，并使之适用于不同的审判程序。例如，根据法国刑事诉讼法的规定，重罪由重罪法院审判，轻罪由轻罪法院审判，违警罪由治安法院（违警罪法院、警察法院）审判。表现之二是特别程序的设置，即根据特定犯罪的性质、被告人特征以及刑事政策要求等因素，在普通程序外规定更有针对性的诉讼措施。例如，法国刑事诉讼法典第四卷为"特别诉讼程序"，其中规定了经济、金融方面的犯罪，恐怖犯罪，毒品犯罪，介绍卖淫嫖娼方面的犯罪和法人犯罪等几类犯罪的侦查、起诉和审判程序，根据这些犯罪案件的特殊性，采取与普通程序不同的更为严厉也相对复杂的程序来加以处理。《刑事诉讼法》中规定的刑事缺席审判程序和违法所得没收程序，也属于此类。当然，在普通程序外也可以设置更为宽和的程序，以彰显宽大处理的意旨。未成年人刑事案件诉讼程序、当事人和解诉讼程序和强制医疗程序当属此类。

需要注意的是，宽和型程序和严厉型程序只是一种宽泛的提法，除了前例中自成系统的程序外，还包括规定在普通程序中的宽和型诉讼措施和严厉型诉讼措施。观察各国的刑事诉讼法及其实践，这些宽和型诉讼措施和严厉型诉讼措施为应对不同的案件情形和诉讼情境提供了类型学依据。

1. 法院管辖

根据案件性质或涉嫌犯罪的轻重，将刑事案件交由不同类别或层级的法院来审理,是域外国家的普遍实践。例如在法国,重罪由重罪法院审判,轻罪由轻罪法院审判,违警罪由治安法院(违警罪法院、警察法院)审判。《刑事诉讼法》也将某些重罪案件交由较高层级法院进行第一审审理,如第 21 条规定,中级人民法院管辖危害国家安全、恐怖活动案件。法院的类别或层级不同,往往在审判人员的组成或法庭的运作上也有差异,并遵循不同的程序规则。

2. 程序适用

这是指根据案件性质或涉嫌犯罪的轻重,适用各不相同的诉讼程序。例如在法国,预审程序仅对重罪案件具有强制性,对轻罪案件则属于选择性、非强制性的程序,对违警罪案件,只有检察官提出诉请,才会进行预审。直接向审判法院传唤犯罪行为人的"直接传讯"程序只适用于轻罪和违警罪案件。重罪案件的被告人,只有在上诉法院起诉庭作出移送审判的裁定后,才会受到审判。"现行犯罪"程序仅适用于重罪案件或当处监禁刑的现行轻罪案件,而不适用于违警罪案件,重罪案件与轻罪案件应当由审判法院在庭审过程中并在庭审辩论后作出判决,违警罪则可以依据简易程序,由警察法庭的法官不经事先辩论而作出判决。①

3. 审理方式

这是指针对不同性质的案件或被告人,法院采取不同的审理方式。一般的刑事案件遵循普通程序,采取正式开庭的审理方式,但对轻罪案件、未成年人案件、精神病人案件则采取特别设计的审理方式。针对未成年被告人的"圆桌审判方式"就是一个典型的例子。这种审理方式的设置要旨在于体现宽和的法庭审理氛围,防止身心尚未成熟的罪错少年在正式庭审时心生恐惧,形成"坏人"烙印,产生心理创伤,削弱其悔过自新的动力。联合国《少年司法最低限度标准规则》第 141 条规定:"诉讼程序应按照最有利于少年的方式在谅解的气氛下进行,应允许少年参与诉讼程序,并且自由地表达自己的意见。"

4. 证明责任与证明标准

这是指针对不同性质的案件或被告人,适用不同的证明责任分配规则和差别性的证明标准。对一般的刑事案件而言,无罪推定原则是指导刑事证明责任分配的基本原则,被告人不承担证明自己有罪或者无罪的证明责任。但是,各国为了严厉打击恐怖犯罪、贪污贿赂犯罪、毒品犯罪和有组织犯罪等严重犯罪,以有效维护社会秩序,基于刑事政策的考虑,在成文法中明文规定将传统上由控方承担的某些

---

① 毛立华.程序类型化理论:简易程序设置的理论根源[J].法学家,2008(1):140-145.

犯罪构成要件要素的证明责任分配给被告人承担，从而使证明责任发生倒置。例如，英国为了惩治恐怖犯罪，1994年通过的《刑事审判和公共秩序法》对沉默权作了限制，法庭和陪审团可以从被告人的沉默中作出不利于被告人的推论。[①] 又如联合国《反腐败公约》第28条规定："根据本公约确立的犯罪所需具备的明知、故意或者目的等要素，可以根据客观实际情况予以推定。"通过推定的许可适用，对犯罪主观要素降低了证明标准，加大了反腐败的力度。

5. 对犯罪所得的没收

在一般程序中，对犯罪所得的没收往往发生在被告人定罪后。但是，为了加大对贪污贿赂犯罪等严重犯罪的打击力度，联合国有关国际公约规定了与定罪程序相分离的没收程序。《反腐败公约》第54条第1款第(3)项规定："各缔约国应根据本国法律，采取必要的措施，以便在因为犯罪人死亡、潜逃或者缺席而无法对其进行起诉的情形或其他有关情形下，能够不经过刑事定罪而没收因腐败犯罪所获得的财产。"联合国《打击跨国有组织犯罪公约》第12条也有类似规定。2012年《刑事诉讼法》针对贪污贿赂犯罪、恐怖活动犯罪等重大犯罪案件增设了违法所得没收程序，规定因被追诉人逃匿或死亡而无法追究其刑事责任时，可以在不经过刑事定罪程序的情况下，直接没收其违法所得。这种将"人"和"物"分离的诉讼措施更有利于追缴犯罪所得，达到追诉和惩治特定严重犯罪的刑事诉讼目的。

总体上看，对不同的案件采用不同的程序处理，体现了比例构造的精神。

第二节　宽和型审判程序的多元设置

一、"审判竞技台"上的被告人

现代刑事诉讼奉行"审判中心主义"，以审判程序为其中心环节。在公开的法庭上，控辩双方通过证据调查、法庭辩论等积极对抗的方式使案件事实真相呈现，法律得以准确适用，被告人命运最终得以确定。因此，刑事审判是确定一个公民是否有罪的关键阶段，而审前的侦查和起诉程序都只不过是审判程序的准备阶段而

---

① 卞建林. 刑事证明理论[M]. 北京：中国人民公安大学出版社，2004：191.

已。正因为如此,刑事审判被设计成"整个刑事程序中最具诉讼性之程序"[①]。这种诉讼性最直接地体现在控辩审三方关系的理想构造模式上,即控审分离、控辩平等对抗和审判中立。这种诉讼构造为控辩双方设置了大致平等的法律地位,并营造了展开公平竞争的空间或舞台。以诉讼性为基础,一座"审判竞技台"得以构建。在"审判竞技台"上,代表国家利益的公诉人与代表个人利益的被告人进行着一场虽不友好但公平的竞争。控辩双方的主体地位得到应有的尊重,被告人的诉讼权利得到充分的保障,加上正当程序的良性运作,案件的事实得到准确的认定,法律得到正确的适用。

这样的"审判竞技台"是近现代刑事诉讼发展的产物,从趋势上来看代表了司法文明的进步。在纠问制程序下,这样的"审判竞技台"是难以建立的。从审判形式上,纠问程序过于强调国家机关的追诉和审判责任,对侦查、起诉和审判职能不作分离,法官一身兼几职,既是裁判员,又是运动员,法庭审判只是对侦查结论的认可,往往徒具形式,甚至可以废弃不用;被告人的诉讼权利遭到蔑视与践踏,被告人沦为诉讼客体,与控诉方的平等抗衡是难以想象的。资产阶级革命开创了人类历史的新篇章,推动刑事诉讼法制迈向新的历史阶段,体现新时代需求的辩论式诉讼应运而生。在新的诉讼模式中,国家追诉机关与被追诉人之间的关系被重塑,控辩平等对抗、审判居中裁判的诉讼结构得以形成,被追诉人的诉讼地位也得到大幅提升。第二次世界大战后,发达国家为了落实被告人的基本权利和诉讼权利,极大地提高了被告人在刑事诉讼中的地位和作用,诉讼结构日趋合理,使控辩双方在"审判竞技台"上平等对抗成为现实。

时至今日,人们已经认同了刑事审判程序的"诉讼性"和"对抗性",以及"审判竞技台"的积极作用。但是,在"审判竞技台"上,被告人的权益是否因为公平对抗的程序而得到充分的保障?这种公平对抗的程序是否就一定不会对被告人的权利造成不必要的侵害?遵奉传统观点的人由于"身处此山",对这两个问题的回答是肯定的。随着刑事司法理念的多元化发展,尤其在恢复性司法兴起后,人们对传统的报应性司法或"对抗性"诉讼程序进行了较为深入的反思,对刑事审判程序中被告人权利的保障有了新的视角,相应地,对前述两个问题的回答也就出现了新的思路和答案。

被称为"恢复性司法理论之父"的美国东门诺大学霍华德·泽尔(Howard Zehr)

[①] 林山田.刑事程序法[M].4版.台北:五南图书出版公司,1990:512.

教授从17个方面系统比较了传统的报应性司法模式与恢复性司法模式之间的区别。[①] 传统的报应性司法模式将犯罪定义为反社会的或者危害国家统治秩序的行为,犯罪本质上是个人与国家之间的冲突;刑罚的公正在于要求犯罪人对自己的犯罪行为承担责任,即以刑罚方式来报应犯罪人对法律秩序所造成的伤害;在追诉方式上强调国家的单方追诉,即国家对犯罪的侦查、起诉可以主动进行,法院的裁决也无须取决于被害人意志。在程序特征上,采用对抗制和正规化的程序,鼓励参与者竞争和对抗,依赖专业代理人员的运作。应该说,这种程序设置具有形式公正的外观,由于被告人已被赋予尽可能全面的正当程序权利,因此其若在穷尽一切权利后仍无法避免败诉,结果对被告人来说也是公正的、可接受的。但是,控辩双方的实质关系总是处于"零和博弈"状态,即一方有所得必意味着另一方有所失,得失总和为零。博弈中的控辩双方无论采取什么策略,最终都是形成"输与赢"的形势,而不存在共赢的可能性。这对社会整体秩序而言,未必是一种最佳状态。

这种对抗式审判程序虽然承认被告具有程序上的主体性,但这种主体性基本表现为被告人作为与国家平等对抗的主体,而不是一个可以自我更新、自我恢复的主体。根据心理学原理,人是一种积极的生物,生来就具有自我成长和发展的趋向,人类个体在各种各样的活动中以及与周围世界相互作用的过程中,具有相当的积极性,通过满足自主需要(autonomy)、能力需要(competence)及关联需要(relatedness)来获得成长和自我实现的体验。[②] 被告人虽然丧失了如同自由人一样积极活动的权利,但作为刑事诉讼中的主体,在与诉讼环境相互作用的过程中,会表现出一定的积极性。这一行为积极性的源泉来自被告人身处被指控的特殊地位的心理需要,如希望尽快摆脱受强制措施控制的压力,希望避免可能失去社会名誉、自由或财富的危险,希望洗刷犯罪者的"标签""烙印"带来的耻辱等。然而,遗憾的是,传统的报应性司法模式着眼于建立"羞耻感""罪恶感",通过施加痛苦来进行惩罚、威慑和预防,强调犯罪人的应受刑罚制裁性,以及犯罪烙印的无法消除。

显然,传统的对抗式程序对被告人产生了一定的负面效应。犯罪行为既是对被害人的伤害,又是对被害人和加害人均置身其中的社会和谐关系的伤害,也是对国家统治秩序和法律尊严的伤害。为了公平地应对这种伤害,国家司法机关必须以等量的伤害(在法律上表现为相当的刑罚)施加于犯罪人之身,同时使用逮捕、羁

---

① 吴宗宪.恢复性司法述评[J].江苏公安专科学校学报,2002(3):69—85.
② 严标宾,郑雪,邱林.自我决定理论对积极心理学研究的贡献[J].自然辩证法通讯,2003(3):94.

押、起诉、审判等程序机制将被告人从社会关系中孤立出来，无论是定罪前的被告人，还是定罪后的犯罪人，在社会公众的心目中都已成为"羞耻"和"罪恶"的象征。国家也正是通过"羞耻感"和"罪恶感"的建立，对被告人达到特殊预防的效果，对社会公众达到一般预防的效果。最终，犯罪行为也"伤害"了犯罪人自己，在一定意义上，对抗式程序正是实现这一"伤害"的工具之一。同时，在报应性司法模式下，犯罪人受到应有的刑事制裁，正义便得以恢复，它并不关心被害人的利益是否得到赔偿或补偿，也不关心被害人、加害人以及社会关系是否得到实质性的平复，更不关心犯罪人能否以一种和谐的方式重新融入社会生活。换言之，传统的报应性司法模式虽然赋予被告人平等对抗、公平竞争的程序权利，但是忽略了被害人的恢复性权利、社会关系的恢复性要求，以及被告人同样应当具有的恢复性权利。

由此观之，以划一的方式适用对抗式程序是不合比例的。现实世界中的犯罪行为和犯罪人多种多样，既有性质严重的犯罪，也有性质轻微的犯罪；既有恶性较大的犯罪人，也有恶性较小的犯罪人。因此，基于被告人涉嫌犯罪的不同情形以及被告人个体的具体情况，被告人所应当拥有的恢复性需求可能有所不同。尤其是未成年人犯罪，被告人的恢复性价值可能大于依据正当程序施加刑罚的价值。如果我们针对不同类型的刑事犯罪或被告人采取同等强度的审判程序，则显然是不相称的，在某些情形下，它所损害的收益将会超过它所可能保全的利益。

其实，在"审判竞技台"上，有些被告人是无心恋战的，有些被告人是无力恋战的，还有一些被告人是无颜恋战的。当国家在审判程序的设置和推行时不试图激发和呵护被告人心中尚存的向善之意，不顾及其重回和谐社会的内在需求，不考虑尽可能减轻刑事司法对其正常生活造成的纷扰，而是一味不折不扣地推进这场"公平的竞技"，那么，很有可能，被告人真的会彻底走向国家的对立面。固然，正式的对抗式审判程序对现代刑事诉讼制度而言是不可或缺的，它对维护公正司法和法律尊严具有重要意义，但是，我们似乎还需要一些更加灵活、简化、缓和并能应对被告人特殊需求的审判程序作为辅助和补充。由于这些程序在一定程度上可以避免对抗式程序所可能导致的不必要侵害，因此我们将其统称为宽和型审判程序。

二、宽和型诉讼程序的若干类型

如前所述，宽和型诉讼程序既可以是一个独立的专门性特别程序，也可以指嵌入普通程序的宽和型诉讼措施。事实上，这两者之间并不存在截然的鸿沟，宽和型诉讼措施的体系化构成了宽和型诉讼程序,本来的普通程序也可能由于加入了若干宽和型诉讼措施而呈现强烈的宽和型特点。以下笔者对各国审判实践中出现的宽和型诉讼程序作简要的介绍。

(一)治疗型程序

治疗型程序是指国家在普通程序外设立专门法庭或者专门性程序,对涉及毒品、家庭暴力等特殊犯罪的被告人除进行法律上的定罪量刑外,有针对性地采取定期教育治疗、心理状态分析、日常生活交流等措施,以对犯罪人进行彻底的矫正,并消除与案件相关联的社会问题的一种刑事司法程序。治疗型程序是治疗法学(Therapeutic Jurisprudence)兴起的产物。根据大卫·威克斯勒(David B. Wexler)的界定,治疗法学的宗旨是从治疗者的角度重新定位法律的职能,即法律不仅可以发挥传统的规范、惩罚作用,而且可以具有类似临床医学的功能。"法律规则、法律程序以及主要由律师和法官组成的法律参与者的角色可以被看作一种社会力量,能够产生治疗性或者抗治疗性的效果。"因此,"在司法原则所设立的重要界限之内,法律应当被设计为一种治疗者,从而发挥更为有效的服务功能"。[①]

治疗法学对刑事司法程序的影响主要表现在,在传统的对抗制程序中融入了"问题解决"(problem solving)的因素,其最高形式是建立以问题解决为主旨的专门法庭,或者设置专门的治疗性程序。目前,英美法国家的"问题解决法庭"(problem-solving courts)包括毒品法庭(drug courts)、家庭暴力法庭(domestic violence courts)、心理健康法庭(mental health courts)和社区法庭(community courts)等。美国于1989年在佛罗里达州的达德县设立了第一个毒品犯罪法庭,至2002年,全国已设立的毒品犯罪法庭超过600个。其后,家庭暴力犯罪法庭、精神病人法庭和社区法庭相继设立,2002年加利福尼亚州还设立了"无家可归者法庭"(homeless courts);除此之外,还设立了青少年越轨行为法庭、交通肇事法庭等。与此同时,英国、加拿大、澳大利亚等国家也积极效仿美国的成功模式,在刑事司法程序中引入治疗法学的理念。例如,澳大利亚的新南威尔士、昆士兰、维多利亚等州建议在联邦范围内设立治疗性司法机构,专门处理毒品犯罪、家庭暴力、轻微财产犯罪等刑事案件。

治疗型程序立足于对社会现实问题的有效应对,体现了与传统刑事司法程序

---

① David B Wexler. Justice,mental health,and therapeutic jurisprudence[J]. Cleveland State Law Review,1992,40(3):517.

不同的旨趣:(1)在程序目标方面,它试图兼顾被害人、犯罪人和社会三者的利益,追求切实的效果,如减少累犯、治愈毒瘾等。(2)在制度建设上,它代表了从法院到社会的一种全方位改革,以重新构建政府针对毒品、家庭暴力、精神病人等社会问题的反应机制。(3)在法院职能上,它充分发挥法庭在解决问题和改变被追诉人行为上的主观能动性和权威作用,法官的监督与引导能够延伸至司法程序以外的社会治理中。(4)在控辩审关系方面,它鼓励他们相互之间的合作而非对抗,公诉人与辩护律师在法官的组织下形成了工作小组,共同解决案件中出现的问题,对抗制的结构由此被打破。(5)在参与者方面,除了传统控辩审三方外,它还鼓励政府机构、社区组织、民间团体的参与。(6)在工作内容方面,它不是单纯对犯罪人施加刑罚制裁,而是量身定制"对症"的问题解决方案,充分考虑刑罚以外的各种预防、介入和执行措施。

治疗性司法针对特定案件中犯罪行为的性质和"病状"特征设置专业性的特色法庭,其程序运作的重心在于剖析犯罪行为发生的深层原因和犯罪人性格方面存在的"病因"问题,而不仅仅停留在认定犯罪行为和犯罪结果的表面状况。常规的刑事司法模式并不能直面与犯罪行为和犯罪人密切相关的、长期延续的社会问题,而治疗性司法更好地实现了被害人、被告人、社区之间的"社会系统断裂后的修复"[1],从根本上消解犯罪人的人身危险性,防止被害人遭受犯罪行为的再度侵犯,进而保障社区成员的人身财产安全。这种程序在某些案件中会取得特别好的效果。

(二)和解型程序

和解型程序是与对抗型程序相对的,在当代西方,它被纳入恢复性司法的框架内。对抗型程序是指将控辩双方置于对立的地位,控方行使进攻性的控诉职能,辩方行使防御性的辩护职能,在双方的对抗中发现真实,辨别是非曲直。为了维持这种对抗状态,不允许代表国家的检察机关与被告人之间进行和解或者合作,以维护刑事司法制度的严肃性和权威性;同时,对被害人与被告人之间的和解,法律并不赋予法律效力。和解型程序将被害人与被告人之间的和解提高到一个重要地位,它是指"在刑事诉讼中,加害人以认罪、赔偿、道歉等形式与被害人达成和解后,国家专门机关对加害人不追究刑事责任、免除处罚或者从轻处罚的一种制度"[2]。刑

---

[1] Greg Berman, John Feinblatt. Problem-solving courts: a brief primer[J]. Law and Policy, 2001, 23(2):125—140.

[2] 陈光中,葛琳. 刑事和解初探[J]. 中国法学, 2005(5):3.

事和解在其最初形态下,是由受到犯罪行为及其后果影响的双方利害关系人以面对面的方式进行协商的非正式纠纷解决机制,它通过犯罪人、被害人的共同参与,以修补犯罪对社会关系的伤害,与正式的对抗型程序不同。

西方学者关于刑事和解的探讨大多是以"恢复正义"为背景进行的。恢复正义理论把犯罪看作"对个人和人际关系的侵犯,犯罪行为生成了其使一切复原的社会义务,司法介入被害人、犯罪行为人和社会寻求更好地弥补、协调和安定社会关系的过程中去"[1]。恢复正义理论强调犯罪不仅是对法律规范的违反和政府权威的侵犯,而且是对被害人、社会甚至犯罪人本人的伤害,它主张刑事司法程序应当有助于对这些伤害的弥补和恢复,反对政府在对犯罪行为的社会回应方面的权力独占,认为政府对犯罪人简单的处罚并不比授权被害人直接介入刑事司法程序以寻求冲突的解决更为重要。所以,当犯罪破坏了犯罪人与被害人、社会的正常关系时,恢复正义的任务是在这三者之间重塑平衡,使社会恢复和谐。

和解型程序之所以产生,是因为人们看到了传统对抗型刑事司法程序的消极方面。尽管传统正式刑事司法程序以保障被告人的公正审判权为追求,但是,刑事审判权的行使不可避免地带有"伤害性"。不仅如此,在现实生活中,总会有一些当事人基于维护自身利益的考虑,在发生刑事案件后不愿激烈对抗,希望通过协商,平和地解决纠纷。一些被害人更愿意接受赔偿而非一味地报复,一些被告人也希望通过积极赔偿被害人来弥补自己行为所造成的伤害,并换取相对轻缓的惩罚。这些需要往往被传统的刑事诉讼模式所忽略。在和解型程序中,办案机关会以更为轻缓的方式来追究被追诉人的刑事责任,甚至会免除其刑事责任。尤其是在被免除刑事责任的情况下,被追诉人不再担心终身被贴上"罪犯"的标签,也不会对其未来的学业、职业前途产生绝望情绪,他们会更加由衷地产生赎罪心理和悔过自新的愿望;在行为表现上,他们会更加积极主动地寻求被害方的谅解,也会尽可能地满足被害方提出的经济赔偿要求。从被害人的角度来看,这种结果与传统的对抗式程序相比更具有亲和性。如果熟人之间发生刑事纠纷后不愿从此反目,或者陌生人之间发生刑事纠纷后不愿就此结怨,和解型诉讼就是有鲜明优势的,它对重视关系恢复的人们具有很强的吸引力。

(三)简易型程序

简易型程序是与普通程序相对的。刑事普通程序是立法者按照国际标准和本

---

[1] 刘方权,陈晓云.西方刑事和解理论基础介评[J].云南大学学报,2003(1):45.

国的实际情况所设立的一种比较完备的刑事审判程序。相对于普通程序而言,简易程序会对刑事诉讼程序的一些环节、步骤加以不同程度的简化,从而使案件得到快速处理。简化的途径大致有二:一是不重复,二是不过剩。所谓"不重复",是指避免相同的程序重复开启和运作。所谓"不过剩",是指减少不必要的程序,如调查证据、询问、传唤等如属于不必要的,则不得为之。① 它通常是在普通程序中删减某些次要的环节来实现简化的目的,如法官以简易的方法调查事实并作出裁判;在某些情况下甚至可以将整个庭审程序全部省略,不进入正式的庭审程序,只要被告人认罪就直接依起诉书作出裁判。

一般认为,刑事简易程序起源于1848年至1849年的英国②,一开始只适用于轻微犯罪,之后案件范围不断扩大。在第二次世界大战之后,西方各主要国家都引入刑事简易程序,以应对犯罪率持续上升的严峻现实。在刑事司法实践中,简易程序的形式逐渐多样化,程序的设置也得以不断丰富和完善,并且在各国形成了符合各自国情需要的简易程序体系。与此同时,刑事简易程序在国际上也得到提倡和推崇。例如,1989年在奥地利维也纳举行的第十四届国际刑法协会代表大会通过了有关刑事简易程序的决议,建议"对简单案件,可以也应当采取简易程序"。

目前,世界各国刑事简易程序的发展呈现两个基本特征:

一是简易程序的形式趋向多样化和结构化。被告人认罪、证据的收集与审查、事实的认定等环节会因案件性质不同而存在差异,简单的单一程序显然无法适应庭审需要。各国都设计了相应的简易程序,以应对司法实践中的多元需求。例如,意大利刑事诉讼法第六编"特别程序"中规定五种类型的简易程序,包括简易审判、依当事人的要求适用刑罚、快速审判、立即审判、处罚令程序。③ 多样化的简易程序旨在寻求效率与公正之间的动态平衡,使司法资源在不同案件中得到更为合理的配置。

二是适用简易程序处理案件在总体结案数中所占的比重越来越大,甚至在一定意义上已成为处理刑事案件的主要方式。在美国,尽管对辩诉交易存在是否合宪的争议,但超过95%的刑事案件是通过辩诉交易来结案的,而且,这仅是指重罪案件,轻罪案件的辩诉交易适用率达到97%以上。2018年美国州法院受理的刑事案件大约有1 676万件,如以97%的比率来推算,每年通过辩诉交易消化的案件量

---

① 陈瑞华.刑事审判原理论[M].北京:北京大学出版社,1997:94.
② 刘家琛,郝银钟.刑事审判学[M].北京:群众出版社,2002:297.
③ 张荣丽.刑事简易程序比较研究[J].河北法学,2004(3):134.

达到约1 626万件。① 可见,辩诉交易已成为美国刑事司法制度正常运作的重要支柱。在英国,绝大部分案件(大约95%)是由治安法院处理的,只有小部分刑事案件(大约5%)是由刑事法院审理的。② 在日本,每年大约也有90%以上的案件是按略式程序处理的。③ 其他国家和地区的情况大体类似。简易程序在各国刑事诉讼程序中发挥着越来越重要的作用,俨然已是处理刑事案件的主要方式。

值得指出的是,简易程序并不只是普通程序的简化,而是从普通程序中分离出来的、独立的诉讼程序。它的出现也不是为了取代普通程序,而是与普通程序形成一种合乎比例的结构关系,以达到对不同案件区别对待的效果。它不仅是为了优化司法资源配置,而且有助于提升案件办理的质量和公正性。对案情轻微、事实清楚的案件,如果一定要按照刑事诉讼法规定的完整程序进行审理,就会因为程序的过于繁复而极大地阻碍诉讼的及时终结。因此,对此类案件,宜采取"简案快审",而对复杂的案件,则可以通过严格的规范程序进行"繁案精审"。这种分类处理的方式不仅提高了审判效率,而且保障了案件审理的公正性。从比例构造的视角来看,简易程序体现了刑事审判权的节制行使,可以使嫌疑人、被告人早日摆脱缠讼之苦。就此而论,简易程序也可归入宽和型诉讼程序。

(四)选择型程序

选择型程序与决定型程序相对。决定型程序,是指根据司法机关单方面的裁定或决定来开启、推进或者终结某项诉讼措施,不以被告人的意志为转移,被告人只能被动服从。选择型程序,是指被告人在法律规定的范围内,根据自己的意愿,在刑事诉讼过程中就特定诉讼措施或程序方案进行选择,由此影响程序的开启、推进或者终结。选择型程序的存在以诉讼措施的多元化和程序方案的可选择性为前提,严格来说,它并不是一种独立的程序,而是多元诉讼措施或程序方案的辅助性机制。选择型程序的另一前提是被告人具有程序选择权。在决定型程序中,被告人没有程序选择权;而在选择型程序中,被告人可以根据自己的意愿来选择程序推进的方式。

英美法系的刑事诉讼模式实行当事人主义,这种模式将对个人权利的保护放

---

① National Center for State Courts. State Court Caseload Digest 2018 Data[EB/OL]. Court Statistics Project. [2023—11—28]. https://www.courtstatistics.org/csp-annual-caseload-reports.
② 中国政法大学刑事法律研究中心,编译.英国刑事诉讼法(选编)[M].北京:中国政法大学出版社,2001:20.
③ 陈光中.刑事诉讼法实施问题研究[M].北京:中国法制出版社,2000:246.

在优先地位,赋予被告人较多的程序性权利,程序选择权便是其中之一。在英国刑事司法中,被告人可以对"两可案件"(either-way cases)的审判方式和是否作出有罪答辩进行选择。在美国,刑事被告人的程序选择权也十分广泛,具体包括对陪审团审判或法官审判的选择、对适用刑事普通程序或简易程序的选择、对案件管辖地区的选择、对出庭方式的选择等。

大陆法系的刑事诉讼模式虽实行职权主义,但在正当程序理念和引入对抗制的影响下,普遍承认和尊重被告人的诉讼主体地位,在设计刑事简易程序时也考虑了被告人的程序选择权。例如,在德国,虽然处罚令程序由检察官书面申请而启动,但被告人接到处罚令后两周内有权提出异议,此时处罚令将自动失效,法官将确定审判日期,对原案件进行开庭审理。又如,在意大利,辩诉交易程序实际上是依当事人的要求适用刑罚的程序,适用该程序可由当事人选择,但法律显然更倾向于保护被告人的选择权而对公诉人的选择作了特殊的限制。①

被告人选择权的行使是以诉讼措施或程序方案的多元化为前提的,换言之,为了使被告人最大限度地行使选择权,需要设置功能相当但内涵不同的多重诉讼措施为被告人提供选择项;否则,选择的对象单一,自然没有选择的必要,选择权也就形同虚设了。在这一点上,两大法系的刑事普通审判程序与辩诉交易等简易程序并存、简易审判方式与陪审团审判方式并存的制度设计是较典型的例子。例如控辩双方的辩诉交易,从启动到最终达成协议,实际上都是当事人双方以自己的利益为中心进行互动博弈的结果。被告人选择辩诉交易,是基于对自己预期利益的合理判断来决定的;而不选择辩诉交易,同样是为实现自身利益最大化进行的自愿、明智的选择。

赋予刑事被告人程序选择权,目的就在于防止办案机关在刑事诉讼活动中垄断专权,从而维护被告人的基本权益。从历史角度看,刑事程序中可选择性诉讼措施或程序方案的增多正是程序主体性原则的体现,这一原则承认并充分尊重当事人在诉讼中的意思自由,赋予其处分自己实体利益和程序利益的权利,鼓励当事人选择对自己有利的程序,实现自身利益的最大化。基于程序主体性原则,当事人有权使用简便、快捷的程序或避免无实效的程序,即便其所选择的某些诉讼措施或程序方案实际上对增加其实体权益未必有利。程序选择的精髓在于让当事人获得自行决定的自由,但自由与责任实为一体,由此产生的后果自然也由当事人承担。基

---

① 左卫民,等.简易刑事程序研究[M].北京:法律出版社,2005:105.

于这一设置,被告人可以拥有与控诉方和裁判方开展理性交涉、协商、抗辩、说服的能力,能够在一定程度上决定和影响诉讼的进程和结局。这标志着被告人诉讼地位的实质性提升,直至成为真正意义上的诉讼主体。这是被告人主体价值的张扬,它可以将对抗性审判程序的负面效应降到最低限度。

需要说明的是,上述列举的程序类型显然并不能代表刑事审判中宽和型诉讼程序的全部。如笔者在本书导论中所述,刑事诉讼程序经历了多元化、层次化和比例化的发展历程,再叠加文明化发展的总体脉络,宽和型诉讼程序的分化和增设将成为刑事诉讼发展的基本趋势。易言之,我们应当善用比例构造原理,根据犯罪和司法的新形势构建更符合实践需求的新型宽和型诉讼程序。

三、刑事审判程序的体系化思考

(一)刑事审判程序的多元设置

"宽严分层"带来了审判程序的多元设置,对抗型程序的单一格局被打破,审判程序呈现体系化和结构化特色,这种体系或者结构更加贴近比例构造的实质要求。其基本框架表现为:以对抗型刑事普通程序或相应诉讼措施为基准线,于其上设置强度更高、限制性更强的严厉型审判程序(或诉讼措施),于其下设置轻缓、宽松的宽和型审判程序(或诉讼措施)。对重罪案件或者人身危险性较高的被告人,要么严格遵循普通程序规定的各项诉讼措施,要么采取严厉型诉讼措施,对被告人的某些诉讼权利采取更为严苛的限制,充分体现程序上的公平对抗性。对轻罪案件或者人身危险性较低的被告人,则根据具体情形适用有针对性的宽和型审判程序(或诉讼措施),着眼于刑事案件或社会纠纷的有效解决、犯罪人罪错行为的顺利矫正和对正常生活的尽早回归。

刑事审判程序设置的多样化是在不同刑事诉讼价值之间进行协调和取舍的结果,它在一定意义上代表了世界刑事诉讼的发展趋势,也有利于在刑事审判活动中更实质地实现司法公正。

首先,刑事审判程序的多元设置有利于不同类型犯罪的区别对待和复合式刑事政策的落实。随着社会的发展,犯罪的形势呈现新的特点。一方面,重大犯罪特别是黑社会性质组织犯罪、恐怖犯罪、毒品犯罪严重威胁社会秩序,使得社会公众的安全感降低,需要加大防治力度;另一方面,在刑事案件案发总量中,轻罪案件占相当比例。这些案件大多数由人民内部矛盾所引发,不宜一味采取高压态势和强硬态度,而应该更多地考虑犯罪人的悔罪、赔偿情况,被害人的利益诉求,以推动社会纠纷的最终解决。①

其次,宽和型刑事审判程序的多样化发展有利于根据犯罪发生的具体原因及其特点,有针对性地满足不同诉讼主体的需要,最大限度地实现各种社会利益之间的平衡。社会关系的复杂性、价值观念的差异性和主体利益的多元性决定了在社会中需要同时存在不同类型的纠纷解决机制,即使是在刑事诉讼活动中,也应当存在多样性的程序机制,以合乎比例地应对不同性质的案件和不同的主体需求。其中,治疗型程序根据被告人的特殊心理需求,有针对性地采取矫正性的措施,帮助其尽早摆脱犯罪的阴影,回归正常的社会生活;和解型程序通过加害人与被害人之间的合意,化解本来"剑拔弩张"的利益冲突,通过双方的妥协来恢复原来的和谐状态,使刑事正义不悖于人情事理;简易型程序通过简化刑事诉讼程序的环节、步骤,加快案件处理的进程,提高诉讼效率,使被告人早日摆脱讼累;选择型程序由被告人根据自己的意愿进行选择,鼓励当事人选择对自己有利的程序,实现诉讼利益的最大化,以获得最佳的诉讼效果。它们的出现将极大地增强诉讼制度满足诉讼主体多元需求的能力,也使刑事司法正义变得更具弹性和包容性。

总之,刑事审判程序体系化的要求最终来源于人与人之间关系的多样性,通过一定的等级序列安排来对程序主体之间的关系进行调整,以达到不同的诉讼目的,从而使刑事司法更好地扮演社会冲突"避震器"的角色。社会的零冲突是不可能的,但是,多元的程序设置能够最大限度地吸收不满、消除对立,尽快地回归和谐的社会关系。

(二)宽和型审判程序与常规审判程序的关系:以恢复性司法为例

每一种宽和型程序其实都是从常规程序中分离出来的,也是与常规程序比照而存在的。这就带来一个问题:宽和型程序和常规程序之间是什么关系?以下以和解型程序的表现形式之一——恢复性司法为例,略作分析。

作为一种非正式的纠纷解决机制,恢复性司法产生于正式刑事司法模式的边缘地带,并且代表了性质迥异的刑事正义观念。那么,两者能否在应对犯罪问题上共生共荣呢?如何来理解它们之间的关系呢?对此主要形成了两种学说:一种是"取代说",另一种是"补充说"。

---

① 陆诗忠.论我国刑事诉讼模式的再构建:多元、对接的诉讼程序[J].甘肃政法学院学报,2012(3):36—43.

"取代说"对恢复性司法应对犯罪的能力和作用持乐观主义甚至浪漫主义的观点。有学者认为,在处理犯罪问题上,恢复性司法代表了一种与传统刑事司法体制迥然不同的司法范式,这一范式的出现预示着刑事法学的根本转型。美国学者约翰·布莱斯怀特(John Braithwaite)指出:"如果我们认真地对待恢复性司法,就会发现,它包含了一种与诸如威慑、改过自新、剥夺资格和预防犯罪等传统观念迥然不同的思维方式,它也意味着刑事法学根基与自由、民主和社会等观念的转型。"[1]因此,无论恢复性司法目前处于何种边缘地位,适用范围如何狭窄,由于内在理念的先进性,因此它最终会取代现行刑事司法系统,即人们应对犯罪的基本方式都将是恢复性的。

"补充说"则对恢复性司法的引入采取一种较为现实的态度。学者认为,尽管恢复性司法在理论和实践中能够克服正式刑事司法体制的一些缺陷,如被害人利益的边缘化、司法程序的复杂化等,但是其本身的适用是有条件的,比如,恢复性司法需要当事人的自愿参与,如果有一方当事人拒绝参与,其可选择的余地就大为减少;如果双方当事人都拒绝参与,就根本不具备恢复性司法的可能性,而只能进入正式的刑事司法程序。因此,完全以恢复性司法取代正式刑事司法是不可能的,现实的路径是寻求两者之间的相互兼容、相互补充,以恢复性司法的先进理念来弥补正式刑事司法的不足之处。

目前,"补充说"得到了大多数学者的支持。即使是揭示了恢复性司法与正式刑事司法之间对抗性的霍华德·泽尔教授在后来的著作中也指出,过分强调这些对抗方面将会忽略恢复性司法和正式刑事司法的共同点以及合作领域。[2]从各国的基本情况来看,大多数恢复性司法项目是作为正式刑事司法的补充程序来运作的。笔者认为,为了深入理解恢复性司法对正式刑事司法的影响和作用,并厘清两者之间的合作关系,有必要从程序功能和相互衔接两个层面上分别加以阐释。

首先,恢复性司法本身存在着功能上的有限性。一是适用范围上的有限性,并不是所有犯罪都能通过恢复性司法来解决,严重侵犯国家利益的犯罪即不在此列。二是存在被害方与加害方力量失衡的可能。加害者考虑到如果不与被害方达成协议即可能面临正式的起诉与审判,于是不得不接受某些过分的要求。三是由于其

---

[1] John Braithwaite. Restorative justice: assessing optimistic and pessimistic accounts[J]. Crime & Justice, 1999(25):127.

[2] Howard Zehr. The Little Book of Restorative Justice[M]. Intercourse, PA: Good Books, 2002:58.

程序的非正式性,难以容纳各种正当程序权利,被告人的诉讼权利因此有可能被忽略甚至剥夺。四是处理结果上的不一致性,由于加害人与被害人的不同,即使是类似的案件,其协商的结果也可能差别很大,这与法治社会所要求的形式正义存在着某种内在矛盾,因此不能无原则地加以扩展。五是约束力偏弱,已有研究结果表明,接受过恢复性司法处理的加害人比较容易重犯,因此,如果没有传统刑事司法的背后支撑,恢复性司法就可能难以继续。从各国实践来看,恢复性司法一般定位于轻微刑事案件及未成年人犯罪案件,尽管西方有学者试图将其扩展到严重暴力犯罪甚至死刑案件中,但是存在的分歧和阻力是很大的。因此,恢复性司法只能定位于正式刑事司法的辅助性程序,而不能轻言取代正式刑事司法。

其次,既然恢复性司法与正式刑事司法只能成为两种相互补充的程序机制,目前的重点就应当放在如何实现两者之间的合理对接与转换上,以发挥两者的互补优势。就两者之间的衔接而言,一般会出现两种情况:一是被害人与加害人达成了和解协议,那么这份和解协议将成为终结刑事审判程序或者免除被告人刑事责任的重要依据。二是被害人与加害人未能达成和解协议,案件便重新由正式的刑事审判程序来处理。联合国《关于在刑事事项中采用恢复性司法方案的基本原则》也有规定,如果当事方之间没有达成协议,就应将案件交还现有的刑事司法程序处理,并应毫不迟延地作出如何继续处理的决定。这表明,恢复性司法与正式刑事司法之间的理想关系应该是相互补足的关系,在不同的场景下各呈优势,在总体上则提升了程序机制应对复杂案件场景的妥当性,两者的组合展示了比例构造的特色。

随着刑事政策和刑事诉讼法的发展,我国的宽和型刑事审判程序也日趋丰富与完善。前述治疗型程序、和解型程序、简易型程序和选择型程序在我国刑事诉讼法中均有体现。上述恢复性司法与正式刑事司法之间关系的分析同样可以类推适用于其他的宽和型刑事审判程序,使得刑事审判程序的比例构造特色更加明显。

第三节 "回流型"程序机制的比例性控制

刑事诉讼从开始到结束,是一个向前运动、逐步发展的过程。时间和次序可以说是刑事程序的基本要素。依我国主流的"刑事诉讼阶段说",刑事诉讼过程包含

"按照一定顺序进行的相互连接的一系列行为",并划分为"若干相对独立的单元",即刑事诉讼阶段。[①] 程序的运行一般依顺序向前发展,其间有"直流"的方式,也有"分流"的可能,总体上呈现"顺流向前"的格局,不过,在此格局下也存在少许"回流型"程序机制,如补充侦查、发回重审和撤回起诉,这些程序的共同特点是原有的程序工作没能完成既定的任务,因而需要重新启动或退回前一段程序或环节来完成这一工作。应该说,这些回流型程序机制的设立有其目的性,即对原有工作的不完善甚至错漏进行补救或纠正,以保证办案质量,但是,它也会给被告人带来纷扰甚至权利的侵害,因此,对于"回流型"程序机制的启动和运作有必要基于比例构造原理加以评价甚至重新规划。

一、庭审补充侦查

补充侦查,是指公安机关或者人民检察院依照法定程序,在原有侦查工作的基础上,就案件的部分事实、情节继续进行侦查的诉讼活动。在我国,补充侦查可以发生在审查批捕阶段、审查起诉阶段和法庭审理阶段,这里只讨论最后一种。

补充侦查是庭审中的一项法定诉讼措施。《刑事诉讼法》第 204 条第 2 项规定:在法庭审判过程中,检察官发现提起公诉的案件需要补充侦查,提出建议的,人民法院可以延期审理。《刑事诉讼法》第 205 条规定:"依照本法第 204 条第 2 项的规定延期审理的案件,人民检察院应当在 1 个月内补充侦查完毕。"《最高人民法院关于适用〈中华人民共和国刑事诉讼法〉的解释》第 274 条规定:"审判期间,公诉人发现案件需要补充侦查,建议延期审理的,合议庭可以同意,但建议延期审理不得超过两次。"这是一审程序中补充侦查的规定。《刑事诉讼法》第 242 条规定:"第二审人民法院审判上诉或者抗诉案件的程序,除本章已有规定的以外,参照第一审程序的规定进行。"可见,在二审审理过程中也存在补充侦查。在性质上,庭审补充侦查是一种补救性措施,即在案件进入审判阶段后,才发现原来的侦查工作没有完成,存在事实不清、证据不足的情况,难以达到证明标准的要求,需要对侦查工作进行补救,于是回到侦查阶段,就案件的部分事实、情节再次进行调查取证的工作,属于一种典型的程序回流机制。

[①] 陈光中.刑事诉讼法[M].7 版.北京:北京大学出版社,高等教育出版社,2021:3.

(一)适合性分析

1. 合目的性分析

合目的性分析旨在评估庭审补充侦查与其诉讼目的的适合关系。庭审补充侦查并不是对案件进行重新侦查,其目的具有特定性,即在原有证据和案卷材料的基础上,对某些存在疑问、争议的事实或情节进行补足和完善。根据《人民检察院刑事诉讼规则》第420条,公诉人发现案件需要补充侦查,建议延期审理的情形主要包括:发现事实不清、证据不足,或者遗漏罪行、遗漏同案犯罪嫌疑人,需要补充侦查或者补充提供证据的;被告人揭发他人犯罪行为或者提供重要线索,需要补充侦查进行查证的;等等。这些基本上属于实体性补救的范畴,即补充侦查的目的在于查清案件事实,避免案件实体处理不公,因而将程序回流,重新展开侦查。从本原来看,它旨在查明案件真相,惩罚犯罪,防止无辜的人受到追诉,符合公共利益和公共安全的追求,因此具有目的上的恰当性。随着侦查活动的重新开启,有针对性地就某些存在疑问、争议的事实或情节实施侦查行为,补充证据材料,能够有效地弥补原来侦查工作中的不足。因此,这一措施是具有"合目的性"的。

2. 目的异化分析

目的异化分析旨在分析庭审补充侦查在实施过程中偏离目的、发生异化的可能性,这往往需要结合司法实践中的现状来评估。司法实践中的突出问题是司法机关假借补充侦查之名,行延长办案时间之实。审判人员在法定期限内不能审结的,往往要求公诉人申请延期审理,借用延期审理补充侦查的期限来弥补审理期限的不足。公诉人出于对自身利益的考虑,不敢"得罪"法官,就"同意"补充侦查,法院通过向检察机关"借时间"来缓解审判压力。[①] 这样的庭审补充侦查并不具有目的上的正当性,应当予以禁止。

(二)必要性分析

1. 损害分析

损害分析旨在识别和认知庭审补充侦查这一诉讼措施在运行过程中可能存在的损害因素。尽管庭审补充侦查对发现案件真实、纠正程序违法具有正向价值,但不可否认,它在许多情形下可能对被告人的权益造成额外损害,这些权益包括:(1)人身自由权。在退回补充侦查的这段时间里,被告人可能继续处于被羁押状态。程序回流的直接后果是致使审理期限延长,被告人被羁押期限延长。当案件

---

① 云山城.完善补充侦查若干问题的思考[J].中国人民公安大学学报(社会科学版),2006(6):75.

进入审判阶段后,又因侦查或起诉机关之前的行为存在问题而重复之前的程序,并让被告人承受延长羁押期限的后果,这是对被告人人身自由权的侵犯。(2)迅速审判的权利和及时回归正常生活的权利。审判时间因程序回流而必然出现延长现象,这使被告人长期处于被刑事追究的状态,其生活、前途和命运一直处于不确定的状态,并陷于困窘和受折磨的心理,名誉、隐私等其他权益也会受到损害。(3)基于疑罪从无的规定而获得无罪判决的权利。检察官提出补充侦查的建议,其目的绝不可能是有利于被告人的,因而具有明确的追诉色彩,其主观上是想通过补充侦查来取得数量更多、更有力的证据,使可能被判处无罪的被告人被判有罪,使可能被判处轻罪的被告人被判重罪,这显然使被告人对疑罪从无的明确预期变得不确定,从而侵犯了其合法地尽快摆脱讼累的权利。(4)公正审判权。在法庭审理时,公诉人员通过辩方的举证和质证,发现己方的证据不充分,难以支撑控诉主张,或者发现辩方收集的证据足以否定控方指控的罪行,转而寻求程序回流机制的帮助,这显然违背了基本的诉讼公平。

但是,补充侦查也可能存在有利于被告人的情况。《最高人民法院关于适用〈中华人民共和国刑事诉讼法〉的解释》第277条第1款规定:审判期间,合议庭发现被告人可能有自首、坦白、立功等法定量刑情节,而人民检察院移送的案卷中没有相关证据材料的,应当通知人民检察院在指定时间内移送。在实践中,之所以缺失这方面的证据材料,往往是因为侦查过程中存在疏漏,因此检察机关会通过补充侦查的方式来进行补证。《最高人民法院关于适用〈中华人民共和国刑事诉讼法〉的解释》第277条第2款规定:审判期间,被告人提出新的立功线索的,人民法院可以建议人民检察院补充侦查。自首、坦白、立功是对被告人有利的量刑情节,这样的补充侦查显然是有利于保障被告人权利的。

2. 替代措施考量

替代措施考量旨在甄别损害最小的替代方式。既然庭审补充侦查有可能给被告人权益造成损害,那么,基于比例构造原理,可以考虑寻找和替换损害更小的替代措施。从完成补充侦查、查明案件事实的角度,交由法院进行庭外调查,似可完成同样的实体性补救。根据现行法律规定,人民法院虽不具有刑事侦查权,但拥有一定的庭外调查权。由法官行使庭外调查权是否一定就优于庭审补充侦查?回答是否定的。且不说行使有限的庭外调查权未必能够达到实体性补救的目的,法官的庭外调查同样会耗费时间,导致审理期限的延长。更重要的是,庭外调查权的行使容易使法官产生强烈的追诉倾向,偏离其中立的角色定位,导致对司法公正和被告人权利更大的伤害。在这个意义上,相对于由法官来广泛行使庭外调查权,由公诉方进行补充侦查是负面效应相对更小的诉讼措施。

还有一种观点认为,应当完全取消庭审补充侦查措施,如果控诉机关认为确有证据需要收集的,可以通过抗诉的方式启动二审程序来完成查证任务,这样可以保障被告人在庭审中的权利不受侵害,从而实现司法公正。[①] 但是,这种替代方式其实并不能缓解被告人权益可能遭受的干预与损害,其羁押期限仍然被延长,迅速审判权、获得无罪判决的权利仍然得不到更好的关照,而且,二审程序的启动既耗费了更多的司法资源,也迫使更多案件中的被告人不得不遭受更长久的讼累。

可见,在前述三种程序方案中,完全取消庭审补充侦查措施和法官扩大庭审调查权都各有问题,由检察机关来主导补充侦查仍是一种相对合理的方案,但我们还需要通过相称性分析来防止这种措施的过度适用。

(三)相称性分析

适合性分析彰显了庭审补充侦查的正向功能,必要性分析却揭示了它的负面效应。这表明庭审补充侦查是利弊并存的,因而需要通过静态相称性分析来评估其存在的合理性和正当性,通过动态相称性分析来拟定可能的改良途径。

1. 静态相称性评估

庭审补充侦查措施的静态相称性分析主要在其所追求的实体性补救目的与其对被告人权益的可能损害之间进行权衡,实然性地判断何者具有更大的权重。只有在前者大于后者的情况下,它的存在才具有合理性,如果后者大于前者,其合理性就会受到质疑,甚至会导致这项诉讼措施在立法上被废除。

部分学者主张限制并逐步废止检察机关在庭审中的补充侦查建议权[②],主要的理由是这种诉讼措施单方赋予了控诉方对审判进程的控制权,造成了控辩双方在影响、推动诉讼进程和诉讼资源配置上的不平等,实际延长了被告人的羁押期限,损害了被告人及时受审的合法权益,这不符合公正审判、司法正义的要求。加上司法实践中还存在借用审判时间、规避不利业绩考评的因素存在,庭审补充侦查没有起到应有的作用。

这种观点看似有一定的合理性,但未全面考察或斟酌正反两方面的诸多因素。就当下中国而言,讨论庭审补充侦查措施的存废除了要进行理论上的法益衡量外,

---

① 朱巧红. 庭审阶段补充侦查之我见[J]. 江西教育学院学报,2009,30(2):35.
② 孙远. 论检察官审判阶段强制取证权的废除——兼论法庭审判阶段的补充侦查[J]. 烟台大学学报(哲学社会科学版),2007(3):23.

还有必要引入现实条件与适用效果的估量。调研发现,在理论界颇受争议的补充侦查制度在实务界却广为存在。退回补充侦查之所以在实践中有如此旺盛的生命力,是因为该项制度基本能够实现惩治犯罪的价值功能和发现案件真实的事实功能。有数据表明,案件退补后能够提起公诉的比例基本在 80% 以上,这说明退回补充侦查制度在惩治犯罪、实现实体公正、保障诉讼质量等方面发挥着重要作用。[1] 如果直接取消庭审补充侦查,就可能带来相当大的不利后果。出现这一状况有着深刻而必然的现实根源:一是刑事案件的日益复杂化,刑事发案率越来越高,而我国侦查机关的侦查手段相对落后,无论是公安机关的侦查活动还是检察院的审查起诉工作,都面临时间紧、任务重的现状。二是我国目前的侦检关系不合理,侦检各自为战,侦查缺乏检察机关的引导,影响了侦查的质量。三是社会公众心目中存在追求实体真实的价值偏好,当案件的事实和情节出现疑问、争议时,进行补充侦查符合公众的预期。退回补充侦查是刑事诉讼中补充完善证据、促进公正执法、强化法律监督的重要手段,是防范冤假错案的一道安全阀。[2] 在这个意义上,保留庭审补充侦查制度是具有现实合理性的。

2. 动态相称性调节

通过静态相称性分析,笔者主张在目前情况下保留庭审补充侦查制度,但这样的分析并未减弱这种程序回流机制给被告人人身自由、迅速审判权、获得无罪判决的权利造成的实际损害,换言之,目前的庭审补充侦查制度存在改良的空间。在此,动态相称性分析可以发挥作用。

动态相称性调节是在静态相称性评估的基础上对庭审补充侦查措施进行改良,以纠偏或补救的方式来强化其有利的一面,消减其有弊的一面,以实现该项措施的相称性设置。其调节的基本方向是防止庭审补充侦查措施的过度使用,并有效控制这一程序回流机制给被告人权益造成的损害。相对于审查批捕、审查起诉阶段的补充侦查,对庭审补充侦查应当设置更加严格的限制性条件,这是因为,随着诉讼程序的向后推进,补充侦查所内含的发现真实的迫切性应当是渐次减弱的,审判阶段更强调的是法官居中裁判,因此对庭审中的补充侦查应当严格限制,可以考虑以下限制方案:

(1)限制启动庭审补充侦查的条件

---

[1] 赵棣中,孙浩梅,薛震,等. 新刑诉法语境下程序倒流探析[J]. 广西政法管理干部学院学报,2014,29(5):56.

[2] 李新,余响铃. 退回补充侦查与冤假错案防范[J]. 人民检察,2014(2):15.

《刑事诉讼法》第 204 条规定的检察官"发现提起公诉的案件需要补充侦查,提出建议的"这样的条件显然过于宽泛,缺乏制约性。笔者认为,应当在《人民检察院刑事诉讼规则》第 420 条规定的基础上将庭审补充侦查的启动条件修订为:出现了可能直接影响最终判决结果的新证据,导致在定罪量刑上发生重大改变的;犯罪构成要件相关证据欠缺,主要犯罪情节未予查清的;遗漏重要犯罪事实或遗漏同案犯罪嫌疑人的;应否追究刑事责任,有无自首、立功等量刑情节事实不清的。如果只是对原认定的犯罪事实、情节不清,无法收集到新证据或其他线索的,不允许进行补充侦查,应当径行作出证据不足、指控的犯罪不能成立的无罪判决。

(2)限制庭审补充侦查的适用期间

庭审期间的延长会不适当地增加被告人的讼累,况且,庭审阶段的证据实际上已历经侦查机关、人民检察院两个机关的把关,因此,对导致庭审期间延长的补充侦查应给予一定的限制。刑事诉讼法及相关司法解释已经将审判过程中的补充侦查限定为不得超过一个月,这已经体现了"限制"的立法意旨,但进一步加以限制的空间仍然存在。依主体不同,补充侦查可以分为检察机关自行补充侦查和退回公安机关补充侦查两种。只有取证难度较大的证据才退回公安机关补充侦查,对容易调取的证据应由检察机关自行补充侦查。退回公安机关补充侦查的,应当在一个月内侦查完毕;检察机关自行补充侦查的,则应当在半个月内侦查完毕。对非关键性证据材料的补充查证不得作为正式的补充侦查行为,审理期间连续计算,补证所花的时间不予扣除。同时,可以限定延期审理建议次数,以一次为限。

(3)规范诉讼文书,保障补充侦查的有效性

对补充侦查采取书面形式还是口头形式,《最高人民法院关于适用〈中华人民共和国刑事诉讼法〉的解释》并未作明确要求,《人民检察院刑事诉讼规则》的规定是"可以书面要求侦查机关补充提供证据",《公安机关办理刑事案件程序规定》则明确规定"公安机关接到人民检察院退回补充侦查的法律文书后,应当按照补充侦查提纲在一个月内补充侦查完毕"。公安机关明确要求有法律文书和补充侦查提纲,法院和检察院对此要求却不十分严格,这种程序上的不衔接会导致实务中的扯皮与延宕。因此三方都应当规定,凡补充侦查,必须采取正式的发函形式,并附有明确的补充侦查提纲,对补充侦查的内容、重点予以明示,增强提纲的可操作性,并保证补充侦查的最终效果。

二、发回重审

发回重审是指在上诉审中,上级人民法院认为下级人民法院的判决、裁定认定的事实错误或事实不清、证据不足或违反法定程序而将案件发回原审人民法院,由其另行组成合议庭进行审理的一种制度。我国的发回重审制度主要有三种——二审发回重审、死刑复核发回重审和再审发回重审,三者根据其所处的不同诉讼阶段而呈现不同的特点。限于篇幅,在此笔者仅讨论二审发回重审问题。

二审发回重审有以下两种:

一是原判决事实不清或者证据不足的,第二审人民法院可以在查清事实后改判,也可以裁定撤销原判,发回原审人民法院重新审判。为了消除司法实践中反复发回重审的情况,2012年修订《刑事诉讼法》时在该法第225条增加了一款:原审人民法院对于因事实不清、证据不足发回重新审判的案件作出判决后,被告人提出上诉或者人民检察院提出抗诉的,第二审人民法院应当依法作出判决或者裁定,不得再发回原审人民法院重新审判。同时,为了防止法院损害被告人上诉不加刑的权利,其第226条增加规定,第二审人民法院发回原审人民法院重新审判的案件,除有新的犯罪事实,人民检察院补充起诉的以外,原审人民法院不得加重被告人的刑罚。

二是第一审审理存在程序违法情形。《刑事诉讼法》第238条规定,第二审人民法院发现第一审人民法院的审理有下列违反法律规定的诉讼程序的情形之一的,应当裁定撤销原判,发回原审人民法院重新审判:(1)违反本法有关公开审判的规定的;(2)违反回避制度的;(3)剥夺或者限制了当事人的法定诉讼权利,可能影响公正审判的;(4)审判组织的组成不合法的;(5)其他违反法律规定的诉讼程序,可能影响公正审判的。

发回重审是一种程序回流措施,在刑事诉讼已经进入二审审判阶段时,发回重审意味着上级法院对原审的审理过程和原判决的否定,其所导致的法律后果是使已经终结的第一审诉讼活动归于无效,而原审法院必须依照法律规定重新审理被发回重审的案件,并再次作出裁判,即重新走一遍已经走过的完整的刑事审判程序。

(一)适合性分析

1.合目的性分析

二审发回重审既有实体性补救的目的,也有程序性补救的目的。因原判决事实不清或者证据不足而发回重审属于实体补救型,因第一审审理存在程序违法情形而发回重审属于程序补救型。程序补救的直接目的是纠正程序本身的错误,往往并不考虑实体性错误(尽管事实上可能同时存在实体性错误),其更深层次的目的是维护司法体制的权威性和程序自身的公正性。某些情形下的二审发回重审还具有保护被告人审级利益的功能。如原审存在漏判情形,此类案件的第一审未经实质审理,如果二审法院自行改判,该案件实质上就等于少了一个审级。① 上诉法院为了维护审级制度,不能采用自行改判的方式,而只能采用发回重审的方式。

2. 目的异化分析

在司法实践中也存在偏离法定目的而导致异化的发回重审,如利用发回重审来借期限、规避不利考评和责任追究等。在 2012 年《刑事诉讼法》修改前,还存在因一审量刑畸轻而将案件发回重审,规避上诉不加刑规定的发回重审,这严重侵害了被告人的程序利益。2012 年《刑事诉讼法》增加规定,二审法院发回重审的案件,除有新的犯罪事实,人民检察院补充起诉的以外,原审人民法院不得加重被告人的刑罚。这正是对这种目的异化发回重审的回应。该规定实施后,因量刑畸轻而发回重审的现象得到了有效遏制。

(二)必要性分析

1. 损害分析

按照我国现行《刑事诉讼法》的规定,对于第二审法院撤销第一审法院的判决,发回原审法院重新审判的,原审法院从收到发回的案件之日起,重新计算审判期限。二审发回重审的案件,依照第一审程序进行审判,一审审限一般为三个月,如案情重大、复杂,则可延长三个月。如果属于实体补救型发回重审,则往往需要开展补充侦查。补充侦查按规定以两次为限,第一次补充侦查一个月,其后审限重新计算六个月;第二次补充侦查一个月,其后审限再重新计算六个月。这样算下来,重审一审审限一般最长可达到二十个月。如有特殊情况还需要延长的,需要报请最高人民法院批准。这样的期限延长不仅耗费大量的司法资源,而且必然延长了被告人的羁押期限,其人身自由也将因此受到严重损害,被告人迅速审判的权利和及时回归正常生活的权利也将受到侵害。与此同时,被告人基于疑罪从无的规定而获得无罪判决的权利也被剥夺。

---

① 林钰雄.刑事诉讼法(上册 总论编)[M].北京:中国人民大学出版社,2005:251.

2. 替代措施考量

当上诉法院认为一审裁判有问题时，发回重审并不是其处理案件的唯一方法，它也可以采用查清事实后自行改判的方法。这种做法体现了无罪推定原则的意旨：既然没有充足的证据来证明被告人有罪，就应当对他宣告无罪，而不能通过发回重审反复地调查取证。自行改判具有提高诉讼效率，避免重复追诉等优点。许多国家和地区明确规定，上诉法院能够自行改判的，原则上必须自行改判而不能发回重审。但是，这只是针对事实问题而言的，对于程序问题，仍然必须采用发回重审的方式。之所以如此，是因为这种方式有助于维护审级利益。[①]

交由二审法院直接改判虽然可以更快地终结案件，但也存在很多不利因素。首先，二审法院在查明案件事实，调取相关证据方面并不占有优势；相反，第一审大多在犯罪地进行，原审法院更加了解案情，可以在原调查基础上进一步调取证据和查明事实，从而缩短办案时间，节省司法资源，以此来提高诉讼效率。其次，二审法院直接改判且作出有罪判决，往往会剥夺被告人的上诉权利，致使当事人丧失上诉救济的机会，从而增加了判决发生错误的可能性。因此，二审直接改判虽然可以避免发回重审对被告人权益的负面影响，但其本身可能存在更多弊端。在这个意义上，保留二审发回重审是必要的。

发回重审制度在刑事诉讼程序中有特殊地位和重要意义，它有利于查清案件事实，维护诉讼主体的合法权益。就目前而言，尚不存在更为有效的替代措施。

（三）相称性分析

1. 静态相称性评估

相称性分析的目的在于评估二审发回重审对被告人权益的损害是否超过它所追求的公共利益。实体补救型发回重审方便了提起公诉的人民检察院和公安机关补充证据，查清案件事实，尽可能地发现案件的实体真实，体现了刑事司法准确性的基本要求。程序补救型发回重审则通过纠正程序本身的错误，维护了法定程序的权威性和独立价值。无论是实体补救型发回重审，还是程序补救型发回重审，都有助于实现二审法院对一审法院的审判监督职能，促进下级法院提高自身的司法能力，更准确地惩罚犯罪分子或者更彻底地还被告人清白，这一点在中国这样的文化氛围中容易得到较多认同。另外，将案件发回重审给予了被告人再次上诉寻求救济的机会，在一定程度上确实起到了保护被告人权利的作用。这些目的本身并无不

[①] 杨杰辉.基于程序违法的发回重审研究[J].中国刑事法杂志,2013(7):75.

当,发回重审机制是有其合理性的,但是,正如前述损害因素分析时所指出的,发回重审有可能对被告人权益产生很大的负面影响,如果这一机制被滥用,就会造成不必要的"程序空转",对被告人的权益造成不必要的损害,进而降低司法公信力。

2. 动态相称性调节

从现实的司法实践来看,确实出现过不少过度使用发回重审机制的案件,因此,我们有必要严格发回重审的条件和程序,既能让这一机制发挥其应有的作用,又能避免因为滥用而造成不必要的损害。

(1)对涉及实体补救型发回重审的案件,应当尽可能清晰地明确二审法院直接改判与发回重审的界限。

根据《刑事诉讼法》的规定,原判决事实不清或者证据不足的,二审法院可以在查清事实后改判,也可以裁定撤销原判,发回原审人民法院重新审判。可见,对涉及实体补救型发回重审的案件,二审法院既可以选择直接改判,也可以选择发回重审。但现行法律对何时直接改判、何时发回重审的界限并未有明确规定,完全由法官自由裁量。如果任意为之,不仅可能出现同案不同判的情况,而且容易产生二审发回重审被滥用的情形。因此,应当结合司法实践经验,确立相应的规则,为法官提供更明确的约束。一般来说,一审判决出现事实不清、证据不足的情况,往往是因为二审期间控辩双方提供了新的证据,在此应进一步明确直接改判和发回重审的情形:如果新证据有利于被告人,且检察人员、被告人及辩护人没有异议并经查证属实的,则原则上应当采取直接改判的方式。如果检察人员在二审期间提供新证据,涉及无罪改有罪、轻罪改重罪,则应当发回重审,这是因为如果二审法院可以直接采纳检察机关提交的上述新证据,并据此认定被告人有罪而作出有罪判决,就意味着被告人丧失了就新证据所作出的有罪判决进行上诉救济的机会,也变相剥夺了被告人的辩护权和上诉权,这不利于保护被告人的合法权益。[①] 如果二审法院发现原判决遗漏了罪行或者遗漏了应当追究刑事责任的人的情况,就不得采取直接改判的方式,而应当将案件发回重审。

(2)对涉及程序补救型发回重审的案件,应当借鉴无害错误规则,以区别对待的方式体现相称性程序正义。

如前所述,无害错误规则起因于对机械程序正义观的反思。早期英国普通法上的"国库规则"认定刑事诉讼的所有程序错误都是有害的,只要程序在形式上违

[①] 参见《刑事审判参考》第 833 号"邱垂江强奸案"。

法,就会导致原审判决被撤销并被发回重审,而不论程序违法在实质上对判决产生了多大的不利影响。这种不分违法轻重而一概不予容忍的做法,看似奉行严格法治,却导致司法实践中出现大量发回重审的案件。仅仅因为无害的个别技术性瑕疵,整个案件就被撤销并发回重审,这不仅降低了诉讼效率,而且常常造成放纵犯罪的结果。1897年,美国最高法院在布拉姆诉美国案中创立了无害错误规则,主张根据程序违法的不同程度来采取不同的处置方式。如果违法程序没有对原审判决产生不利影响,那么该违法就属于无害错误,上诉法院就不需要撤销原判、发回重审。[1] 无害错误规则授权法官对程序违法行为从实质而非形式的角度进行判断,能够更为灵活地考量案件的具体情况并作出更为妥当的判断,使程序正义的实现具有相称性。

《刑事诉讼法》第238条第5项规定,如果第二审人民法院发现第一审人民法院的审理存在"违反法律规定的诉讼程序,可能影响公正审判"的情况,就应当裁定撤销原判,发回原审人民法院重新审判。"违反法律规定的诉讼程序,可能影响公正审判"的规定体现了兼采形式与实质的判断,与无害错误规则在法理上有异曲同工之妙。但由于这一规定仍显宽泛,不能为法官提供明确指引,因此导致了司法实践中的随意性。实证研究发现,实务中二审法院对《刑事诉讼法》第238条第5项的适用存在滥用、错用和混用的情形,有时失之过窄,有时失之过宽。在某些案件中,一审中送达程序不规范、文书撰写不规范或者不属于一审庭审范围内的程序违法如提前执行刑罚、未封存犯罪记录等也被作为发回重审的事由[2],这是不合适的。在卢某抢劫案中,二审人民法院裁定:一审人民法院评议案件时,违反了《刑事诉讼法》第179条"合议庭评议案件应当按多数人意见作出决定"的规定,属于违反法律规定的诉讼程序的情形,因此发回重审。[3] 合议庭评议程序违法尽管属于程序违法,但是这一违法行为与审判结果在实质上的关联度并不大,不能将其归于应当发回重审的情形。为此应当明确,导致二审发回重审的程序违法应限定于第一审的法庭庭审活动,并且应当结合案件具体情况判断程序违法行为影响公正审判的实际效果,如果对公正审判存在实质性影响,二审法院就应当裁定撤销原判,发回重

---

[1] 约书亚·德雷斯勒,艾伦·C. 迈克尔斯. 美国刑事诉讼法精解(第二卷·刑事审判)[M]. 魏晓娜,译. 北京:北京大学出版社,2009:363.

[2] 程光. 程序违法发回重审兜底条款之合理适用——以全国人民法院2 761份刑事裁定书为样本[J]. 新疆大学学报(哲学·人文社会科学版),2021,49(2):37.

[3] 参见湘潭市中级人民法院(2014)潭中刑终字第204号刑事裁定书。

审,如果属于无害错误,则采取一定的修正措施,根据案件具体情况采用维持原判或直接改判的处理办法。

(3)对被告人因受发回重审影响的诸多权利或程序利益进行弥补性保障。

第二审人民法院对决定发回重审的案件,被告人在押的,应对羁押的合法性和必要性进行再次审查,并根据羁押的条件和期限区别情况作出相应处理,避免被告人仅仅因为诉讼阶段的回流而受到更长时间的羁押,造成过度损害。这是对发回重审制度的必要弥补性措施。

同时,应充分保障被告人依法享有的上诉不加刑的程序利益。为避免对被告人的权利造成过度侵害,应当在立法中明确规定,对只有被告人一方上诉而发回重审的案件,即使一审法院在第一次审理时确实对被告人有所轻判,只要重审后认定原审的基本事实和主要证据都没有实质性变化,法院就不能加重对被告人的刑罚。只有经过重审,基本事实和主要证据都发生了实质性变化或者出现了原起诉事实范围内的新事实,法院才可以根据新认定的事实和证据改判加重对被告人的刑罚。

三、撤回起诉

撤回起诉是指人民检察院在提起公诉后、法庭审理过程中,因出现一定法定事由,决定向人民法院撤回全部或者部分起诉请求的诉讼活动。1979年《刑事诉讼法》第108条规定:人民法院对提起公诉的案件进行审查后,对不需要判刑的,可以要求人民检察院撤回起诉。1996年《刑事诉讼法》取消了撤回起诉制度,但最高人民法院和最高人民检察院(以下简称"两高")在司法解释中又对此制度作出了规定。2012年《刑事诉讼法》仍然没有规定撤回起诉制度,但"两高"在司法解释中再次对这一制度进行了确认。2018年《刑事诉讼法》及相应的司法解释对此未作出实质性修改。根据"两高"司法解释,撤回起诉的流程是先由检察机关根据《人民检察院刑事诉讼规则》规定的实体或程序条件提出申请,人民法院再根据《最高人民法院关于适用〈中华人民共和国刑事诉讼法〉的解释》进行审查,进而作出是否准许检察院撤回起诉的裁定。"两高"在此显然达成了一种默契。

基于1996年《刑事诉讼法》取消撤回起诉制度的历史解释,立法本意对这项制度持明显的否定态度。但立法在"前门"赶出去的一项制度,司法机关在"后门"又把它抬了回来。撤回起诉制度在司法实践中得到了普遍应用。有学者对2015年至2019年全国刑事二审程序中撤回起诉的案件数进行了研究,发现五年间撤诉案件数与二审案件结案数之比分别是 17.2%、19.4%、20.1%、20.5% 和 20.3%,① 数量上有所递增,增幅基本保持在 20% 左右。与此可成对照的是,我国刑事案件的无罪判决率极低,根据历年最高人民法院工作报告中的数据测算,2018 年、2019 年、2020 年、2021 年和 2022 年,我国无罪判决率分别是 8.88‰、6.84‰、10.70‰、9.32‰ 和 8.08‰。实际上,撤回起诉已成为检察机关规避无罪判决的"后门",这是理论界和实务界都心知肚明的。看起来撤回起诉与无罪判决具有相同的效果,即被告人既未被判处刑罚,也未被认定有罪,但两者的实际效力存在差异,有可能剥夺了被告人获得公正裁判的权利,以及回归正常生活、脱离犯罪标签的权利。撤回起诉后,检察机关仍然可以进行补充侦查或退回公安机关继续侦查,并再行起诉,甚至可能出现反复循环的"怪圈"。因此,撤回起诉本质上仍然是一种程序回流机制。

在理论界和实务界,撤回起诉制度遭遇了不小的质疑。有学者认为,应当禁止检察机关撤回公诉,以体现审判权对公诉权的制约。② 全盘否定者认为,由于《刑事诉讼法》未有明确规定,因此这一制度陷入了根本性的法源困境。"两高"通过司法解释设立这一制度充其量只能算是法院系统和检察院系统的内部规定,但由于它涉及被告人的诉讼权利,因此这是对立法权的僭越,是非法的。从形式判断的角度看,这种观点有一定的道理。但一项诉讼制度是否具有存在的合理性,尚需进行利益衡量式的实质性判断。在此,基于比例构造原理的分析能够提供有益的思路。

(一)适合性分析

1. 合目的性分析

从《人民检察院刑事诉讼规则》第 424 条所列举的几种可以撤回起诉的情形来看,撤回起诉的目的主要有两个:一是纠正不必要或者不当的起诉,二是终结起诉程序。依司法解释的规定,对撤回起诉的案件,人民检察院应当在撤回起诉后三十日内作出不起诉决定,从而终结起诉程序。撤回起诉具有一定的纠错补漏功能,即公安司法机关为了纠正前一个诉讼阶段错误的处理决定,而将案件倒回并作出相应处理,对实现实体正义及促进诉讼效率具有正面价值。

2. 目的异化分析

在司法实践中,撤回起诉的使用也有可能偏离法定目的或者出现目的异化的情形,即撤回起诉有时被用来代替无罪判决,以规避不利考评和责任追究。一审法

---

① 马若飞.论我国撤回起诉制度的异化与矫正[J].河南财经政法大学学报,2022,37(5):144.
② 陈学权.避免"以撤回公诉代替无罪判决"的理性分析[J].人民检察,2009(23):51.

院不愿出现因无罪判决引发检察机关抗诉、上级法院改判的风险,因而在拟作出无罪判决前建议检察机关撤回起诉。检察机关为了追求"有罪判决率",也乐意与法院"沟通",要求法院有可能作出无罪判决前提出建议。于是,法检两家为了保持良好关系,即使证据状况发生重大变化、证据体系存在缺失和重大瑕疵,法院也不直接作出无罪判决,而是通知检察院撤回起诉,以免除错案责任和国家赔偿责任。

(二)必要性分析

1. 损害分析

检察机关撤回起诉,被告人将不能获得无罪判决,并可能因此丧失一定的程序利益。如果因为撤回起诉导致期限的延长,就会使羁押期限延长,被告人的人身自由权受到不当损害。检察机关撤回起诉,也意味着终局裁判结果可能长期处于不确定状态,因此受到损害的还有被告人的迅速受审权和及时回归正常生活的权利。如果出现反复撤诉、起诉的情况,导致程序延宕,就会进一步加剧对被告人权益的损害,同时浪费有限的诉讼资源,消耗司法公信力。

2. 替代措施考量

纠正不当起诉并终结起诉程序的另一种方式是由法院径行作出无罪判决。有学者认为,在审判阶段,最合理的做法是法院作出宣告被告人无罪的判决,而不是采取将案件倒流的撤回起诉方式。[1] 这种观点具有一定的合理性。确实,由法院直接作出无罪判决比由检察机关撤回起诉对被告人产生的负面效应更小。但这并不意味着由法院径行作出无罪判决在所有情况下都优于由检察机关撤回起诉。首先,公诉权是一种具有主动性和裁量性的权能,在案件事实、证据发生变化或者起诉发生错误的情况下,对自身行为进行调整,撤回起诉,体现了自我监督、自行修补、自行纠错的功能。其次,从法院受理刑事起诉到作出无罪判决之间需要一个过程,需要耗费相应的司法资源,而撤回起诉具有及时性,有时反而更能够使被告人尽快摆脱不利境地,减少审判过程给被告人造成的损害,并维护其合法权益。在笔者看来,对纠正不当起诉而言,在检察机关撤回起诉与法院径行作出无罪判决之间难以明确判断何种方式的损害更小,时间点的确立是一个关键问题。

(三)相称性分析

1. 静态相称性评估

基于适合性和必要性的分析可见,撤回起诉制度本身是利弊并存的。在司法

---

[1] 汪海燕.论刑事程序倒流[J].法学研究,2008,30(5):129.

实践中,由于刑事案件本身的复杂性、证据的稀缺性以及办案人员认识的局限性等因素,不可避免地会发生在检察机关对案件提起公诉后才发现各种不应起诉、不必起诉或起诉不当的情形。如果对此类案件坚持追诉而不允许检察机关撤回起诉,在一定程度上就损害了被告人的利益,甚至会伤及无辜。① 保留撤回起诉制度也有利于公诉权保持应有的主动性。公诉权与具有被动性的审判权相比,具有较强的主动性。具体而言,检察机关有权主动提起公诉,追究被告人的刑事责任,而发现存在应当追加、变更或撤回起诉的法定事由时,也应当主动追加、变更和撤回起诉。"提起"与"撤回"是公诉权的两个应然侧面。在案件事实证据发生变化或者发现起诉不当的情况下主动撤回起诉,体现了一种自我监督和自行纠错的功能,有助于维护检察机关的社会公信力。

2. 动态相称性调节

撤回起诉制度虽然有其合理性,但它也会给被告人权益造成不必要的损害。司法实践中确实出现过不少过度使用这一机制的案件,给被告人的权益造成了不必要的损害,也降低了法律的威信。因此,有必要通过动态相称性分析方法对现有的撤回起诉制度进行改造。

(1) 应合理确定撤回起诉的时间点

《人民检察院刑事诉讼规则》第424条确立的时间点是"法院宣告判决前可撤回起诉"。但这个时限显然过于延后,法院开庭后已投入了大量审判资源,如果在宣判前仍可以撤回起诉,就会造成诉讼周期过长,被告人已经基本经历了审判阶段的主要环节,甚至已经产生了获得无罪判决的预期,这时候再由检察机关撤回起诉是不公平的。2024年最高人民法院、最高人民检察院、公安部、国家安全部、司法部《办理刑事案件庭前会议规程》第23条规定:人民法院在庭前会议中听取控辩双方对案件事实、证据的意见后,对于明显事实不清、证据不足的案件,可以建议人民检察院补充材料或者撤回起诉。建议撤回起诉的案件,人民检察院不同意的,开庭审理后,没有新的事实和理由,一般不准许撤回起诉。这里似有将撤回起诉的时间提前到正式开庭审理前的意思。但这一条款只涉及出现"事实不清、证据不足"的情况,"一般不准许"的表述也带有很大的裁量性和不确定性,其在实践中的执行刚性有待观察。也有学者主张检察机关撤回起诉应当限定在法院开庭审理前,但此时

---

① 魏虹. 赋权与规制:我国检察机关撤回起诉制度之构建[J]. 法律科学(西北政法大学学报),2011,29(6):163.

法院尚未进入实质审理阶段,控辩双方的争点和证据材料尚未充分展示,检察机关作出决定存在较大的不确定性。因此,笔者认为,可以将撤回起诉的时间点确定在法庭辩论终结前,一旦庭审进入被告人最后陈述环节,检察机关就不得撤回起诉,由法庭综合全案事实与法律作出判决。还应规定,撤回起诉应仅限于一审程序,二审程序和再审程序中不能撤回起诉。对二审发回重审、审判监督程序发回重审、死刑复核程序发回重审的案件,检察机关也不得撤回起诉,应由法院直接作出判决。

(2)应当尽可能赋予撤回起诉与无罪判决大致相当的法律效力

《人民检察院刑事诉讼规则》规定检察机关应当在撤回起诉后30日内作出不起诉决定,其基本的意图是赋予撤回起诉与无罪判决大致相当的法律效力。但30日的期限规定得显然过长,对被告人的权利保障不力,应当规定在7日之内作出不起诉决定。同时,应当禁止将案件退回侦查机关作撤案处理。此外,还应当规定立即释放被告人或变更强制措施;对被告人的财物扣押、查封、冻结的,应当解除扣押、查封、冻结。

(3)应加强法院对撤回起诉的审查

《最高人民法院关于适用〈中华人民共和国刑事诉讼法〉的解释》规定,检察机关要求撤回起诉的,法院应当审查撤回起诉的理由,并作出是否准许的裁定。但这种司法审查在实践中并未发挥应有作用,法院对检察机关的撤回起诉几乎是"有求必应",鲜有不批准的情况。这种状况应当改变,人民法院应当严格按照撤回起诉的条件进行审查,对超范围使用撤诉或者策略性撤回起诉予以禁止,尤其是对检察机关通过撤诉程序暗度陈仓,以达到其他目的的撤诉应当不予准许。[1]

(4)严格限制撤回起诉的重新起诉

《人民检察院刑事诉讼规则》明确规定了对撤回起诉的案件,没有新的事实或者新的证据,人民检察院不得再行起诉。因此,应当加强法院对"新事实或者新证据"的审查,以保证撤回起诉措施的正确行使。现行司法解释对检察机关撤回起诉没有次数的限制,检察机关可以"新事实、新证据"为由不止一次重新对被追诉人进行追诉。为禁止双重危险,避免被告人权利长期处于不确定状态,应当明确规定:撤回起诉对同一案件、同一被告人只能适用一次;检察机关再次起诉的案件,即便存在起诉错误,检察机关也不得再撤回起诉,而应由法院作出最终裁决。

---

[1] 张英哲,白俊华.比例原则下撤回公诉的审查规则构建[J].中国人民公安大学学报(社会科学版),2024,40(3):89.

（5）健全当事人参与程序和救济机制

目前的撤回起诉程序，基本上是由检察机关和法院主导，当事人缺少参与渠道和救济途径，导致当事人的权利保障严重不足，被告人缺乏相关的申诉权和救济权。因此，应健全当事人参与程序和救济机制。一是检察机关撤回起诉应当保障诉讼参与人的知情权。检察机关在作出撤回起诉决定后3日内应书面告知被告人及其辩护人、被害人及其诉讼代理人作出这一决定的事实和理由，便于其提出自己的意见。二是准许诉讼当事人参与撤回起诉程序，其意见应当被充分听取，其表达异议的权利应当得到尊重。三是保障诉讼当事人的救济权利。检察院提出撤回起诉，法院准许的，应向被告人和被害人说明理由，被告人和被害人认为理由不能成立的，有权向人民法院提出异议；被害人不服的，可以向检察机关申请复核或者向上级检察机关复议。[①]

我国的刑事诉讼活动中存在种类繁多的程序回流措施，有属于法律明示许可的，也有属于司法潜规则的。[②] 后者实际上违反了法定程序，应当予以禁止。对前者中具有合法性和正当性的程序回流措施，我们可以借助比例构造原理谨慎地进行利弊分析，并进行合理设置，尤其要避免办案人员为了办案便利，实施非必要、缺乏实质性作用的程序回流，增加当事人的诉累，并对被追诉人的诉讼权利和生活利益造成过度负担。

---

① 天津市人民检察院、天津市河北区人民检察院联合课题组.规范与实践的调适：论撤回起诉的程序完善[J].中国检察官,2014(13)：47.
② 汪海燕.论刑事程序倒流[J].法学研究,2008,30(5)：129.

结语

为程序正义探寻"比例尺"

德国学者耶林(Jhering)曾指出:"刑罚如两刃之剑,用之不得其当,则国家与个人两受其害。"①陈兴良教授也指出:"刑法是一种不得已的恶,用之得当,个人与社会两受大益;用之不当,个人与社会两受大害。因此,对于刑法之可能的扩张和滥用,必须保持足够的警惕。不得已的恶只能不得已而用,此乃用刑之道也。"②如果刑罚权是一种"必要的恶",那么,这些源自刑罚权并服务于刑罚权的刑事诉讼权就自然而然地有了天生的"恶性"。在刑罚体系的设置与刑罚的适用方面,刑事实体法上已有比例原则的体现,努力做到"轻罪轻判、重罪重判",以求罚当其罪之效。而在刑事追诉程序的设置和运作方面,是否也要考虑"轻其轻者、重其重者",以求得宽严之间的均衡适度?

为了实现查明、追诉、裁判犯罪的诉讼目的,刑事程序的设置需要授予侦查机关、公诉机关和审判机关各种各样的程序性权力,以有利于推动刑事诉讼的进程,实现国家的刑罚权。这些程序性权力虽然没有最终定罪或量刑的效力,但它们其实已经对作为国家公民的被追诉人的基本权利、诉讼权利和合理利益进行了干预、处分、侵害。而且,在刑事诉讼活动中,执掌国家公权力的专门机关处于优势和主动地位,而私人利益的拥有者处于弱势和被动地位。为了控制来自公民个体的违法犯罪,国家必须有权展开对事实的调查,并实现对犯罪人的最终惩罚。因此,国家在必要时应有权对公民个人的权利进行限制或剥夺。问题是:在刑事诉讼活动

---

① 林山田.刑法通论[M].增订10版.北京:北京大学出版社,2012:24.
② 陈兴良.刑法的价值构造[M].北京:中国人民大学出版社,1998:10.

中,为了查明事实真相,能否"不择手段、不问是非、不计代价"? 我国台湾地区学者林钰雄认为,禁止"三不"是现代刑事诉讼制度区别于之前法律制度的基本标志,他说:"若谓'启蒙'的刑事诉讼法与过去有何区别,或许是'三不'的界限:刑事诉讼法禁止不择手段、不问是非及不计代价的真实发现!"①查明事实真相是准确认定案件事实,有效打击犯罪的必要条件,代表了国家利益和社会公共利益的要求,目的的正当性并无疑义。然而,目的的正当性是否意味着手段上可以毫无节制?

侦查权、检察权和审判权既为追诉和惩罚犯罪所必需,其行使又直接关系到对公民的各项权利和合理利益的限制或者剥夺,涉及公民财产、自由乃至生命的予夺。"侦查权、检察权和审判权的正当行使,足以惩恶扬善,使秩序得以维护;其不正当行使,则害莫大焉。"②一个顺理成章的推论是,对刑事诉讼权的行使应当抑制扩张和滥用的冲动,避免给个人自由和权利造成不应有的侵害。然而抑制国家权力并不是试图取消国家权力。在笔者看来,刑事诉讼权的无限扩张和绝对限制都是不足取的,关键是在国家权力与其所针对的公民权利之间形成必要的"比例"关系,权力的行使恰到好处,而权利的受损也恰如其分。为了在刑事诉讼活动中处理好国家权力与公民权利之间的关系,防止国家机关滥用刑事司法权,有必要强调公民权利干预的必要性,以及国家权力行使的克制性,使两者之间形成一种合理的比例和均衡关系。合理配置权利与权力之间的关系正是比例原则的主旨之一,它要求国家机关在行使刑事诉讼权时尽可能采取对公民权利损害最小的手段,而且这些手段对公民权利造成的损害都不得大于它所能保护的社会利益。尽管比例性不是程序正义的全部,但违背比例原则的刑事程序很难说是正义的。正是在这个意义上,我们应当重视比例原则对刑事程序设置与运行的普遍指导意义,将其提升为刑事诉讼法的一项基本原则。

作为法学研究中的理论工具,比例原则已经得到了广泛的应用③,但运用的方式各不相同,有人恪守比例原则传统的三个子原则来进行分析,有人将其作为一般性比例哲学的同义语,还有人将其作为体现自然法价值追求的抽象原则,甚至有人将其作为与适当性或正当性大致等价的随意标签。总体来看,这些研究较多地是立足于执法或司法的法律实施场域,对比例原则在改良和完善刑事诉讼立法方面

---

① 林钰雄. 刑事诉讼法(上册 总论编)[M]. 北京:中国人民大学出版社,2005:序.
② 张建伟. 从权力行使型到权力抑制型——刑事程序构造的重新设定[J]. 政法论坛,2004(3):37.
③ 除了传统的公法领域外,比例原则在适用范围上正在向经济法、民法、商法等多领域扩张。刘权,应亮亮. 比例原则适用的跨学科审视与反思[J]. 财经法学,2017(5):41.

的作用未有深刻揭示,没有细致地探究比例原则适用于立法和司法时在方法论上的不同特点。本书提出"比例构造"概念,旨在提升比例原则于刑事诉讼立法场域的适用性,在坚守比例原则基本内涵的基础上将其与程序正义、诉讼目的、刑事政策等体现刑事诉讼特点的理论范畴有机结合起来,形成一套可以全程应用于刑事诉讼各阶段,对完善刑事诉讼制度和程序产生广泛解释功能的构造学理论。

本书在总论的第一、二、三章探讨了刑事诉讼比例构造的五大理论基础,即规范论基础、正义论基础、权利论基础、政策论基础和方法论基础。从技术的角度看,方法论基础无疑十分关键。概而言之,本书所涉及的刑事诉讼比例构造方法论大致包括五个要点:(1)辨析比例构造的基本元素,即刑事诉讼比例原则的规范对象——由侦查机关、公诉机关和审判机关实施的,对被追诉人权益产生干预性或侵害性影响的各种刑事诉讼措施。刑事诉讼措施是构成刑事诉讼制度和程序的基本"细胞",明确比例构造的这一基本元素有助于避免比例分析的笼统化和抽象化。(2)运用比例原则基本方法,即立足于比例原则三个子原则并结合刑事诉讼的特点展开分析:特定的刑事诉讼措施是否有助于实现设置该措施的本原目的(适合性原则)?刑事诉讼措施的适用是否对追诉人权益的侵害和干预程度最小(必要性原则)?刑事诉讼措施对公民权益造成的损害对其欲实现的公共利益来说是否相称(相称性原则)?(3)构建"三层次结构模型"。该模型包含两重基本的比例关系:一是刑事诉讼措施与其所应对的案件情形之间的比例关系,二是刑事程序针对不同强度的诉讼措施加以控制的比例关系。案件情形、诉讼措施和过程控制构成了该模型的三个层次。比例梯度(案件情形轻重、诉讼措施强弱、过程控制宽严)的立法表述是一个方法论瓶颈,但可以通过与特定场景要素相结合的类型化技术得到解决。(4)评估"场景风险"以求精准控制。这是指在相应场景中具体评估特定刑事诉讼措施对公民权益可能造成的风险,并根据风险等级采取相应程度的约束机制。由于法律概念所固有的离散性质,因此不可能在所有场合清晰界分刑事诉讼措施之间的比例梯度,基于场景风险的分析也可以达到比例控制的效果。在此,"场景风险控制"分析法也可以成为比例构造的一个辅助性方法论。(5)静态评估与动态调节。比例构造的方法既可用于对现有制度的诊断与纠偏,也可用作对未来制度的规划与改良。前者侧重于静态分析,制度的改良则需要采用动态的比例性调节,即基于案件情形和对被追诉人特点的评估,调整诉讼措施的强弱以及过程控制的具体方式、宽严程度,对"不合比例"效应进行纠偏。所谓"不合比例",是指特定诉讼措施不符合适合性、必要性、相称性的要求,以及相应的过程控制方式偏于宽松或偏于严苛。纠偏的过程就是要弥补该诉讼措施在适合性、必要性、相称性方面的缺失，并根据其特点设置适当的过程控制方式。

上述方法和模型的构建既来自公法比例原则的推衍，也是对刑事诉讼实践经验的归纳总结，它体现了刑事诉讼立法不断多元化、结构化发展的一种规律。规律是事物之间的内在必然联系，这种联系在一定条件下经常起作用，具有普遍性和可重复性。作为一种规律性认识，比例构造原理可谓刑事诉讼法学"工具箱"中一种具有贯通性且精度较高的理论工具，在推动刑事程序的合理化、精细化方面具有广阔的应用空间。

在分论的第四、五、六、七章，本书运用比例构造原理对强制措施、侦查措施、起诉程序和审判程序进行了具体分析，但由于篇幅所限，相关的研究并没有覆盖比例构造原理可以应用的全部领域。就此而论，本书的研究是初步的和粗浅的，大量问题留待比例构造原理未来的应用研究。以下概述一些期待来者研究的问题。

第四章运用比例构造原理对我国刑事强制措施体系进行比例性诊断，进而提出刑事强制措施"双序列比例结构"的构建方案，并讨论了羁押性强制措施与非羁押措施的比例性设置。该章虽然试图进行较为全面的体系性分析，但是，基于人权保障水平进一步提升的发展需求，未来的立法有可能建立更具涵盖力的强制处分体系，将刑事强制措施从对人的强制处分扩展至对物的强制处分、对隐私权的强制处分。果真如此，该章的分析就不甚全面了。自然，比例构造原理仍然可以十分切题地运用于后两种新型的强制处分。

第五章运用比例构造原理对我国刑事侦查措施体系进行了分析。由于立法中的侦查措施种类众多，实践中的侦查措施也处于持续进化中，因此为避免分析上的过于宽泛，该章只能选择传统的搜查措施和体现技术发展的人身检查措施来展开分析。对传统侦查行为，我们尚需在比例构造方面进行"补课"，以消除立法上概括授权、实践中侦查权过度干预之弊。对新型侦查措施，我们应当"与时俱进"，及时对其中相对成熟的种类进行比例构造，纳入规制体系。

第六章运用比例构造原理对刑事诉权分配、公诉处分机制完善和制约公诉权滥用进行了分析，但不足以涵盖比例构造原理运用于公诉环节的全部。这是因为随着刑法立法的活性化和犯罪圈的扩大，检察起诉权的行使呈现越来越积极和能动的态势，公诉权的内涵也越来越丰富和多元，除了一般的公诉裁量权外，还包括具体的变更公诉权、追加公诉权、撤回公诉权、量刑建议权、涉案企业的合规监督权等，这些权力无一例外都会对被追诉人的基本权利、诉讼权利或合理利益产生干预和侵害,因此需要运用比例构造原理来做立法上的合理设置。

第七章运用比例构造原理对刑事审判程序的合理构建进行了分析,涉及刑事审判对特别案件的管辖、对非追诉性(中立性)的坚守、刑事审判程序的宽严分层以及庭审补充侦查、发回重审和撤回起诉等"回流型"程序机制的比例性控制。作为逻辑起点,有必要区分程序性审判权与实体性审判权。尽管笔者认为比例构造原理也可以对实体性审判权有所规制,但此处比例构造原理所针对的仅限于程序性审判权。除本章所述及的内容外,比例构造原理的运用仍然存有很大的空间。作为中立的裁判者,法官一方面需要对侦控方实施的各种强制处分行为进行审查,作出恰如其分的程序性制裁,另一方面其本身在审判程序中会作出一定的强制处分,造成干预被告人权益的效果,因此在这一环节,比例构造原理的运用仍然留有广阔的空间。

本书的讨论虽然涉及刑事诉讼的一个重要制度和三个主要阶段,但事实上并未穷尽比例构造原理对刑事司法改革的方法论价值。当前我国的法治改革已进入深水区,刑事诉讼法的发展既面临机遇,也需应对各种挑战。比例构造原理在此可以助力刑事诉讼制度和程序的结构性优化。例如,为了更加有效地惩治和遏制腐败犯罪,我国加大了对职务犯罪被追诉人的监察调查和检察起诉力度,事实上已经形成了一种强度更大的反腐败特别程序。由于腐败犯罪具有危害性大、隐蔽性强等特点,因此需要采取比一般刑事案件干预性更强的调查和诉讼措施。这种设置符合比例构造的适合性原理。但是,对这些调查和诉讼措施也不能忽略必要性原理和相称性原理的分析,三者兼顾才能形成一种合理的追诉机制。

通行的刑事诉讼法是以自然人犯罪为原型而设置的,如果涉及法人或者单位犯罪,则也是比照自然人被追诉人来开展刑事诉讼、行使诉讼权利和承担诉讼义务。但是,法人或单位组织毕竟有其自身的特点,为了使诉讼活动更有针对性,设置单位犯罪特别程序显然是极有必要的。这种设置契合比例构造原理,比例构造原理在单位犯罪特别程序的具体设置方面也可以发挥方法论上的指导价值。

随着科技的快速发展,大数据、人工智能等技术正以不可阻挡之势渗透于刑事诉讼活动中。无论是智慧警务、数字检察,还是数字法院,技术的广泛应用都使得刑事诉讼中各种公权力的行使更有效能,但也潜藏着对被追诉人基本权利、诉讼权利或合理利益更大规模的干预和强度更高的侵害。如何对这些新技术用其所利而避其所害,比例构造原理无疑可以发挥重要的方法论价值。当然,这些问题只能留待日后讨论了。

总之,"合乎比例"不仅是美学的标准,而且可以是国家权力行使的标准,刑事程序正义正需要这样一把平衡惩罚犯罪和保障人权双重目的的"比例尺"。

参考文献

著作类：

1. E. 博登海默. 法理学：法律哲学与法律方法[M]. 邓正来, 译. 北京：中国政法大学出版社, 1999.

2. 爱德华·S. 考文. 美国宪法的"高级法"背景[M]. 强世功, 译. 北京：生活·读书·新知三联书店, 1996.

3. 爱伦·豪切斯泰勒·斯黛丽, 南希·弗兰克. 美国刑事法院诉讼程序[M]. 陈卫东, 徐美君, 译. 北京：中国人民大学出版社, 2002.

4. 贝卡利亚. 论犯罪与刑罚[M]. 黄风, 译. 北京：中国大百科全书出版社, 1993.

5. 卞建林, 刘玫. 外国刑事诉讼法[M]. 北京：人民法院出版社, 2002.

6. 卞建林. 刑事证明理论[M]. 北京：中国人民公安大学出版社, 2004.

7. 卞建林. 法学文选：下[M]. 北京：中国检察出版社, 2023.

8. 蔡墩铭, 朱石炎. 刑事诉讼论[M]. 台北：五南图书出版公司, 1981.

9. 蔡拓. 契约论研究[M]. 天津：南开大学出版社, 1986.

10. 蔡震荣. 行政法理论与基本人权之保障[M]. 2版. 台北：五南图书出版公司, 1999.

11. 蔡震荣. 论比例原则与基本人权之保障[M]. 台北：五南图书出版公司, 1999.

12. 陈光中, 丹尼尔·普瑞方廷. 联合国刑事司法准则与中国刑事法制[M]. 北京：法律出版社, 1998.

13. 陈光中, 汉斯-约格阿尔布莱希特. 中德不起诉制度比较研究[M]. 北京：中国检察出版社, 2002.

14. 陈光中, 徐静村. 刑事诉讼法学[M]. 北京：中国政法大学出版社, 2001.

15. 陈光中, 严端.《中华人民共和国刑事诉讼法》释义与应用[M]. 长春：吉林人民出版社, 1996.

16. 陈光中.《联合国反腐败公约》与我国刑事诉讼法再修改[M]. 北京：中国人民

公安大学出版社,2005.

17. 陈光中.《中华人民共和国刑事诉讼法》修改条文释义与点评[M].北京:人民法院出版社,2012.

18. 陈光中.《中华人民共和国刑事诉讼法》再修改专家建议稿与论证[M].北京:中国法制出版社,2006.

19. 陈光中.陈光中法学文选:第2卷[M].北京:中国政法大学出版社,2010.

20. 陈光中.刑事诉讼法[M].7版.北京:北京大学出版社,高等教育出版社,2021.

21. 陈光中.刑事诉讼法实施问题研究[M].北京:中国法制出版社,2000.

22. 陈瑞华.刑事审判原理论[M].北京:北京大学出版社,1997.

23. 陈卫东.模范刑事诉讼法典[M].北京:中国人民大学出版社,2005.

24. 陈新民.德国公法学基础理论:下[M].济南:山东人民出版社,2001.

25. 陈新民.宪法基本权利之基本理论:上[M].5版.台北:元照出版有限公司,1999.

26. 陈兴良.走向哲学的刑法学[M].北京:法律出版社,1999.

27. 城仲模.行政法之基础理论[M].台北:三民书局,1980.

28. 城仲模.行政法之一般法律原则(二)[M].台北:三民书局,1999.

29. 城仲模.行政法之一般法律原则(一)[M].台北:三民书局,1994.

30. 大谷实.刑事政策学[M].黎宏,译.北京:法律出版社,2000.

31. 丹宁.法律的正当程序[M].李克强,杨百揆,刘庸安,译.北京:法律出版社,1999.

32. 德国刑事诉讼法典[M].李昌珂,译.北京:中国政法大学出版社,1995.

33. 杜雪晶.轻罪刑事政策的中国图景[M].北京:中国法制出版社,2013.

34. 樊崇义.诉讼法学研究:第2卷[M].北京:中国检察出版社,2002.

35. 樊崇义.诉讼法学研究:第4卷[M].北京:中国检察出版社,2003.

36. 范愉.司法制度概论[M].北京:中国人民大学出版社,2003.

37. 弗里德利希·冯·哈耶克.法律、立法与自由:第1卷[M].邓正来,张守东,李静冰,译.北京:中国大百科全书出版社,2000.

38. 哈耶克.通往奴役之路[M].北京:中国社会科学出版社,1997.

39. 黑格尔.法哲学原理[M].范扬,张企泰,译.北京:商务印书馆,1996.

40. 胡建淼.论公法原则[M].杭州:浙江大学出版社,2005.

41. 意大利刑事诉讼法典[M].黄风,译.北京:中国政法大学出版社,1994.

42. 黄茂荣.法学方法与现代民法[M].北京:中国政法大学出版社,2000.

43. 季卫东.法治秩序的建构[M].北京:中国政法大学出版社,1999.

44. 姜伟,钱舫,徐鹤喃.公诉制度教程[M].北京:法律出版社,2002.

45. 卡尔·N.卢埃林.普通法传统[M].陈绪刚,史大晓,仝宗锦,译.北京:中国政法大学出版社,2002.

46. 卡尔·拉仑茨.法学方法论[M].陈爱娥,译.北京:商务印书馆,2003.

47. 卡斯东·斯特法尼,乔治·勒瓦索,贝尔纳·布洛克.法国刑事诉讼精义[M].罗结珍,译.北京:中国政法大学出版社,1999.

48. 克劳思·罗科信.德国刑事诉讼法[M].吴丽琪,译.北京:法律出版社,2003.

49. 克劳思·罗科信.刑事诉讼法[M].24版.吴丽琪,译.北京:法律出版社,2003.

50. 克劳思·罗科信.刑事政策与刑法体系[M].北京:中国人民大学出版社,2011.

51. 黎国智.法学通论[M].北京:法律出版社,1998.

52. 李心鉴.刑事诉讼构造论[M].北京:中国政法大学出版社,1997.

53. 李震山.行政法导论[M].台北:三民书局股份有限公司,1999.

54. 林山田.刑事程序法[M].4版.台北:五南图书出版公司,1990.

55. 林腾鹞.行政法总论[M].台北:三民书局股份有限公司,1999.

56. 林钰雄.刑事诉讼法(上册 总论编)[M].北京:中国人民大学出版社,2005.

57. 刘家琛,郝银钟.刑事审判学[M].北京:群众出版社,2002.

58. 刘梅湘.侦查中的网络监控法制化研究[M].北京:法律出版社,2017.

59. 龙宗智.相对合理主义[M].北京:中国政法大学出版社,1999.

60. 卢梭.社会契约论[M].何兆武,译.北京:商务印书馆,2002.

61. 罗尔夫·斯特博.德国经济行政法[M].苏颖霞,陈少康,译.北京:中国政法大学出版社,1999.

62. 罗豪才.中国司法审查制度[M].北京:北京大学出版社,1993.

63. 罗纳尔多·V.戴尔卡门.美国刑事诉讼——法律和实践[M].张鸿巍,等,译.武汉:武汉大学出版社,2006.

64. 洛克.政府论:下篇[M].叶启芳,瞿菊农,译.北京:商务印书馆,1964.

65. 马丁·P.戈尔丁.法律哲学[M].齐海滨,译.北京:生活·读书·新知三联书店,1987.

66. 马克斯·韦伯.社会科学方法论[M].韩水法,莫茜,译.北京:中央编译出版社,1998.

67. 孟德斯鸠. 波斯人信札[M]. 罗大纲,译. 北京:人民文学出版社,1958.

68. 孟德斯鸠. 论法的精神:上[M]. 张雁深,译. 北京:商务印书馆,1961.

69. 米歇尔·福柯. 规训与惩罚:监狱的诞生[M]. 刘北成,杨远婴,译. 北京:生活·读书·新知三联书店,1999.

70. 莫蒂默·艾德勒,查尔斯·范多伦. 西方思想宝库[M].《西方思想宝库》编委会,译. 长春:吉林人民出版社,1988.

71. 棚濑孝雄. 纠纷的解决与审判制度[M]. 王亚新,译. 中国政法大学出版社,1994.

72. 秦策,张镭. 司法方法与法学流派[M]. 北京:人民出版社,2011.

73. 秦策. 司法创新的文化之源[M]. 上海:上海人民出版社,2023.

74. 森下忠. 犯罪者处遇[M]. 白禄铉,吴平,车红花,译. 北京:中国纺织出版社,1994.

75. 世界著名法典汉译丛书编委会. 汉穆拉比法典[M]. 北京:法律出版社,2000.

76. 司马迁. 史记[M]. 北京:中国三峡出版社,2006.

77. 松尾浩也. 日本刑事诉讼法[M]. 丁相顺,译. 北京:中国人民大学出版社,2005.

78. 宋英辉. 日本刑事诉讼法[M]. 北京:中国政法大学出版社,2000.

79. 苏力. 法治及其本土资源[M]. 北京:中国政法大学出版社,2004.

80. 孙长永. 侦查程序与人权——比较法考察[M]. 北京:中国方正出版社,2000.

81. 田口守一. 刑事诉讼法[M]. 刘迪,张凌,穆津,译. 北京:法律出版社,2000.

82. 田文昌,陈瑞华.《中华人民共和国刑事诉讼法》再修改律师建议稿与论证[M]. 北京:法律出版社,2007.

83. 王海明. 新伦理学[M]. 北京:商务印书馆,2001.

84. 王敏远. 刑事诉讼法[M]. 北京:社会科学文献出版社,2005.

85. 王以真. 外国刑事诉讼法学[M]. 北京:北京大学出版社,2004.

86. 韦恩·R.拉费佛,等. 刑事诉讼法[M]. 卞建林,等,译. 北京:中国政法大学出版社,2003.

87. 维尔纳·薄逸克,萨比娜·斯沃博达. 德国刑事诉讼法教科书[M]. 15版. 程捷,译. 北京:北京大学出版社,2024.

88. 西原春夫. 刑法的根基与哲学[M]. 顾肖荣,陆一心,谈春兰,译. 上海:上海三联书店,1991.

89. 谢鹏程.公民的基本权利[M].北京:中国社会科学出版社,1999.

90. 徐静村.21世纪中国刑事程序改革研究——中华人民共和国刑事诉讼法第二修正案(学者建议稿)[M].北京:法律出版社,2003.

91. 亚里士多德.尼各马科伦理学[M].苗力田,译.北京:中国社会科学出版社,1990.

92. 亚图·考夫曼.类推与"事物本质"——兼论类型理论[M].吴从周,译.台北:学林文化事业有限公司,1999.

93. 杨春洗.刑事政策论[M].北京:北京大学出版社,1994.

94. 于安.德国行政法[M].北京:清华大学出版社,1999.

95. 袁曙宏,等.公法学的分散与统一[M].北京:北京大学出版社,2007.

96. 约阿希姆·赫尔曼.德国刑事诉讼法典[M].李昌珂,译.北京:中国政法大学出版社,1995.

97. 约书亚·德雷斯勒,艾伦·C.迈克尔斯.美国刑事诉讼法精解:第二卷·刑事审判[M].魏晓娜,译.北京:北京大学出版社,2009.

98. 张乃根.西方法哲学史纲[M].北京:中国政法大学出版社,1993.

99. 赵海峰.欧洲法通讯:第1辑[M].北京:法律出版社,2001.

100. 中国政法大学诉讼法学研究中心.诉讼法学研究:第1卷[M].北京:中国检察出版社,2002.

101. 中国政法大学刑事法律研究中心,编译.英国刑事诉讼法(选编)[M].北京:中国政法大学出版社,2001.

102. 尚书[M].周秉钧,注译.长沙:岳麓书社,2001.

103. 邹明理.侦查与鉴定热点问题研究[M].北京:中国检察出版社,2004.

104. 左卫民,等.简易刑事程序研究[M].北京:法律出版社,2005.

期刊类:

1. 2022年全国法院司法统计公报[J].中华人民共和国最高人民法院公报,2023(4).

2. 2023年全国法院司法统计公报[J].中华人民共和国最高人民法院公报,2024(4).

3. 卞建林,李箐箐.从我国刑事法庭设置看刑事审判构造的完善[J].法学研究,2004(3).

4. 卞建林,肖峰.刑事诉讼中的审前程序分流——以轻罪治理为视角[J].法学杂志,2024,45(2).

5. 卞建林.秉持动态平衡诉讼观 推动刑事理论与实践的繁荣发展[J].中国检察官,2018(13).

6. 卞建林.论我国审前羁押制度的完善[J].法学家,2012(3).

7. 步洋洋,韩雨轩.论自诉转公诉制度的立法确立[J].青少年犯罪问题,2024(4).

8. 蔡宗珍.公法上之比例原则初论——以德国法的发展为中心[J].政大法学评论,1999(62).

9. 常怡,黄娟.现代诉讼的法理性透视[J].现代法学,2001(1).

10. 陈光中,陈学权.强制采样与人权保障之冲突与平衡[J].现代法学,2005(5).

11. 陈光中,葛琳.刑事和解初探[J].中国法学,2005(5).

12. 陈光中,汪海燕.论刑事诉讼的"中立"理念——兼谈刑事诉讼制度的改革[J].中国法学,2002(2).

13. 陈光中.动态平衡诉讼观之我见[J].中国检察官,2018(13).

14. 陈光中.论刑事诉讼法修改的指导思想[J].法制与社会发展,1995(4).

15. 陈瑞华.轻罪案件附条件不起诉制度研究[J].现代法学,2023,45(1).

16. 陈卫东,崔鲲鹏.逮捕措施适用条件反思与建构——从"一般逮捕"与"径行逮捕"展开[J].上海政法学院学报(法治论丛),2023,38(5).

17. 陈兴良.独立而中立:刑事法治视野中的审判权[J].华东政法大学学报,2007(6).

18. 陈兴良.宽严相济刑事政策研究[J].法学杂志,2006(2).

19. 陈兴良.轻罪治理的理论思考[J].中国刑事法杂志,2023(3).

20. 陈学权.避免"以撤回公诉代替无罪判决"的理性分析[J].人民检察,2009(23).

21. 陈学权.论刑事诉讼中实体公正与程序公正的并重[J].法学评论,2013,31(4).

22. 程光.程序违法发回重审兜底条款之合理适用——以全国人民法院2 761份刑事裁定书为样本[J].新疆大学学报(哲学·人文社会科学版),2021,49(2).

23. 程荣斌,赖玉中.论废除监视居住的理由[J].河南省政法管理干部学院学报,2010,25(4).

24. 崔丽.中国刑事搜查制度的反思与重构[J].大连海事大学学报(社会科学版),2015,14(5).

25. 邓思清.刑事缺席审判制度研究[J].法学研究,2007(3).

26. 樊传明,郑飞.论比例原则在警察侦查取证程序中的适用[J].西部法学评论,2013(1).

27. 樊奕君.比例原则视角下刑事强制措施价值平衡研究[J].中国刑事法杂志,

2011(12).

28. 范剑虹.欧盟与德国的比例原则——内涵、渊源、适用与在中国的借鉴[J].浙江大学学报(人文社会科学版),2000(5).

29. 范为.大数据时代个人信息保护的路径重构[J].环球法律评论,2016,38(5).

30. 菲利普·黑克.利益法学[J].傅广宇,译.比较法研究,2006(6).

31. 高通.逮捕社会危险性量化评估研究——以自动化决策与算法规制为视角[J].北方法学,2021,15(6).

32. 管志清,陈琦.比例原则及其在刑事强制措施中的适用[J].铁道警官高等专科学校学报,2005(2).

33. 郭烁.羁押人口率:落实少捕慎押的另一个面向[J].中外法学,2024,36(3).

34. 郭烁.论作为"超羁押手段"的指定居所监视居住制度[J].武汉大学学报(哲学社会科学版),2016,69(6).

35. 郭烁.取保候审适用的影响性因素实证研究[J].政法论坛,2017,35(5).

36. 郭烁.刑事强制措施制度的体系化修改及现代化进路[J].南京师范大学学报(社会科学版),2024(2).

37. 郭夏菁,范明玉.论恐怖主义犯罪下警察职能的特殊化[J].犯罪研究,2017(4).

38. 郭云忠.刑事诉讼谦抑论[J].当代法学,2007(1).

39. 韩大元.宪法文本中"人权条款"的规范分析[J].法学家,2004(4).

40. 韩德明.侦查比例原则论[J].山东警察学院学报,2007(2).

41. 韩旭,张钰.侦查羁押期限延长审查模式研究[J].江苏行政学院学报,2024(2).

42. 郝银钟,席作立.宪政视角下的比例原则[J].法商研究,2004(6).

43. 胡铭.技术侦查:模糊授权抑或严格规制——以《人民检察院刑事诉讼规则》第263条为中心[J].清华法学,2013,7(6).

44. 贾海洋.适用非羁押性替代措施问题研究[J].检察调研与指导,2018(3).

45. 贾志强."自诉转公诉"程序规则的系统性反思——以网络侮辱诽谤犯罪案件为视角[J].国家检察官学院学报,2023,31(5).

46. 江涌.监视居住:异化及废止[J].江苏警官学院学报,2009,24(4).

47. 江智明.比例原则视野下的侦查程序分析[J].贵州警官职业学院学报,2009,21(5).

48. 蒋开富.试论侦查的概括授权[J].犯罪研究,2005(2).

49. 蒋玲娟,何晓兰.取保候审保证金执行中的问题和对策[J].上海公安学院学报,2020,30(5).

50. 金玲楠,张栋.逮捕社会危险性量化评估模型的设计问题及优化路径[J].四川警察学院学报,2024,36(3).

51. 金石.刑事诉讼强制措施的适用应遵守比例原则——兼论相关检察监督[J].西南政法大学学报,2006(4).

52. 井户田侃.辩护人的地位和权限[J].郭布罗润麒,译.法学译丛,1980(4).

53. 李皓,高峰.比较法视野中的人身检查措施[J].广西政法管理干部学院学报,2007(2).

54. 李麒,郭冉.取保候审功能的异化与回归[J].南国法学,2024,3(1).

55. 李卫国,李阳,罗小玲.公安机关行政检查替代刑事搜查的原因与对策[J].贵州警官职业学院学报,2016,28(2).

56. 李新,余响铃.退回补充侦查与冤假错案防范[J].人民检察,2014(2).

57. 李训虎.侦查情报化之批判[J].法学,2024(7).

58. 李永航.推进非羁押强制措施适用的路径和策略[J].广西政法管理干部学院学报,2024,39(3).

59. 李玉萍.程序滥用与诉讼终止制度及其给我国的启示[J].法商研究,2006(2).

60. 李震山.西德警察法之比例原则与裁量原则[J].警政学报,1986(9).

61. 李忠诚.论取保候审制度的完善[J].中国刑事法杂志,2003(6).

62. 李忠民.论刑事被诉人的诉讼义务[J].理论探索,2006(3).

63. 栗峥.推进以审判为中心的诉讼制度改革[J].求索,2020(1).

64. 梁静.宽严相济的刑事政策与强制措施的比例原则[J].河南社会科学,2008(3).

65. 廖丹.场所搜查范围的判断基准——以宪法隐私权为视角[J].时代法学,2011,9(2).

66. 廖思蕴.诱惑侦查合法性认定的实践困境与制度优化——基于150份裁判文书的实证分析[J].南海法学,2024,8(2).

67. 林山田.论刑事程序原则[J].台湾大学法学论丛,1999,28(2).

68. 林钰雄.从基本权体系论身体检查处分[J].台湾大学法学论丛,2004,33(3).

69. 林钰雄.对第三人之身体检查处分——立法原则之形成[J].台湾大学法学论丛,2004,33(4).

70. 刘邦泰.数字检察背景下社会危险性量化评估机制的实践反思与发展进路[J].牡丹江大学学报,2024,33(7).

71. 刘方权,陈晓云.西方刑事和解理论基础介评[J].云南大学学报,2003(1).

72. 刘静坤.论美国的警察紧急权理论[J].中国刑事法杂志,2008(2).

73. 刘梅湘,孙明泽.从保证方式看取保候审制度的完善[J].华北电力大学学报(社会科学版),2019(1).

74. 刘梅湘.预期目标与理性检视:监视居住的实证研究[J].中国刑事法杂志,2021(3).

76. 刘权,应亮亮.比例原则适用的跨学科审视与反思[J].财经法学,2017(5).

77. 刘权.比例原则的中国宪法依据新释[J].政治与法律,2021(4).

78. 龙宗智.刑事公诉权与条件说[J].人民检察,1999(3).

79. 龙宗智.刑事诉讼的两重结构辨析[J].现代法学,1991(3).

80. 卢建平.轻罪时代的犯罪治理方略[J].政治与法律,2022(1).

81. 陆诗忠.论我国刑事诉讼模式的再构建:多元、对接的诉讼程序[J].甘肃政法学院学报,2012(3).

82. 马若飞.论我国撤回起诉制度的异化与矫正[J].河南财经政法大学学报,2022,37(5).

83. 毛立华.程序类型化理论:简易程序设置的理论根源[J].法学家,2008(1).

84. 潘金贵.监视居住保留论:反思与出路[J].人民检察,2007(14).

85. 秦策,顾君.德国刑事诉讼中的证据禁止:理论、规则与司法技术[J].法制现代化研究,2004(9).

86. 秦策,郝文洁.道德张力下诱惑侦查的法律正当性标准[J].福建江夏学院学报,2015(2).

87. 秦策.比例原则在刑事诉讼法中的功能定位——兼评 2012 年《刑事诉讼法》的比例性特色[J].金陵法律评论,2015(2).

88. 秦策.法律价值目标的冲突与选择[J].法律科学(西北政法学院学报),1998(3).

89. 秦策.法律原则裁判功能之限定[J].江海学刊,2011(6).

90. 秦策.协商性程序中无辜者认罪的十大"病理"[J].青少年犯罪问题,2024(3).

91. 秦策.刑事程序比例构造方法论探析[J].法学研究,2016,38(5).

92. 秦策.刑事非法证据排除的宪政之维——以中国宪法文本为基点的思考[J].法学,2007(8).

93. 任禹行.公诉权运行的外部监督:论公诉审查程序[J].求是学刊,2022,49(1).

94. 阮建华.公诉案件起诉必要性审查制度研究[J].法治论坛,2015(4).

95. 宋明非.网络洗钱犯罪侦查对策探析[J].网络安全技术与应用,2024(8).

96. 宋伟,郝银钟.论检察权的滥用及其法治[J].法学,1999(9).

97. 宋英辉,吴宏耀.不起诉裁量权研究[J].政法论坛,2000(5).

98. 宋英辉.建构我国刑事诉讼合理构造的理念与原则[J].政法论坛,2004(3).

99. 孙力,刘中发."轻轻重重"刑事政策与我国刑事检察工作[J].中国司法,2004(4).

100. 孙远.论检察官审判阶段强制取证权的废除——兼论法庭审判阶段的补充侦查[J].烟台大学学报(哲学社会科学版),2007(3).

101. 孙长永,武小琳.新《刑事诉讼法》实施前后刑事拘留使用的基本情况、变化及完善——基于东、中、西部三个基层法院判决样本的实证研究[J].甘肃社会科学,2015(1).

102. 孙长永.完善侦查程序立法的三个重点问题[J].刑事司法论坛,2008(1).

103. 孙长永.未决羁押的合理期限及其法律规制[J].交大法学,2024(1).

104. 孙长永.刑事庭审方式改革出现的问题评析[J].中国法学,2002(3).

105. 天津市河北区人民检察院课题组.对搜查、扣押、冻结等强制性侦查措施检察监督有关问题研究[J].法学杂志,2011(2).

106. 天津市人民检察院、天津市河北区人民检察院联合课题组.规范与实践的调适:论撤回起诉的程序完善[J].中国检察官,2014(13).

107. 万毅.论我国刑事强制措施体系的技术改良[J].中国刑事法杂志,2006(5).

108. 汪本立.试论刑事自诉制度的存废[J].中国法学,1993(6).

109. 汪海燕.论刑事程序倒流[J].法学研究,2008,30(5).

110. 王静.马克斯·韦伯的"理想类型"历史学实践[J].前沿,2013(9).

111. 王俊祥.我国网络搜查存在问题及对策[J].中国人民警察大学学报,2023,39(6).

112. 王利明.民法上的利益位阶及其考虑[J].法学家,2014(1).

113. 王禄生.论刑事诉讼的象征性立法及其后果——基于303万判决书大数据的自然语义挖掘[J].清华法学,2018,12(6).

114. 王迎龙.论刑事诉讼规范的刑事政策化[J].法学家,2021(6).

115. 王志坚.论未决羁押的实质性审查——从欧洲人权法院"布萨吉诉摩尔多瓦共和国案"切入[J].刑事法评论,2023,48(1).

116. 王志强.论自诉与公诉的关系[J].上海市政法管理干部学院学报,2002(3).

117. 魏虹.赋权与规制:我国检察机关撤回起诉制度之构建[J].法律科学(西北政法大学学报),2011,29(6).

118. 吴信华.法治国家原则(三)——比例原则[J].月旦法学杂志,1999(52).

119. 吴宗宪.恢复性司法述评[J].江苏公安专科学校学报,2002(3).

120. 席作立.比例原则的起源、含义及其发展[J].黑龙江省政法管理干部学院学报,2002(4).

121. 肖建波.我国侦查羁押制度与比例原则的差距之实证考察[J].河南警察学院学报,2012,21(1).

122. 谢小剑,朱春吉.公安机关适用指定居所监视居住的实证研究——以5 955个大数据样本为对象[J].中国法律评论,2019(6).

123. 谢小剑.公诉权滥用形态的发展[J].中国刑事法杂志,2009(11).

124. 谢佑平,万毅.刑事诉讼相应性原则的法理探析[J].政治与法律,2001(5).

125. 熊秋红.比较法视野下的认罪认罚从宽制度——兼论刑事诉讼"第四范式"[J].比较法研究,2019(5).

126. 徐玲利,黄学昌.基于实证考察的刑事再审制度之重构——以G省D市2009年至2013年刑事再审案件为样本[J].中国刑事法杂志,2014(4).

127. 许玉镇.试论比例原则在我国法律体系中的定位[J].法制与社会发展,2003(1).

128. 薛宏伟.取保候审特征分析及完善建议[J].江苏警官学院学报,2004(2).

129. 闫召华.认罪认罚不起诉:检察环节从宽路径的反思与再造[J].国家检察官学院学报,2021,29(1).

130. 严标宾,郑雪,邱林.自我决定理论对积极心理学研究的贡献[J].自然辩证法通讯,2003(3).

131. 杨杰辉.基于程序违法的发回重审研究[J].中国刑事法杂志,2013(7).

132. 姚莉,陈虎.论侦查监督中的合比例性审查[J].人民检察,2006(21).

133. 尹华嵘,钟琪.我国取保候审与国外保释制度之比较研究[J].浙江学刊,2002(5).

134. 于改之,吕小红.比例原则的刑法适用及其展开[J].现代法学,2018,40(4).

135. 余辉胜.现行监视居住制度的隐忧与省思[J].西南政法大学学报,2007(6).

136. 余凌云.论行政法上的比例原则[J].法学家,2002(2).

137. 余少祥.法律语境中弱势群体概念构建分析[J].中国法学,2009(3).

138. 云山城.完善补充侦查若干问题的思考[J].中国人民公安大学学报(社会科学版),2006(6).

139. 张彬.破解"羁押率"之惑[J].人民公安,2007(18).

140. 张建伟.从权力行使型到权力抑制型——刑事程序构造的重新设定[J].政法论坛,2004(3).

141. 张明楷.法益保护与比例原则[J].中国社会科学,2017(7).

142. 张荣丽.刑事简易程序比较研究[J].河北法学,2004(3).

143. 张绍彦.第一次全国劳动教养立法理论研讨会综述[J].现代法学,2001,23(3).

144. 张英哲,白俊华.比例原则下撤回公诉的审查规则构建[J].中国人民公安大学学报(社会科学版),2024,40(3).

145. 张智辉.公诉权论[J].中国法学,2006(6).

146. 赵棣中,孙浩梅,薛震,等.新刑诉法语境下程序倒流探析[J].广西政法管理干部学院学报,2014,29(5).

147. 赵杨.论侦查比例原则的构建[J].福建公安高等专科学校学报,2004(3).

148. 郑春燕.必要性原则内涵之重构[J].政法论坛,2004(6).

149. 郑丽萍.轻罪重罪之法定界分[J].中国法学,2013(2).

150. 周长军,李震.非羁押诉讼中被追诉人的监管模式研究——以少捕慎诉慎押刑事司法政策的贯彻为背景[J].山东警察学院学报,2022,34(5).

151. 周长军.公诉权滥用论[J].法学家,2011(3).

152. 朱巧红.庭审阶段补充侦查之我见[J].江西教育学院学报,2009,30(2).

153. 邹晓玫,杜静.大数据环境下个人信息利用之授权模式研究——重要性基础上的风险评估路径探索[J].情报理论与实践,2020,43(3).

154. 左卫民,王戬.论宪法基本权利与刑事诉讼[J].铁道警官高等专科学校学报,2003(3).

外文文献类：

1. Amanda M Chaves. The doctrine of harmless error in criminal cases in massachusetts[J]. Suffolk Journal of Trial & Appellate Advocacy,2013,18(2).

2. Brian H Bornstein,Hannah Dietrich. Fair procedures,yes. But we dare not lose sight of Fair outcomes[J]. Court Review,2007,44(1/2).

3. Bram v. United States,168 U. S. 541,(1897).

4. Cupp v. Murphy,412 U. S. 291(1973).

5. Cho Kuk. "Procedural weakness" of German criminal justice and its unique exclusionary rules based on the right of personality[J]. Temple International and Comparative Law Journal,2001,15(1).

6. David B Wexler. Justice,mental health,and therapeutic jurisprudence[J]. Cleveland State Law Review,1992,40(3).

7. David S Kirk,Andrew V Papachristos. Cultural mechanisms and the persistence

of neighborhood violence[J]. American Journal of Sociology,2011,116(4).

8. Davis v. United States,564 U. S. 229,237(2011).

9. ECHR,Letellier v. France,Series A no. 207,§ 34,26 June 1991.

10. Goff IV. Addison K. Mixed signals:a look at Louisiana's experience with harmless error in criminal cases[J]. Louisiana Law Review,1999,59(4).

11. Greg Berman,Feinblatt John. Problem-solving courts:a brief primer[J]. Law and Policy,2001,23(2).

12. Green v. United States,355 US 184,(1957).

13. Herring v. United States,555 US 135,140—141(2009).

14. Howard Zehr. The Little Book of Restorative Justice[M]. Intercourse,PA: Good Books,2002.

15. John Braithwaite. Restorative justice:assessing optimistic and pessimistic accounts[J]. Crime & Justice,1999(25).

16. Jerome Frank. Law and the Modern Mind[M]. London:Stevens & Sons Limited,1949.

17. Judgement of Fed. 21,1964,19BGHSt325(1964).

18. James B. Thayer. The presumption of innocence in criminal cases[J]. Yale Law Journal,1897,6(4).

19. Kate Stith. The risk of legal error in criminal cases:some consequences of the asymmetry in the right to appeal[J]. University of Chicago Law Review,1990,57(1).

20. Kenneth J Vandevelde. Thinking Like a Lawyer:An Introduction to Legal Reasoning[M]. Boulder:Westview Press,1996.

21. Law Commission Consultation Paper No 156,Double Jeopardy. TSO,1999:31.

22. Mich. v. Tyler,436 U. S. 499(1978).

23. Mitch Snyder. Cyberterrorism and the public safety exception to miranda[J]. Dickinson Law Review,2021,126(1).

24. New York v. Quarles,467 U. S. 649,651—52(1984).

25. People v. Defore,242 N. Y. 13,21(1926).

26. Rebecca Hollander-Blumoff. The psychology of procedural justice in the federal courts[J]. Hastings Law Journal,2012,63(1).

27. Rinat Kitai. Presuming innocence[J]. Oklahoma Law Review,2002,55(2).

28. Rochin v. California,342 US 165,(1952).

29. Roger J Traynor. The Riddle of Harmless Error[M]. Columbus,Ohio:Ohio State University Press,1970.

30. Roy Walmsley. World Pre-trial/Remand Imprisonment List[EB/OL]. 4th ed. (2020-02-04)[2023-11-28]. https://www.prisonstudies.org/resources/world-pre-trialremand-imprisonment-list-4th-edition.

31. Schmerber v. California,384 U.S. 757(1966).

32. Stank Boyle. 342 U.S. 1,4(1951).

33. Tom R Tyler. Psychological models of the justice motive:antecedents of distributive and procedural justice[J]. Journal of Personality and Social Psychology,1994,67(5).

34. Tom R Tyler. Why People Obey the Law[M]. New Haven:Yale University Press,1990.

35. U.S. v. Leon,468 US 897(1984).

36. United States v. Crowder,543 F. 2d 312(DC Cir 1976).

37. William J Simonitsch. Visual body cavity searches incident to arrest:validity under the fourth amendment[J]. University of Miami Law Review,2000,54(3).

38. William Twining. Theories of Evidence:Bentham and Wigmore[M]. Stanford,Calif.:Stanford University Press,1985.

其他类:

1. 卞建林. 我国刑事强制措施制度完善的初步思考[N]. 上海法治报,2024-03-20.

2. 苗生明. 立足司法实践创设起诉必要性审查制度[N]. 检察日报,2010-12-20.

3. 陈兴良. 法治的界面:北京大学法学院刑事法论坛暨德恒刑事法论坛[C]. 北京:法律出版社,2003.

4. 倪春乐. 恐怖主义犯罪特别诉讼程序比较研究[D]. 西南政法大学,2011.

5. 田文昌. 冤假错案背后的刑诉理念冲突[EB/OL]. (2015-02-12)[2024-08-10]. https://opinion.caixin.com/2015-02-12/100783477.html.

6. 韩谦. 多起死亡事件背后:"指居"走样,陷存废之争[EB/OL]. (2024-07-20)[2024-08-10]. https://www.infzm.com/contents/275548?source=131.

7. 张建伟. 指定居所监视居住应回归非羁押属性[N]. 上海法治报,2024-03-25.

8. 张晓宁.警察半夜搭梯抓嫖,破窗入民宅吓疯单身女子[N].沈阳今报,2004—08—17.

9. 朱武献.言论自由之宪法保障[C]//中美言论自由法制之比较研讨会专刊.台北:中国比较法学会,1986.